ANNALES

DE L'IMPRIMERIE

DES ESTIENNE.

IMPRIMÉ CHEZ PAUL RENOUARD, RUE GARANCIÈRE, N° 5.

ANNALES

DE L'IMPRIMERIE

DES ESTIENNE,

ou

HISTOIRE DE LA FAMILLE DES ESTIENNE

ET DE SES ÉDITIONS,

PAR ANT. AUG. RENOUARD.

PREMIÈRE PARTIE.

A PARIS,

CHEZ JULES RENOUARD, LIBRAIRE.

—

M. DCCC. XXXVII.

Quam bene, alii judicabunt, magno certe cum labore.

PAULI MANUTII Epist. 4, l. XII.

AVERTISSEMENT.

Les Annales de l'Imprimerie des Manuce, précédemment publiées, demeureroient pour l'histoire littéraire et bibliographique du seizième siècle, un ouvrage en quelque sorte incomplet, ou tout au moins insuffisant, si elles n'étoient accompagnées d'un semblable travail sur une autre famille de grands typographes qui, dans les mêmes temps, servoient et honoroient la France par leurs belles et savantes impressions, et, non moins que les Manuce, acquéroient d'incontestables droits aux reconnoissants souvenirs de quiconque chérit les lettres et les cultive. Un François pouvoit-il d'ailleurs négliger de si recommandables compatriotes après avoir longuement célébré les gloires typographiques d'Imprimeurs étrangers? Voici donc les Annales de l'Imprimerie des Estienne, rédigées dans ces dernières années, mais pour lesquelles des travaux analogues avoient depuis long-temps amené dans mes mains et dans mes souvenirs de très amples matériaux, auxquels il ne manquoit qu'une volonté qui les mît en œuvre.

De même que les Annales Aldines, cet ouvrage se compose de deux parties bien distinctes : la première consiste en une double nomenclature de toutes les éditions, avec des notes et éclaircissements bibliographiques ou littéraires ; la seconde contient des notices biographiques sur chacun des Imprimeurs de cette honorable famille, et diverses pièces ayant l'un des Estienne pour auteur, ou pouvant être utiles à leur histoire.

Je ne donne aujourd'hui que la première des deux parties. Cette longue suite d'intitulés, ce tableau fidèle de travaux si utiles et continués avec une si louable persévérance, n'est pas la partie la moins importante de l'histoire de ces hommes habiles : c'est par l'inspection de ce vaste ensemble qu'on peut mieux les apprécier et trouver de l'intérêt à des détails biographiques sur leurs personnes.

Toute excursion sur ce qui n'est pas relatif à ces listes seroit ici prématurée ; je me bornerai donc à quelques observations ayant rapport à cette première partie de mon travail, et que je crois indispensables, bien qu'elles ne soient pas d'une très grande importance.

Les innombrables titres qui forment ces listes varient continuellement et sans régularité dans l'emploi des lettres *u* et *v*, *i* et *j*, *I* et *J* l'une pour l'autre, dans la division ou réunion des lettres diphthongues *ae oe*, *æ œ;* et plus d'une fois cette variation a lieu dans une même phrase. Pour éviter une bigarrure inutile j'ai employé ces lettres comme nous les employons aujourd'hui, et ordinairement j'ai réuni les lettres diphthongues.

Il y a pareille irrégularité pour l'accentuation, qui en général étoit alors très négligée, et la marque du *ç* cédille est presque toujours omise.

Les dates des années sont, sur tous ces titres, énoncées tantôt en chiffres romains, tantôt en chiffres arabes; j'ai, en général, adopté les chiffres romains; et enfin, j'espère que même les personnes les plus exigeantes en fait de rigoureuse exactitude matérielle, ne m'imputeront pas à faute le mot *Parisiis* mis quelquefois en place de *Lutetiæ*, ou *Lutetiæ* en place de *Parisiis*.

᛫ On peut s'attendre à trouver dans les livres bibliographiques une description minutieuse du composé des volumes. Sont-ils chiffrés ou non, le sont-ils par feuillets ou sur chaque page; quelles sont leurs pièces préliminaires, &c. &c. De tels détails sont convenables, quelquefois même nécessaires pour des livres fort rares ou peu connus. J'ai pris ce soin pour ceux qui forment les listes des Annales Aldines, parce que la plupart de ces éditions ayant, et par leur mérite réel et beaucoup aussi par la fantaisie des hommes, acquis une valeur vénale, un prix d'argent maintes fois excessif et incroyable, il y avoit nécessité de renseignements qui pussent, pour chacune d'elles, garantir l'acquéreur du risque de couvrir d'argent une rareté ou mutilée ou contrefaite, et préserver aussi le vendeur de tout péché volontaire ou d'ignorance sur l'intégrité du joyau dont il espéreroit un grand prix. Les éditions des Estienne, toutes estimables, quelques-unes importantes et supérieures aux éditions Manutiennes des mêmes livres, ne requéroient cependant point cette surabondance de précautions et de préservatifs bibliographiques. En général leur valeur modeste n'expose ni le vendeur ni l'acheteur à des pertes dommagea—

bles, ou à des tentations de présenter sans mot dire un livre imparfait; aussi n'ai-je admis qu'un très petit nombre de ces descriptions si faciles à accumuler en témoignage de grande exactitude, et si fastidieuses quand par le fait elles sont presque toutes inutiles. La plupart des livres des Estienne furent, dès l'origine, revêtus, à Paris, de reliures simples, mais solides, auxquelles beaucoup de ces volumes ont dû l'avantage de se conserver bien mieux que ceux des livres d'Italie, qu'une reliure ou cartonnage économique, mais de peu de résistance (*legatura alla rustica*), qui y étoit en grand usage, a exposés à des dégradations et défectuosités beaucoup plus fréquentes.

Le premier Robert Estienne a publié plusieurs Catalogues de ses livres, avec leurs prix. J'ai introduit une partie de ces prix dans mes listes; ce sera assez pour donner à connoître quelle étoit alors la valeur des éditions soignées faites à Paris. Le marc d'argent valut de 1515 à 1530, un peu plus de 12 fr., et de 1531 à 1545, environ 14 fr. D'après cette indication chacun pourra à son gré calculer la valeur de la livre ou franc, du sol, du denier, comparativement à leur taux actuel.

J'aurois voulu donner les portraits de ces habiles typographes, et surtout celui du grand Henri, de l'auteur du *Thesaurus Græcæ Linguæ*; mais de toute cette famille on ne connoît d'autre portrait que celui du premier Robert; et, des cinq à six gravures qui en ont été faites, j'ai choisi pour la reproduire celle qui est la meilleure et la plus ancienne, la seule qui me semble pouvoir être prise pour modèle. Elle est de Léonard Gaultier, habile graveur, presque contemporain de Robert, et d'après lequel je donne aussi le portrait de Claude Garamond, ce fameux graveur et fondeur, à qui, outre une multitude de bons caractères latins maintenant remplacés par nos nouvelles formes à angles vifs, bien moins amies des foibles yeux, on doit ces admirables types grecs qu'ont si bien employés les Estienne, les Morel, Turnèbe, &c., et qui font encore un très beau service dans l'Imprimerie royale.

Dans ses *Vitæ Stephanorum*, Maittaire a mis deux feuillets remplis de copies des marques *Stéphaniennes*. Je ne leur reproche pas d'être mal gravées, c'est de fort peu de conséquence; mais leur reproduction m'a semblé tout-à-fait inutile, d'abord à l'art typographique pour lequel elles ne sont rien (*nullius momenti*), et aussi à l'histoire littéraire dont ces marques emblématiques n'avoient aucune obscurité à expliquer ou éclaircir. De ces dix-sept empreintes, treize sont à-peu-près la répétition l'une de l'autre, ou au moins présentent le même symbole : j'ai choisi la principale, la même qu'emploient MM. Didot dans leur *Thesaurus*, et dont ils m'ont obligeamment facilité l'usage.

Ce livre ne sera sans doute pas exempt d'erreurs ; il y aura des omissions, des inexactitudes, et je requiers de la bonne volonté de ceux qui prendront quelque intérêt à cet ouvrage, la communication de leurs observations et critiques. Dans la seconde et dernière partie que maintenant j'achève, et qui sera publiée l'an prochain, toutes les erreurs reconnues seront signalées et redressées, et je ferai avec reconnoissance usage de ce que j'aurai pu recevoir de renseignements utiles.

Paris, le 1ᵉʳ mai 1837.

Antoine Augustin RENOUARD.

ANNALES

DE

L'IMPRIMERIE DES ESTIENNE.

ÉDITIONS DE HENRI.

(HENRICUS STEPHANUS PRIMUS.)

M. D. II.

·1. Artificialis Introductio Jacobi Fabri Stapulensis, per modum Epitomatoris in decem libros Ethicorum Aristotelis adjectis elucidata commentariis, authore J. Clichtoveo. — Absoluta est in alma *Parhisiorum* Academia per *Volffgangum Hopilium* et *Henricum Stephanum* in formularia literarum arte socios. Et Invenitur venalis in officina cuniculorum juxta scholas decretorum. Die septima Maii. M. D. II. In-fol.

Premier livre portant le nom de Henri Estienne, qui commença en cette année son établissement de librairie et Imprimerie; Harles, Bibl. gr. III, p. 358, annonce ainsi ce livre : *Ethica Aristotelis cum commentariis*, Il contient les *Ethica*, mais en partie seulemen·r modum Epitomatis.

M. D. III.

1. Officiarium Curatorum seu Manuale Eduensis dioces. — *Parisiis,* per *Henricum Stephanum.* M. D. III. In-4°.

·2. In hoc libro contenta (Jac. Fabri) Epitome compendiosaque Introductio in libros Arithmeticos divi Severini Boethii. adjecto familiari commentario dilucidata. (Jod. Clichtovei) Praxis numerandi certis quibusdam regulis constricta. (Car. Bovilli) Introductio in geometriam breviusculis annotationibus explanata : sex libris distincta. primus de magnitudinibus et earum circumstantiis. Scdus de consequentibus contiguis & continuis. Tertius de punctis. Quartus de lineis. Quintus de superficiebus. Sextus de corporibus. Liber de quadratura circuli. Liber de cubicatione sphere. perspectivæ introductio. Insuper Astronomicon. — Id opus impresserunt *Volphgangus Hopilius* et *Henricus Stephanus* ea in arte socii in Almo *Parisiorum* studio Anno Christi celorum totiusque nature conditoris. M. D. III. Die vicesima septima Iunii. In-fol.

Sur le titre sont les armes de l'Université, entourées de festons, avec plusieurs petits anges.

3. LIBRI Logicorum (Aristotelis) ad Archetypos recogniti cum novis ad literam commentariis. — *A la fin :* Secundi Elenchorum sophisticorum Aristotelis : et totius logices (quam et obscurum nuncupavit Organon) finis. — *Parisiis* ex officina *Volphangiana* (sic) Impensis *Volphangi Hopilii* et *Henrici Stephani* in excusoria et chalcotypa arte sociorum. Anno domini salvatoris omnium, M. D. III. xvii octobris. *Parisiis.* Fortuna opes auferre, non animum potest. In-fol. 15 s.

M. D. IV.

1. Aristotelis Ethica, interprete Leonardo Aretino. — *Parisiis* apud *Henricum Stephanum.* M. D. IIII. In-fol.

2. Jac. Fabri in Aristotelis octo Physicos libros paraphrasis. In quatuor ejusdem libros de cælo & mundo. In duos de generatione & corruptione. In quatuor libros meteororum. In tres de anima. In libros de sensu & sensibili; de memoria & reminiscentia; de somno & vigilia & divinatione per somnia; de longitudine & brevitate vitæ. Ejusdem (Fabri) Introductorii in Physicam dialogi. Ejusdem Introductorii in Metaphysicam dialogi.— Impress. in alma Academia *Parisiorum* per *Henricum Stephanum* in vico Clausi Brunelli è regione Scholarum Decretorum. 11 Dec. M. D. IIII. In-4°.

3. INCIPIT textus abbreviatus Aristotelis super octo libris physicorum et tota naturali philosophia : nuper à magistro Thoma Bricot Vernantissimarum artium atque divine legis claro professore compilatus : una cum continuatione textus magistri Georgii et questionibus ejusdem de recenti ab eodem Thoma Bricot revisus atque diligentissime emendatus. Et primo sequitur prohemium abbreviationis in primo physicorum. — Questiones iste sex libror. Metaphysices : una cum textus explanatione: pro ritu famatissime *Parisior.* Academie : ab *Henrico Stephani* (sic) in prementionata universitate laudatissima feliciter impresse sunt. Expensis predicti *Henrici Stephani, Iohannis Petit* et *Dionysii Rose.* Anno redemptionis nostre iiij. post mille quingentos. Idibus Octobris. In-fol.

M. D. V.

1. MISSALE Eduense emendatum. — *Parisiis,* apud *Henricum Stephanum,* in vico Collegii Belvacensis ex opposito Scholarum Decretorum. M. D. V. 20 die mensis Martii. In-4°. gothique, à 2 col. fig en bois.

Une des innombrables notes de l'abbé de Saint-Léger m'a appris que ce Missel existoit il y a 60 ans à la Bibliothèque de la Ville. Ces livres ayant été employés vers 1797 pour former le premier fonds de la Bibliothèque de l'Institut, j'ai été dans cette dernière pour y voir le volume. Très exactement enregistré dans le Catalogue, il n'a cependant pu être trouvé, malgré une attentive et très obligeante recherche. Il est possible qu'on le retrouve plus tard, mais quand il ne reparoîtroit jamais, ce seroit malgré sa rareté une perte de peu d'importance.

2. LIBER eruditionis Religiosorum, sex libros complectens, a magistro Humberto de Romanis quondam generali ordinis prædicatorum compilatus, & a patribus ordinis minorum conventus Parisiensis reformatoribus correctus & impressioni traditus. Contemplatio bti Anselmi epi super vita Christi. Ordinarium

vitæ religiosæ editum a sto Bona-
ventura Cardinali de ordine fratrum
minorum. — Venalis reperitur in
vico Collegii Belvacen. E regione
Scholæ Decretorum, *Parisiis* arte &
impensis *Henrici Stephani* noviter
redactus & impressus anno salutis
nostræ M. D. V. die XII. mensis Martii.
In-8°. 6 s.

3. CONTENTA in hoc volumine. Pimander. Mercurii Trismegisti liber
de sapientia & potestate dei. Asclepius. Ejusdem Mercurii liber de volun-
tate divina. Item Crater Hermetis a
Lazareto septempedano, Poeta Christiano, ad Ferdinandum Regem. —
Parisiis in officina *Henrici Stephani*
recognitoribus mendasque ex officina eluentibus Joanne Solido Cracoviensi & Volgacio Pratensi Anno
domini Salvatoris. M. D. V. Calendis
Aprilis. In-4°. 2 s. 6 d.

Au milieu du titre sont ces douze vers
d'un des correcteurs de l'Imprimerie de
Henri.

Petri Portæ Monsterolensis Dodecasticon
Ad Lectorem.
Accipe de Superis dantem documenta libel-
lum :
Sume Hermen, prisca relligione virum.
Hermen Thraïcius quem non æquaverit Or-
pheus,
Et quem non proles Calliopea Linus.
Zamolxin superat cum Cecropio Eumolpo,
Quos diviniloquos fama vetusta probat.
Utilis hic liber est mundi fugientibus umbram,
Vera quibus lucis lumina vera placent.
Hic quid sit disces vera sapientia, summa po-
testas :
Hic poteris summi discere velle Dei.
Insuper invenies plenum cratera liquore
Nectareo ; minimi quæ tibi, lector, emes.
VALE.

4. DECEM librorum moralium Aristotelis, tres conversiones : Prima Argyropyli Byzantii, secunda Leonardi
Aretini, tertia vero Antiqua, per
Capita & numeros conciliate : communi familiarique commentario ad
Argyropylum adjecto. Ex secunda recognitione. — *Au verso du titre* : Hcc

opera hic continentur : ad invicem
hoc ordine conciliata. Primo decem
libri Ethicorum Aristotelis ex traductione Argyropyli Byzantini. Commentarius in eundem. Secundo
Magna Moralia Aristotelis Interprete
Georgio Valla Placentino. Tertio.
Dialogus Aretini ad Galleotum. Quarto artificialis introductio per modum
epitomatis in decem libros ethicorum Aristotelis. Quinto. Decem
ethicorum Aristotelis ex traductione
Leonardi Aretini. Sexto. Iidem
ethicorum Libri Decem ex antiqua
traductione. Omnia uno volumine
comprehensa. — Et absoluta sunt
impensis, sumptibus, & diligentia
Henrici Stephani, in almo *Parisiorum* studio, Anno M. D. V. die V. mensis Augusti. In-fol.

· 5. Jodoci Clichtovei Neoportunen-
sis Introductio in terminorum cognitionem. — *Parisiis* per *Henricum
Stephanum*. M. D. V. In-4°.

M. D. VI.

· 1. IN hoc libro contenta opera Hugonis de sancto Victore. De institutione Novitiorum. De operibus
trium dierum. De arra animæ. De
laude charitatis. De modo orandi.
Duplex expositio Orationis dominicæ. De quinque septenis. De septem
donis Spiritus Sancti. Petro Porta
ipsius operis recognitore sedulo. —
Parisiis per *Henricum Stephanum*.
Anno M. D. VI. die XII. Octobr. In-4°.

Selon Panzer, et selon Pinelli, n° 697,
edente Jodoco Clichtoveo.

2. Practica electionum & postulationum a magistro Guiliermo Man-
dagoto subtiliter composita XXV.
formas instrumentorum in ea re
necessariorum continens.

Le titre de l'exemplaire sur vélin de la Bibliothèque de Sainte-Geneviève, dont voici la copie rectifiée sur l'original, n'est pas conforme à celui qui vient d'être rapporté, et que j'ai pris à la Bibliothèque Royale sur un exemplaire en papier de cette même édition.

Mandagotus electionum praxim : et formas. xxv. instrumentorum ea in re necessariorum ante oculos ponens. Annotatiunculis non paucis ad glosas adiectis.

Hexasticon Correctoris.
Mandagote breves per famam crederis annos
    Extendisse : levi dans bona multa libro.
Pigmeum poterit magnum virtute volumen
    Ac hyperioneum vincere luce jubar.
Sphynx nova non potis est tot enigmata pre-
                                        cogitare :
    Quod valet Edipus hic solvere dedaleus.
Venundatur in vico divi Jacobi ad signum Pellicani.

Ces vers ne font pas grand honneur aux talents poétiques du correcteur-éditeur dont ils sont l'ouvrage.

Au verso du dernier feuillet est cette souscription :

Explicit practica electionum & postulationum magistri Guillermi Mandagoti : Archidyaconi Nemausensis, & postmodum Ebredunensis archiepiscopi : ac sacrosancte ecclesie Romane demum cardinalis : Per quam fide docetur oculata modus eligendi & postulandi prelatos. Quinque & viginti formas ponens instrumentorum : in hujus modi expeditionibus necessariorum elimatissime impressa *Parisiis* per *Henricum Stephanum* e regione schole Decretorum : sumptibus & impensis honestorum virorum & fratrum *Engelberti* & *Godefridi de Marnef* : habitantium in vico divi Jacobi ad signum Pellicani. Anno salutis. M. D. VI. die xxv decembris.

Tout le volume est hérissé d'abréviations que je n'ai pas cru fort utile de reproduire et figurer dans ces citations.

· 3. ARTIFICIALIS Introductio per modum Epitomatis in decem libros Ethicorum Aristotelis, Jacobo Fabro Authore, cum Clichtovei Commentariis ex secunda recognitione. — In alma Academia *Parisiorum* per *Henricum Stephanum* in formularia literarum arte opificem M. D. VI.

Vicesima tertia Februarii. In-fol. 5 s.

Avec quatre vers latins de Beatus Rhenanus.

Accipe moralem lector studiose libellum :
    Qui brevibus facilem pandit ad alta viam.
Hunc meus ingenua nuper Clichtoveus arte
    Auxit : subnectens optima quæque. VALE.

· 4. CONTENTA. Politicorum libri octo. Commentarii. Economicorum libri duo. Commentarii. Hecatonomiarum libri septem. Economiarum publicarum unus : Leonardo Aretino interprete, cum commentariis Jac. Fabri. Explanationis Leonardi Aretini in œconomica libri duo. — Apud *Parisios* primaria superiorum operum editio typis absoluta prodiit ex officina *Henrici Stephani* e regione schole decretorum. Anno Christi cuncta gubernantis M. D. VI. Nonis Augusti. In-fol.

Cette traduction latine est de Léonard d'Arezzo (Leonardus Aretinus) ; les Commentaires, moins le dernier (Explanatio) sont de Lefebvre d'Etaples (Jacobus Faber). Les correcteurs-éditeurs sont P. Porta, déjà nommé, et Beatus Rhenanus dont six vers latins terminent le volume.

L'exemplaire sur vélin de la Bibliothèque Royale contient en 178 feuillets tout ce qu'énonce ce titre, mais il n'a point le premier cahier qui se compose du titre, d'une préface ou dédicace de J. Lefebvre au card. Briçonnet, datée au bas M. D. V. et d'une table. Le titre seul manque dans l'exemplaire sur papier. Tous deux finissent sans autre indication que la date de M. D. VI. précédée d'un registre et de ces mots : Recognitoribus in officina q accuratissime Petro Porta et Beato Rhenano.

Beatus Rhenanus.

Prospera sit cunctis lux terq; quaterq; beata
    Qua modo Politicus prodit Aristoteles
Prodit et œconomis per tempora longa proban-
                                            dus
Cum sene quem sequitur legifer ipse Plato.
Ergo quibus cives ac jura sacerrima cure
    Hos legitote animo candidiore libros.
                V A L E T E
                M. D. VI.

M. D. VII.

1. Epistolæ Apostolorum & Apocalypsis. — *Parisiis*, per *Henricum Stephanum*. m. d. vii. In-8.

· 2. Theologia (Joannis) Damasceni, sive Tractatus quatuor, scil. de orthodoxa fide seu ineffabili divinitate : de creaturarum genesi ordine Mosis : de iis quæ ab incarnatione usque ad resurrectionem : de iis quæ post resurrectionem, usque ad universalem resurrectionem. Latine, interprete Jacobo Fabro Stapulensi. — *Parisiis*, per *Henricum Stephanum*, m. d. vii. die xv. Aprilis. In-4°.

· 3. Contenta. Guilhelmus Parisiensis de Claustro anime. Hugonis de S. Victore de Claustro anime libri iv. (cum Præfatione Jodoci Clichtovei.) — Excudit *Henricus Stephanus*, industrius librorum efformandorum artifex. in officina sua e regione schole decretorum sita. A. D. m. d. vii. decima septembris. In-4°.

4. Textus de Sphera Iohannis de sacrobosco cum additione (quantum necessarium est) adjecta : Novo commentario nuper edito ad utilitatem studentium Philosophice Parisien. Academie illustratus. Cum compositione Anuli Astronomici Boni Latensis. Et Geometria Euclidis Megarensis. (Cum Præfatione Jac. Fabri Stapulensis). — Impressum *Parisiis* in Officina *Henrici Stephani* e regione Schole decretorum sita. Anno Christi siderum conditoris m. d. vii. Decimo. die Novembris. In-fol.

Je doutois de l'existence de cette édition qui ne m'étoit garantie que par le témoignage quelquefois léger de D. Clément; mais elle existe à la Bibliothèque d'Abbeville où je l'ai trouvée, n° 2285 de son Catalogue, que l'autorité municipale a le bon esprit de faire imprimer, non pas comme luxueux monument bibliographique, mais pour l'utilité de ceux qui auroient à recourir à cette Bibliothèque beaucoup trop dépourvue encore de bons livres modernes usuels, mais où se trouve un certain nombre de ces livres anciens, qui, chaque jour, vont se détruisant et s'ensevelissant dans l'oubli, au grand regret de ceux à qui il pourroit quelquefois être utile de les consulter. Ce Catalogue rédigé avec exactitude par l'estimable bibliothécaire M. Louandre, a ses titres assez explicatifs pour bien désigner les ouvrages, mais fort abrégés cependant, afin de ne pas rendre ce Catalogue inutilement volumineux. Le premier volume qui a paru en 1836 contient la théologie, la jurisprudence, et les sciences et arts. Le second et dernier est sous presse.

M. D. VIII.

· 1. Jacobi Fabri Stapulensis Introductiuncula in politica Aristotelis ; & œconomicum Xenophontis a Raphaele Volaterrano translatum. — *Parisiis* ex officina *Henrici Stephani* e regione Scholarum decretorum m. d. viii. Quarto Calendas Octobris. In-fol. 2 s. 6 d.

Sur le titre qui n'est pas l'énoncé précédent, mais une table des matières à 2 colonnes, on lit en latin : *Volgatius Pratensis Ioanni Solido Cracoviensi salutem D.*

Apud hospitem tuum Henricum Stephanum in cujus officina diversor : comperi manu tua exscriptam in politica Aristotelis introductiunculam. Insuper & Economicon Xenophontis. illam : communi præceptori nostro Fabro tribuis. hoc cuidam Raphaeli Volaterrano. ut qui ex græco latinum fecerit..... visum est ut illa publicarem & primitias nostre compositionis ad te mitterem. ut vel sic intelligas : neque labores tuos quos in illis scribendis suscepisti periisse, neque me frigide in novo opificio (quod deo opitulante suscepi prosequendum) versari.

M. D. IX.

1. QUINCUPLEX Psalterium Gallicum. Romanum. Hebraicum. Vetus.
Conciliatum (cum præfatione J. Fabri) — Absolutum fuit hoc quincuplicis Psalterii opus in cœnobio sancti Germani prope muros Parisienses
anno à natali Christi domini M. D.
VIII. Et in clarissimo *Parisiorum*
Gymnasio ex chalcotypa *Henrici*
Stephani officina, è regione scholarum decretorum emissum anno ejusdem Christi salvatoris omnium M. D.
IX. Pridie Calendas Augusti. Illi igitur qui absolvere & absolutum in
publicum emittere dedit : laus &
gratiarum actio in secula seculorum
Amen. In-fol.

Sur vélin à la Bibliothèque royale. Acheté
chez Mac-Carthy.

Très bel exemplaire; c'est celui qui fut
présenté au cardinal Briçonnet, dont les armes sont peintes sur le titre, et sur le premier
feuillet du texte. Il doit en exister encore
trois autres exemplaires.

Cette réunion de cinq versions latines du
Psautier a quelquefois été crue une édition
polyglotte, erreur que n'a point faite M. Brunet qui y ajoute convenablement le mot
(latine).

Gallicum est la version alors adoptée dans
les Eglises de France. C'est la seconde de
St.-Jérôme, par lui faite à la prière de Paula
et d'Eustochius (actuellement nommée la Vulgate): *Romanum** celle qui se chantoit à Rome
et dans les autres églises du rit romain : *He-*
bræum est la version faite par le même, mais
suivant de plus près l'hébreu. *Vetus*, la plus
ancienne, nommée aussi *Itala Vetus*, celle
qui étoit le plus généralement adoptée avant

---

* Malgré l'adoption obligée du texte de la
Vulgate, le Saint-Siège a continué dans la
Chapelle Sixtine l'usage de ce *Psalterium Ro-*
manum dont une édition *Vaticane*, de 1593,
in-8, a été payée 18 liv. 10 sh. à ma vente aldine, faite à Londres, en 1828.

celle de Saint-Jérôme; et enfin *Conciliatum*
est le Psautier *Gallicum* corrigé en quelques
endroits pour le rapprocher du texte hébraïque, ou pour en améliorer la diction.

Cette explication est donnée par l'éditeur
J. Lefebvre, dans son épître ou dédicace au
Card. G. Briçonnet, mise en tête du volume.

Les trois premiers textes sont en trois colonnes, et font le corps de l'ouvrage; les deux
autres viennent à la suite, en deux colonnes,
et en plus petit caractère : l'impression est
belle, en rouge et noir.

Lacaille, p. 78, et quelques autres d'après
lui, croient que l'impression de ce volume
avoit été commencée dans l'abbaye de S. Germain des Prés, mais les mots *absolutum opus*,
qui d'ailleurs n'ont point cette signification,
ont rapport à l'arrangement et combinaison
du livre, et point à son impression.

2. RICOLDI. Ord. Praedicat. contra sectam mahumeticam libellus.
Per Bartholomaeum Picernum e
graeco in latinum conversus. Et cujusdam diù captivi Turcorum pro-
vinciae septem Castrensis, de vita et
moribus eorundem libellus. — Im-
pres. *Parisiis* in officina *Henrici Ste-*
phani è regione scholarum decretorum sita Anno Christi Dei per sanguinem Testamenti sui & Evangelium æternum ubique credendum
& venerandum Salutaris nostri
M. D. VIIII. quarto Cal. Dec. In-4°.

3. COSMOGRAPHIA Pii Papæ in
Asiae & Europæ eleganti descriptione. Asia historias rerum ubique gestarum cum locor. descriptione complectitur. Europa temporum
autoris varias continet historias.—
Impressa per *Henricum Stephanum*
impressorem diligentissimum *Pari-*
siis è regione scholæ decretorum,
sumtibus eiusd. *Henr.* & *Ioh. Hon-*
goti VI. Id. Octobr. M. D. IX. In-4°.

Cette compilation est de Geoffroy Tory,
de Bourges, qui, peu après fut libraire, et
auteur du singulier et savant livre *Le Champ-*
Fleury, 1529, in-4°.

M. D. X.

1. IOANNES Major in primum Sententiarum. — Impressum & exaratum est hoc opus *Parisiis* per *Henricum Stephanum* impensis honestorum virorum *Iodoci Badii Ascensii*, *Ioannis Parvi* & magistri *Constantini Leporis* Anno domini millesimo quingentesimo decimo die aprilis penultimo. In-fol.

2. EGREGII Patris & clari Theologi Richardi quondam devoti cœnobitæ sancti Victoris juxta muros Parisienses de superdivina Trinitate Theologicum opus Hexade librorum distinctum, & capitum xv. Decadibus. Adjunctus est Commentarius. — Compositum fuit in cœnobio sancti Germani prope muros Parisienses anno Christi Salvatoris M. D. X. & emissum in officina *Henrici Stephani* eodem anno Christi Domini, mensis Julii die XIX. In-4.

L'éditeur est J. Lefebvre, *Jac. Faber Stapulensis*, et par une pièce de vers de Michel Humelberg placée à la fin du volume, et qu'il adresse à Beatus Rhenanus, on voit que la mise en ordre, *collatio*, de cette édition est son ouvrage.

3. BERNONIS Abbatis Libellus de officio missæ quem edidit Rhomæ. Sacerdotes studiose legant. — *Parisiis* ex officina libraria *Henrici Stephani* anno Christi Salvatoris, qui est Altare, Victima, & Sacrificium nostrum, Superbenedictus in secula seculorum. M. D. X. Nono Cal. Decembris. In-4.

4. LIBRI Logicorum Aristotelis, Boetio Severino interprete, & Paraphrases in eosdem cum adjunctis adnotationibus, ordinatore Iacobo Fabro Stapulensi; ex secunda re-

cognitione. — *Parisiis* in officina *Henrici Stephani* M. D. X. Quarta Aprilis. Fortuna opes auferre, non animum potest.

La première édition, par le même H. Estienne est de 1503. Les premiers Imprimeurs laissoient leur premier feuillet tout-à-fait blanc afin que chacun pût à son gré y faire écrire, dessiner ou peindre. Peu après on songea à imprimer sur ce premier feuillet un intitulé qui d'abord étoit fort concis, et quelquefois en un seul mot. Comme tout se perfectionne, il vint ensuite à l'idée de faire sur cette page d'entrée une manière d'annonce de tout l'ouvrage, soit en un long sommaire, soit en un emphatique panégyrique, et c'est ce qui a été fait en tête de ce volume dont le verbeux *encomium*, ne mérite vraiment pas d'être transcrit. Le bon goût a toujours fait justice de cet expédient quelquefois encore employé, mais qui n'a jamais manqué de paroître ridicule.

5. IN hoc opere continentur totius Philosophiæ naturalis Paraphrases : adjectis ad literam Scholiis declaratæ & hoc ordine digestæ. Introductio in libros Physicorum. Paraphrasis octo Physicorum Aristotelis. Duo dialogi ad Physicos lib. introductorii. Paraphrasis quatuor de cœlo & mundo completorum. Paraphrasis duorum de generatione & corruptione. Paraphrasis quatuor meteororum completorum. Introductio in libros de anima. Paraphrasis trium de anima completorum. Paraphrasis libri de sensu & sensato. Paraphrasis libri de memoria & reminiscentia. Paraphrasis libri de Somno & Vigilia. Paraphrasis libri de longitudine & brevitate vitæ. Introductio Metaphysica. Dialogi quatuor ad Metaphysicam Introductorii; (Authore Iacobo Stapulensi cum Iudoci Clichtovei, ipsius discipuli annotatiunculis.) — Ex officina *Henrici Stephani* — *à la fin* : In Alma *Parhisiorum* Achademia per *Henricum Stephanum* e regione schole

decretorum commorantem. Anno Christi piissimi Salvatoris entis entium summique boni M. D. X. vicesima secunda Octobris. In-fol.

6. DECEM librorum moralium Aristotelis tres conversiones. (Hæc opera hic continentur ad invicem hoc ordine conciliata). Primo, Decem libri ethicorum Aristotelis ex traductione Argyropyli Byzantini cum Iacobi Stapulensis commentariis. Secundo, Magna Moralia Aristotelis interprete Georgio Valla Placentino. Tertio Dialogus (Leonardi) Aretini ad Galleotum. Quarto, Artificialis Introductio per modum Epitomatis in decem libros ethicorum. Quinto, Decem ethicorum Aristotelis ex traductione Leonardi Aretini. Sexto, itidem ethicorum libri decem ex antiqua traductione. — In almo studio *Parisiorum*, impensis sumptibus & diligentia *Henrici Stephani*. Anno ab incarnatione Domini virtutum M. D. X. Die X. mensis Decembris. In-fol. 15 s.

La première édition est de 1505, il y en a une troisième, de 1516, aussi in-fol., plus une autre de 1514, in-8°, ne contenant que les *Tres Conversiones* des Éthiques.

7. IACOBI Almaini Senonensis, Theologi Parisiensis, Moralia.—*Parisiis* ex officina *Henrici Stephani*. M. D. X. In-4°.

8. IACOBI Fabri Epitome in duos libros Arithmeticos Severini Boethii.—Emissum ex officina *Henrici Stephani*. Anno Christi Salvatoris omnium M. D. X. decima quinta die Martii. In-fol.

Sur le titre les armes de l'Université, que l'on voit aussi sur plusieurs autres volumes imprimés par le même Henri.

Maittaire, Ann. II, 216, s'embrouille un peu dans une explication qu'il fait au sujet de ce livre, et qui donneroit à croire que le volume porte les deux dates de 1503 et 1510. Son erreur vient de ce qu'il aura eu en main un exemplaire mêlé des deux éditions de ces deux années. Pour être exact, il suffisoit de dire que la réimpression de 1510 contient tout ce qui est dans le volume de 1503. V. ci-dessus, p. 1, à cette date, pour le long énoncé du titre que je ne reproduis ici qu'en partie.

9. CAROLI Bovilli Samarobrini viri doctissimi Tractatus varii, scilicet: Liber de Intellectu, de Sensu. 25 Oct. 1509.

— Liber de nichilo 26 Nov. 1509.
— Ars Oppositorum 29 Nov. 1509.
— Liber de Generatione. 21 Dec. 1509.
— Liber de Sapiente et insipiente. 13 Nov. 1509.
— Liber de duodecim numeris 16 Maii. 1510.
— Epistolarum liber.
— Liber de mathematicis rosis 8 Ian. 1509.
— Liber de numeris perfectis 9 Ian. 1509.
— Liber de Geometricis corporibus 14 Ian. 1509.
— Liber de mathematicis supplementis 18 Ian. 1509.
— Editum est universum hoc Volumen Ambianis in Aedibus reverendi in Christo patris Francisci de Hallewin eiusdem loci Pontificis : & emissum ex officina *Henrici Stephani* impensis eiusdem & *Ioannis Parvi* in chalcotypa arte sociorum. Anno Christi Salvatoris omnium M. D. X. Primo Cal. Februarii. *Parisiis*. In-fol. 10 s.

Avec fig. en bois, et les armes de l'Université sur le titre.

10. PAULI Æginetæ Præcepta salubria Guilielmo Copo Basiliensi interprete. — *Parisiis* ex officina libraria *Henrici Stephani* Anno Christi Salvatoris M. D. X. Quarta Aprilis. In-4. 2 s.

Avec une préface du traducteur ad *Germanum de Cardy Cadareensem Episcopum.* Elle m'a paru trop singulière pour ne pas suivre l'exemple de Maittaire qui, dans ses Ann. Typ. II, 207, en rapporte une partie.

« Medicinam non infimam Philosophiæ partem, fœlici illo sæculo, quum florerent bonæ literæ, summopere cultam, nescio quo pacto, humanarum literarum studiosi negligunt...... nisi si id est quòd adeò barbarorum fecibus obliterata est, ut nemo cultioris literaturæ studiosus vel minimo, ut inquiunt, digito eam attingere dignetur. Qua de re paucos hodie videas magni nominis viros, qui ad ultimam usque senectam perveniant. Sanè nostro ævo Picus Mirandula rerum naturæ miraculum, atque Angelus Politianus, qui unus à Gothorum injuria linguam Latinam vindicare potuisset, ideo per ætatis vigorem immatura morte nobis sublati sunt, quòd non justam medicinæ in suis lucubrationibus rationem habuerunt...... Hujus nominis Pythagoras, Empedocles, Democritus, Diocles Caristius, Praxagoras, Chrysippus, Plato, Dionysius Heracleotes, Xenocrates Platonicus, Carneades, Cleanthes, Xenophanes Colophonius, summi philosophi in ultima senectute mortem obierunt. Aristoteles verò ipse, quum alioquin naturali stomachi infirmitati crebrisque morbidi corporis offensionibus obnoxius esset, ob animi tamen magnitudinem, quam ex medicinæ scientia conceperat, contra opinionem hominum, ad sexagesimum usque pervenit annum. Id verò nostro ævo ob hanc maximè causam contingere solet nemini, quòd summorum Medicorum monumenta, Hippocratis inquam, Galeni, Rufi, Oribasii, Pauli, Alexandri, pulveribus obsita jacent negligunturque; ac barbarissimi quique vel temporum injuria, vel circulatorum avaritia inducti, illorum loco habentur in precio. Ergo quum magna jam antiquorum optimorumque voluminum, tum Oratorum & Poetarum, tum Philosophorum, copia Aldi Manutii viri undecunque doctissimi industriâ nobis restituta sit, laborandum esse duxi, ut Medicinæ quoque Auctores ad pristinæ dignitatis lucem resurgant. Igitur Græcarum literarum prima rudimenta, quæ jampridem in Germania sub Mithridate & Conrado Celte degustaveram, sub utriusque Linguæ doctissimis præceptoribus Joanne Lascari atque Erasmo Roterodamo in Parisiorum Academia excolere ten-

tavi. Sed ob eorum præcipitem in Italiam abitum operam ferè lusissem, nisi mox Hieronymum Alexandrum, Græcæ, & Latinæ, & Hebraicæ, adde etiam Chaldaicæ, doctissimum, perpetuum annum Poetas & Oratores (absque enim horum diligenti lectione nullus facilè Græcas literas discere posse speret) græcè legentem audivissem. Cujus præceptis formatus, ut studiorum meorum frugem aliquam reponerem, Theodorum Gazam atque Nicolaum Leonicenum quanquam longo admodum, intervallo, imitari, ac veteres eosque eruditissimos Græcos Medicos pro virili restituere visus sum. Atque in primis Paulum Æginetam........ »

Un exemplaire imprimé sur vélin se trouvoit chez Askew, à la vente de qui il fut payé 11 liv. st. en 1775.

Christophori Longuolii Parisiensis Oratio de laudibus divi Ludovici, atque Francorum, habita Pyctavii in cœnobio fratrum minorum Anno Domini 1510. — Impressum per *Henricum Stephanum* e regione scholæ decretorum. In 4°.

Cet estimable littérateur, mort à 32 ans, est quelquefois nommé en latin par les François *Longuolius* (de Longueil) et toujours *Longolius* par les Italiens.

M. D. XI.

1. CONTENTA. Ricoldi Ordinis Prædicatorum contra sectam Mahumeticam, non indignus scitu Libellus. Cuiusdam diù captivi Turcorum, Provinciæ septem Castrensis, de vita et moribus eorundem alius non minus necessarius Libellus. Adiunctus est insuper Libellus de vita et moribus Iudæorum. — *A la fin des deux premiers Libelli*: Libellorum de Impugnatione legis Turcorum et de moribus eorum : impressorum *Parisiis* in Officina *Henrici Stephani* finis. Anno Christi Dei per Sanguinem Testamenti sui Salutaris

nostri M. D. XI. XVI. Aprilis. — Sequitur de vita et moribus Iudæorum Victoris de Carben, olim Iudæi, nunc Christi miseratione Christiani Libellus. *Et à la fin du volume :* Libelli de vita et moribus Iudæorum Domino Victore, nunc Sacerdote Christiano, olim Iudæo, et totius Operis finis. Ex Officina *Henrici Stephani* è regione scholarum Decretorum sita. Anno Domini M. D. XI. ultima Aprilis. in 4°.   3 s.

Maittaire, Ann. Typ. II, 221, fait deux volumes séparés de ces opuscules qui paroissent devoir n'en former qu'un seul.

2. CONTENTA. Politicorum libri Octo. Commentarii. Economicorum duo. Commentarii. Hecatonomiarum Septem. Economiarum publ. unus. Explanationes Leonardi (Aretini) in Oeconomica duo.—Apud *Parisios* secundaria superiorum operum editio typis absoluta prodiit ex Officina *Henrici Stephani* e regione Schole Decretorum. Anno Christi cuncta gubernantis. M. D. XI. Nonis Aprilis—*et à la fin :* Recognitoribus in officina quam accuratissime. Petro Porta et Beato Rhenano. Ex Officina *Henrici Stephani.* M. D. XI. Ultima Martii. Beatus Rhenanus (puis trois distiques) Valete. In fol.   10 s.

Au revers du titre est la préface : « Ad Reverend. in Christo patrem D. Guillermum Briçonnetum Episcopum Lodovensem Iacobi Fabri Stap. in Polit. et Econ. Aristo. recognitionem Prefatio. »

La première édition est du même Henri Estienne, 1506, voyez ci-dessus, page 4. Malgré la supériorité de celle-ci sur la précédente, le peu d'usage que l'on fait actuellement de cette sorte de livres, rend ces améliorations de fort peu d'intérêt.

3. ARISTOTELIS Ethica, interprete Leonardo Aretino. — *Parisiis.* Apud *Henricum Stephanum.* M. D. XI. in-fol.

4. LOGICES Adminicula. Ammonius in predicabilia. Boetii in eadem editiones due. In predicamenta Aristotelis una. In perihermenias editiones due. Ad cathegoricor. Syllogismos Introductio. De Syllogismo cathegorico libri duo. De Syllogismo hypothetico itidem duo. Themistii in posteriora Aristotelis libri duo. Boetii de divisionibus liber unus. De diffinitionibus itidem unus. De differentiis topicis tres.—*Parisiis* ex Officina *Henrici Stephani* Chalcographi. Anno Dni M. D. XI. die XXVIII. Octobr. In-fol.

Ces *editiones duæ* sont un double texte avec de notables différences.

5. Textus de Sphæra Iohannis de Sacro Bosco cum additione (quantum necessarium est) adiecta ; novo commentario nuper edito ad utilitatem studentium philosophicæ Parisien. Academiæ illustratus cum compositione annuli astronomici Boni Latensis (Medici Hebræi) et Geometria Euclidis Megarensis a Boetio in latinum translata.—*Parisiis* in Officina *Henrici Stephani* e regione Scholæ Decretorum sub Anno Christi siderum conditoris M. D. XI. Decimo die Novembris. In-fol.   12 s.

Avec une préface de l'éditeur J. Faber Stapulensis, ad Carolum Borram, Thesaurarium regium.

M. D. XII.

1. S. PAULI epistolæ XIV. ex Vulgata editione ; adiecta intelligentia ex Græco, cum commentariis Iacobi Fabri, Stapulensis : præmittitur Apologia quòd vetus Interpretatio Epistolarum S. Pauli, quæ passim legitur, non sit tralatio Hieronymi ; canones Epistolarum S. Pauli, accedit ad calcem Linus episcopus,

de passione Petri & Pauli , ex Græco in Latinum conversa. — Hoc opus illustratore Christo , qui lucet ubique , etsi non capitur , absolutum fuit in cœnobio Sancti Germani juxta Parisios anno 1512, & eodem anno circa natalem Dominicæ de purissima Virgine nativitatis diem ex officina *Henrici Stephani* emissum. **Decemb. xv. 1512. In-fol.**

L'opuscule de Linus *De Passione Petri et Pauli* vient après la souscription , et sur son dernier feuillet on lit : Parisiis Anno Christi Regis æterni 1512.

A la Bibliothèque Royale un très bel exemplaire sur vélin avec vingt-cinq grandes initiales en or et en couleurs. C'est celui qui fut présenté au card. G. Briçonnet à qui l'édition est dédiée.

2. CONTENTA in hoc opusculo. Vetus editio Ecclesiastæ. Olympiodorus in Ecclesiastem, inserta nova tralatione interprete Zenobio Acciaiolo , Florentino. Aristeas de LXXII. legis hebraice interpretatione , interprete Matthia Palmerino Vincentino. — *Parisiis* in officina *Henrici Stephani* **XXVI. Martii M. D. XII. In-4°.   3 s.**

Ce volume a deux dates rapportées différemment par Maittaire dans *Vitæ Stephanorum*, et dans les Ann. Typogr. et ensuite par Panzer. Celui-ci met à la fin d'Olympiodore. M. D. XII. Martii XVI, d'accord avec les Annales typogr. Mais selon celles-ci, la date de la fin d'Aristée est XXVI Martii M. D. XI. tandis que Panzer met M. D. XII. Il est probable que les deux opuscules auront été ainsi presque simultanément exécutés, et que si on lit XI dans Maittaire, c'est par l'oubli d'un I.

3. IN hoc opere contenta. Theologia Damasceni quatuor libris explicata (a Jod. Clichtoveo) , & adiecto ad literam commentario elucidata. I. De ineffabili divinitate. II. De creaturarum genesi ordine Mosis. III. De iis que ab incarnatione usque ad resurrectionem Christi. IV. De iis quæ post resurrectionem usque ad universalem resurrectionem. — Hæc Damasceni cum expositione prima æmissio typis absoluta est *Parisiis* : ex officina *Henrici Stephani* e regione Scholæ Decretorum. Anno Christi omnium conditoris et rectoris M. D. XII. Nonis Februariis. In-fol.

Il y a une précédente édition de 1507 , in-4°, voy. p. 5. Mais celle-ci est la première (prima emissio) avec un commentaire. La réimpression de 1519 est qualifiée *secùnda emissio.*

4. Devoti & venerabilis patris Ioannis Rusberi presbyteri canonici observantiæ beati Augustini de ornatu spiritualium nuptiarum libri tres. Primus de ornatu vitæ moralis & activæ. Secundus de ornatu vitæ spiritualis & affectivæ. Tertius de ornatu vitæ superessentialis & contemplativæ. — Venale habetur in officina *Henrici Stephani* chalcographi. — A la fin : Per *Henricum Stephanum* chalcographum, e regione Scholæ Decretorum : Anno salutis 1512. Tertia die Augusti. Finis. Deo gratias. A In-4.   3 s.
M
E
N

5. GUILLERMI de Mara utriusque censuræ doctoris ac Constantiensis ecclesiæ Thesaurarii ac Canonici de tribus fugiendis, ventre , pluma & venere , Libelli tres multis probatorum authorum sententiis & exemplis referti. — Venale habentur *Parisiis* in officina libraria *Henrici Stephani* e regione scholæ decretorum. (M. D. XII.) In-4°.   1 s.

Chevillier, p. 328, donne à ce livre la date de 1512 ; Maittaire et Panzer disent ne lui en avoir vu aucune. Il est dédié par l'auteur au cardinal Adrien Gouffier.

6. ARTIFICIALIS Introductio per modum Epitomatis in decem libros Ethicorum Aristotelis adiectis commentariis elucidata. — *Parisiis* per

Henricum Stephanum in formularia literarum arte opificem ; venalis in officina libraria eiusdem *Henrici* è regione Scholæ decretorum sita ; cum nonnullis aliis operibus, Philosophiæ studio non parum accommodis. Anno ab incarnatione Domini virtutum 1512. quinta Maii. In-fol.

Ainsi qu'on le voit à la première édition de 1502 (ci-dessus pag. première) l'Epitome ou abbréviation est de *Jod. Clichtoveus*, et les Commentaires sont de *Jac. Faber.*

7. INTRODUCTIO Jacobi Fabri in Politica Aristotelis; & Xenophontis OEconomicus. — *Parisiis* ex officina *Henrici Stephani* e regione Scholarum Decretorum. M. D. XII. Pridie Nonas Septembris. In-fol.

· 8. De Vera Nobilitate Opusculum : Completam ipsius rationem explicans, & virtutes quæ generis nobilitatem imprimis decent ac exornant depromens, &c. (Authore Judoco Clichtoveo Neoportunensi) — Completum in alma *Parisiorum* academia : anno Domini virtutum & scientiarum authoris millesimo quingentesimo duodecimo septimo. Calendas Septembres. Per *Henricum Stephanum* artis impressoriæ industrium opificem ex opposito Scholæ Decretorum habitantem. In-4°.

9. HIPPOCRATIS de præsagiis in morbis acutis. — *Parisiis* ex officina *Henrici Stephani.* M. D. XII. In-4°.

Dans ce volume le mot *febris* étoit écrit par æ *fæbris*. On y corrigea la faute par cette plaisanterie, bonne ou mauvaise : « fæbrem longam sibi Chalcographus delegit, tametsi febris correpta sit minùs periculosa.

10. Galeni de differentiis febrium libri duo, interprete Laurentiano Florentiano. — Venalis habetur *Parisiis* in officina *Henrici Stephani* chalcographi e regione scholæ Decretorum. — Impressum in alma *Parisiorum* Academia per *Henricum Stephanum* Chalcographum e regione scholæ Decretorum commorantem : Anno Christi omnium Redemptoris M. D. XII. Die vero Decembris XX. In-4.

11. PAULI Æginetæ Præcepta salubria Guilielmo Copo Basiliensi interprete. — *Parisiis* ex officina *Henrici Stephani.* M. D. XII. Decima Sexta Aprilis. In-4°. 2 s.

Réimpression d'une précédente édition de 1510.

12. AURELII Cornelii Celsi Medicinæ libri VIII. — *Parisiis* ex officina *Henrici Stephani.* M. D. XII. In-4°.

13. APOLOGIA Erasmi contra Latomum. — *Parisiis* in officina *Henrici Stephani.* M. D. XII. In-4°.

14. ITINERARIUM provinciarum omnium Antonini Augusti, cum Fragmento ejusdem necnon indice haudquaquam aspernando. Cum privilegio, ne quis temere hoc ab hinc duos annos imprimet. — Venale habetur ubi impressum est, in domo *Henrici Stephani* e regione scholæ Decretorum *Parrhisiis.* In-16. 5 s.

Edition faite par les soins de Geoffroy Tory, de Bourges, depuis libraire à Paris, lequel en avoit copié le texte sur un ancien manuscrit à lui prêté par le jeune et très savant Chr. de Langueil, ainsi que Tory le fait connoitre par une préface datée de Paris, 14 des Cal. de sept. 1512. Il y en a à la Bibliothèque Royale un exemplaire sur vélin.

15. EUSEBII Cæsariensis Episcopi Chronicon : quod Hieronymus presbyter divino eius ingenio latinum facere curavit, et usque in Valentem Cæsarem Romano adiecit eloquio. Ad quem & Prosper & Matthæus Palmerius, & Matthias Palmerius, demum & Iohannes Multivallis complura quæ ad hæc usque tempora subsecuta sunt adiecere. —

Absolutum est in alma *Parisiorum*
Academia , per *Henricum Stephanum* , in formularia literarum arte
opificem , illius maxima cura & diligentia , nec non eiusdem & *Jodoci
Badii* in hoc opere sociorum parvis
expensis. Anno ab incarnatione domini cuncta gubernantis, millesimo
quingentesimo duodecimo. Idibus
vero Iunii. In-4°.

Un exemplaire imprimé sur vélin a été
consumé dans l'incendie de la Bibliothèque
de Saint-Germain des Prés, en 1794.

Maittaire, Ann. II, 231, fait très à propos remarquer que *Matthias Palmerius*, l'un
des continuateurs de cette Chronique, et qui l'a
conduite jusqu'en 1481, s'exprime ainsi, à
l'année 1457. « Quantum literarum studiosi
Germanis debeant, nullo satis dicendi genere exprimi posset. Namque à Ioanne Gu-
temberg Zumjungen Equiti Maguntiæ Rheni
solerti ingenio librorum imprimendorum ratio 1440. inventa, hoc tempore in omnes
fere orbis partes propagatur : qua omnis An-
tiquitas parvo ære comparata posterioribus
infinitis voluminibus legitur. » C'est une autorité bien respectable que celle de ce contemporain qui, sans aucun intérêt de pays,
d'amour-propre, nomme le véritable auteur
primitif de cette belle découverte pour laquelle il auroit tout aussi bien préconisé Laurent Coster, si ce Hollandois avoit le moindre
titre à en revendiquer quelque portion, et si
le procès typographico-littéraire soutenu avec
une persévérante opiniâtreté par quelques
Hollandois, avoit d'autre fondement qu'une
fable imaginée après coup, et détruite à plusieurs reprises par tant de preuves contraires.

Aux preuves déjà si convaincantes par
lesquelles cet absurde système avoit été renf-
versé, j'ai eu la satisfaction d'en ajouter de
plus positives encore, et qui, reposant sur de
très rares impressions, avoient jusqu'alors été
inaperçues. Voy. dans mon Catalogue, 1819,
4 vol. in-8°, tome II, p. 152 à 158, une
longue note que probablement je réimprimerai à la fin du présent ouvrage.

L'éditeur, et en même temps le dernier
compilateur de ce volume, *Joannes Multivallis* (nom que je ne saurois trop comment
rendre en françois) y a joint des vers et un
avis *Lectoribus* par lequel il fait savoir qu'il a

amené cette Chronique de l'an 1481 jusqu'au
temps de cette impression.

16. **Roberti** Abbatis S. Michaelis
de monte in periculo maris Chronicon ab ann. 1112 ad ann. 1220. in
quo præsertim de rebus Normanni-
cis & Anglicis tam ecclesiasticis
quam sæcularibus agitur, editum est
ad calcem Sigeberti Gemblac. monachi. — *Parisiis*, en officina *Henrici Stephani*. M. D. XII. In-4°.

Maittaire donne, page 4, cet intitulé d'a-
près Le Tellier (*Telleriana Bibliotheca*). Il y
met ab anno 112 au lieu de 1112. Je pense
que cette suite est, non pas un livre complet
mais une partie nécessaire du volume de 1513
Sigeberti Chronicon, sur le titre duquel la
continuation de l'abbé Robert est mentionr-
née, « cum additionibus Roberti Abbatis. »

M. D. XIII.

1. **Secunda** Emissio. Quincuplex
Psalterium. Gallicum. Rhomanum.
Hebraicum. Vetus. Conciliatum.
Præponuntur quæ subter adjiciun-
tur. Epistola. Epilogus disputatio-
nis psal. XXX. Appendix in psal. XXX.
Prologi Hieronymi tres. Partitio
psalmorum triplex. Indices psalmorum duo. — Absolutum fuit hoc
Quincuplicis Psalterii Opus in cœnobio Sancti Germani prope muros
Parisienses : anno a natali Christi
Domini 1508. Et in clarissimo *Parisiorum* Gymnasio ex chalcotypa *Henrici Stephani* officina e regione Scholarum Decretorum ad secundam et
castigatiorem emissionem susceptum anno eiusdem Christi Salvatoris
omnium 1513. Idibus Iuniis. Illi igitur qui absolvere & absolutum in
publicum emittere dedit : Laus &
Gratiarum actio in sæcula sæcu-
lorum. Amen. In-fol.

Avec la préface de l'éditeur *J. Faber ad DD. Guillelmum Briçonnetum cardinalem. Anno Christi* M. D. VII, qui est dans l'édition de 1509.

Il a été vérifié que cette édition a sur la précédente de 1509 l'avantage de quelques augmentations. On en connoit deux exemplaires sur vélin, l'un acheté chez Mac-Carthy, et qui est ici à la Bibliothèque Royale, l'autre, venant du duc de La Vallière, est, ou étoit chez le marquis Durazzo, à Gênes. Un Catalogue du libraire Osborne, Lond., 1759, n° 1881, en note un aussi sur vélin, au prix de cinq guinées. Je ne puis savoir si c'est l'un de ces deux.

2. LIBER trium virorum & trium spiritualium virginum. Hermæ Pastor, lib. I. Uguetini Monachi Visio, lib. I. F. Roberti Sermonum & Visionum, lib. III. Hildegardis Scivias Visionum, lib. II. Elisabethæ virginis cœnobitæ Sconaugiensis Sermonum & Visionum ad fratrem suum Egbertum (Abbatem Sancti Florini) lib. VI. Mechtildis virginis libri V, studiorum piorum : editore J. Fabro Stapulensi, Volgatio Pratensi in officina recognitore. — *Parisiis*, ex officina *Henrici Stephani* chalcographi è regione scholæ Decretorum. Anno Mil. CCCCC. XIII. Sexto nonas Junias. In-fol. 10 s.

Le volume se termine par ce qui suit. « Iis, qui huic devoto pioque operi emittendo quomodocunque invigilarunt, prosint apud Deum piæ preces legentium. Qui autem hoc Opus impressit, partim ære proprio, partim verò socii Ioannis Briensis opitulamine rem literariam auxit. »

Au commencement du livre sont trois images en bois, ou portraits des trois Vierges.

Dans Almeloveen, et d'après lui dans Maittaire, pag. 5, on voit cet intitulé : « Elisabethæ Schonaugiensis sororis Egberti Regis Visiones. — *Parisiis*, apud *Henricum Stephanum* M. D. XIII. » Ce qui établiroit une édition de ces écrits distincte et en duplication de ce qui fait partie du volume *Liber trium*, &c. Mais il y a là une double erreur

que Maittaire lui-même a reconnue et relevée dans les Ann. Typ. II, p. 242, où il explique qu'Almeloveen, se fiant à d'inexacts Catalogues a présenté comme un livre séparé et complet ce qui n'est qu'un fragment de volume, et qu'en outre il a mal-à-propos mis *soror Regis*, tandis qu'une note de ce livre, pag. 119, fait connoitre que cet Egbert étoit abbé : « Frater ille fuit Egbertus Abbas Sancti Florini. »

Le texte grec de l'opuscule d'Hermas, *Pastor*, dont la version latine imprimée ici est plus entière, ne se compose que de quelques fragments. On les retrouve dans le *Codex Apocryphus N. Test.* et dans *Cotelerii Collectio SS. Patrum*, 1724, 2 vol. in-fol.

3. IN hoc opere contenta (Jodoci Clichtovei) De puritate conceptionis beatæ Mariæ Virginis libri duo. De dolore ejusdem sacræ Virginis in passione filii sui Liber unus. De ejusdem juxta crucem filii sui statione Homelia. De Assumptione ipsius gloriosæ Virginis Liber unus.— Completum est hoc opusculum cum cæteris præcedentibus, & ex officina emissum in alma *Parisiorum* academia. Anno Domini omnium sanctificatoris et glorificatoris 1513. die vero novembris vicesimanona. Per *Henricum Stephanum*, librorum imprimendorum industrium opificem e regione scholarum Decretorum habitantem. In-4°. 3 s. 6 d.

4. DE laude Monasticæ religionis (J. Clichtovei) Opusculum : unde ipsa ceperit exordium incrementum et stabilimentum dilucide declarans. Quonam etiam modo tria præcipua illius vota obedientia paupertas & castitas integre observanda sint : latius edisserens. adiectis passim sacræ Scripturæ sententiis & exemplis : sanctorumque patrum non prætermissis (ubi locus efflagitabat) authoritatibus.— Absolutum est hoc opus apud Vallem Cluniacam, &c., anno Domini virtutum &

veræ pietatis Authoris decimo tertio supra millesimum & quingentesimum decima octava die Aprilis.
Emissum autem est in lucem et impressum *Parisiis* per *Henricum Ste-*
phanum industrium chalcographum
artisque literarum excusoriæ opificem in sua officina è regione scholæ Decretorum eodem anno Domini,
die verò vicesima quinta Iunij (cum
Erratorum Indice). In-4°.

. 5. (Jod. Clichtovei) De mystica numerorum significatione Opusculum
eorum præsertim qui in sacris literis usitati habentur, spiritualem
ipsorum designationem succincte
elucidans.—Expletum est hoc opus·
culum & ex officina emissum in
alma *Parisiorum* academia : anno
Domini (qui omnia numero defini-
vit) decimo tertio supra millesimum et quingentesimum decima
sexta die Decembris. Per *Henricum*
Stephanum artis excusoriæ librorum sedulum & industrium opificem, e regione scholæ Decretorum
habitantem. In-4°. 2 s.

. 6. In hoc Opusculo (Jod. Clichto-
vei) he continentur Introductiones.
In terminos. In artium divisionem.
In insolubilia.—Absolutum est hoc
opus in *Parisiorum Lutetia* per *Hen-*
ricum Stephanum e regione schole
Decretorum. Anno salutis nostre
M. D. XIII. decima die Iulij. In-4°.

7. Peri Archon (id est de Princi-
piis) Scientiarum Opusculum Joannis Pelletarii, quæ in Dialectices
initio generatim inquiri solent,
breviter & artificiosè complectens.
— *Parisiis* apud *Henricum Stepha-*
num M. D. XIII. Octavo Idus Octobris. In-4°. 1 s.

8. Galeni de affectorum locorum
notitia Libri sex, Guilielmo Copo
Basiliensi interprete. — Venales ha-

bentur in officina *Henrici Stephani*
chalcographi e regione scholæ Decretorum. In-4°.

La date de ce volume est à l'Epitre du
Traducteur à Louis XII. *Anno millesimo*
quingentesimo decimo tertio.

Maittaire, Ann. Typ. II, 244, dit avoir vu
un exemplaire de ce livre sur vélin ; ce doit
être celui qu'a possédé Harley (Bibl. Harl.
n° 10177). Il passa chez Askew, chez Willett,
et se trouve aujourd'hui chez M. le duc de
Devonshire. Il est enrichi d'initiales en or et
en couleurs.

9. Sigeberti Gemblacensis cœnobitæ Chronicon ab anno 381 ad
1113 ; cum insertionibus ex historia Galfridi & additionibus Roberti
abbatis Montis, centum & tres sequentes annos complectentibus pro-
movente egregio patre D. G. Parvo,
doctore theologo confessore regio ;
nunc primum in lucem emissum.
Cum privilegio. — Venale habetur
in officina *Henrici Stephani* (ubi
impressum est) e regione scholæ Decretorum sita : & in vico Sancti
Jacobi in officina *Johannis Parvi*,
sub Lilio aureo.—Absolutum est *Pa-*
risiis hoc Sigeberti Chronicon, cum
non paucis additionibus : per *Hen-*
ricum Stephanum artis literarum
excusoriæ industrium opificem, in
sua officina è regione scholæ Decretorum expensis ejusdem et *Joan-*
nis Parvi bibliopolæ insignis. Anno
Dni cuncta tempora disponentis.
M. D. XIII. Calendas Junii. In-4°.

M. D. XIV.

1. Decem libri ethicorum Aristotelis ad Nicomachum, ex traductione
Argyropyli, Fabri commentario elu-
cidati & singulorum capitum argumentis prænotati, decimi & ultimi
interprete Argyropulo & adiuncto

Fabri commentario. — Impress. *Parisiis* apud *Henricum Stephanum.* Anno M. D. XIIII. Pridie Cal. Nov. In-8°.

2. GALENI Opera Nicolao Leoniceno interprete: de differentiis morborum Libri duo; de inequali intemperatura liber unus ; de arte curativa ad Glauconem libri duo : de Crisibus libri tres.—Impress. *Parisiis*, sed nusquam antea per *Henricum Stephanum*, e regione Scholæ Decretorum commorantem Anno Domini omnium conservatoris millesimo quingentesimo quarto decimo penultima die Novembris. In-4°.

3. ALEXANDRI Benedicti physici Anatomice, sive Historia corporis humani : eiusdem Collectiones medicinales seu Aforismi. — *Parisiis* per *Henricum Stephanum* artis formulariæ industrium opificem ex opposito Scholæ Decretorum habitantem, Anno Domini Omnium Authoris & Conservatoris millesimo quingentesimo quarto decimo, pridie Nonas Ianuarias. In-4°.

Avec une Epître ou Dédicace de l'auteur à l'Empereur Maximilien, datée de Venise, M. IIID. Calendis Aug.

Le même médecin, Alessandro Benedetti, dédia, sous la date de M. IIID, au Doge de Venise, un opuscule, *Diaria de Bello Carolino*, petit in-4°, imprimé par Alde l'Ancien, et devenu très rare. En tête de l'un et l'autre volumes sont des vers latins de *Quintus Aemilianus Cimbriacus*, ami de l'auteur. Ceux du volume imprimé à Paris, sont à la louange de l'ouvrage; mais des deux pièces qui sont dans le volume vénitien, la première est une diatribe contre nous, *Invectiva in Gallos*.

4. IN hoc opere contenta Arithmetica decem libris demonstrata (a Jordano Nemorario). Musica libris demonstrata quatuor (a Jac. Fabro). Epitome in libros Arithmeticos divi Severini Boetii (ab eodem Fabro). Rhythmimachiæ Ludus, qui & Pugna numerorum appellatur (ab eodem).— Hæc secundaria superiorum operum æditio venalis habetur *Parisiis* in officina *Henrici Stephani* e regione Schole Decretorum. *Parisiis* Anno salutis Domini M. D. XIIII. die septima Septembris. In-fol. 5 s.

Une édition de 1563, et une seconde de 1510, contiennent une partie de ces ouvrages, et quelques autres qui ne se retrouvent point dans celle-ci.

A la fin : « Has duas quadrivii partes & artium liberalium præcipuas atque duces cum quibusdam amminicularijs adjectis : curavit ex secunda recognitione una formulis emendatissime mandari ad studiorum utilitatem *Henricus Stephanus* suo gravissimo labore & sumptu *Parhisiis* Anno salutis Domini : qui omnia in numero atque harmonia formavit 1514. Absolutumque reddidit eodem anno : die septima septembris suum laborem ubicunque valet semper studiosis devovens. »

Après cette souscription, la page est terminée par dix-huit vers latins de G. Gontier, de Châlons (sur Saône) (G. Gonterii Cabilonensis) à la louange de l'ouvrage.

5. L'ART et Science de Géometrie pratique, avec les figures sur chacune reigle, par lesquelles on peut facilement comprendre ladite science, par Charles de Bovelles, chanoine de Noyon. — A *Paris* chez *Henri Estienne*. M. D. XIIII. In-4°.. 3 s. 6 d.

M. D. XV.

1. S. Pauli Épistolæ XIV. ex Vulgata editione, adiecta intelligentia ex Græco cum commentariis Iacobi Fabri Stapulensis.—Hoc opus illustratore Christo, qui lucet ubique, etsi non capitur, absolutum fuit in cœnobio sancti Germani iuxta *Parisios* Anno Christi vitæ authoris quingentesimo & duodecimo supra millesimum et eodem anno circa natalem dominicæ de purissima virgine

nativitatis diem. Ex officina *Henrici Stephani* emissum. Deinde anno, **M. D. XV.** *et pour conclusion du volume :* Linus Episcopus de passione Petri & Pauli ex greco in latinum conversa. In-fol.

La date est à la page 258, avant l'opuscule de Linus. Cette réimpression d'une édition de 1512 atteste le succès d'un livre maintenant oublié, et comme tant d'autres, devenu tout-à-fait hors d'usage. A la vente de Mac-Carthy j'en ai acheté un fort bel exemplaire sur vélin, qui est maintenant en Angleterre. Anciennement il avoit été dans la Bibliothèque du Collège de Navarre.

2. **Officium** diurnum Sanctimonialium juxta usum Fontis Ebraldi elimatum. *Parisiis* apud *Henricum Stephanum* **M. D. XV.** In-4°.

· **3.** **Theologia** vivificans, cibus solidus, D. Dionysii Areopagitæ Cœlestis Hierarchia, Ecclesiastica Hierarchia, Divina nomina, mystica Theologia, undecim Epistolæ, (interprete Ambrosio Monacho Camaldulensi, cum scholiis Fabri, et Clichtovei ad litteram commentario;) Ignatii undecim Epistolæ; Polycarpi Epistola una; latine.— Hæc secundaria & castigatissima æmissio ex officina *Henrici Stephani*, &c. *A la fin :* per *Henricum Stephanum* artis formulariæ peritum et sedulum Opificem e regione Scholæ Decretorum habitantem, Anno **M. D. XV.** Die mensis Aprilis decima quarta. In-fol.

L'édition est dédiée par J. Clichtou au second G. Briçonnet alors évêque de Lodève, puis de Meaux en 1516.

4. **Alani** Varenii Montalbani Homiliæ xv in Canticum Canticorum; Homiliæ breves **xlviii** in aliquot Psalmos Davidicos ; Sermones v panegyrici in Sanctam Mariam. — *Parisiis* in officina *Henrici Stephani* e regione Scholæ Decretorum

M. D. XV. XII. Calendas Iunij. In 4°. 4 s. 6 d.

Maittaire, d'après Almeloveen, met ce livre à l'année 1516; mais Panzer dit que l'édition de 1516 n'existe pas, et il le reporte à 1515.

5. **Aristotelis** Opus Metaphysicum Bessarione interprete **xiiii** libris distinctum cum Argyropyli in **xii.** primos interpretamento ; item Theophrasti Metaphysicorum liber unus; item Metaphysica Introductio quatuor dialogorum libris elucidata, authore Jac. Fabro Stapulensi.— Venale opus apud *Henricum Stephanum* e regione Scholæ Decretorum ; ex cujus officina prodiit Anno Christi **m. d. xv.** Vicesima die mensis Octobris. In-fol.

· **6.** **Politicorum** Aristotelis Libri octo ; Economicorum duo ; latine. —Venalia habentur, ubi & eadem commentariis illustrata secundo in lucem emissa fuere, in officina *Henrici Stephani* insignis chalcographi e regione scholæ Decretorum 1515 quinto nonas Martii. In-8°. 4 s.

· C'est le texte seul; l'édition avec commentaires qui y est mentionnée, est l'in-fol. de 1511. Voici comment cet in-8° est annoncé dans le Catalogue où sont réunis des livres de Henri Estienne et de Simon de Colines : « Politicorum Aristotelis libri octo, parva forma. OEconomicorum ejusdem duo. Hæc Aristotelis Opera ullis absque commentariis emissa sunt. Quibus in fronte familiaris in Politica Introductio, unà duobus Indicibus. »

M. D. XVI.

· **1.** **Judoci** Clichtovei Elucidatorium ecclesiasticum., ad Officium Ecclesiæ pertinentia planius exponens : & quatuor libros complectens. Primus : hymnos de tempore & sanctis. —Secundus : nonnulla

Cantica ecclesiastica, Antiphonas & Responsoria. — Tertius : ea quæ ad missæ pertinent officium. — Quartus : prosas quæ in sancti altaris officio ante Evangelium dicuntur. — *Parisiis* in officina *Henrici Stephani* Chalcographi e regione scholæ Decretorum, &c. — *A la fin* : Absolutum est hoc opus & arte formularia in lucem emissum : *Parisiis* in officina libraria *Henrici Stephani*, excudendorum librorum industrii et seduli opificis, e regione scholæ Decretorum habitantis. Anno Domini (quem decet hymnus & laus omnis) decimo sexto supra millesimum & quingentesimum. Die vero Aprilis decima nona. Venale habetur hoc opus viris sanè Ecclesiasticis quàm utilissimum ; in officina *Henrici Stephani*, apud quem & varia ab hujus Operis Authore elaborata nec minori dignitate quàm utilitate volumina facilè reperias. In-fol.

Avec une Épître de *Clichtou, ad Joannem Gozthon de Zelesthe... Ecclesiæ Jauriensis Episcopum*, et datée de Paris, 1515.

La mention *Latinè* est ici à-peu-près superflue, aucune de ces éditions d'anciens ouvrages grecs ne reproduisant le texte original, et la famille des Estienne n'ayant fait presque aucune édition grecque avant l'année 1544, époque où elle débuta en ces impressions avec un succès si éclatant et si habilement soutenu.

2. Judocus Clichtoveus de laudibus sancti Ludovici & sanctæ Cæciliæ virginis & martyris. — *Parisiis* in officina *Henrici Stephani.* M. D. XVI. die X Januarii. In-4°. 2 s.

3. Moralia Jacobi Almain Senonensis emendata a Joanne Majoris Theologiæ professore. — *Parisiis* in officina *Henrici Stephani.* M. D. XVI. In-4°.

4. Decem librorum moralium Aris-

totelis tres conversiones, prima Argyropyli, secunda Leonardi Aretini, tertia vero antiqua, per capita & numeros conciliatæ, communi familiarique commentario Jacobi Stapulensis ad Argyropylum adjecto. — Apud *Henricum Stephanum* chalcographum e regione scholæ Decretorum commorantem. *Sur le titre* : Hæc quarta recognitio typis absoluta est in officina *Henrici Stephani*. Jac. Stapulensis Introductio in ethicon Aristotelis : *à la fin* : Omnia uno volumine comprehensa & accuratissime recognita, absoluta impensis sumptibus & diligentia in almo Parisiensium studio, anno ab Incarnatione Domini virtutum 1516, die 20 mensis Aprilis. In-fol.

. 5. Jacobi Fabri Stapulensis in Politica Aristotelis Introductio Clichtovei commentario declarata. Oeconomicum Xenophontis Raphaele Volaterrano interprete Latinitate donatum. — *Parisiis* ex officina *Henrici Stephani* e regione scholarum Decretorum, vicesima secunda die Novembris, anno Domini omnium gubernatoris & rectoris decimo sexto supra millesimum & quingentesimum. In-fol. 2 s. 6 d.

Maittaire, Ann. Typ. III, 500, mentionne une édition de 1528, mais il y a certainement erreur, et on ne la voit point figurer dans la liste chronologique, au même tom. 3ᵉ.

6. Prognostica Hippocratis, Laurentio Laurentiano Florentino & Guilielmo Copo interpretibus ; Galeni Comment. in eadem, Laurentiano interprete. — *Parisiis* in officina *Henrici Stephani* M. D. XVI. In-fol.

7. Pedacii Dioscoridis Anazarbei de medicinali materia libri quinque; de virulentis animalibus, & venenis, cane rabioso, & eorum notis ac remediis libri quatuor. Joanne Ruel-

lio Suessionensi interprete. — Habetur venale in officina *Henrici Stephani* e regione Scholæ Decretorum. — *A la fin* : Impressum est in præclarissimo *Parrhisiorum* gymnasio hoc celeberrimum Opus in Officina *Henrici Stephani*; absolutumque octavo Calendas Maias Anno Domini **M. D. XVI.** In-fol.

Par une Epître datée de Paris, *Calendis Maii* 1516, le traducteur dédie son livre *Ad Antonium Disomum Consiliarium Regium.* Il y rend compte de ses soins pour la fidélité de sa traduction et de l'embarras où l'a mis le manque absolu d'anciens manuscrits, n'ayant pu trouver d'autre exemplaire que l'imprimé que vendent les Libraires « quod Bibliopolæ typis excusum circumferunt in quo permulta manifestissimè depravata... ad pristinam sinceritatem restituimus. »

Il n'y avoit effectivement alors qu'une seule édition grecque de Dioscoride, celle d'Alde, 1499, in-fol.

8. **Contenta.** Euclidis Megarensis geometricorum Elementorum Libri **xv.** Campani Galli Trans-Alpini in eosdem Commentariorum Libri xv. Theonis Alexandrini Bartholomeo Zamberto Veneto interprete in tredecim priores Commentariorum Libri **xiii.** Hypsiclis Alexandrini in duos posteriores, eodem Bartholomeo Zamberto Veneto interprete, Commentariorum Libri **ii.** — *Parisiis.* In officina *Henrici Stephani* e regione Scholæ Decretorum. In-fol. 25 s.

La date est à une Epître de *Jac. Faber, Francisco Briçonneto* (neveu du premier Cardinal Guillaume) *Parisiis Anno M. D. XVI. Postridie Epiphaniæ Domini.* On y voit que le travail de cette édition est dû à Michel Pontanus, ou Pontan, qui demeuroit alors avec J. Lefebvre, et qui en fut chargé par lui. « Totium negotium commisi nostro Michaeli Pontano, qui tunc mecum communes habebat ædes. »

9. **Textus** de Sphæra Joannis de Sacrobosco. Cum additione (quantum necessarium) adjecta : Novo

commentario nuper edito, ad utilitatem studentium philosophicæ Parisien. Academiæ illustratus , cum compositione Annuli Astronomici Boneti Latensis & Geometria Euclidis Megarensis. — Impressum *Parisiis* in officina *Henrici Stephani* e regione Schole Decretorum sita Anno Christi siderum conditoris, 1510. Decimo die Maii. In-fol. 12 s.

10. **Angeli** Politiani, Antonii Sabellici, Philippi Beroaldi & aliorum Opuscula. — *Parisiis*, apud *Joannem Parvum & Henricum Stephanum ,* 1516. In-fol.

M. D. XVII.

· 1. **Hugonis** de Sancto Victore Allegoriarum in utrumque Testamentum libri decem. — Impressum est hoc Hugonis de Sancto Victore insignis Theologi Allegoriarum opusculum *Parisiis* in officina *Henrici Stephani* chalcographi ac bibliopolæ. Anno Domini 1517. Octobris decima die. In-4. 3 s.

Avec une préface de J. Clicthou.

· 2. **Judoci** Clichtovei de puritate conceptionis Beatæ Mariæ, libri duo; de ejus dolore in passione filii liber; de ejus statione juxta Crucem homilia ; de assumptione ipsius liber. — *Parisiis* apud *Henricum Stephanum* 1517. In-4.

Maittaire *Hist. Steph.* avoit divisé ce volume, faisant une annonce séparée de l'opuscule *De Assumptione.* Dans les Ann. Typ. ii, 296, il réunit le tout, ayant sans doute reconnu que la division ne doit pas avoir lieu.

· 3. **Jac.** Fabri De Maria Magdalena, & triduo Christi. Disceptatio ad clarissimum virum D. Franciscum Molinæum , Christianissimi Franco-

rum Regis Francisci primi Magistrum. — *Parisiis* ex officina *Henrici
Stephani* 1517. Cum privilegio. In-4.
2 s.

4. TRACTATUS Domini Stephani
Eduensis Episcopi : de Sacramento
Altaris. — *Parisiis* ex officina *Henrici Stephani*. — *à la fin* : Impressum
est hoc Opusculum *Parisiis* in officina *Henrici Stephani* industrij Chalcographi & Bibliopolæ, è regione
scholæ Decretorum. Anno dñi in ara
crucis pro totius orbis redemptione
vivæ Deo patri oblatæ hostiæ.
M. D. XVII. Octavo Idus Martias. In-4.

5. ARISTOTELIS Politicorum libri
octo, latine, interprete Leonardo
(Aretino) ex emendatione Jacobi Fabri cum comment. ac annotationibus
variorum. — *Parisiis* apud *Henricum Stephanum,* 1517. In-fol.

· 6. IN hoc libro continetur (Jac.
Fabri) Introductorium Astronomicum, theorias corporum cœlestium
duobus libris complectens; adjecto
(Clichtovei) commentario declara-
tum. — *Parisiis* ex officina *Henrici
Stephani*. Et *à la fin* : Excudit hoc
Opus, & impressit *Henricus Stephanus* efformandorum librorum sedu-
lus & industrius artifex : *Parisiis* in
sua officina libraria e regione Scholæ Decretorum. Anno Christi Coelo-
rum totiusque Nature Conditoris.
1517. die nona Decembris. In-fol.
6 s.

M. D. XVIII.

1. HORAE Canonicæ. — *Parisiis*
per *Henricum Stephanum* sumptibus
J. Briensis. M. D. XVIII. In-8° goth.

Selon La Caille, p. 83, ce Jean de Brie a fait

imprimer chez Henri Estienne plusieurs livres d'Heures.

2. BERNONIS Abbatis Libellus. De
Officio Missae, quem edidit Rhomæ.
Sacerdotes studiose legant, &c. —
Parisiis in officina libraria *Henrici
Stephani*, Anno Christi Salvatoris,
qui est Altare, Victima & sacrificium
nostrum, superbenedictus in secula
seculorum M. D. XVIII. Secunda die
Decembris. Amen. In-4°.

· 3. JACOBI Fabri Stapulensis De Maria Magdalena, triduo Christi, & ex
tribus una Maria, disceptatio; ad
Clarissimum Virum Franciscum
Molinæum, Christianissimi Francorum regis Francisci Primi Magistrum. Secunda Emissio. — *Parisiis* ex officina *Henrici Stephani*
M. D. XVIII. In-4°. 2 s.

La première édition est de 1517. Voy. ci-
dessus, pag. 19.

4. FR. Malachiæ Hibernici libellus
septem peccatorum mortalium ve-
nena eorumque remedia describens,
qui dicitur Venenum Malachiæ. —
Parisiis apud *Henricum Stephanum*.
M. D. XVIII. die XXVI. Aprilis. In-4°.
10 d.

5. GALENUS de Sectis Medicorum,
Georgio Valla interprete. Alexandri
Aphrodis. de Febribus eodem interprete. Hippocrates de natura humana, Andrea Brentio Patavino interprete. — *Parisiis* apud *Henricum
Stephanum* in Conspectu Scholarum
Decretorum. M. D. XVIII. die XX Aprilis. In-4°.

6. Ex Physiologia Aristotelis Libri
duodetriginta. 1 De auscultatione naturali octo. 2 De cœlo quatuor. 3 De
anima tres, Joanne Argyropylo interprete. 4 De generatione & corruptione duo. 5 Meteorologicorum quatuor. 6 De sensu & sensili unus.
7 De memoria & reminiscentia unus.

8 De sommo & vigilia unus. 9 De insomnijs unus. 10 De divinatione in somno unus. 11 De longitudine & brevitate vitæ unus. 12 De juventute & senectute & vita & morte & respiratione unus, Francisco Vatablo interprete. Quibus omnibus, antiqua tralatio tricenos libros continens, ad Græcum per eundem Vatablum recognita : columnatim respondet. — *Parisiis* in ædibus *Henrici Stephani* mense Augusto. M. D. XVIII. In-fol.

7. SPECIMEN Epithetorum Joannis Ravisii Textoris Nivernensis omnibus Artis poeticæ studiosis maxime utilium.—*Parisiis*, Emissum ex officina *Henrici Stephani* pro Scholis Decretorum; venale in ædibus *Reginaldi Chaudiere* in vico Jacobeo sub insigni hominis sylvestris M. D. XVIII. die 11 Septembris. Cum Privilegio. In-4.

8. D. Erasmi Roterod. Apologiæ duæ contra Latomum. Item de vera nobilitate, de tribus fugiendis, Ventre, Pluma & Venere. — *Parisiis* apud *Henricum Stephanum.* M. D. XVIII. In-4°.

9. EUSEBII Cæsariensis Episcopi Chronicon : quod Hieronymus presbyter divino ejus ingenio Latinum facere curavit & usque in Valentem Cæsarem Romano adjecit eloquio. Ad quem & Prosper & Matthæus Palmerius & Matthias Palmerius complura addidere. — Absolutum est in Alma *Parisiorum* Academia hoc Eusebii Cæsariensis de temporibus chronicon per *Henricum Stephanum*, in formularia literarum arte, illius maxima cura & diligentia. Anno ab incarnatione Domini cuncta gubernantis Millesimo quingentesimo decimo octavo, Octobris trigesima die. In-4°.

M. D. XIX.

1. THEODORITI Cyrensis episcopi de curatione græcarum affectionum libri duodecim, Zenobio Acciaiolo (Florentino) interprete. — *Parisiis* in officina *Henrici Stephani*. Anno M. CCCCC. XIX. Mense Iulio. Cum privilegio. In-fol. 6 s.

2. THEOLOGIA Damasceni quatuor libris explicata, Fabro interprete, & adjecto Clichtovei commentario elucidata.—Hæc Damasceni cum expositione secunda emissio typis absoluta est ex officina *Henrici Stephani* e regione Scholæ Decretorum. Anno M. D. XIX. Pridie Idus Januariis. In-fol.

3. (JUDOCI Clichtovei) de necessitate peccati Adæ & fœlicitate culpæ ejusdem : apologetica Disceptatio. Joanni Gozthon Ecclesiæ Jauriensis in Pannonia episcopo. — *Parisiis* in officina *Henrici Stephani* e regione Scholæ Decretorum sita. Anno ab incarnatione Domini (qui illud peccatum delere venit & nos redimere) decimo nono supra millesimum & quingentesimum, die vero Februarii decima sexta. In-4°.

4. JACOBI Fabri Stapulensis de Maria Magdalena, triduo Christi & una ex tribus Maria Disceptatio ad Franciscum Molinum Regis Francisci primi Magistrum.—*Parisiis* ex officina *Henrici Stephani* M. D. XIX. Ad Dei Gloriam, Evangelistarum concordiam, & Annæ, Mariæ, atque reliquarum Sanctarum Mulierum honorem. Tres feci ex una, una ex tribus, ex tribus unam. In-8°. 2 s.

Le volume commence par une lettre, *Epistola Jud. Clichtovei ad eundem Franciscum*

Molinum, dans [laquelle il expose son opinion sur Marie Magdeleine.

Troisième édition, les deux précédentes sont de 1517 et 1518, v. ci-dessus p. 19 et 20.

. 5. Jacobi Fabri de tribus & unica Magdalena Disceptatio secunda ad Dionysium Briconnetum episcopum Macloviensem apud Leonem X. Francisci I. Oratorem. — *Parisiis* ex officina *Henrici Stephani* M. D. XIX. In-8°.

. 6. Judoci Clichtovei Disceptationis de Magdalena Defensio Apologiæ Marci Grandivallis illam improbare nitentis respondens. — *Parisiis* ex officina *Henrici Stephani* M. D. XIX. Mense Aprili ad Christi Domini & gloriosæ ejus hospitis Mariæ sororis Marthæ honorem. In-8°. 3 s.

. 7. Judoci Clichtovei de dignitate, & excellentia Annunciationis B. Mariæ Virginis & gratia ejus Visitationis.—*Parisiis* apud *Henricum Stephanum*. Anno M. CCCCC. XIX. In-4°. 2 s.

. 8. Judoci Clichtovei de Regis officio Opusculum : quid optimum quemq; regem decet ex sacris literis & probatorum authorum sententiis historiisq; depromens.'(Ad Ludovicum Pannoniæ & Bohemiæ Regem.) — *Parisiis* in officina libraria *Henrici Stephani* e regione Scholæ Decretorum sita. Anno ab Incarnatione Domini (qui est Rex Regum & Dominus dominantium) decimo nono supra millesimum quingentesimum, die vero Augusti tricesima. In-4°. 2 s.

Ce volume est in-4°, quoique noté in-8° par Maittaire et Panzer. En 1520, Simon de Colines a fait de ce livre une réimpression toute semblable avec les mêmes caractères de Henri, et n'ayant de différence que dans *quelques-unes des* initiales. Il se peut que, même avec ces légers changements, ce ne soit qu'une même édition; Chevillier, p. 141, le mentionne comme la première publication

du très renommé Imprimeur Simon de Colines. Je le vois imprimé *In officina libraria Henrici Stephani*, et je n'en connois aucun exemplaire au nom de Simon de Colines. Si cependant l'allégation de Chevillier est exacte, j'en conclurai avec Maittaire qu'une partie des exemplaires aura été mise au nom de Colines, qui, sans doute, avoit alors des rapports d'affaires et de travail avec Henri, puisque fort peu après sa mort, en épousant sa veuve, il lui succéda dans sa typographie.

. 9. Judoci Clichtovei de Vita & moribus Sacerdotum Opusculum ad Ludovicum Guilliardum Episcopum Tornacensem.—Expletum est hoc opusculum atque in lucem editum *Parisiis* in officina *Henrici Stephani* e regione Scholæ Decretorum sita. Anno ab incarnatione Domini (qui est Sacerdos in æternum , & summus quidem Sacerdos) decimo nono supra millesimum & quingentesimum, die vero Augusti quarta : In-4. 2 s.

10. Contemplationes Idiotæ de amore divino, de virgine Maria, de vera animi patientia, de continuo Conflictu carnis & animæ, de innocentia perdita , de morte. Editæ a J. Fabro.—*Parisiis* in ædibus *Henrici Stephani* Anno M. CCCCC. XIX. Mense Augusto In-4. 2 s.

11. Alberti Pighii Campensis, Philosophi Mathematici ac Theologiæ Baccalaurei formati, adversus prognosticatorum vulgus, qui annuas prædictiones edunt, & se Astrologos mentiuntur, Astrologiæ Defensio ad Augustinum Niphum Suessanum, philosophorum nostræ ætatis principem, & Astrologiæ syncerioris restauratorem. — *Parisiis* ex officina *Henrici Stephani* 1518. — *et à la fin :* Finis XV. Calendas Aprilis, 1519. In-4. 1 s. 6 d.

12. Erasmi Apologia contra Lato-

mum. — *Parisiis* apud *Henricum Stephanum* expensis Conradi Basiliensis. M. D. XIX. IV. Non. Maii. In-4.

On pourroit penser que Henri ayant imprimé ce factum en 1518 , avec d'autres pièces , aura été requis par ce libraire de Basle de lui faire une édition de la seule Apologie , pour être répandue en Suisse et en Allemagne.

M. D. XX.

1. SERMO Synodalis Guilelmi (Briçonneti) Meldensis Episcopi , Meldis habitus anno 1519.—*Parisiis*, In ædibus *Henrici Stephani*. M. D. XX. In-4°.

2. PROMPTUARIUM Divini Juris et utriusque humani , Pontificii & Cæsarei, celebriores ejusdem divini Juris & Historias & sententias, humanis juribus tum annotatas tum elucidatas sub alphabetica serie complectens , authore Joanne Montholonio, Eduensi humanorum Jurium doctore, ad Dei honorem & studiosorum utilitatem elaboratum, & duobus tomis absolutum.—*Parisiis*, In ædibus *Henrici Stephani* e regione Scholæ Decretorum absoluta est hujus Operis Impressio. M. D. XX. Die ante Calendas Novembris septima. 2 vol. In-fol.

Le privilège du Roi , du 11 octobre 1520, est accordé à *Simon de Colynes*.

Dans le premier volume un *Errata* de quatre pages , et un de trois pages dans le second.

3. IN hoc Opusculo contentæ Introductiones (logicæ) Jodoci Clichtovei, in terminos, artium divisionem , suppositiones, prædicabilia, divisiones, prædicamenta, librum de enunciatione; in I priorum, in II priorum, in libros posteriorum,

libros dialecticos , fallacias , obligationes, insolubilia. — Absolutum est hoc opus in *Parisiorum Lutetia* per *Henricum Stephanum* e regione Scholæ Decretorum. Anno M. D. XX. vigesima quarta die Julii. In-4°.

4. LAURENTII Vallensis Elegantiarum libri ; item libellus de reciprocis Pronominibus Sui , Suus ; item Annotationes in Antonium Raudensem ; & Dialogus festivissimus in Poggium. — *Lutetiæ* Excudebat ex Beraldino exemplari *Henricus Stephanus*. M. D. XX. mense Maio. In-4°.

5. ARISTOTELIS Logica cum Commentariis Jacobi Fabri Stapulensis. —*Parisiis* ex officina *Henrici Stephani* & successoris ejus Simonis Colinæi. M. D. XX. In-fol.

M. D. XXI.

1. JUDOCI Clichtovei Elucidatorium Ecclesiasticum, ad Officium ecclesiæ pertinentia planius exponens : & quatuor libros complectens , &c. Secunda emissio.—Absolutum & secundo emissum est in *Henrici Stephani* & ejus successoris Simonis Colinæi officina è regione Scholæ Decretorum. Anno. M. D. XXI. April. ult. In-fol.

Voir pour l'énoncé du titre, page 17 , à la première édition.

Dans le Catalogue de De Thou, tom. II , p. 300, on voit *Hymni Ecclesiastici cum expositione Jodoci Clitovei. Apud Henr. Stephanum*, 1521, in-fol. Ce n'est autre chose que ce volume, *Elucidatorium Ecclesiasticum*, de cette seconde édition faite, non point par Henri Estienne, alors décédé, mais dans son officine, par Simon de Colines, son successeur.

ÉDITIONS SANS DATE.

1. LAVACRUM Conscientiæ cunctis sane Sacerdotibus, Clericis & aliis presbyteris, vicariis, curatis & non curatis summe utile & ante alios necessarium. Sub correctione *Roberti Stephani.* — (*Parisiis* ex officina *Henrici Stephani, seu Simonis Colinæi.*) In-8°. Gothiq. 13 feuillets.

Maittaire, Ann. II, p. 506, note cette pièce qui, d'après ses renseignements, doit être de *Henri Estienne*, ou de Simon de Colines.

2. ALANI Varennii Montalbani Dialogi de Luce, Amore, Harmonia, de Harmoniæ elementis, de rerum præcipue divinarum Unitate, de Divina magnitudine, de pulchritudine, de septem Virtutibus, de oppositis monstris, de amicitia præcipue Divina, verum Trinitate ; Oratio in ecclesiasticorum consessu ; Epistolæ complures.—*Parisiis* apud *Henricum Stephanum.* In-4°.

3. JOANNIS Martini Poblacion de usu Astrolabii Compendium.— *Parisiis* apud *Henricum Stephanum,* e regione Scholæ Decretorum. In-4°.

Ce Poblacion, ou Poblacius, Espagnol, fut un des douze premiers professeurs nommés par François Ier au Collège Royal.

4. GALENI de affectorum locorum notitia libri VI. Guilelmo Copo interprete. — *Parisiis* in officina *Henrici Stephani.* In-4°.

C'est sans doute l'édition de 1513, dont le Catal. Thott, t. 7, p. 163, aura oublié de mentionner la date.

Dans le Cat. Bibl. Thuanæ, 1, p. 73, je vois en addition manuscrite *De Regis officio.* Apud *Henr. Steph.* In-4. Ce ne peut être que l'édition de 1519 dont on aura négligé d'inscrire

la date : plusieurs autres éditions pareillement annoncées sans date n'ont pas une plus grande probabilité d'existence.

5. AGONES Martyrum mensis Januarii. — *A la fin :* Agonum Martyrum mensis Januarii, primo libro contentorum finis. In-fol.

Cette édition d'un seul des mois du Martyrologe, donnée par Lefebvre d'Etaples, n'a ni date, ni nom d'Imprimeur, parce que ce n'est qu'un commencement de volume, (80 feuillets) dont le non-achèvement fut sans doute causé par la mort de Henri, des presses de qui elle est sortie.

La Bibliothèque Royale en a un exemplaire sur vélin venant de Mac-Carthy, La Vallière et Gaignat.

Dans le cours de cette liste il s'est fait quelques oublis qui vont être ici réparés.

Page 3. — Pimander. Mercurius Trismegistus. 1505. In-4.

Page 5. — Theologia J. Damasceni. 1507. In-4.

La Bibliothèque Royale possède ces deux livres imprimés sur vélin, avec initiales en or et couleurs.

Page 6. — Ricoldus contra sectam mahumeticam. 1509. In-4.

A la Bibliothèque Royale trois exemplaires sur vélin : le premier présenté, en 1510, à Louis XII, par Guill. Parvy, son confesseur. Il est orné d'initiales en or et couleurs.

Le second vient de la Bibliothèque du Collège de Navarre, et le troisième de celles de La Vallière et Mac-Carthy. Il est plus grand de marges que les deux autres.

Dans le Catalogue très bien fait des Livres imprimés sur vélin qui sont dans la Bibliothèque Royale, par feu M. Van-Pract, de regrettable mémoire, à la date du second exemplaire on lit 1589, et 1502 à celle du troisième ; mais ce sont de simples fautes typographiques qui sont tout-à-fait sans conséquence, et ne peuvent être l'occasion d'aucune méprise.

Page 7. — P. Richardus de Trinitate. 1510. In-4.

Sur vélin à la Bibliothèque Royale, venant de Mac-Carthy et La Vallière.

Page 17. — Dionysii Areopagitæ Opera. 1515. In-fol.

A la Bibliothèque Royale un bel exemplaire sur vélin, orné de lettres peintes et en or. C'est sans doute celui qui fut présenté à l'évêque Guill. Briçonnet, à qui l'édition est dédiée.

Page 22. — Contemplationes Idiotæ. 1519. In-4.

L'auteur de ce livre est Raymond Jourdain ou Jordain. On en connoît plusieurs exemplaires sur vélin, dont un à la Bibliothèque Royale.

Robert Estienne, premier du nom, est le seul de cette estimable
famille de typographes dont on connoisse aucun portrait ; aussi l'a-
t-on cinq ou six fois répété. Le plus ancien et le seul qui paroisse
devoir faire autorité, a été gravé par l'habile Léonard Gaultier, peu
de temps après la mort de Robert. C'est un buste de fort petite
dimension ; et cette copie en bois, de même grandeur, en est une
reproduction assez heureuse.

Ceux qui furent faits dans les deux siècles suivants, pour la Dissertation d'Almeloveen, pour l'ouvrage de Maittaire, ou comme portraits isolés, presque tous d'après la petite tête de Léonard Gaultier,
sont d'une exécution trop négligée pour mériter plus que cette simple
mention.

ROBERTUS STEPHANUS PRIMUS.

M. D. XXVI.

1. CHRISTIANI Theodidacti Præceptiones pauculæ quo pacto ingenui adolescentes formandi sint. — *Parisiis* ex officina *Roberti Stephani* e regione Decretorum. M.D.XXVI. In-8o.

2. PRISCIANI Libellus de accentibus. — *Parisiis* ex officina *Roberti Stephani* M. D. XXVI. In-4o.

Première édition de cet opuscule.

3. IDEM Prisciani Libellus. — M. D. XXVI. In-8o.

4. ÆLII Donati de octo partibus orationis editio secunda ; in eandem Servii Honorati item & Sergii Grammatici interpretationes. — *Parisiis* ex officina *Roberti Stephani.* M.D.XXVI. XV Cal. Decembr. In-8o.

Dans ce même siècle, six éditions ont précédé celle-ci, mais aucune n'est de l'un des Estienne, ni même imprimée à Paris.

5. GRAMMATICA latina Philippi Melanchthonis ab auctore nuper aucta & recognita. — *Parisiis* ex officina *Roberti Stephani.* M. D. XXVI. Pridie Nonas Octobris. In-8o.

6. LA maniere de tourner en langue Francoise les Verbes actifz, passifz, Gerundifz, Supines et Participes ; Item les verbes Impersonnelz aianzs termination active ou passive, avec le verbe substantif nommé *Sum.* — A *Paris*, imprimé par *Robert Estienne* en l'an mil cinq cent vingt six au mois de Novembre. In-8o.

7. M. T. CICERONIS Epistolarum famil. Libri XVI. — *Parisiis* ex officina *Roberti Stephani* e regione Scholæ Decretorum. M. D. XXVI. VII Cal. Martii. In-8o.

8. HULDERICI Hutteni Ars versificatoria. — *Parisiis* ex officina *Roberti Stephani* e regione Scholæ Decretorum M. D. XXVI. VIII. Idus Octob. In-8o.

9. LUCIANI aliquot Dialogi, Interprete Desid. Erasmo Roterod. — *Parisiis*, ex officina *Roberti Stephani.* M. D. XXVI. Pridie Cal. Octobr. In-8o.

M. D. XXVII.

1. CHRISTOPHORI Hegendorphini Christiana studiosæ Juventutis Institutio. — *Parisiis* ex officina *Roberti Stephani.* M. D. XXVII. VII. Calend. Febr. In-8o. 6 d.

2. OTHONIS Brunsfelsii de Disciplina & Institutione Puerorum Parænesis. — *Parisiis* ex officina *Roberti Stephani.* M. D. XXVII. Idibus Decemb. In-8o. 8 d.

3. PHIL. Melanchthonis de corrigendis studiis Sermo ; Rodolphi Agricolæ de formandis studiis Epistola. — *Parisiis* ex officina *Roberti Stephani.* M. D. XXVII. VI Idus Januarii. In-8o. 6 d.

4

4. PHILIPPI Melanchthonis latina Grammatica. — *Parisiis* ex officina *Roberti Stephani*. M. D. XXVII. VII Idus Septemb. In-8°.

5. DIFFICILIUM Accentuum Compendium a Francisco Menese Minorita Hispano editum. — *Parisiis* ex officina *Roberti Stephani.* M. D. XXVII. x Calend. Junii. In-8°.   8 d.

6. PHIL. Melanchthonis de Arte dicendi Declamatio. — *Parisiis* ex officina *Roberti Stephani.* M. D. XXVII. In-8°.

7. PHIL. Melanchthonis de Rhetorica Libri tres. — *Parisiis* ex officina *Roberti Stephani.* M. D. XXVII. In 8°.

8. CICERONIS Oratoriæ Partitiones & de optimo genere Oratorum.—*Parisiis* ex officina *Roberti Stephani* e regione scholæ Decretorum. M. D. XXVII. VII. Calend. Martii. In-8°.

9. ORATIO habita a F. Thoma Guichardo Rhodio, Juris utriusque Doctore, illustrissimi Hierosolymitanæ Religionis Magistri Oratore coram Clem. VII, Pont. Max. in qua Rhodiorum Oppugnationis & deditionis summa continetur. — *Parisiis* ex officina *Roberti Stephani* M. D. XXVII. V. Idus Augusti. In-8°.

10. A. PERSII Satyræ sex. — *Parisiis* ex officina *Roberti Stephani.* M. D. XXVII. V. Non Maii. In-8°. 4 d.

11. COMMENTARIA Ælii Antonii Nebrissensis Grammatici in Sex Auli Persii Satyras. — *Parisiis* ex officina *Roberti Stephani* M. D. XXVII. V. Calend. Junii. In-8°.

D'après les listes de l'ouvrage de Maittaire, j'ai dit dans mon Catalogue, t. II, p. 295, que ces Commentaires étoient le quatrième volume publié par Robert Est. par les dates des mois, on voit qu'il en est à-peu-près le dix-neuvième, sans préjudice de celles de ces éditions que peut-être je n'ai pas connues. Si je ne présente pas le luxe d'érudition, et la surabondance de citations, qui grossissent le volume de Maittaire, an moins aurai-je l'avantage de faire mieux et plus complètement connoître les nombreuses séries de toutes les éditions de ces savants Imprimeurs; et je pense que c'est en cela que cette sorte de travail peut véritablement intéresser, quelle que soit sa forme et son entourage plus ou moins compacte d'érudition.

12. JACOBI Sannazarii de partu Virginis. Lamentatio de morte Christi. Piscatoria. — *Parisiis* ex officina *Roberti Stephani* e regione Scholæ Decretorum. M. D. XXVII. V. Idus Maii. In-8°. 1 s.

L'édition aldine du mois d'août 1527 est probablement faite sur celle-ci, sauf quelques augmentations.

13. HIERONYMI Vidæ de arte poetica Libri III edente Nicolao Beraldo. —*Parisiis* ex officina *Roberti Stephani* M. D. XXVII. In-8. 10 d.

14. ÆSOPI Vita & Fabulæ, latine versæ a L. Valla, A. Gellio, D. Erasmo aliisque; accedunt Fabellæ tres ex Politiano, P. Crinito & B. Mantuano. — *Parisiis* ex officina *Roberti Stephani* e regione Scholæ Decretorum. M. D. XXVII. XVII. Calend. Junii. In-8°. 2 s. 6 d.

15. SILENI Alcibiadis per Des. Erasmum Rot. cum Scholiis Joannis Frobenii, pro Græcarum vocum & quorundam locorum apertiori intelligentia ad calcem adjectis.—*Parisiis* ex officina *Roberti Stephani.* M. D. XXVII. XII. Cal. Febr. In-8°. *[annotation manuscrite]*

16. LUCIANUS in Calumniam & Plutarchi Hirundo, latine reddit. a Philippo Melanchthone; Lysid. Epistola ad Hipparchum a Gaspare Churrero e Græco Sermone in Latinum traducta Melanchthone Præceptore; Lucianus adversus indoctum mul-

tos libros coementem, Opusculum ab Anastasio quodam versum. — *Parisiis* ex officina *Roberti Stephani* e regione Scholæ Decretorum. M.D.XXVII. v. Calend. Febr. In-8º. 5 d.

M. D. XXVIII.

1. BIBLIA. *Parisiis* ex officina *Roberti Stephani*, e regione scholæ Decretorum. M. D. XXVIII. Cum privilegio Regis.—*A la fin de l'Apocalypse: Parisiis* excudebat in sua officina *Robertus Stephanus* IIII. Cal. Decemb. Anno M. D. XXVII. Accedunt Hebraica, Chaldæa, Græcaque & Latina nomina virorum, mulierum, populorum, urbium, idolorum, fluviorum, montium, ceterorumque locorum quæ in Bibliis utriusque Testamenti sparsa sunt, restituta, hoc volumine comprehenduntur cum interpretatione Latina. Indices item duo, alter in Vetus Testamentum, alter in Novum. — *Parisiis* ex officina *Roberti Stephani* e regione scholæ Decretorum. M. D. XXVIII. cum privilegio Regis. *A la fin* : Le Privilege du Roy François, donné à Paris le cinqiesme iour de fevrier. Lan de Grace mil cinq cens vingt sept et de nostre Règne le quatorzieme. Par le Roy à vostre relation des Laudes. In-fol.

Première édition de la Bible latine donnée par ce savant Imprimeur, et nouvelle cause de la haine sorbonnique que déjà lui avoit attirée la publication du Nouveau-Testament latin, imprimé en 1523, in-16, par S. de Colines, et dont Robert, alors âgé de 19 ans, avoit été l'éditeur. *Indè iræ infestissimæ*, et cette continuité de persécutions tantôt déclarées, tantôt sourdes, et toujours absurdes, qui enfin, le mirent en nécessité d'aller transporter à Genève et son domicile et son établissement typographique. Encore pour cette fois on ne réussit point à lui faire défendre le débit de son livre, mais on sut bientôt trouver l'occasion ou le prétexte de nouvelles attaques.

Au commencement du volume on lit : « Hoc Bibliorum opus cum restituta Hebraicorum nominum interpretatione & duobus Indicibus, Regiis litteris, ne quis alius in hoc Regno impunè imprimat, aut vendat, intrà quadriennium cautum est. » Et dans la préface, Robert fait connoître que depuis plusieurs années, il s'occupoit de cette édition des *Livres Saints*, que dès 1524 « ca per vetustas urbis Parisiensis Bibliothecas evolverat, operæ pretium facturum se arbitratus, si priùs quàm rem ipsam aggrederetur, vetera exemplaria consuleret, inde germanam lectionem excerpturus, quò authoritate eorum fultus, & quæ depravata essent restitueret, & scrupulosis quibusdam lectoribus satisfieret, quos vel unius verbuli commutatio solet offendere. »

A l'exception des Psaumes, dont on y a conservé une ancienne traduction, *tralatio vetus*, à laquelle le Clergé et les fidèles étoient accoutumés, cette édition donne presque partout le texte de la Vulgate, avec des corrections et variantes, résultant de l'attentive comparaison de textes tant imprimés que manuscrits, et notamment avec ceux de la Polyglotte d'Alcala que dès 1524 le jeune éditeur avait fait venir d'Espagne à ses frais pour ses travaux bibliques.

L'*Index nominum*, en plusieurs langues anciennes, travail bien autrement difficile que le plus exact *Index rerum et verborum*, fut une heureuse idée de Robert, et il l'exécuta avec habileté. Cette multitude de noms propres, en hébreu, chaldéen, grec, et même en latin, dont est remplie la Bible, pour la plupart altérés, dénaturés dans leurs passages en ces diverses langues, ainsi que dans la reproduction continuelle de copies manuscrites ou imprimées, sont dans cet *Index* rappelés à leur primitive exactitude, souvent accompagnés d'une définition, et toujours de leur traduction latine, et par ces moyens préservés de toute altération future. Cet Index si utile, imprimé ici avec cette Bible dont il fait une partie nécessaire, le fut plusieurs fois depuis tant avec les diverses Bibles de Robert, que séparément en in-4º et en in-8º.

2. PSALMI. Proverbia Salomonis. Ecclesiastes. Canticum Canticorum. Latine cum brevibus ex Hebræo annotationibus. — *Parisiis* ex officina *Roberti Stephani*. M. D. XXVIII. Cum Privilegio Regis ad VI annos. IX Calend. Octob. In-4°. 5 s. 6 d.

3. DIGESTORUM seu Pandectarum Juris Civilis Volumina quinque.
Volumen I. libros undecim priores, & II. quatuordecim complectens. M. D. XXVII. IIII. Idus Novembris.
Volum. III. tredecim, & IV sex. M. D. XXVIII. XIII Calendas Julii.
Volumen V. quinque (sex) posteriores. — *Parisiis* ex officina *Roberti Stephani* M. D. XXVIII. VIII Idus Augusti. In-8°. 40 s.

4. JUSTINIANI Institutionum Libri quatuor. — *Parisiis* ex officina *Roberti Stephani*. IIII. Non. Julii M. D. XXVIII. In-8°. 4 s.

5. ALPHABETUM Græcum. Modus orandi, Græce & Latine. Abbreviationes aliquot Græcæ. Alphabetum Hebraicum. Decalogus, hebraice & latine. — *Parisiis* ex officina *Roberti Stephani* e regione Scholæ Decretorum. M. D. XXVIII. In-8°. 4 feuillets.

6. PHILIPPI Melanchthonis Grammatica Latina. — *Parisiis* ex officina *Roberti Stephani*. M. D. XXVIII. XII Cal. Novembris. In-8°.

7. PHILIPPI Melanchthonis Syntaxis. — *Parisiis* ex officina *Roberti Stephani*. M. D. XXVIII. Cal. Septembris. In-8°. 6 d.

8. THOMÆ Linacri de emendata structura Latini Sermonis Libri sex. — Ex officina *Roberti Stephani* e regione Scholæ Decretorum M. D. XXVII. — *A la fin : Parisiis* apud *Robertum Stephanum*. XIII Calend. Febr. M. D. XXVIII. In-4°. 20 d.

9. INDEX in sex Thomæ Linacri de emendata structura Libros. — *Parisiis* ex officina *Roberti Stephani*. M. D. XXIX. VI Idus Januarii. In-4°.

10. LA maniere de tourner en langue françoise les Verbes. — De l'Imprimerie de *Robert Estienne*, vis-à-vis l'Escolle de Decret à *Paris* ou Moi de May 1528. In-8°. 4 d.

11. R. D. ANDREÆ (Guarnæ) Salernitani Patricii Cremonensis Bellum Grammaticale. — *Parisiis* ex officina *Roberti Stephani*. M. D. XXVIII. In-8'. 6 d.

Ainsi que je l'ai noté dans mon Catalogue, 11, 33, cet opuscule, que sur son titre j'avois d'abord cru une plaisanterie, est une pédantesque et sérieuse dispute entre le nom et le verbe pour la prééminence grammaticale.

Un des arguments du nom est « *Deum certum est fecisse omnia, quod si omnia, utique et verbum : Deus autem nomen est, non verbum. Igitur a nomine facta sunt omnia…. ita et authoritate verbo nomen longe est præstantius.* — *Arrige aures*, répond le Verbe, *In principio erat verbum, et verbum erat apud Deum, et sine ipso factum est nihil; non igitur nomen fecit omnia, sed verbum.* »

Cet auteur aura sans doute été fort content de lui-même, et d'autant plus content que son chef-d'œuvre eut réellement un succès magnifique, puisque le seul Robert l'imprima cinq fois, 1528-32-36-39-50. De 1511 à 1536, Panzer en enregistre neuf autres éditions.

12. M. TULL. Ciceronis Topica cum Anitii Manlii Severini Boetii Commentario. — *Parisiis* ex officina *Roberti Stephani*. M. D. XXVIII. Calend. Septemb. In-8°.

13. M. TULL. Ciceronis Oratoriæ Partitiones & de optimo genere Oratorum. — *Parisiis* ex officina *Roberti Stephani* M. D. XXVIII. Pridie Idus Octobris. In-8°.

14. GEORGII Vallæ Commentaria

in Ciceronis Oratorias Partitiones &c. — *Parisiis* ex officina *Roberti Stephani* M. D. XXVIII. In-8o. 2 s.

15. M. TUL. Ciceronis Tusculanæ Quæstiones per Des. Erasmum Rot. emendatæ & scholiis illustratæ. — *Parisiis* ex officina *Roberti Stephani* XVI. Cal. Septemb. M. D. XXVIII. In-8o. 2 s. 6 d.

16. PHILIPPI Melanchthonis Oratio de legibus & de gradibus, ac Præfatio in Aeschinis & Demosthenis Orationes; & interpretatio Orationis Critiæ contra Theramenem ex Xenophonte. — *Parisiis* ex officina *Roberti Stephani* M. D. XXVIII. VIII Idus Augusti. In-8o. 8 d.

17. PHILIPPI Melanchthonis Dialectica ab Autore adaucta, ita ut in multis veterem non queas agnoscere. — *Parisiis* ex officina *Roberti Stephani* M. D. XXVIII. X Cal. Nov. In-8o.

18. AD Humani Generis Servatorem in Urbis Romæ excidio P. Cursii Civis Rom. Deploratio.—*Parisiis* ex officina *Roberti Stephani* Mense Maio M. D. XXVIII. In-8o.

19. POLYDORI Vergilii de inventoribus rerum libri III.—*Parisiis* apud *Robertum Stephanum* M. D. XXVIII. In-4o.

Dans la *Bibliotheca latina*, III, 457, je lis : « A. 1528. Paris. apud Rob. Stephanum iidem (Rhetores latini) editi sunt, qui in ed. Basileensi (A. 1521) erant, addito ex Aldina Aphthonio » Ceci se rapporte à l'édition de 1530-31, que l'on va trouver à la page 33. Il n'y a point d'édition de 1528.

M. D. XXIX.

1. OTHONIS Brunsfelsii Paramesis de disciplina puerorum. — Ex officina *Roberti Stephani*, e regione Scholæ Decretorum *Parisiis* M. D. XXIX. VII Cal. Septemb. In-8o.

2. CHRISTIANI Theodidacti Præceptiones, quo pacto adolescentes ingenui formandi sunt. — Ex officina *Roberti Stephani, Parisiis* M. D. XXIX. Pridie Cal. Octobr. In-8o.

3. DE instituenda vita, et moribus corrigendis juventutis, Paræneses, à Christophoro Hegendorphino primùm quidem in privatorum discipulorum gratiam comparatæ : deinde verò & in usum aliorum bonæ indolis juvenum conscriptæ. — Ex officina *Roberti Stephani. Parisiis* M. D. XXIX, VIII. Id. Octobr. In-8o.

4. CUTHEBERTI Tonstalli de Arte supputandi Libri quatuor. — *Parisiis* ex officina *Roberti Stephani* M. D. XXIX. Pridie Id. Iunii. In-4o. 4 s.

5. LAURENTII Vallæ, Viri clarissimi, in Pogium Florentinum Antidoti Libri quatuor. In eundem alii duo libelli in dialogo conscripti. Ejusdem Laurentii Vallæ in Antonium Raudensem annotationum Libellus. —*Parisiis* ex officina *Roberti Stephani* M. D. XXIX. VIII Cal. Maii. In-4o.

6. PHILIPPI Melanchthonis Grammatica latina, ab authore nuper aucta & recognita. Secunda editio. — *Parisiis* ex officina *Roberti Stephani* M. D. XXIX. XVI. Cal. Octob. In-8o.

7. PHILIPPI Melanchthonis Syntaxis & Prosodia recens nata &. edita. — *Parisiis* ex officina *Roberti Stephani* M. D. XXIX. XVI Cal. Oct. In-8o.

8. JOANNIS Pellissonis Rudimenta Latinæ Grammaticæ. — *Parisiis* ex

officina *Roberti Stephani* M. D. XXIX.
In-4º. 2 s.

9. PHILIPPI Melanchthonis Declamatio de arte dicendi.Editio secunda. — *Parisiis* ex officina *Roberti Stephani* M. D. XXIX. In-8º.

10. PHILIPPI Melanchthonis de Arte
Rhetorica libri tres. — *Parisiis* ex
officina *Roberti Stephani* e regione
Scholæ Decretorum. — *Parisiis*
M. D. XXIX. Mense Januario. In-8º.

11. M. T. CICERONIS Dialogus de
Amicitia cum annotationibus D.
Erasmi. Vocum item & Locutionum
in hoc Dialogo annotandarum, serie
literaria Index. — *Parisiis* excudebat *Robertus Stephanus* ann.
M. D. XXIX. XIIII Cal. Novemb. In-8º.

12. AD humani generis Servatorem
in Urbis Romæ excidio P. Cursii
civis Rom. Deploratio. — *Parisiis*
excudebat *Robertus Stephanus* anno
M. D. XXIX. Prid. Calend. Septemb.
In-8º.

13. METHODUS artis poeticæ Valerando Machecrier Abbavillæo authore. — *Parisiis* ex officina *Roberti
Stephani* M. D. XXIX. XII Cal. Mart.
In-8º. 1 s. 6 d.

Un des Catalogues de Rob. Estienne,
porte *Valerando Maschrierio*. Il est probable
que c'est le nom françois *Mascrier*.

14. CASTIGATIONES & varietates
Virgilianæ Lectionis per Joannem
Pierium Valerianum. — Ex officina
Roberti Stephani. Parisiis M. D. XXIX.
IX Cal. Novembr. In-fol.

La première édition de ces savantes notes
est de Rome, 1521, in-fol. Elles vont paroître, employées dans le Virgile de Robert
Est. 1532, in-fol.

15. M. Accii Plauti Comœdiæ xx.—
Parisiis ex officina *Roberti Stephani*
M. D. XXIX. In-fol. 15 s.

Copie de l'Aldine de 1522. La suivante,

de 1530, paroit avoir été faite sur plusieurs
textes. Exemplaribus multis, sed recentibus,
collatis, dit la Bibl. latina, 1, p. 17.

16. P. TERENTII Comœdiæ sex,
tum ex Donati Commentariis, tum
ex optimorum præsertim veterum,
exemplarium collatione, diligentius quàm unquàm antehac emendatæ. Ælii Donati antiquissimi &
celeberrimi grammatici in easdem
commentarii accurate castigati. Calphurnii in tertiam comœdiam doctissima interpretatio. Index amplis-
simus. — Ex officina *Roberti Stephani*
M. D. XXIX. Cum Privilegio cuius diploma servatur ab ipso typographo.
— *A la fin* : Excudebat *Robertus Stephanus* in sua officina, anno a Christo Redemptore nostro nato M.D.XXIX.
VI Nonas Jul. In-fol. 15 s.

17. TERENTIUS cum Æl. Donati de
Terentii Vita & de Tragœd. ac Co-
mœd. in initio & in fine Argumentis.
Phil. Melanchthon in sex Terentii
Comœdias, & nonnulla de Comœdiis
& Metris comicis ex antiquis Gram-
maticis.—*Parisiis* ex officina *Roberti
Stephani* M. D. XXIX. IV Idus Julii.
In-fol. 7 s. 6 d.

Voici deux Térences in-fol. publiés simultanément, l'un avec commentaires, et l'autre
du texte seul.

Le texte du Térence sans commentaires est
fortement interligné, pour donner aux étudiants toute facilité à y écrire « Insertis unicuique versui spatiolis, ut juvenes glossam,
quam vocant, ascribere possint. » Dans la
préface de l'autre édition, pour laquelle Robert fut aidé d'un ancien et bon manuscrit
du Commentaire de Donat, à lui donné par
J. Badius, son beau-père, il rend compte de
son travail pour la rectification et de ces Commentaires et des citations dont ils sont remplis : il reconnoît y avoir été aidé par Pierre
Rosset, bon poète latin de ce temps, qui
possédoit si parfaitement son Virgile qu'il
put, sans hésiter, en indiquer tous les vers
épars dans le Commentaire de Donat : « Vir-

gilianos versus, quos ad unguem tenebat, ad manum suggessit. »

Dans la préface des Commentaires sur Perse, 1527, in-8°, Robert promettoit d'imprimer de même, en un volume séparé, ceux de Térence, ce qui n'a pas été exécuté.

Ces in-fol. et le Plaute de 1530 sont encore imprimés avec les anciens caractères romains de l'Imprimerie de Henri. C'est en 1532, avec le Virgile in-fol., que l'on verra des caractères renouvelés à neuf, et de formes plus élégantes.

18. Æsopi Phrygis Vita et Fabulæ a viris doctis in latinam linguam versæ : inter quos L. Valla, A. Gellius, D. Erasmus, aliique quorum nomina ignorantur. Fabellæ tres ex Politiano, Petro Crinito, Baptista Mantuano. Fabulæ item Laur. Abstemii. — *Parisiis* ex officina *Roberti Stephani* e regione Scholæ Decretorum. M. D. XXIX. VII Calend. Septemb. In-8°. 2 s. 6 d.

19. Des. Erasmi Rot. Paraclesis ad Christianæ Philosophiæ studium. — Ex officina *Roberti Stephani. Parisiis* M. D. XXIX. In-8°. *Jouth compli au l. n° 21.*

20. Lingua per Des. Erasmum Roterodamum, diligenter ab authore recognita. — *Parisiis* ex officina *Roberti Stephani* M. D. XXIX. III Cal. Mart.

L'édition de cette même année, *apud Prigentium Calvarin*, ne seroit-elle pas la même que celle-ci avec d'autres titres ?

21. Paraclesis, id est, Adhortatio ad sanctissimum ac saluberrimum Christianæ philosophiæ studium, ut videlicet Evangelicis ac Apostolicis literis legendis, si non sola, saltem prima cura tribuatur. Authore Des. Erasmo Roterodamo. — *Parisiis* excudebat *Robertus Stephanus* anno M. D. XXIX. Prid. Calend. Septembr. In-8°.

22. Christophori Hegendorphini Dialogi pueriles. — *Parisiis* ex officina *Roberti Stephani* M. D. XXIX. XIII Cal. Octobr. In-8°. 10 d.

Dans les réimpressions, ces *Dialogi pueriles* sont réunis en un même volume, avec les suivants *Petri Mosellani*.

23. Petri Mosellani Pædologia sive Dialogi XXXVI. — Ex officina *Roberti Stephani. Parisiis* M. D. XXIX. VIII Cal. Octobr. In-8°.

24. C. Plinii Secundi Novocomensis Epistolarum libri X. Ejusdem Panegyricus Trajano principi dictus. Ejusdem de viris illustribus in re militari & in administranda rep. Suetonij Tranquilli de Claris Grammaticis & Rhetoribus. Quibus adjectus est Index copiosissimus. Julii Obsequentis Prodigiorum liber. Latina interpretatio dictionum & sententiarum Græcarum quibus Plinius utitur. — *Parisiis* ex officina *Roberti Stephani* M. D. XXIX. Pridie Cal. Jan. In-8°. 6 s. 6 d.

L'Opuscule *De Viris Illustribus* porte un titre exprès et se vendoit aussi séparément 1 s.

25. Polydori Vergilii de inventoribus rerum prior editio, tribus primis contenta libris, ab ipso authore recognita & locupletata, ubi visa est materia sic poscere. Cui editioni adglutinavit Instituta omnia nostræ Christianæ religionis aliarumve gentium, ac eorum primordia undique diligenter quæsita : quæ quinque libris posterioribus continentur. Adjectus est & Index, omnia quæ in hoc opere tractantur, serie literaria indicans. — M. D. XXVIII. *A la fin* : *Parisiis* ex officina *Roberti Stephani* M. D. XXIX. VI Idus Januarii. In-4°. 5 s.

L'énoncé du titre fait connoître que c'est la précédente édition de 1528, en trois livres, à laquelle ont été ajoutés (adglutinavit) les cinq livres de supplément et l'Index.

M. D. XXX.

1. ANITII Manlii Boetii de Differentiis topicis libri quatuor. — *Parisiis* ex officina *Roberti Stephani*
M. D. XXX. In-8º. 10 d.

2. D. ERASMI Roterod. Paraphrasis
luculenta juxta ac brevis in Elegantiarum libros Laurentii Vallæ, cui
ultra priorem editionem plurima-
rum cum dictionum, tum locutionum expositio Gallica accessit in
gratiam studiosorum. Addita est Farrago sordidorum Verborum, sive Augiæ stabulum repurgatum, per Cornelium Crocum. Tertia Editio. —
Parisiis apud *Robertum Stephanum*
M. D. XXX. Id. Sept. In-8º.

Cet ouvrage, nommé à contre-sens *Paraphrase*, puisque c'est un abrégé, ou plutôt
un extrait de celui du Grammairien Laurent
Valla, fut publié à Cologne, 1529, in-8º, à
l'insu d'Erasme. Il s'en est plaint vivement en
plusieurs occasions, et notamment dans une
lettre *ad Petrum Ægidium*, jointe au volume
*Xenophontis, Socratici Rhetoris, Hieron,
D. Erasmo interprete, Basileæ*, 1530, in-8.
« Prosiliit in lucem primum (ut audio), Coloniæ, mox Lutetiæ, Libellus, cui titulum
scilicet fecerunt *Paraphrasis Erasmi in Libros elegantiarum Laurentii Vallæ.* Demiror
quid mentis aut frontis habeant homines is-
tiusmodi, qui tantum juris sibi sumunt in
scripta aliena, idque vivo Autore. Olim vix
natum annos viginti literator quidam, qui
gregem recèns collegerat, oravit me ut osten-
derem quis autor potissimùm conduceret pueris ad discendum latinè. Commendavi Lau-
rentianum opus de Elegantiis. Respondit illum
fusius scribere, eaque causa parùm idoneum
qui pueris prælegeretur, sibi verò non esse
tantum ocii ut ex eo decerperet præcipua.
Hæc erat illius oratio, sed revera non intel-
lecturus erat Laurentium, etiam si maxime
fuisset legendi & relegendi ocium. Itaque
precibus & blanditiis victa est mea facili'as.
Cursim revoluto Laurentio enotavi quæ tali
literatori congruere videbantur, adeò nihil

cogitans de edendo, ut exemplar nec apud
me servaverim, nec ab illo unquam repeti-
verim. Hoc nunc me & vivo nec monito typis evulgant, ac titulum suo arbitratu affin-
gunt.......... Nonne vehementer atrox injuria
videatur, si quis, quod alius in adolescentia
vel in amici gratiam, vel exercendi ingenii
causa lusisset, eodem sano, vivo, & si sciat,
invito typis evulgaret. Sed atrocius est quod
addiderunt. Libellum redegerunt in ordinem
literarum, et hac opera totam argumenti
naturam fructumque corruperunt, eò quòd
vocum proprietas ex collatione mutua diluces-
cit; veluti quum indicatur quo modo discre-
pent, vel significatione, vel usurpatione,
quamvis, quanquam, etsi, tametsi, licet, &c.
Hæc igitur inter se cognata, si per ordinem
literarum separentur *, nonne pars utilitatis
perit, & argumenti ratio corrumpitur?.......
Idem olim accidit in Colloquiis. »

Réimprimé à Paris, en 1530, avec des
augmentations, et par Robert Estienne encore en 1530, en cette troisième édition, ce
livre eut assez de succès pour qu'en 1531 il
fut encore besoin d'une édition nouvelle.
Pour cette fois, l'auteur et l'Imprimeur se
concertèrent. Le faux sens du titre consacré
par l'habitude des précédentes éditions, y fut
autant qu'on le put, rectifié : Erasme fit à
son livre des améliorations que reproduisirent
plusieurs éditions postérieures ; et, dans une
épitre ou avis au lecteur, il revint sur l'abus
de confiance et l'inhabileté qui avoient livré

* Bien que, par la nature différente des
deux ouvrages, les résultats d'un changement
d'ordre ne puissent ni en bien, ni en mal, être
les mêmes, et diffèrent surtout par leur inégale
importance, on peut mettre à côté de ce reproche l'objection que font quelques grécisants
contre la disposition alphabétique dans laquelle
est combinée la savante réimpression parisienne
du *Trésor grec.* Ils craignent que cette apparence de facilité plus grande dans les recherches, dans le *feuillettement* habituel du livre,
ne compense pas assez le très grand avantage scientifique que présentent la réunion et la
juxtaposition des mots dépendant, ressortant
l'un de l'autre. Cette question est à décider
par les maîtres de la science; ou plutôt ne se-
ront-ce pas les inexpérimentés, les disciples,
qui véritablement la décideront avec le temps
par le plus ou moins d'utilité que cette combinaison alphabétique aura eue pour leurs
études ?

cet ouvrage au public : « Eò nunc rediisse videntur hominum mores, ut quod cuique libuerit, idem sibi licere putet..... Nec hoc satis visum est : affinxerunt titulum *Para-phrasis*, quod ludibrii causa factum videri potest. Tolerabile fuerat *Epitomen* appellare..... admiscuerunt nonnulla quæ nec in Laurentio habentur, nec a me sunt addita : rursus quædam omiserunt, quæ prætermitti non poterant..... hòc non erat ordinare, sed scopas dissolvere.

Maittaire, *Vitæ Steph.* p. 24, parle aussi de ces publications faites sans l'aveu d'É-rasme, mais contre son ordinaire, trop succinct, on le comprend mal, et dans ses listes, cette mention *editio tertia* sans autre explication, ne peut qu'ajouter à l'obscurité du renseignement. Le tout est mieux expliqué dans les Annal. Typog. tom. ii, p. 745.

2. FORMULA interrogandi de tribus præcipuis Grammaticæ partibus, Etymologia, Syntaxi, Prosodia; deque octo partibus orationis; additis passim grammaticis canonibus scitu dignissimis; authore Prisciano grammaticorum principe; sive ejus Erotemata in primum quemque versum duodecim librorum Virgilianæ Aeneidos.—Excudebat *Robertus Stephanus. Parisiis* anno M. D. XXX. II. Non. Mart. In-8°. 1 s.

3. MATURINI Corderii de corrupti sermonis emendatione Libellus. — *Parisiis* apud *Robertum Stephanum* M. D. XXX. Cal. Octobr. In-8°.

Panzer, VIII, p. 146, donne ce titre avec date de 1530, et peu après, à l'année 1531, le même livre reparoît *Nunc primum per Authorem editus.*

Maittaire, dans ses Ann. Typ. qui servent d'autorité à Panzer, mentionne ces deux éditions, dont sans doute, il ne connoissoit que celle de 1531 en 1709, quand il imprima son ouvrage sur les Estienne.

4. DES. Erasmi Rot. de recta Latini Græcique Sermonis pronunciatione Dialogus. — *Parisiis* ex officina *Roberti Stephani.* M. D. XXX. V. Cal. Junii. In-8°. 20 d.

Maittaire, *Vitæ Steph.* en note une édition sans date qui n'existe pas, mais il se rectifie dans les Ann. Typ. où il la remplace avec exactitude par une édition de 1547.

5. DE figuris sententiarum ac verborum P. Rutilii Lupi Rhetoris antiquissimi libri duo, ita nunc restituti, ut & legi & intelligi magno studiosorum commodo possint. Aquilæ Romani liber unus. Julii Rufiniani de iis quæ ab Aquila prætermissa erant, libellus; & præterea ejusdem libri duo. — *Parisiis* ex officina *Roberti Stephani* M. D. XXX. — *A la fin :* M. D. XXXI. V. Cal. Feb. In-4°. 10 s.

6. M. TULL. Ciceronis Oratoriæ partitiones, & de optimo genere oratorum. Secunda editio. — *Parisiis* ex officina *Roberti Stephani* e regione Scholæ Decretorum M.D.XXX. VIII. Id. Sept. In-8°.

La première édition est de 1527.

7. M. T. CICERONIS ad M. Brutum Orator. — *Parisiis* ex officina *Roberti Stephani* M. D. XXX. In-4°.

8. M. T. CICERONIS ad C. Trebatium Topica. Secunda editio. Cum Hegendorphini Scholiis. — *Parisiis* ex officina *Roberti Stephani* M.D.XXX. In-8°. 3 s.

Outre cette édition marquée *secunda*, il y en a une autre, de 1532, *seconde* des Commentaires de Boëce, dont la *première* est de 1528. Je n'ai pu trouver traces d'une première des Scholies d'Hégendorph, soit par les Estienne, soit par tout autre Imprimeur.

9. M. T. CICERONIS Epistolarum famil. libri XVI. Secunda editio. — *Parisiis* ex officina *Roberti Stephani* M. D XXX. In-8°.

10. DICTIONARIUM poeticum, quod vulgo inscribitur Elucidarius carminum. — *Parisiis* ex officina *Roberti Stephani.* M. D. XXX. XII Cal. Martii. In-8°. 2 s. 6 d.

Cet ouvrage, dont la première édition est de Deventer, 1501, in-4., et qui avant celle-ci de 1530, avoit déjà été imprimé plus de quinze fois, est le premier essai que l'on connoisse d'un Dictionnaire poétique. Son auteur, Hermanus Torrentinus (Van Beeck) professeur flamand, né à Zwoll dans le quinzième siècle, est probablement de même famille que l'habile Imprimeur de Florence, Lorenzo Torrentino, aussi Flamand, et que l'on croit de même né à Zwoll.

J. Thomasius, dans son livre *De Plagio literario*, fait à Robert une mauvaise querelle au sujet de ce Dictionnaire pour lequel il lui reproche d'avoir pillé Volaterranus (Raff. Maffei de Volterra). Véritablement, l'accusation n'est pas du tout fondée, mais que, soit dans l'*Anthropologia* de Volaterranus, soit dans tout autre Vocabulaire analogue, Robert ait été recueillir des matériaux pour supplémenter et améliorer le volume qu'il réimprimoit, ce n'étoit qu'user du droit et satisfaire aux obligations de tout éditeur diligent. N'auroit-on pas voulu qu'à chaque expression ou tournure poétique, à chaque mot par lui introduit dans cet *Elucidarius*, il eût eu la niaise exactitude d'y formuler une déclaration énonciative du nom de l'auteur, et de l'ouvrage dans lequel le mot avoit été trouvé, ou à défaut être signalé et honni comme plagiaire. Prendre çà et là des mots ou des expressions pour en enrichir un Vocabulaire quelconque n'est pas un plagiat, quand on ne se fait pas copiste, et surtout quand on ne se déclare pas l'auteur de secours fournis par d'autres. Il avoit bien fallu aller prendre les mots où ils se trouvoient. L'auteur de ce travail déclare qu'il s'est aidé de travaux antérieurs : *se ab aliis tradita omnia studiose collegisse.*

11. M. PLAUTI Comœdiæ XX, ex antiquis, recentioribusque exemplaribus invicem collatis, diligentissime recognita. Quarum carmina, magna ex parte in mensum suum restituta sunt. Authoris vita. Argumenta singularum Comœdiarum. Tralatio Græcarum dictionum. — *Parisiis* ex officina *Roberti Stephani* **M. D. XXX. VI. Calend. Febr. In-fol. 15 s.**

Maittaire, dans la Vie des Estienne, avoit mis ce livre à l'année 1529 ; il s'est rectifié dans les Ann. Typ. où il l'a placé à l'année 1530, ce qui est la véritable date.

12. SENTENTIAE et Proverbia ex omnibus Plauti & Terentii Comœdiis. — *Parisiis* ex officina *Roberti Stephani* **M. D. XXX. VIII. Cal. Maii. In-8o.**

13. ORUS Apollo Niliacus de Hieroglyphicis notis a Bernardino Trebatio Vicentino Latinitate donatus. — *Parisiis* ex officina *Roberti Stephani* **M. D. XXX. XIX Cal. Feb. In-8o. 8 d.**

14. LUCIANI aliquot Dialogi per Erasmum Versi cum Scholiis Nicolai Doscoducensis (de Bois-le-duc). — *Parisiis* apud *Robertum Stephanum* **M. D. XXX. II. Calend. Decemb. In-8o.**

M. D. XXXI.

1. CHRISTIANA studiosæ juventutis Institutio per Christophorum Hegendorphinum. De disciplina item & institutione puerorum , Othonis Brunsfelsii Paraenesis.. — *Parisiis* ex officina *Roberti Stephani* **M. D. XXXI. In-8o. 6 d.**

2. NICOLAI Perotti Rudimenta latinæ Grammatices. Secunda editio. — *Parisiis* ex officina *Roberti Stephani* **M. D. XXXI. xv. Cal. Mart. In-4o.**

Je ne connois pas d'édition faite par Robert ou Henri antérieurement à celle-ci de 1531.

3. PARAPHRASIS, seu potius Epitome inscripta Erasmo in elegantiarum libros Laurentii Vallæ, ab illo jam recognita , cum Cornelii Croci farragine sordidorum verborum. — *Parisiis* ex officina *Roberti Stephani* **M. D. XXXI. VII. Cal. Julii. In-8o. 2 s. 6 d.**

Première édition faite de l'aveu de l'auteur, et avec sa participation. Voy. ci-dessus , p. 3a.

4. ALDI Manutii Romani Institutionum Grammaticarum latinarum libri IIII. — *Parisiis* ex officina *Roberti Stephani* M. D. XXXI. VII. Idus Mart. In-4º. 6 s.

5. ÆLII Donati de octo partibus orationis Editio secunda ; cum Servii & Sergii doctissima interpretatione suis locis inserta. Ejusdem Donati de Barbarismo et Solœcismo. —*Parisiis* ex officina *Roberti Stephani* M. D. XXXI. VII. Cal. Nov. In-8º. 1 s. 6 d.

Imprimé par Robert en 152**6**-31-34-36-37-49-61, et en 1585 dans l'Imprimerie de Robert son fils.

Sur cette distinction de *Editio prima, Editio secunda,* voy. ci-dessous à l'année 1537.

6. ROB.Stephani Thesaurus linguæ latinæ. — *Parisiis Rob. Stephanus* M. D. XXXI. In-fol.

Voy. pag. 37 à l'année 153a.

7. MATURINI Corderii de corrupti sermonis emendatione libellus , nunc primum per Authorem editus. — *Parisiis* apud *Robertum Stephanum* M. D. XXXI. XIII Cal. Jun. In-8º.

Nunc primum per authorem editus, signifie sans doute que la précédente édition de 1530 avoit été faite sans le concours de l'auteur, ce qui doit faire préférer celle-ci.

Ce livre eut grand succès , car il fut imprimé par Robert en 1530-31-33-34 , deux fois en 1536, 41-50-58, et enfin en 1580 dans l'Imprimerie de Robert II, son fils.

8. JACOBI Sylvii Ambiani in Linguam Gallicam Isagωge, una cum ejusdem Grammatica Latino-Gallica, ex Hebræis , Græcis & Latinis authoribus. — *Parisiis* ex officina *Roberti Stephani* M. D. XXXI. VII Id. Ian. In-4º.

Plus tard, en 1558, imprimant sa Grammaire françoise, Robert reprocha à celle-ci, dont l'auteur étoit Amiénois , d'être entremêlée de mots picards. Maittaire, p. 86, donneroit à croire qu'il y a de ce livre une édition de 1537, ce que je ne pense pas.

9. MARII Fabii Victorini Commentarii in Ciceronis Rhetoricos , seu de Inventione. — *Parisiis* apud *Robertum Stephanum* M. D. XXXI. In-4º.

Une édition de ces Commentaires sans le texte existe avec la date de 1537 ; celle-ci lui est très probablement semblable.

10. TERENTII Comœdiæ.—*Parisiis* ex officina *Roberti Stephani* M.D.XXXI. In-8º.

11. PETRI Mosellani Pædologia , Dialogi XXXVII. & Christophori Hegendorphini Dialogi pueriles XII, lepidi æquè ac docti. — *Parisiis* ex officina *Roberti Stephani* M. D. XXXI. In-8º.

Maittaire, page 66 de ses listes, porte ce livre au nom de Robert III, année 1631, et dans la liste générale, en supprimant cette fausse annonce, il a oublié de le rétablir ici, à sa vraie date de 153r.

M. D. XXXII.

1.BIBLIA(Latina).Breves in easdem annotationes ex doctiss. interpretationibus et Hebræorum Commentariis.Interpretatio propriorum nominum Hebraicorum. Index copiosissimus rerum et sententiarum utriusqueTestamenti.—*Parisiis* ex officina *Rob. Stephani* M.D.XXXII. Cum privilegio Regis.—*A la fin: Parisiis* excudebat *Rob. Stephanus,* in sua officina Ann. M. D. XXXII. XVII Cal. Novemb. *On trouve ensuite* · Hebraica Chaldea Græcaque & Latina nomina virorum, mulierum , populorum , idolorum , urbium, fluviorum, montium, ceterorumque locorum quæ in Bibliis utriusque Testamenti sparsa sunt, restituta, cum interpretatione latina. Index rerum & sententiarum quæ in veteris & novi Testamenti libris continentur.— *Parisiis* excudebat *Rob. Stephanus*, in sua officina Anno M. D. XXXII. VIII Idus Novemb. In-fol.

Quatre années avoient suffi pour l'entier écoulement de l'édition in-folio de 1528 à laquelle celle-ci est de beaucoup préférable. Le savant et consciencieux Imprimeur ne s'étoit pas dissimulé ce qui pouvoit être reproché à sa première édition; et dans la préface de celle-ci, il en fait l'aveu avec candeur : «....... non nihil in priore Bibliorum emissione fuisse dormitatum : in hac verò dari tralationem propè integram et illibatam, denuo veteribus manuscriptis, quæ annis superioribus Monachi S. Dionysii, itemque S. Germani, et gravissimum illud Theologorum Parisiensium Collegium ei communicarunt, collatum, ad interiorem marginem diversis interpretationibus cum obeliscis et asteriscis, quibus Origenes et Hieronymus usi fuerant.»

La Sorbonne persécuta Robert, et pour cette édition, et plus encore pour la courageuse persévérance avec laquelle il multiplia les réimpressions soit complètes, soit partielles des Livres Saints. On se tromperoit, je pense, si l'on donnoit pour seule et véritable cause de cette ecclésiastique colère certains passages infidèlement reproduits ou interprétés, certaines notes sentant l'hétérodoxie, banales accusations continuellement répétées, mais que l'on ne s'occupoit guère de prouver. Déjà, en 1523, le zèle sacerdotal avoit été scandalisé de ce qu'une édition portative et correcte, imprimée chez Simon de Colines, à la diligence de Robert, avoit mis la version latine du Nouveau Testament à portée et, pour ainsi dire, sous la main d'un plus grand nombre de lecteurs. Le crime fut jugé bien autrement irrémissible lorsque celui qui, dans sa jeunesse, s'étoit permis cette publication, fit de la continuelle réimpression des Saintes Ecritures l'occupation de sa vie presque entière. Ces passages soi-disant falsifiés, ces annotations téméraires, pièces d'une permanente accusation, étoient indifférents, inconnus même à la plu-

part de ceux qui crioient le plus fort à l'hétérodoxie, parmi lesquels plusieurs eussent même été hors d'état d'y rien comprendre : mais ces volumes grands et petits, si corrects, d'un si séduisant usage, et qui avoient en quelque sorte ouvert à tous le livre entier des textes sacrés, c'étoit là le véritable grief, le motif mal dissimulé des clameurs théologiques; et plus d'un Sorbonniste, en cela fidèle aux doctrines ultramontaines, trouvoit que pour une telle témérité le feu n'étoit pas un châtiment trop sévère. Robert eût fini par être victime de cette incessante inimitié, si, pendant beaucoup d'années, il n'eût été soutenu par son immense réputation et par la puissante bienveillance de François Ier. Ce prince étant mort, Robert, s'il ne fut point persécuté par Henri II, ne trouva pas en lui un appui protecteur, et sentit que, pour ne point succomber sous les continuelles attaques de ses adversaires, il feroit très prudemment de se mettre hors de leurs atteintes, d'abandonner sa patrie qu'il honoroit par ses travaux, et de transporter son établissement à Genève où il trouveroit un refuge assuré contre les dangereux effets de ces haines théologiques. «Theologi parisienses eum ad ignes usque persequuntur, quod Biblia imprimere ausus sit, quamvis tum permissu, tum consilio seniorum Collegii ipsorum, cujus rei locuples testimonium Regis privilegium reddebat. Tum nihilominus ad capitale supplicium postulabant, tanquam si Biblia corrupisset; et de eo actum esset, nisi quorum authoritate factum sit, in tempore monstrasset. Tale annos circiter viginti bellum Roberto cum Sorbona fuit; et oportuit despondisse animum absque Rege qui illum contra invidos et malevolos texit, nec cessavit omnibus modis benigne juvare. Quia autem paci et tranquillitati semper studebat, pollicitus est se nihil postea nisi cum bona eorum gratia facturum.» Responsio ad Censuras Theologorum Parisiensium, 1552. In-8°.

2. DE liquidorum leguminumque mensuris, ex variis Sacræ Scripturæ & authorum veterum ac recentiorum locis congestæ observatiunculæ editæ a R. P. Roberto Senali (Cœnali, *Gallice*, Ceneau ou Seneau) Episcopo Regiensi Theologo ordine & origine

Parisiensi. — *Parisiis* ex officina *Roberti Stephani* M. D. XXXII. III Non. Febr.   In-4º.

Le Catalogue Imperiali, pag. 130, en indique un exemplaire sur vélin qui cependant n'a point reparu dans la vente faite à Rome en 1793, de cette Bibliothèque.

Ce Robert Seneau ou Ceneau est auteur d'autres ouvrages qu'il n'imprima point chez Robert Estienne; et à l'occasion des éditions de la Bible, il se montra l'un de ses ennemis les plus acharnés. On n'a plus maintenant à se souvenir que de cette haine injuste, et nullement d'aucun de ses ouvrages.

3. CHRISTOPHORI Hegendorphini Paraenesis de Instituenda vita. — *Parisiis* apud *Robertum Stephanum* M. D. XXXII. XV Cal. Januar.   In-8º. 8 d.

4. PHILIPPI Melanchthonis Grammatica latina, & Syntaxis; & de periodis & quantitate syllabarum. — *Parisiis* ex officina *Roberti Stephani* M. D. XXXII. IIII Cal. Augusti.   In-8º.

5. Roberti Stephani Dictionarium seu Latinae LinguaeThesaurus, cum Gallica ferè interpretatione. — *Parisiis* ex officina auctoris M. D. XXXI. — *A la fin :* Excudebat *Robertus Stephanus* in sua officina. Ann. M. D. XXXII. IIII. Cal. Oct.   In-fol.

Sur la foi du Catal. Thott, t. IV, p. 69, Panzer, t. VIII, p. 146, met en l'année 1531 une première édition de ce Vocabulaire, laquelle auroit été presque aussitôt suivie de l'édition bien connue de 1532. L'erreur qui est ici indubitable, sera venue de la date de 1531 qu'elle porte sur le titre. Pinelli, n° 7425, le met aussi de 1531, ce qui n'implique point du tout l'existence de deux éditions différentes et successives.

Ce Lexique, tant augmenté et amélioré dans les deux éditions suivantes de 1536 et 1543, étoit déjà, dès cette première publication, un utile et précieux secours pour l'étude de la langue latine.

6. Bellum Grammaticale (R. D. Andrea Guarna Salernitano, patri-

tio Cremonensi, authore. — *Parisiis* ex officina *Roberti Stephani* M. D. XXXII. X Cal. Januar.   In-8º.   6 d.

7. LIBRI Dialecticae legalis quinque, authore Christophoro Hegendorphino. — *Parisiis* ex officina *Roberti Stephani* M. D. XXXII. VIII Cal. Nov.   In-8º.

8. TABULAE de Schematibus & tropis Petri Mosellani in Rhetorica Philippi Melanchthonis; in Erasmi libellum de Duplici copia. Secunda editio. — *Parisiis* ex officina *Roberti Stephani* M. D. XXXII. Cal. Augusti. In-8º.   8 d.

9. M. TULL. Ciceronis Topicorum cum Boetii Commentariis Secunda editio. — *Parisiis* ex officina *Roberti Stephani* M. D. XXXII. IIII Cal. Sept. In-8º.   3 s.

10. ULRICHI de Hutten Ars versificatoria. — *Parisiis* ex officina *Roberti Stephani* M. D. XXXII. IX Cal. Januar. In 8.

11. P. Virgilii Maronis Opera. Mauri Servii Honorati Grammatici in eadem Commentarii ex antiquis exemplaribus suae integritati restituti. Index eorum quae à Servio explicantur, ita copiosus ut vel Dictionarii instar esse possit. Castigationes et varietatesVirgilianae lectionis, per Johannem Pierium Valerianum. — *Parisiis* ex officina *Roberti Stephani*, M. D. XXXII. XVII. Cal. Augusti. In-fol.

Avec privilège du Parlement, pour 2 ans.

Si ce volume in-folio de Virgile, imprimé en beaux caractères neufs, et d'une exécution fort bien entendue, sortoit des presses manutiennes, on peut tenir pour assuré que, sans être en aucun point ni plus beau, ni littérairement meilleur que celui-ci, il seroit indubitablement recherché par de nombreux amateurs, et payé avec joie un prix quinze fois, vingt fois supérieur à celui que l'on consentiroit à donner de cette édition élégante et soignée. Il en est de même de la plus grande partie des volumes dont se compose cette riche nomenclature, et cependant le mérite de ces Imprimeurs et de leurs typographies peut, sous beaucoup de rapports, être considéré comme égal ; il est même plus d'une édition des Manuce qui ne soutiendroit pas la comparaison avec celles de Robert et de Henri son fils.

Les Castigationes et *Varietates J. Pierii Valeriani* forment une partie séparée de 205 pages outre l'Index, avec un titre daté de M. D. XXIX, date qui est répétée tout à la fin. Imprimebat Robertus Stephanus. Ann. M. D. XXIX. IX. Cal. Novembris. C'est l'édition déjà placée à l'année 1529.

12. TERENTIUS.—*Parisiis, Robertus Stephanus.* M. D. XXXII. In-24.

Je ne crois pas à l'existence de cette édition notée *minori forma,* t. I, p. 55 de la Bibl. latina qui ne fait pas mention de celle de 1540-41, aussi in-24.

13. LUCIANI Dialogi aliquot, latine per Erasmum versi cum notis.— *Parisiis* ex officina *Roberti Stephani* M. D. XXXII. Cal. Decembr. In-8.

M. D. XXXIII.

1. LAURENTII Vallœ Elegantiœ et de Sui ac Suus.— *Parisiis* ex officina *Roberti Stephani* M. D. XXXIII. XIII. Cal. April. In-4.

XIII. Cal. Febr. dans *Vitœ Steph.* XIII. Cal. April. dans les Annales Typog. suivies par Panzer. N'ayant pas vu le volume, qui d'ailleurs a peut-être deux dates, je préfère comme probablement plus exacte, l'indication venue la dernière.

2. EPITOME BADII in Laurentii Vallæ Elegantias, cûm explanationibus, et Mancinelli lima. — *Parisiis* ex officina *Roberti Stephani* M. D. XXXIII. Idibus Novemb. In-8.

3. Paraphrasis seu Epitome Erasmo inscripta in Elegantias Laur.

Vallæ, & Corn. Croci Farrago. Secunda Editio. — *Parisiis* ex officina *Roberti Stephani* M. D. XXXIII. VII. Cal. Sept. In-8.

Secunda veut dire ici seconde édition faite de l'aveu de l'auteur. Voyez ci-dessus, pages 32 et 35.

4. JOANNIS PELLISSONIS Rudimenta Latinæ Grammaticæ. — *Parisiis* ex officina *Roberti Stephani* M. D. XXXIII. In-4. 2 s.

5. THOMÆ Linacri Libri sex de emendata structura Latini Sermonis Secunda Editio. M. D. XXXII.— *Parisiis* ex officina *Roberti Stephani* M. D. XXXIII. XIX. Cal. Febr. In-4. 6 s.

La première édition est de 1527-28. Voy. ci-dessus, pag. 28.

6. MATURINI Corderii Liber de corrupti Sermonis emendatione. — *Parisiis* apud *Robertum Stephanum* M. D. XXXIII. In-4. 6 s. 6 d.

7. CAROLI Bovilli Samarobrini Liber de differentia Vulgarium Linguarum & Gallici sermonis varietate ; quæ voces apud Gallos sint fictitiæ & arbitrariæ vel barbaræ, quæ item ab origine latina manarint ; de hallucinatione Gallicanorum nominum. — *Parisiis* ex officina *Roberti Stephani* M. D. XXXIII. Pridie Non. Febr. In-4. 2 s.

8. M. T. CICERONIS Partitiones oratoriæ cum Georgii Vallæ commentariis, & de optimo genere oratorum. — *Parisiis* ex officina *Roberti Stephani* M. D. XXXIII. III. Cal. Aug. In-8.

9. VICTORIS Pisani Patricii Veneti in Ciceronis Oratorem Commentarium. — *Parisiis* ex officina *Roberti Stephani.* M. D. XXXIII. In-4. 10 d.

Dans son avis *Lectoribus candidissimis,* Robert dit : « Superioribus diebus Oratorem Ciceronis ex nostra officina nudum, ut ità dicam, emiseramus, hoc est sine ullis Commentariis. » Il explique ensuite comment il a disposé ces commentaires avec des chiffres de renvoi à l'ouvrage *à nobis prius impresso.* Maittaire, Ann. ii, 789, assure n'avoir jamais vu cette édition *Nudi Oratoris;* il ne connoissoit pas celle de 1530, aussi in-4°, mentionnée au Catal. de Thott et dont la date met tout d'accord en ne prenant pas les mots *superioribus diebus* dans un sens trop rigoureux. Dans une Dédicace à un sénateur vénitien, Victor Pisani fait connoître que ces Commentaires ont été par lui recueillis des leçons qu'il recevoit de G. Valla *suus præceptor.*

10. **VIRGILIUS.** — *Parisiis* ex officina *Roberti Stephani.* **M. D. XXXIII.** v. Cal. Octob. In-8. 5 s.

Avec les *Carmina minora*, copiés de l'édition aldine de 1517, et le 13° livre.

Cette édition, de petit format, et les trois qui suivent, de 1537, 40 et 49, reproduisent à très peu de différences près, le texte de l'in-fol. de 1532.

11. **Q. HORATII** Flacci Ars poetica cum trium Doctissimorum virorum Commentariis. A. Jani Parrhasii. Acronis. Porphyrionis. Adjectæ sunt ad calcem doctissimæ Glareani annotationes. — *Parisiis* ex officina *Roberti Stephani* **M. D. XXXIII.** Idib. Decemb. In-4.

12. **TERENTIUS** cum Donati Argumentis & Versuum generibus, per D. Erasmum Rot. Quarta Editio. — *Parisiis* ex officina *Roberti Stephani.* **M. D. XXXIII. XVI.** Cal. Maii. In-8. 5 s.

Robert a fait huit éditions in-8° de Térence, toutes sans commentaires, et copiées les unes sur les autres, avec peu ou point de différences. Elles sont des années 1531, 1533, 1534, 1535, 1536, 1538, 1545, 1550-51, et ce qui est à remarquer, c'est qu'il met *Quarta editio* sur le titre de celles de 1533, 34 et 35. Les deux suivantes de 1536 et 38 sont cotées *quinta* et *sexta.* Je ne connois d'édition antérieure à 1533 que celle de 1531, ce qui la devroit faire nommer *secunda* et non *quarta*, mais comme cette première, in-8° de 1531, est précédée de deux in-fol. de 1529, c'est peut-être

pour cette raison que celle de 1533 a été nommée *quarta.* Est-ce par négligence à l'Imprimerie qu'en 1534 et 1535, recomposant sur une précédente édition on aura copié le mot *quarta* avec tout le reste? Rien de cela n'a la moindre importance, et je n'en parle ici que pour ôter toute obscurité dans cette série de réimpressions. Je n'assurerois cependant pas qu'au lieu de deux éditions de 1534 et 1535, ce n'en seroit pas une seule, datée de 1534 sur son titre, et de 1535 à la fin.

13. **CATONIS** Disticha cum scholiis Mat. Corderii. — *Parisiis* ex officina *Roberti Stephani* **M. D. XXXIII.** In-8.

14. **DIALOGI** aliquot Luciani per D. Erasmum Rot. versi, cum Nicolai Boscoducensis Scholiis & aliis Luciani aliquot dialogis, eodem Erasmo interprete. Tertia editio. — *Parisiis* ex officina *Roberti Stephani.* **M. D. XXXIII.** In-8.

15. **C. PLINII** Secundi Novocomensis de viris illustribus liber. Suetonii Tranquilli de claris Grammaticis et Rhetoribus liber. Julii Obsequentis prodigiorum liber imperfectus. — *Parisiis* ex officina *Roberti Stephani* **M. D. XXXIII.** Octavo Cal. Sept. In-8.

M. D. XXXIV.

1. **BIBLIA.** Breves in eadem annotationes ex doctiss. interpretationibus & Hebræorum commentariis. — *Parisiis,* ex officina *Roberti Stephani.* **M. D. XXXIIII. XIII.** Calend. Sept. In-8° à 2 colonnes. 15 s.

Cette édition, la première de cet Imprimeur en un format portatif, est la copie de l'in-folio de 1532, non pas sans utiles corrections, et avec cette différence que la moindre dimension des pages y a fait supprimer une partie des notes marginales. Des sommaires sont placés en tête de chaque chapitre; la table des noms hébreux, grecs, &c.

et celles des matières y sont moins amples, mais il y a de plus une table des Evangiles et Epîtres pour toute l'année. Cette Bible et les deux précédentes sont toutes fort estimables; mais ni ces trois, ni même le bel in-folio de 1540, ne peuvent être mis en comparaison avec l'in-8° de 1545. Dès ces premiers temps Robert avoit en vue l'important travail du recensement des Glosses marginales, nommées *Glossa ordinaria*, estimées des théologiens, mais dans lesquelles il voyoit beaucoup à ajouter, et plus encore à corriger. Si le défaut de coopérateurs et capables et de bonne volonté l'empêcha de suivre l'exécution de ce grand projet, il ne le perdit point de vue, et la Bible de 1545, avec son double texte, de la Vulgate et d'une version plus rigoureusement faite sur l'hébreu, y fut une préparation. Robert retiré à Genève, ses travaux bibliques devoient nécessairement prendre une différente direction, et ses presses être occupées aux écrits de Calvin et autres Docteurs de l'Eglise réformée, ainsi qu'en éditions de la Bible à leur usage.

2. INSTITUTIONUM Justiniani libri quatuor cum Gregorii Haloandri Epistola & Arbore cognationis. — *Parisiis* ex officina *Roberti Stephani.* M. D. XXIIII. III. Id. Octob. In-8°.

3. PHILIPPUS Melanchthon de Legibus & Gradibus. — *Parisiis* ex officina *Roberti Stephani.* M. D. XXXIIII. IX. Cal. Apr. In-8°. 8 d.

4. Ælii Donati de octo Partibus orationis, editio secunda: cum Servii & Sergii doctissima interpretatione suis locis inserta. Ejusdem Donati de Barbarismo & Solœcismo. Ex secunda emissione.—*Parisiis* ex officina *Roberti Stephani.* M. D. XXXIIII. V. Id. Novembris. In-8°. 1 s. 6 d.

5. DE octo Orationis partium constructione Libellus cum commentariis Junii Rabirii. — *Parisiis* ex officina *Roberti Stephani.* M. D. XXXIIII. III. Calend. Jun. In 8°.

6. JUNII Rabirii de octo orationis partium constructione Libellus. —

Parisiis ex officina *Roberti Stephani* M. D. XXXIIII. XII. Cal. Nov. In-8.

Seconde édition dans cette même année.

7. MATURINI Corderii de corrupti sermonis emendatione Libellus. Tertia editio. — *Parisiis* ex officina *Roberti Stephani.* M. D. XXXIIII. In-8°.

8. ELEMENTORUM Rhetorices libri duo, Authore Philippo Melanchthone. — *Parisiis* ex officina *Roberti Stephani.* M D. XXXIIII. VI. Cal. Septemb. In-8°.

9. SEV. Boetii de differentiis Topicis libri quatuor. *Parisiis* ex officina *Roberti Stephani* M. D. XXXIII. XVI. Cal. Nov. In-8.

10. M. T. CICERONIS ad Marc. Brutum Orator. Explicatio quorundam locorum difficilium, authore Philippo Melanchthone. — *Parisiis* ex officina *Roberti Stephani* M.D.XXXIIII. IIII. Non. Julii. In-8°. 1 s. 3 d.

11. M. TULLII Ciceronis Epistolæ familiares. Tertia editio. — *Parisiis*, ex officina *Roberti Stephani.* M. D. XXXIIII. XVI Cal. Octob. In-8°.

12. M. T. CICERONIS Tusculanæ Quæstiones, per Des. Erasmum emendatæ. — *Parisiis*, apud *Robertum Stephanum.* M. D. XXXIIII. XIII Cal. Martii. In-8°. 2 s. 6 d.

13. SENTENTIÆ et Proverbia ex Plauto Terentio Virgilio Ovidio Horatio Juvenale Persio Lucano Seneca Lucretio Martiale Silio Statio Val. Flacco Catullo Propertio Tibullo Claudiano. — *Parisiis*, ex officina *Roberti Stephani.* M D.XXXIIII. XVII. Cal. Julii. In-8°.

14. TERENTIUS. Quarta editio. — *Parisiis*, ex officina *Roberti Stephani.* M. D, XXXIIII. Nonis Martii. In 8°.

Seconde édition nommée *quarta*, voyez ci-dessus page 39.

15. CATONIS Disticha. — *Parisiis*, ex officina *Roberti Stephani*. M. D. XXXIIII. XVII. Cal. Julii. In-8°. 6d.

16. DE GENERIBUS vestium libellus cum latina et gallica interpretatione authore Junio Rabirio. — *Parisiis*, ex officina *Roberti Stephani*. M. D. XXXIIII. VII. Cal. Nov. In-8°. 2 s.

Il a deux autres éditions de Paris, 1534, in-8°, l'une *ex officina Nicolai Buffet*, Imprimeur qui n'est point noté par La Caille et qui travailloit encore en 1551. L'autre édition est sans date, mais pareille aux deux volumes *De Vasculis* et *de re Vestiaria* imprimés en 1535 avec le nom d'Ambroise Girault.

M. D. XXXV.

1. G. BUDÆI Parisiensis Consiliarii Regii, supplicumque Libellorum in Regia Magistri ad invictiss. & potentiss. Principem Franciscum christianiss. regem Franciæ de transitu Hellenismi ad Christianismum, libri tres. — *Parisiis*, ex officina *Rob. Stephani*. M. D. XXXV. III. Non. Mart. Petit in-fol. 9 s.

Cette édition fut soignée par Jean Thierry de Beauvais qui aida aussi Robert dans les travaux de son *Thesaurus linguæ latinæ* ainsi que le témoigne la préface de l'édition de 1543. Voy. plus bas, page 57.

A la Bibliothèque royale un très bel exemplaire imprimé sur vélin qui fut présenté à François 1er, dont le portrait est peint dans la riche bordure qui orne le second feuillet, et sur laquelle on voit aussi ses armes, ses deux salamandres et sa devise *Morior et revivisco*.

2. GUILIELMI Budæi Secretarii Regii, Libellorumque Magistri in Prætorio Annotationes in quatuor &

viginti Pandectarum libros. Præcedit Epistola Budæi ad Joannem Deganaium Cancellarium Franciæ, Parisiis pridie Nonas Novembres millesimo quingentesimo octavo. — *Parisiis ex officina Roberti Stephani*. M. D. XXXV. Calendis Septembr. In-fol. 20 s.

3. GUILIELMI Budæi Consiliarii Regii altera editio Annotationum in Pandectas. Præcedit Epistola Budæi ad David. Buresium Consiliar. reg. Parisiis octavo Calendas Julias. — *Parisiis ex officina Roberti Stephani* M. D. XXXV. VI. Calendas Novembr. In-fol. 20 s.

Encore un ouvrage imprimé deux fois dans la même année.

4. CHRISTOPHORI Hegendorphini Dialectica legalis. — *Parisiis* apud *Robertum Stephanum* M. D.XXXV. XII. Cal. Sept. In-8. 20 d.

5. CAROLI Stephani de re Hortensi Libellus. — *Parisiis* ex officina *Roberti Stephani* M. D. XXXV. III. Non. Novemb. In-8.

6. CUTHEBERTI Tonstalli de Arte supputandi libri quatuor. *Parisiis* ex officina *Roberti Stephani* M.D.XXXV. In-4. 4 s.

7. JOANNIS Pellissonis Contextus Despauterianæ Grammaticæ. — *Parisiis* ex officina *Roberti Stephani*. M. D.XXXV. XII. Cal. April. In-4. 2 s.

C'est l'édition que sur ses Catal. Robert annonce *magno volumine:* l'in-8° (Item parvo) est de 2 s. 6 d. Et cet in-8° étant sur un Catalogue de 1546, il y a nécessairement eu une édition, et peut-être plusieurs avant celle de 1547, la première in-8° que j'enregistre. Peut-être vendoit-on aussi chez Robert l'in-8 de Simon de Colines, 1536.

8. MODUS examinandæ Constructionis in Oratione, Joanne Pellissone Condriensi Authore ; quarta editio ab Authore recognita. — *Pa-*

risiis ex officina *Roberti Stephani.* M.D. XXXV. X. Cal. April. In-8°. 4 d.

9. Idem Liber. — Ibid. M.D. XXXV. XII. Cal. Nov. In-4.

Seconde impression du même ouvrage, dans cette année 1535.

10. Libellus cum Commentariis Junii Rabirii de octo Orationis partium Constructione. — *Parisiis* excudebat *Robertus Stephanus* M. D. XXXV. XIII. Cal. April. In-8.   2 s.

11. MANIERE de tourner les Verbes Actifz, Passifz, Gerundifz, Supins et Participes. — *Parisiis* ex officina *Roberti Stephani* M.D.XXXV. In-8. 4 d.

12. M. TULLII Ciceronis Topica cum A. M. T. S. Boethii Commentario. Tertia Editio. — *Parisiis* ex officina *Roberti Stephani* M. D. XXXV. XIII. Cal. Jul. In-8. 3 s.

13. GEORGII Vallæ in Ciceronis Partitiones Commentaria. — *Parisiis* typis *Roberti Stephani* M. D. XXXV. In-8°. 2 s.

14. DICTIONARIUM Poeticum, quod vulgo inscribitur Elucidarius Carminum. — *Parisiis* ex officina *Roberti Stephani* M. D. XXXV. II. Cal. Novembr. In-8. 2 s. 6 d.

15. TERENTIUS. Quarta Editio. — *Parisiis* ex officina *Roberti Stephani.* M. D. XXXV. V. Id. Januar. In-8. 5 s.

C'est la troisième édition nommée *quarta.* Voy. ci-dessus, pag. 39.

16. (CAROLI Stephani) De re vestiaria Libellus ex Bayfio excerptus, addita vulgaris linguæ interpretatione, in adulescentulorum gratiam atque utilitatem. Secunda Editio. — *Parisiis* ex officina *Roberti Stephani.* M. D. XXXV. XIII. Cal. April. In-8.

La première édition est peut-être celle

d'Ambroise Girault de cette même année 1535. Une réimpression de 1536 porte encore sur son titre, *Secunda editio.*

17. (CAROLI Stephani) De vasculis libellus, adulescentulorum causa ex Bayfio decerptus, addita vulgari Latinarum vocum interpretatione. *Parisiis* ex officina *Roberti Stephani.* M. D. XXXV. Idib. Novemb. In-8. 8 d.

En cette même année, une autre édition de cet opuscule a été faite à Paris, *apud Ambrosium Girault,* qui a imprimé dans le même temps le traité de *re Vestiaria,* et s'est mis ainsi en concurrence avec Robert Estienne pour ces deux opuscules et pour le traité de Rabirius *de Vestium generibus.*

Ces trois éditions de Girault sont à la Bibliothèque d'Abbeville.

M. D. XXXVI.

1. CHRISTOPHORI Hegendorphini Paræneses de instituenda Juventute cum præceptionibus Christiani. Theodidacti. *Parisiis* ex officina *Roberti Stephani* M. D. XXXVI. III. Non. Julii. In-8. 8 d.

2. CAROLI Stephani Seminarium, sive Plantarium earum arborum, quæ post hortos conseri solent, &c. — *Parisiis* excudebat *Robertus Stephanus.* M. D. XXXVI. XII Cal. Julii. In-8. 2 s.

3. CAROLI Stephani de re Hortensi Libellus vulgaria herbarum, florum, ac fruticum quæ in hortis conseri solent nomina latinis vocibus efferre docens ex probatis authoribus. In puerorum gratiam atque utilitatem. — *Parisiis* ex officina *Roberti Stephani* M. D. XXXVI. VI. Cal. April. In-8.

4. CAROLI Stephani de Latinis & Græcis Nominibus Arborum, Fruticum, Herbarum, Piscium & Avium

Liber, ex Aristotele, Theophrasto, Dioscoride, Galeno, Aetio, Paulo Ægineta, Actuario, Nicandro, Athenæo, Oppiano, Æliano, Plinio, Hermolao Barbaro, & Joanne Ruellio, cum Gallica eorum nominum appellatione.—*Parisiis* ex officina *Roberti Stephani.* M. D. XXXVI. In-8. 1 s. 4 d.

Réimprimé par le même Robert, en 1544, 1545, et 1547, et par Charles en 1554.

5. CAROLI Stephani Anatomia. — *Parisiis* apud *Robertum Stephanum* M. D. XXXVI. In-8,

6. ÆLII Donati de octo partibus Orationis Editio secunda cum Sergii & Servii interpretatione : Ejusdem de Barbarismo et Solœcismo ; ex Secunda Editione. — *Parisiis* ex officina *Roberti Stephani* M. D. XXXVI. II. Non. Febr. In-8. 1 s. 6 d.

7. THOMAE Linacri Rudimenta Grammatices ex Anglico sermone in Latinum versa interprete Georgio Buchanano, cum Supplemento ad constructionem, et Ludov. Vivis de ratione studii. — *Parisiis* ex officina *Roberti Stephani* M. D. XXXVI. III. Id. Martii. In-4. 20 d.

8. DICTIONARIUM seu Linguæ Latinæ Thesaurus, non singulas modo dictiones continens, sed integras quoque latine & loquendi & scribendi formulas ex Catone, Varrone, Cæsare, Cicerone, Livio, Columella, Plinio utroque, Plauto, Terentio, Virgilio, Martiale. Cum Latina tum Grammaticorum, tum varii generis scriptorum interpretatione. — *Parisiis* ex officina *Roberti Stephani.* M. D. XXXVI. XIIII. Cal. Decembr. In-fol.

Seconde édition, beaucoup augmentée, mais effacée par la suivante, de 1543.

9. Maturini Corderii de corrupti sermonis emendatione & latine lo-

quendi ratione. Carmen paræneticum, ut ad Christum pueri statim accedant. Tertia editio ex recognitione autoris cum plurimis accessionibus, &c. — *Parisiis* ex officina *Roberti Stephani.* M. D. XXXVI. VII. Cal. Septemb. In-4.

10. MATURINI Corderii de corrupti sermonis emendatione & latine loquendi ratione.—*Parisiis* ex officina *Roberti Stephani.* M. D. XXXVI. IIII. Cal. Octob. In-8°. 6 s. 6 d.

L'in-4° contient quelques pièces accessoires qui ne sont pas dans l'édition in-8°.

11. BELLUM Grammaticale (R. D. Guarna Andrea Salernitano, patritio Cremonensi, authore).— *Parisiis* ex officina *Roberti Stephani* M. D. XXXVI. VI. Cal. Febr. In-8°. 6 d.

12. PETRI Mosellani Tabulæ de Schematibus & Tropis, & in Philippi Melanchthonis Rhetoricam & Erasmi libellum de duplici copia verborum. — *Parisiis* ex officina *Roberti Stephani.* M. D. XXXVI. Non. Decemb. In-8°. 8 d.

13. M. T. CICERONIS Orationes IIII in Catilinam.—*Parisiis*, ex officina *Roberti Stephani* M. D. XXXVI. In-8°.

14. SENTENTIAE & Proverbia ex Plauto Terentio Virgilio Ovidio Horatio Juvenale Persio Lucano Seneca Lucretio Martiale Sillio Italico Stathio V. Flacco Catullo Propertio Tibullo Claudiano. Index sententiarum & proverbiorum. — *Parisiis*, *Robertus Stephanus.* M. D. XXXVI. In-8°. 1 s. 4 d.

Réimpression de l'édition de 1534, d'un caractère un peu plus gros, et ayant de plus un Index.

15. TERENTII Comœdiæ cum Donati & aliorum Commentariis & Calphurnii interpretatione. — *Parisiis* ex officina *Roberti Stephani.*

M. D. XXXVI. Nonis Aprilis. In-folio.
15 s.

Copiée sur l'in-fol. de 1529, mais en nouveaux et meilleurs caractères, et avec l'opuscule d'Erasme *De versuum generibus*, cette réimpression lui est préférable, bien que, cependant, son Index soit moins ample. Au reste, ces vieux in-fol., fort rares, sont peu recherchés.

16. TERENTII Comœdiæ cum argumentis Donati et versuum generibus per D. Erasmum Rot. Quinta editio. — *Parisiis* ex officina *Roberti Stephani.* **M. D. XXXVI.** IIII. Cal. Julii. In-8. 5 s.

17. CATONIS Disticha de Moribus cum latina et gallica interpretatione. Dicta Sapientum. — *Parisiis* ex officina *Roberti Stephani.* **M. D. XXXVI.** XII. Cal. Maii. In-8°. 1 s. 6 d.

Il y avoit, dans cette librairie, quatre sortes d'exemplaires de ces Distiques.

Le texte seul.	3 d.
— Avec la traduction françoise.	6 d.
— Cum commentario Erasmi.	1 s.
— Avec ce comm. et de plus les notes et la trad. françoise de Mat. Cordier.	1 s. 6 d.

Si, dans l'annonce des seize éditions de ces Distiques, les commentaires ou la traduction sont à tort donnés ou refusés à l'une d'elles, cette erreur, qui, j'espère, n'existe pas, sera, du reste, fort peu importante.

18. LUCIANI aliquot Dialogi per Des. Erasmum Rot. versi, cum Nicolai Boscoduñensis explanatione. Tertia editio ab authore recognita. — *Parisiis* ex officina *Roberti Stephani.* **M. D. XXXVI.** IV. Cal. Jan. In-8°.

19. LAZARI Bayfii Annotationes in legem II. de captivis & postliminio reversis, in quibus tractatur de re Navali. Ejusdem Annotationes in tractatum de auro & argento legato, quibus vestimentorum & vasculorum genera explicantur. His omnibus imagines ab antiquissimis monumentis desumptas ad argumenti declarationem subjunximus. Item Antonii Thylesii de coloribus libellus, à coloribus vestium non alienus. — Excudebat *Robertus Stephanus, Parisiis,* ann. **M. D. XXXVI.** Prid. Cal. Septemb. In-4°. 9 s.

Au commencement est une épitre ou dédicace de l'auteur à François Ier, datée VIII. Cal. Sept. MDXXXVI; elle est suivie d'une courte préface de Charles Estienne qui paroit avoir été l'éditeur de ce volume, et avertit que les figures qui y sont répandues ont été par lui prises sur d'anciens monuments, et notamment sur les marbres existant encore à Rome.

20. CAROLI Stephani de re vestiaria Libellus; ex Bayfio excerptus: addita vulgaris linguæ interpretatione, in adulescentulorum gratiam atque utilitatem. Secunda editio. — *Parisiis* ex officina *Roberti Stephani.* **M. D. XXXVI.** III. Non. Maii. In-8°. 10 d.

C'est une troisième édition: on a vu, p. 42, qu'il y en avoit deux de 1535.

21. CAROLI Stephani de vasculis libellus, adulescentulorum causa ex Bayfio decerptus, addita vulgari Latinarum vocum interpretatione. — *Parisiis* ex officina *Roberti Stephani.* **M. D. XXXVI.** XV. Cal. Junii. In-8°. 8 d.

22. C. PLINIUS de Viris illustribus, Suetonius de Grammaticis et Rhetoribus, Julius Obsequens de Prodigiis. — *Parisiis,* ex officina *Roberti Stephani.* **M. D. XXXVI.** III. Cal. Maii. In-8°, 1 s.

M. D. XXXVII.

1. HEBRÆA, Chaldæa, Græca et Latina nomina virorum, mulierum, populorum, idolorum, urbium, fluviorum, montium, cæterorumque locorum quæ in Bibliis leguntur, restituta cum latina interpretatione. Locorum descriptio ex Cosmographiis. Index præterea rerum ac sententiarum quæ in iisdem Bibliis continentur. — *Parisiis* ex officina *Roberti Stephani*. M. D. XXXVII. IIII. Cal. Oct. In-8°. 6. s. 6 d.

Maittaire, page 17, annonce deux éditions sous cette même date, reconnoissables en ce que la première feuille n'est pas dans les deux imprimée en caractères d'égale grosseur, et que, dans la marque de l'une des deux, l'inscription est suspendue à une corde ou lien quelconque, tandis que dans l'autre elle est entrelacée dans l'arbre avec un homme à côté.

Je croirois que le tout est d'une seule et même édition dont on aura réimprimé la première feuille en lettres plus fines pour y faire tenir quelques additions nouvellement survenues; la marque non entrelacée est aux exemplaires dont les premières pages de texte ressemblent aux pages suivantes.

2. SEVERINI Boetii de differentiis topicis libri quatuor. — *Parisiis* ex officina *Roberti Stephani*. M.D.XXXVII. XVIII. Cal. Dec. In-8°. 10 d.

3. CHRISTIANA studiosæ juventutis Institutio, per Christophorum Hegendorphinum. De disciplina item & institutione puerorum Othonis Brunsfelsii Paraenesis. — *Parisiis* ex officina *Roberti Stephani*. M.D. XXXVII. In-8°.

4. ÆLIUS Donatus de octo partibus orationis. Editio prima. — *Parisiis* ex officina *Roberti Stephani*. M. D. XXXVII. II. Cal. Julii. In - 8°. 6 d.

De ce livre *Editio prima* est l'Opuscule de Donat, comme il est dans l'édition de 1526, sans notes, ni aucun des accessoires qui se trouvent dans l'*Editio secunda*. L'une et l'autre ont été plus d'une fois réimprimées par R. Etienne, et d'abord par Simon de Co-

lines, dont un des Catalogues annonce la petite ou *prima*, au prix de 5 deniers.

5. JOHANNIS Despauterii Ninivitæ Commentarii grammatici. — *Parisiis* ex officina *Roberti Stephani*. M. D. XXXVII.—A la fin M. D. XXXVIII. XV. Cal. Nov. In-fol.

Ce volume contient les divers traités de grammaire de cet auteur, bien des fois imprimés séparément en in-8° et in-4°.

Maittaire, Ann. III, 295, fait une longue note pour établir la date de publication de chacun de ces traités; le premier parut en 1514, et le dernier en 1520. Il est assez singulier que celui de l'orthographe porte sur sa dédicace ce mot ainsi écrit : Bybliographo.

6. THOMÆ Linacri Britanni Rudimenta Grammatices ex Anglico sermone in Latinum versa, interprete Georgio Buchanano, cum Supplementis, &c. — *Parisiis* ex officina *Roberti Stephani*. M. D. XXXVII. Non. Jul. In-8°. 1 s. 3 d.

7. THOMÆ Linacri Britanni de emendata structura latini sermonis libri sex. Index copiosissimus in eosdem. Tertia editio. — *Parisiis* ex officina *Roberti Stephani*. M. D. XXXVII. IIII. Id. Mart. In-4.

8. PHILIPPI Melanchthonis de arte Rhetorica Libri tres. — *Parisiis* ex officina *Roberti Stephani*. M. D. XXXVII. In-8°.

9. PHILIPPUS Melanchthon de corrigendis studiis, & Rodolphus Agricola de formandis studiis : & de miseriis pædagogorum Oratio.— *Parisiis* ex officina *Roberti Stephani*. M. D. XXXVII. XIIII. Cal. Julii. In-8°. 6 d.

10. CICERONIS Rhetoricorum libri de inventione. Topica. Partitiones oratoriæ. — *Parisiis* ex officina *Roberti Stephani*. M. D. XXXVII. In-16. 3 s.

11. M. T. Ciceronis Libri Rhetorici, seu de inventione Lib. II. cum M. Fabii Victorini Rhetoris doctissimi Commentariis separatim expressis. — *Parisiis, Robertus Stephanus.* M. D. XXXVII. In-4. 4 s. 6 d.

12. M. Fabii Victorini Rhetoris doctissimi Commentarii in Rhetoricos Ciceronis, antea diminuti, nunc primùm veterum exemplarium ope, simul & studiosorum hominum opera in integrum restituti. Utriusque margines notis numerorum distinximus, ita respondentibus inter se, ut perfacile sit Commentariorum particulas cum Tullii verbis componere. — *Parisiis* ex officina *Roberti Stephani.* M. D. XXXVII. VI. Cal. Maii. In-4°.

13. CICERONIS Dialogi tres de Oratore. — *Parisiis*, ex officina *Roberti Stephani.* M. D. XXXVII. XV. Cal. Maii. In-16. 20 d.

14. CICERONIS Epistolæ familiares, quartum a nobis editæ. — *Parisiis*, ex officina *Roberti Stephani.* M. D. XXXVII. XV. Cal. Dec. In-8°.

15. CICERONIS Epistolæ ad Atticum & ad Quintum fratrem.—*Parisiis*, ex officina *Roberti Stephani.* M. D. XXXVII. In-16.

16. CICERONIS Tusculanæ Quæstiones per Desid. Erasmum emendatæ & scholiis illustratæ. — *Parisiis*, ex officina *Roberti Stephani.* M. D. XXXVII. VIII. Cal. Febr. In-8°. 20 d.

17. VIRGILIUS. — *Parisiis*, ex officina *Roberti Stephani.* M.D.XXXVII. In-16. 2 s.

Copie de l'édition de 1533.

Catal. de Nic. Heinsius, part. II, pag. 122, où l'exemplaire est noté comme ayant appartenu à Jos. Scaliger et portant de son écriture; circonstances qui garantissent l'exactitude de l'annonce.

Il fut tiré des exemplaires des Bucoliques qui se vendoient séparément 6 d. et qui, sans doute, sont tous détruits. Rien n'induisoit à introduire et conserver dans des recueils un petit cahier d'écoliers ne contenant qu'une petite partie d'un livre que chacun veut et peut avoir en entier.

18. SALMONII Macrini Juliodunensis Cubicularii Regii Hymnorum libri sex, ad Jo. Bellaium S. R. E. Cardinalem. — *Parisiis*, ex officina *Roberti Stephani.* M. D. XXXVII. VIII. Id. Feb. In-8°. 1 s. 3 d.

19. ÆSOPI vita ac ejus & aliorum Fabulæ. Latine.—*Parisiis*, ex officina *Roberti Stephani.* M. D XXXVII. III. Cal. Feb. In-8°. 2 s. 6 d.

20. EXEMPLARIA Literarum quibus & Christianissimus Galliarum rex Franciscus, ab adversariorum maledictis defenditur; &controversiarum causæ ex quibus bella hodie inter ipsum & Carolum V. Imper. emerserunt, explicantur : unde ab utro potius stet jus æquumque Lector prudens perfacile deprehendet. — *Parisiis*, ex officina *Roberti Stephani.* M. D. XXXVII. Postridie Non. August. In-4°. 5 s.

Imprimé deux fois sous cette même date. A la Bibl. du roi, *Calend. septemb.* A la fin, un double feuillet en tableau contenant la suite des héritiers des duchés de Bourgogne, de Milan et de Savoie.

21. C. PLINIUS de viris illustribus. Suetonius de Grammaticis & Rhetoribus. Julius Obsequens de Prodigiis. — *Parisiis*, ex officina *Roberti Stephani.* M. D. XXXVII. XV. Cal. Decembr. In-8°. 1 s.

22. POLYDORI Vergilii de inventoribus rerum libri III. Adjectis Religionum fundamentis.—*Parisiis*, ex officina *Roberti Stephani.* M D. XXXVII. In-4°. 5 s.

M. D. XXXVIII.

1. CUTHEBERTI Tonstalli (Episcopi) de Arte supputandi libri quatuor. — *Parisiis*, ex officina *Roberti Stephani.* M. D. XXXVIII. XVI. Cal. Nov. In-4°.   4 s.

Dans un des Catalogues de Robert, cette méthode d'arithmétique est dite *Latinissimè et doctissimè scripta.* Il eût été possible d'exprimer cet éloge en meilleur latin.

2. RUDIMENTA Grammatices Thomæ Linacri ex anglico sermone in latinum versa interprete Georgio Buchanano, cum Supplemento, &c. — *Parisiis*, ex officina *Roberti Stephani.* M. D. XXXVIII. Prid. Id. Decemb. In-4°.

Avec une épitre ou préface de l'auteur à Marie reine d'Angleterre.

3. DICTIONARIUM Latino-Gallicum Thesauro nostro ita ex adverso respondens, ut extra pauca quædam aut obsoleta, aut minus in usu necessaria vocabula, & quas consultô prætermisimus authorum appellationes, in hoc eadem sint omnia, eodem ordine, sermone patrio explicata. — *Parisiis* excudebat *Robertus Stephanus* in sua officina. M. D. XXXVIII. IIII. Non. Sept. In-fol.   30 s.

L'édition suivante, de 1546, est beaucoup plus ample, aussi se vendoit-elle 60 sols.

Voici quelques passages de la préface de Robert :

« Rob. Stephanus Lectoribus. Habent à nobis munus nostri cives. Quàm magnum, nihil dico. Uuum hoc dico, novum & inusitatum. Quod quum jam esset pridem à nobis institutum, postea intermissum diù, deinde repetitum, aliquando tandem absolutum & confectum est, &c. Quid aut ad meorum civium excitanda in literis studia majus, aut ad consequendi facultatem, explicandique

scientiam difficilius.... quàm Latini Sermonis velut opes ad domesticos usus traducere ? Latentem adhuc linguæ nostræ gazam exponere ? Ornamenta ejus proferre ? Copias explicare ?.....

4. TERENTIUS, Sexta Editio. — *Parisiis*, ex officina *Roberti Stephani.* M. D. XXXVIII. III. Non. Sept. In-8. 5 s.

5. TURCICARUM rerum Commentarius Pauli Jovii Episcopi Nucerini ad Carolum V. Imperatorem Augustum : ex Italico Latinus factus, Francisco Nigro Bassianate interprete. Origo Turcici imperii. Vitæ omnium Turcicorum Imperatorum. Ordo ac disciplina Turcicæ militiæ exactissime conscripta, eodem Paulo Jovio authore. — *Parisiis* ex officina *Roberti Stephani.* M. D. XXXVIII. In-8°.

6. COMMENTARIUS captæ urbis (anno 1527) ductore Carolo Borbonio, ad exquisitum modum confectus : ubi non modo ordine magis quàm hactenus ab aliis exposita omnia, sed multa etiam aliter cernere liceat, Authoris innominati. Huic adjecta sunt poematia duo, Carolus, sive Vienna Austriaca. Carolus, sive Tunete, Anastasii. — Ibid. M. D. XXXVIII. In-8°.

Le commentaire finit à la page 18, le premier poème à la page 22, et *Tunete* à la 28° et dernière.

Une épitre ou préface, de Joac. Camerarius, apprend que ce morceau historique anonyme lui a été envoyé *ab A. Palæospiro.*

7. CATONIS Disticha, latine & gallice. — *Parisiis Robertus Stephanus.* M. D. XXXVIII. In-8.

8. DICTA Sapientum, Latine & Gallice. — *Parisiis, Robertus Stephanus.* M. D. XXXVIII. In-8.

Pour ces deux pièces qui, véritablement, ne font qu'un volume et ne doivent pas être séparées, voir ci-dessous, éditions de François Estienne, année 1538.

M. D. XXXIX.

1. CAROLI Stephani de re Hortensi libellus, cui nuper additus est alius libellus de cultu & satione hortorum. — *Parisiis* ex officina *Roberti Stephani.* M. D. XXXIX. Non. Decemb. In-8°. 1 s. 6 d.

2. ALPHABETUM hebraicum. De pronunciatione literarum. Decem verba, id est, decem Dei præcepta, hebraice & latine. Numeri Hebræorum.—*Parisiis* ex officina *Roberti Stephani,* typographi Regii. M. D. XXXIX. — Alphabetum græcum. Precatio Dominica. Salutatio Angeli. Symbolum sanctorum Patrum, quod dicitur Symbolum Nicenum & Constantinopolitanum. Decalogus. Integra Oratio Manassæ regis Judæ. Græce & latine omnia. — Ibid., M. D. XXXIX. XI. Cal. Sept. In-8°.

3. GRAMMATICA latina Philippi Melanchthonis, Syntaxis, seu de constructione libellus ejusdem. De periodis. De quantitate syllabarum. — *Parisiis* ex officina *Roberti Stephani.* M. D. XXXIX. III. Cal. Septemb. In-8°.

4. JUN. RABIRII Commentarius in libellum de octo orationis partium constructione. — *Parisiis* ex officina *Roberti Stephani.* M. D. XXXIX. Idib. Octob. In-8°.

5. ÆLII DONATI Grammatici Commentarii tres. Ars prima, ars secunda, de barbarismo, solœcismo, metaplasmo, tropis. Sergii in utramque Donati artem Commentarii. Servii item Honorati in secundam artem interpretatio. — *Parisiis* ex officina *Roberti Stephani.* M. D. XXXIX. In-8°. 1 s. 6 d.

6. DICTIONAIRE françois-latin, contenant les mots et manières de parler François tournez en Latin.

Parisiis ex officina *Roberti Stephani.* M. D. XXXIX. — *A la fin* M. D. XXXX. XII. Cal. Mart. In-fol. 25 s.

7. BELLUM grammaticale (R. D. Andrea Guarna Salernitano, patritio Cremonensi authore). — *Parisiis* ex officina *Roberti Stephani.* M. D. XXXIX. IIII. Id. Septemb. In-8°.

8. M. T. CICERONIS Opera in quatuor tomos divisa quorum singuli varias lectiones postpositas habent ex permultis veteribus ac manu scriptis codicibus desumptas : ac præterea Indicem rerum ac verborum copiosissimum, nihil ut jam in Cicerone desyderari possit, quod non promptissime reperiatur. — *Parisiis* ex officina *Roberti Stephani.* M. D. XXXVIII—M. D. XXXIX. 4 vol. in-fol.

Cette édition est faite sur celle de Victorius, Junta 1534-37. 4 vol. in-fol. Tant d'utiles travaux ont, depuis ce temps, amélioré le texte de Cicéron, que cette édition ancienne, quoique bonne pour l'usage, n'a rien qui lui doive mériter un accueil de préférence.

9. CICERONIS Orationes pro Archia poeta : pro M. Fonteio : Antequam iret in exilium. — *Parisiis* in officina *Roberti Stephani.* M. D. XXXIX. In-8°. 8 d.

Horatius. — Ibid., M. D. XXXIX. In-8°.

L'existence de cette édition ne m'est pas bien prouvée, pas plus que d'une autre de 1545, in-12 ou in-16.

10. COMMENTARIUS captæ urbis, ductore Carolo Borbonio Authoris innominati. Poematia duo, Carolus, sive Vienna Austriaca, Carolus, sive Tunete, Anastasii. De origine Turcarum, Jo. Bapt. Egnatii Libellus. — *Parisiis* ex officina *Roberti Stephani.* M. D. XXXIX. Idib. Februar. In-8°.

11. PAULI Jovii Episcopii Nuce-

rini Turcicarum rerum Commentarius, ex Italico latinus factus, Francisco Nigro Bassianate interprete. — *Parisiis* ex officina *Roberti Stephani*. M. D. XXXIX. In-8. 1 s. 3 d.

Ce volume et le *Commentarius captæ Urbis* sont véritablement d'une seconde édition.

12. PETRI MOSELLANI Pædologia, Dialogi XXXVII & Chr. Hegendorphini Dialogi pueriles XII, lepidi æque ac docti. — Ibid. M. D. XXXIX. In-8.

13. C. PLINIUS de Viris illustribus. Suetonius de Grammaticis & Rhetoribus. Julius Obsequens de Prodigiis. — *Parisiis* ex officina *Roberti Stephani*. M. D. XXXIX. XI. Cal. Jan. In-8. 1 s.

M. D. XL.

1. BIBLIA. Hebræa, Chaldæa, Græca & Latina nomina virorum, mulierum, populorum, idolorum, urbium, fluviorum, montium, cæterorumque locorum quæ in Bibliis leguntur, restituta, cum Latina interpretatione. Locorum descriptio è Cosmographis. Index præterea rerum & sententiarum quæ in iisdem Bibliis continentur. His accesserunt schemata Tabernaculi Mosaici, & Templi Salomonis, quæ præeunte Francisco Vatablo Hebraicarum literarum Regio professore doctissimo, summa arte & fide expressa sunt. — *Parisiis* ex officina *Roberti Stephani* Typographi Regii. M. D. XL. Grand In-fol. 60 s.

Ces représentations, dessinées par les soins de François Vatable, sont des gravures en bois imprimées dans le cours du volume avec le texte.

Les chiffres recommencent aux Prophètes qui ont un titre séparé. *Prophetæ.* Ibid. M. D. XL.

De même au Nouveau Testament. *Novum Testamentum.* M. D. XL.

Et aux *Hebræa*, &c., *nomina*, &c., ayant aussi leur titre, M. D. XXXVIII.

Très belle édition, bien supérieure aux trois précédentes de 1528, 1532 et 1534, tant pour la correction des textes que pour les annotations, en quoi l'Imprimeur, dans sa préface, déclare avoir été puissamment aidé par Guill. Fabricius, chanoine de Poitiers, et savant dans les trois langues hébraïque, grecque et latine.

Malgré le luxe de son exécution, ce beau volume n'est pas au rang des curiosités bibliographiques; les seuls exemplaires en très grand papier sont recherchés de quelques amateurs, et n'attirent même un peu vivement leur attention que quand ils sont revêtus d'une ancienne et belle reliure bien conservée. La Bibliothèque Royale en possède un de cette sorte, ainsi qu'un très beau, imprimé sur vélin, en deux volumes, à la reliure de François 1er. Un autre, de même sur vélin, et non moins richement relié, existe à Rome dans la Bibl. de la Casanate, et un troisième à Oxford, dans la Bibl. Bodleienne.

2. DECEM Præcepta, & Scripturæ Summa. — *Robertus Stephanus.* M. D. XL.

Et les Dix Commandements, avec l'Extrait abrégé de l'Ecriture, imprimés chacun en placard sur une feuille in-fol. ouverte. 6 d. le latin et le françois.

Ces feuilles et l'édition nouvelle de la Bible furent, pour l'Imprimeur, l'occasion de tribulations nouvelles.... « Novæ accenduntur flammæ, & contra eum Theologici isti censores impotenter bacchantur. Decem nihilominus Præcepta jam antea impressa denuo imprimit, et, quam vocant, Scripturæ Summam, utraque singulis foliis, majori charactere satis venusto, quæ parietibus possent affigi. Quas vero molestias exhibuerunt ! Abesse domo hunc oportuit, et aulam Regis sequi, a quo diploma ad cohibendam eorum intemperiem obtinuit quo jubebatur illa Gallice et Latine imprimere. » R. Steph. Resp. ad Theol. p. 9, 10, 11, 12.

3. **Caroli** Stephani Seminarium & plantarum fructiferarum præsertim arborum quæ post hortos conseri solent ; denuò auctum & locupletatum. Huic accessit alter libellus de conserendis arboribus in seminario : deque iis in plantarium transferendis atque inserendis. — *Parisiis*, ex officina *Roberti Stephani* M. D. XL. III. Non. Maii. In-8.

4. **Thomae** Linacri de emendata Latini sermonis structura libri sex, cum Indice copiosissimo. — *Parisiis* ex officina *Roberti Stephani*. M. D. XL. VI. Cal. Novemb. In-4°.

Ce *très copieux* Index, imprimé en 1529 pour le service de l'édition de 1527-28, a dû se réimprimer dans chacune des éditions suivantes.

5. **De Mihi** & **Nihil** tum scribendis tum proferendis Assertio Joannis Theodori Bellovaci, in gratiam puerorum. — *Parisiis* ex officina *Roberti Stephani*. M. D. XL. Calendis Aprilibus. In-8. 5 d.

Faut-il écrire et prononcer *mihi*, *nihil*, ou bien *michi*, *nichil ?* Voilà bien le sujet de cet Opuscule, mais comme il ne m'est point tombé sous la main, j'ignore quel fut l'avis de son auteur.

6. **In Topica** Ciceronis Anitii Manlii Severini Boetii Commentarius. — *Lutetiæ* ex officina *Roberti Stephani*. M. D. XL. XVI. Cal. Sept. In-8.

On sait que le texte accompagne les Commentaires qui le divisent par courts paragraphes.

7. **M. Tullii** Ciceronis Epistolæ familiares, cum Petri Victorii suarum in easdem castigationum explicationibus. Pauli Manutii Scholia. — *Lutetiæ* ex officina *Roberti Stephani*. M. D. XL. In-8.

Ce volume de Cicéron est encore en caractères romains; ce n'est qu'en 1544-45 qu'ont été commencées les impressions en

lettres italiques faites à l'imitation de celles d'Alde.

A la fin des Epitres est la date 1540, *Non. Apr.*, après les Scholies de P. Manuce, Cal. Apr., et 1541 sur le titre.

8. **Sententiæ** singulis versibus contentæ juxta ordinem literarum ex diversis poetis (græcis). Adjecta est ad finem latina interpretatio. — *Lutetiæ* ex officina *Roberti Stephani*. M. D. XL. III. Non. Sept. In-8°. 8 d.

9. **Sententiæ** & Proverbia ex poetis latinis. — *Parisiis* ex officina *Roberti Stephani*. M. D. XL. In-8°.

10. P. **Virgilii** Maronis Opera. — *Lutetiæ* ex officina *Roberti Stephani*, typographi Regii. M. D. XL. XI. Cal. Junii. In-8°. 5 s.

Avec les *Carmina minora*.

11. **Salmonii** Macrini Juliodunensis cubicularii regii Hymnorum selectorum libri tres. — *Parisiis*, apud *Robertum Stephanum*, Hebraicarum & Latinarum literarum typographum regium. M. D. XL. XVI. Cal. Jul. In-8°.

12. **De Rebus** Turcarum ad Franciscum Gallorum Regem, Christianissimum libri v. Christophoro Richerio Thorigneo Senone, cubiculario Regio, & cancellario Franciæ a secretis, auctore. De origine Turcarum & Ottomanni imperii. De moribus & institutis illius gentis. De Tammerlanis Parthi rebus gestis. De expugnata à Maomethe Constantinopoli. De Castellinovi Dalmatiæ oppidi recenti direptione. — *Parisiis* ex officina *Roberti Stephani*, Hebraicarum & Latinarum literarum Regii typographi. M. D. XXXX. III. Non. Mart. In-4°.

13. **Des coustumes** et manières de vivre des Turcs, faict en latin par Christophe Richer, & par iceluy

Richer traduict en langue Françoise. — *Paris*, de l'Imprimerie de
Robert Estienne, Imprimeur du Roy
en hebrieu et latin. M. D. XXXX, au
mois de Janvier. In-4°. 2 s.

C'est le second des cinq livres du précédent volume latin.

M. D. XLI.

1. LIBRI MOYSIS quinque : latine,
cum annotationibus & observationibus Hebraicis haudquaquam poe-
nitendis, quæ prolixi Commentarii
vice esse possunt. — *Lutetiæ* ex officina *Roberti Stephani*. XII. Calend.
Mart. M. D. XLI. In-4°.

Ces notes ont été recueillies aux leçons
des professeurs du collège royal, ainsi que
le fait connoître Robert dans sa préface.

Constitueramus, Christiani Lectores, in
tertia Bibliorum editione annotationes, ut
antehac semel à nobis factum fuerat, in
interiori margine imprimere : idque sæpius
quàm commode fieri posset, tentatum est.
Verum frustra, tam magnum enim incrementum posteriores annotationes acceperunt,
ut sola jam seorsum volumen etiam maxi-
mum sibi postulent : tantum abest ut mar-
ginibus quamvis amplissimis capi possint :
Eam autem accessionem nolim mihi accep-
tam ferri : .... Hoc sane tantum præstitimus
ut nonnulla ex iis quæ professorum Regiorum
auditores exceperant, ad vos.... Typographicæ nostræ artis beneficio fidelissime per-
manarent. Adjecta etiam fuerunt à nobis
his annotationibus, quæ in vetustissimis &
castigatissimis Latinis exemplaribus manuscriptis aliter lecta deprehendimus, quàm
passim impressa exemplaria habeant....

2. NOVUM TESTAMENTUM latinum,
et breves in Idem variarum tralationum annotationes, adjecta veterum latinorum exemplarium manuscriptorum diversa lectione. —
Lutetiæ apud *Robertum Stephanum*.
M. D. XLI. IIII. Id. Oct. 2 vol. In-8°. 6 s.

Les notes de ces deux volumes excitèrent
aussi les mauvais vouloirs des ennemis de
Robert, qui en prirent de nouveau l'occasion de le faire poursuivre par l'autorité,
ainsi que lui-même le fait connoître dans sa
Réponse aux Censures des Théologiens,
Avertissement, page 8.

« Environ l'an M. D. XLI, i'imprimay le Nouveau Testament avec briefves annotations,
que i'adioustay à la marge, lesquels i'auoye
eu de gens bien sçavans. Pour le commencement le livre fut ioyeusement receu : et scay
combien ils s'en sont aidez. Vng peu apres
aucuns d'entre eulx crioyent en chaire im-
pudemment, sans m'espargner, ne celer
mon nom, que j'auoye imprimé des annotations bien dangereuses : parceque i'exposoye
autrement les passages du Purgatoire et de
la Confession qu'ils n'auoyent accoutusme :
que i'estoye ung fin homme et cauteleux de
semer des heresies soubs l'ombre de l'utilité
publique. Il s'esleue ung murmure, dont sail-
lirent tout soubdain leurs crieries accoustu-
mées, tellement que pour la troisieme fois
ie fu contrainct de me cacher. A la fin
ayant repris courage, apres que ceste tem-
peste fut ung peu appaisée, i'imprimay
encor une fois ces mesmes annotations, y
changeant quelque peu, et adjoustant beaucoup. Incontinent Gagney, Picart et Guian-
court, qui estoyent des premiers de ce sainct
ordre, feirent beau bruit. »

Cette réimpression est l'édition de 1543,
in-16. Voyez ci-dessous, page 55.

3. SUMMA totius sacræ Scripturæ.
Decem Dei Præcepta. — *Parisiis* ex
officina *Roberti Stephani*. M. D. XLI.
Nonis Octob. In-8°. 8 feuillets.

4. CHRISTIANA studiosæ juventutis
Institutio per Christophorum Hegendorphinum. De disciplina item
& institutione puerorum Othonis
Brunsfelsii Paraenesis. — *Parisiis*,
apud *Robertum Stephanum*. M. D. XLI.
In-8°. 6 d.

5. LAURENTII VALLÆ de Latinæ
linguæ elegantia libri VI. De reciprocatione Sui et Suus lib. I. Ejusdem in Antonium Raudensem annotationum libellus. In Pogium Flo-

rentinum apologeticus & scenicus actus admodum festivus ac facetus. Jodoci Badii Ascensii in sex de latinæ linguæ elegantia libros, & libellum de reciprocatione, postrema Epitome, ab ipso (Badio) recognita & excusa ab hinc annos quindecim. — *Lutetiæ* ex officina *Roberti Stephani*. M. D. XLI. V. Calend. Octobr. In-4°. 10 s.

Les écrits *in Antonium Raudensem* et contre le Pogge forment une partie de cent dix pages chiffrées, suivies de l'Index pour tout le volume. Cette partie se vendoit aussi séparément et au prix de 5 s.

Je ne vois pas ici annoncé le principal écrit de L. Valla contre les cinq Diatribes, ou attaques du Pogge, intitulé *Antidotum*, et qui indubitablement fait partie du volume.

6. PHILIPPI Melanchtonis Latina Grammatica & Syntaxis; Item de Periodis & quantitate Syllabarum. — *Lutetiæ* ex officina *Roberti Stephani*. M. D. XLI. VII. Cal. Nov. In-8.

7. DICTIONARIUM propriorum nominum virorum, mulierum, populorum, idolorum, urbium, fluviorum, montium, cæterorumque locorum quæ passim in libris profanis leguntur. — *Lutetiæ* apud *Robertum Stephanum*. M D. XLI. III. Cal. Jun. In-8. 12 s.

8. COMMENTARIUS Puerorum de quotidiano sermone qui prius liber de corrupti sermonis emendatione dicebatur, Maturino Corderio authore. Carmen Paræneticum, ut ad Christum pueri statim accedant. Indices duo, Gallicus et Latinus. — *Lutetiæ*, apud *Robertum Stephanum* M. D. XLI. Prid. Cal. Dec. In-8.

Maittaire, page 70, dit qu'à la fin de 1551 Mat. Cordier autorisa Robert à réimprimer, pour la quatrième fois, son traité *De corrupti sermonis emendatione*, mais en y supprimant des mots dont il valoit mieux ne pas donner connoissance aux enfants, et

changeant ainsi le titre : *Commentarius puerorum de quotidiano sermone, etc.* Ceci est vrai, mais pour cette édition de 1541, dont à défaut de sa représentation effective l'existence seroit prouvée par son insertion au Catalogue de 1546, et bien sous le nouveau titre *Commentarius,* etc. Quant à l'édition que Maittaire met à la date de 1550-51, si réellement elle existe, il seroit assez singulier qu'elle eût la même date de mois *Prid. Cal. Decembr.* qui est à celle de 1541. Je crois qu'il y a là-dessous confusion ou double emploi.

9. DE FIGURIS sententiarum ac verborum, P. Rutilii Lupi rhetoris antiquissimi libri duo, ita nunc restituti, ut & legi & intelligi magno studiosorum commodo possint. Aquilæ Romani liber unus. Julii Rufiniani de iis quæ ab Aquila prætermissa erant, libellus, & præterea ejusdem libri duo. — *Farisiis* ex officina *Roberti Stephani* typographi Regii. M. D. XLI. XVI. Cal. Octobr. In-8°. 10 d.

10. DICTIONARIUM poeticum, quod vulgò inscribitur Elucidarius carminum, multo quàm antea emendatius. — *Parisiis* ex officina *Roberti Stephani.* M. D. XLI. Prid. Id. Januar. In-8°.

11. P. OVIDII Heroidum Epistolæ. — *Lutetiæ* apud *Robertum Stephanum.* M. D. XLI. In-8°. 1 s. 4 d.

12. AULI PERSII Satyræ sex. — *Parisiis* ex officina *Roberti Stephani.* M. D. XLI. Idib. April. In-8°.

13. TERENTIUS. — *Parisiis* ex officina *Roberti Stephani.* M. D. XL. *A la fin* Idib. Januar. M. D. XLI. In-24.

14. (CAROLI Stephani.) De re vestiaria libellus ex Bayfio excerptus : addita vulgaris linguæ interpretatione, in adolescentulorum gratiam atque utilitatem. Secunda editio. —

Lutetiæ apud *Robertum Stephanum.*
M. D. XLI. Idibus Aprilibus. In-8°.

Sur le Catalogue de Robert de 1546, je
vois ce livre noté *Secunda editio;* la date
du Catalogue prouve que c'est bien l'édition
de 1541 qu'il désigne, et cependant les deux
précédentes de 1535 et 1536, qui sont entre mes mains portent aussi la même mention, *Secunda editio.*

15. **PLINIUS** de Viris illustribus &
Suetonius de claris Grammaticis ac
Rhetoribus. Julius Obsequens de pro-
digiis. — *Parisiis* ex officina *Roberti
Stephani.* M.D.XLI. V. Id. Junii. In-8°.
1 s.

====================

M. D. XLII.

1. **SUMMA** totius sacræ Scripturæ.
Decem Dei verba, sive præcepta. —
Parisiis ex officina *Roberti Stephani*
typographi Regii. **M. D. XLII.** In-8°.
8 feuillets. 3 d.
— Eadem, latine et gallice. —
Ibid. **M. D. XLII.** In-8°.

Ces deux pièces, imprimées d'abord en
1540, 41 et 42, ont dû l'être plus d'une fois
encore, soit en placards in-fol. pour être af-
fichées dans les écoles, soit en peu de feuillets
in-8°, tant en latin seulement, qu'en françois et latin. On a vu qu'elles déplurent
beaucoup aux prêtres de Sorbonne qui n'en
dissimulèrent pas leur mécontentement.

2. **GUILIELMI BUDÆI** Consiliarii
Regii libellorumque Magistri in
Prætorio annotationes in Pandec-
tas, &c. — *Parisiis* ex officina *Ro-
berti Stephani.* M. D. XLII. *Et à la fin*
Anno M. D. XLIII. Calendis Octobris.
In-fol.

A l'année 1543, dans ses Annales, Maittaire, III, 346, place une édition Calendis
Septembris, après avoir averti, p. 335, que
l'édition de 1542 portoit à la fin 1543, Calendis Octobris. Je crois qu'il n'y a point là
deux éditions, que tous les exemplaires de

1543 ont aussi la date de 1542, et que des
deux mots *Septembris* et *Octobris*, un seul
est vrai.

3. **DE PUELLA**, quæ sine cibo &
potu vitam transigit brevis narratio, teste & auctore Gerardo Bucol-
diano physico regio. — *Parisiis* ex
officina *Roberti Stephani* typographi
Regii. **M. D. XLII.** XIIII. Cal. Maii.
In-8°. 8 feuillets. 2 d.

Maittaire nomme pour auteur Bunellus
(Bunel); il est possible que la rédaction soit
de Bunel d'après des notes, ou quelque autre
écrit du médecin qui atteste le fait.
La préface à l'évêque de Liège, Nono
Martii, 1542, est du même médecin qui est
encore déclaré auteur à la page suivante; et
je ne vois rien qui fasse mention de Bunel ou
Bunellus.

4. **ERASMI** Paraphrasis seu potius
Epitome in Elegantias Laur. Vallæ
et Corn. Croci Farrago. — *Parisiis* ex officina *Roberti Stephani.*
M. D. XLII. In-8°.

5. **JOANNIS** Despauterii Ninivitæ
Syntaxis : cum Indice vocularum
quarum aut constructio, aut signi-
ficatio insignior est. Tertio edita. —
Lutetiæ ex officina *Roberti Stephani.*
M. D. XLII. Calendis Octob. In-4°.

6. **DICTIONARIOLUM** puerorum, in
hoc nudæ tantum, puræque sunt
dictiones, nullo loquendi genere
adjecto : ut inde sibi à teneris
exempla sumant ad declinandum
pueri simulque propriam vocum
significationem paulatim discant. —
Parisiis apud *Robertum Stephanum.*
M. D. XLII. XV. Julii. In-4°.

7. **M. T. CICERONIS** Topica cum A.
M. Boethii Commentario. — *Pari-
siis* ex officina *Roberti Stephani.*
M. D. XLII. In-8°. 3 s.

8. **M. T. CICERONIS** Tusculanarum
Quæstionum ad M. Brutum libri **V.**

— *Lutetiæ* apud *Robertum Stephanum.* M. D. XLII. XVII. Cal. Decemb.
In-8°. 2 s. 6 d.

9. M. FABII Quintiliani oratoris
eloquentissimi, Institutionum ora-
toriarum libri XII. — *Parisiis* ex
officina *Roberti Stephani* typographi
Regii. M. D. XLII. IIII. Non. Mart.
Et à la fin Excudebat *Robertus Stephanus* Hebraicarum & Latinarum
Literarum typographus Regius.In-4°.
12 s.

Édition estimable, mais qui n'est guère
que la réimpression de celle de Simon de
Colines, 1541. In-4°.

10. PETRI MOSELLANI Tabulæ de
schematibus et tropis, in Philippi
Melanchthonis Rhetoricam, & Eras-
mi libellum de duplici copia. —
Parisiis ex officina *Roberti Stephani.*
M. D. XLII. Idib. Februar. In-8°.

11. P. TERENTII Comœdiæ sex,
tum ex Donati commentarijs, tum
ex optimorum, præsertim veterum,
exemplarium collatione, diligentiùs
quàm unquam ante hac, emendatæ.
Ælij Donati antiquissimi & celeberrimi grammatici, aliorumque veterum in easdem, quicumque extant
Commentarii, ex veteri codice manu
descripto, Græcis etiam repositis,
accurate castigati. Calphurnii in
tertiam comœdiam doctissima interpretatio, &c. — *Parisiis* ex officina *Roberti Stephani* typographi
Regii. M. D. XLI. *A la fin* M. D. XLII.
IIII. Id. Jan. In-4°.

Il y a des exemplaires en grand papier,
dont un fut vendu 9 liv. sterl. à la vente de
Folkes, Lond. 1756.

A la Bibliothèque Royale est un exemplaire dont l'x de la date est gratté, sur le
titre et à la fin, ce qui, à la première vue,
feroit croire à une édition de 1551-52.

12. GULIELMI BUDÆI Parisiensis
Consiliarij Regij, supplicumque
libellorum in Regia magistri, de
Asse & partibus ejus libri quin-
que, ab ipso authore novissimè &
recogniti & locupletati. — *Lutetiæ*
Imprimebat *Michael Vascosanus* si-
bi, *Roberto Stephano,* ac *Johanni
Roigny* affinibus suis. M. D. XLII.
Mense Januario. In-fol. 18 s.

Le savant auteur de cet ouvrage, après
avoir donné ses soins à cette réimpression, et
l'avoir de beaucoup corrigée et augmentée,
n'eut cependant point la satisfaction de la
voir paroître. Il mourut en septembre 1540,
pendant le cours de son impression. C'est un
beau volume dont la valeur vénale est presque nulle, tandis qu'un exemplaire de l'Aldine de 1522, qui lui est de beaucoup inférieure, obtient un assez haut prix lorsqu'il
est d'une conservation satisfaisante, et ce
n'est cependant pas un volume fort rare.
Pourquoi cette préférence? Parce que, c'est
un de ces bons livres qu'on ne lit plus guère,
et qui s'achètent bien plus comme curiosités
bibliographiques, qu'avec l'intention d'en
faire véritablement usage.

13. BIBLIA HEBRAICA cum punctis.
— *Parisiis* ex officina *Roberti Stephani.* M. D. XXXIX—XLIIII. 4 vol.
in-4°, quelquefois reliés en cinq.
100 s.

Très belle édition des livres hébraïques.
Dans son Catalogue de 1546, Robert la
nomme *Biblia mediocri forma,* voulant dire
qu'elle n'est pas in-fol. Quelques-uns ont cru
qu'outre ses deux Bibles in-16 et in-4°, il
en avoit fait aussi une de ce format supérieur, mais c'est une erreur sur laquelle il
n'est pas besoin de revenir.

Cette Bible, destinée à être vendue, soit
entière, soit en parties séparées, a des titres
exprès, et un nouveau foliotage à chacune de
ses divisions, et ce débit séparé aura sans
doute occasioné la réimpression de quelques-
unes des diverses parties, car j'ai vu des
exemplaires des mêmes cahiers dont la date
varioit de 1539 à 1540, bien que l'impression en fût semblable. Le premier volume
commence par ce titre :

Quinque Libri Legis. Genesis. Exodus.
Leviticus. Numeri. Deuteronomium. — Pari-

siis ex officina Roberti Stephani, typographi Regii. M. D. XLIII.

(Dans ces titres je n'imprime rien de ce qui est en langue hébraïque.) Vient ensuite un titre exprès pour la Genèse, *Liber Genesis*, sans autres titres pour le reste du Pentateuque, quoiqu'il y en ait à toutes les autres parties, et même en tête de chacun des Douze Petits Prophètes, ainsi que je le vais indiquer, en notant aussi les prix que Robert mettoit à chacun de ces cahiers divers.

1 Liber Genesis.   6 s.
2 Exodus.   4 s. 6 d.
3 Leviticus.   4 s.
4 Numeri.   5 s.
5 Deuteronomium.   4 s. 6 d.
6 Prophetæ priores. Josue. Judicum Liber. Samuel. Regum II. Ibid. M. D. XLIIII.
                                         22 s.
7 Liber Paralipomenon. M. D. XLIII.
                                         7 s.
8 Esdras. M. D. XLI.   3 s. 6 d.
9 Job. M. D. XLI.   2 s. 6 d.
10 Psalterium M. D. XL.   7 s.
11 Proverbia Salomonis. M. D. XL.
                                         2 s. 6 d.
12 Canticum Canticorum, Ruth, Lamentationes Jeremiæ, Ecclesiastes et Ester. M.D.XL.
                                         3 s. 6 d.
13 Prophetia Isaiæ. M.D.XXXIX. 5 s.
14 Prophetiæ Jeremiæ. M. D. XL. 7 s.
15. Ezéchiel. M. D XL.   5 s. 6 d.

La date d'Ezechiel est ainsi exprimée : M.D.XL2. Ce 2 est-il incorrectement mis à la place de II pour faire 1542, ou n'est-ce rien autre chose qu'un chiffre inutile mis de trop par inadvertance? c'est ce qu'il importe peu d'examiner.

16. Duodecim Prophetæ cum commentariis R. David Kimhi, Hebræi doctissimi, à Francisco Vatablo Hebraicarum literarum professore regio, accuratiss. emendatis, et locorum Scripturæ passim citatæ adnotatione illustratis, nunc primum Lutetiæ Parisiorum in lucem editi, favore et auspiciis Christianiss. Galliarum Regis, Francisci primi, qui in Linguarum et studiosæ juventutis gratiam, amplis stipendiis Professorum operas redimit et labores compensat. *Hæc omnia hebraice.* — Ex officina *Roberti Stephani*, typographi Regii. M. D. XXXIX-XL.

Chacun des 12 Prophètes a son titre et son foliotage (hébreu) séparé. Cinq sont datés de 1539, et sept de 1540.

Cette partie, qui paroît avoir été la première publiée, me fait penser que Robert aura commencé sa Bible avec l'intention de la munir entièrement de Commentaires, mais que les retards, et peut-être aussi les dépenses qu'occasionoit ce travail, l'auront déterminé à aller en avant sur les textes, sans plus y mettre d'annotations.

Cette Bible, véritablement belle, est cependant fort peu recherchée, parce qu'on lui reproche d'être bien moins correcte que celle qui, peu après, fut imprimée par le même Robert en in-16, et d'une exécution non moins distinguée. Il faut dire aussi que le grand nombre de bonnes éditions plus récentes des textes Hébreux rend peu nécessaire la recherche d'une édition ancienne, véritablement rare, et d'un usage moins facile.

Ce fut à l'occasion de ces impressions hébraïques, qui, à ce que l'on voit, commencèrent en 1539, qu'en cette année-là, le 24 juin, Robert fut nommé par François Ier *Regius in Hebraicis et latinis literis Typographus.*

M. D. XLIII.

1. NOVUM Testamentum Latinum, cum brevibus variarum translationum annotationibus. — *Lutetiae*, apud *Robertum Stephanum.* M. D. XLIII. XII. Cal. Sept. In-16.

Réimpression in-16 de l'édition in-8 de 1541, avec quelques changements dans des notes qui avoient déplu à la Sorbonne, et l'addition de beaucoup de notes nouvelles.

2. Libri de Re rustica, M. Catonis liber I. M. Terentij Varronis libri III. Per Petrum Victorium, ad veterum exemplarium fidem, suæ integritati restituti. (XVI. Cal. Aug.) — L. Junii Moderati Columellæ de Re rustica libri XII. Ejusdem de Arboribus liber separatus ab aliis. (II Cal. Sept.) — Palladii Rutilii

Tauri Æmiliani, viri illustris, de Re rustica libri XIIII. Petri Victorii Explicationes suarum in Catonem, Varronem, Columellam castigationum. Enarrationes priscarum vocum per Georgium Alexandrinum. Philippi Beroaldi in libros XIII Columellæ Annotationes. Aldus de dierum generibus, simulque de umbris et horis quæ apud Palladium.— *Lutetiae*, apud *Robertum Stephanum.* M. D. XLIII. In-8°. 12 s.

Ce beau recueil se compose de plusieurs parties chiffrées séparément, chacune ayant un titre exprès. Elles ne sont pas toujours reliées dans l'ordre indiqué sur le titre principal.

3. ÆLII Donati Commentarii Grammatici tres; Ars prima; Ars secunda de Barbarismo, Solœcismo, Metaplasmo, Tropis; Commentarii Sergii in utramque Donati artem, et Servii Honorati in secundam. — *Parisiis* ex officina *Roberti Stephani.* M. D. XLIII. XI. Cal. Nov. In-8°.

4. JOANNIS Despauterii Grammaticæ pars prima. — Ibid. M. D. XLIII. Nonis Octob. In-4°.

5. PHILIPPI Melanchthonis Grammatica jam denuo recognita plerisque in locis locupletata et a Micyllo emendata. — *Parisiis, Robertus Stephanus.* M. D. XLIII. IX. Cal. Dec. In-8°.

6. DE octo partium orationis constructione Libellus, cum commentariis Junii Rabirii. — *Lutetiae* apud *Robertum Stephanum.* M. D. XLIII. In-8°. 2 s.

7. DICTIONARIUM, seu Latinæ linguæ Thesaurus, non singulas modo dictiones continens, sed integras quoque Latine & loquendi, & scribendi formulas ex optimis quibusque auctoribus, ea quidem nunc accessione, ut nihil propemodum observatu dignum sit apud Oratores, Historicos, Poetas, omnis denique generis scriptores, quod hic non promptum paratumque habeat. Editio secunda. — *Lutetiae*, apud *Robertum Stephanum.* M. D. XLIII. XII. Cal. Junii. 3 vol. in-fol.

Lorsque le quinzième siècle finissoit, les connoissances littéraires et scientifiques étoient encore d'accès difficile, et le partage d'un petit nombre d'initiés ; mais le besoin d'instruction commençoit à se faire plus généralement sentir : on avoit soif de bonnes lectures. D'abord en Italie, un peu plus tard en France, et aussi dans d'autres parties de l'Europe, de bons esprits, parmi lesquels on doit distinguer les familles des Manuce et des Estienne, secondèrent avec bonheur ce mouvement intellectuel. La fièvre inquisitive qui vint tourmenter les réformateurs religionnaires fermentoit aussi dans d'autres têtes, non moins ardentes, mais trop scrupuleuses ou trop craintives pour s'attaquer aux choses de religion. Les sciences que l'Eglise nomme profanes gagnèrent à cette impulsion; mais si le nombre des aspirants à la science, soit théologique, soit plus mondaine, étoit sensiblement augmenté, on n'en étoit que plus en disette de bonnes méthodes élémentaires, de ces modestes guides, qui, bien faits, ouvrent la route du savoir, et ôtent aux études leurs premières et plus rebutantes difficultés. De-là une multitude de nouveaux traités de grammaire et d'autres sciences, fort imparfaits encore, mais plus méthodiques, et surtout de bien moins disgracieux usage que les lourds et obscurs traités qu'ils remplaçoient, et qu'ils firent promptement abandonner. Après les livres de grammaire, devoient naturellement venir les lexiques, non moins nécessaires, mais dont la création ou le perfectionnement étoit une œuvre plus longue et plus ardue. C'est à ce travail si méritoire que Robert, Charles, et après eux Henri Estienne, dévouèrent une grande partie de leur vie savante. Ces pénibles et si utiles travaux, qui leur ont acquis d'impérissables droits à notre reconnoissance, trouvèrent cependant des désapprobateurs chez plus d'un érudit, dont l'esprit vaniteux et rebours se courrouçoit de ce que ces versions d'anciens textes , ces Commentaires explicatifs, ces Grammaires nouvelles , et surtout ces amples Lexiques, avilissoient la science en la rendant trop accessible à la multitude.

En 1532 , la première édition de ce Dictionnaire vint rendre un nouveau témoignage de l'étendue des connoissances et de l'*infatigabilité* de Robert. Ce livre, promptement devenu nécessaire, réimprimé en 1536 et plusieurs fois depuis, fut , à chaque édition nouvelle, amélioré par de judicieuses corrections et des additions importantes. Dans celle-ci, beaucoup plus exacte que les deux précédentes, et surtout plus riche, non-seulement en mots, mais aussi en citations des autorités latines *, l'auteur est arrivé à faire de son ouvrage un excellent Lexique , et à justifier son titre un peu ambitieux. Le succès de ce *Thesaurus linguæ Latinæ* ne se borna pas à la France; on le réimprima plusieurs fois au-dehors, et pendant deux siècles il a été le meilleur dictionnaire de la langue latine. Si de nos jours les travaux de J. M. Gessner, et ceux des habiles et persévérants lexicographes de Padoue, ont dû faire abandonner l'usage du livre de Robert Estienne, on ne doit pas oublier que, sans ce premier travail, ni la compilation de Gessner, ni l'admirable Lexique de Forcellini, n'eussent peut-être jamais existé.

On n'a plus ici les interprétations françoises que l'auteur n'avoit introduites qu'à regret dans ses deux précédentes impressions, et qui se trouvent bien plus amples dans son *Dictionarium Latino-Gallicum.*

Quoique cette édition de 1543 ait été précédée par deux autres, l'auteur la nomme *Editio Secunda* , sans doute pour faire entendre que la première n'étoit à ses yeux qu'une ébauche , et devoit être considérée comme non avenue.

Robert fut utilement aidé par un savant peu connu , mais laborieux et habile , Jean Thierry , de Beauvais. Dans la préface il lui fait honneur de sa coopération , sans laquelle , dit-il , il auroit succombé sous le faix. « Vir in optimis quibusque authoribus valde exercitatus, acrique judicio præditus, qui indè ab initio instituti laboris ila ei operam dedit , ut omnia ipse relegeret , eaque tanquam supremus artifex inchoata et adhuc rudia perpoliret. »

Réimprimant son livre au-dehors, au moins falloit-il le respecter et ne pas le gâter par de vicieuses surcharges. Robert étant à Venise en 1550 ou 1551 , et apprenant que Marius Nizolius entreprenoit une nouvelle édition de ce Lexique, alla dans l'Imprimerie où elle se faisoit , et prenant au hasard une des feuilles déjà imprimées , il eut le déplaisir de voir que l'on s'étoit permis d'introduire des locutions par lui supprimées ou omises à dessein comme mauvaises. Henri,

---

* C'est cette richesse de citations exactes, bien choisies, qui fait du Dictionnaire anglois de Johnson , surtout dans son édition dernière de 1827, 3 vol. in-4°, le meilleur et le plus véritablement utile de tous les Lexiques de nos langues modernes. On auroit été heureux de voir les grands écrivains françois devenir aussi les autorités du nouveau Dictionnaire de l'Académie. Il en a été tout autrement, et j'en dirai peut-être ici une des principales causes. Il y a déjà bien des années, lorsque l'Académie résolut de reprendre sérieusement le travail du Dictionnaire depuis long-temps presque abandonné, j'ai entendu assurer que d'abord elle se proposa d'en combiner la rédaction de manière à faire mieux encore , s'il étoit possible que les Dictionnaires de Johnson et de La Crusca, mais que plusieurs des célébrités qui tenoient alors le sceptre de la littérature françoise ne dissimulèrent pas leur espérance de voir leurs ouvrages souvent préférés pour les citations à introduire, et que l'Académie , au lieu de faire justice de tout ce qui n'auroit été que prétention vaniteuse, trouva bien plus commode d'esquiver la difficulté , et aussi d'abréger de beaucoup son ouvrage : elle prit le parti d'exclure toute espèce de citations. Quoi qu'il en puisse être de la vérité de tout ceci, on sent que ce n'étoient point de tels motifs que pouvoit alléguer le spirituel académicien auteur de la nouvelle préface. Par de très ingénieux raisonnements il cherche à prouver que le Dictionnaire en vaut bien mieux de ce que les diverses acceptions des mots n'y sont point appuyées par des citations de nos grands écrivains. Il est permis de penser que tous les lecteurs ne partageront point cette opinion, et que plusieurs même seront assez mal intentionnés pour croire que le motif déterminant a bien pu être l'appréhension des longueurs et difficultés d'un tel travail.

son fils, raconte ainsi ce fait dans *Epist. de suæ Typographiæ statu:* « Metuo certè ne miseri isti... voces... commentitias, aut quolibet modo mendosas quas ego relegavi... tanquam per incuriam à me prætermissas, in meum.... Thesaurum intrudant. Quod quum accidet, idem prorsus mihi quod patri meo, Roberto Stephano, id est, idem meis quod ejus laboribus, usuveniet. Quum enim ille Venetiis agens quandam officinam Typographicam ingressus esset, in quâ excudebatur ejus Thesaurus latinæ linguæ, sumptâ in manus chartâ, oculos statim in quoddam vocabulum conjecit, quod se olim rejecisse, dum opus illud construeret, recordabatur. Miratus ergo, suum exemplar afferri ad se jussit, quòd suæ memoriæ non omninò fidendum putaret. Ibi certè vocabulum illud non invenit, sed margini adscriptum, ut insereretur, videt. Tunc eum cujus manu adscriptum erat convenire : et quo id consilio fecisset, interrogare. Hic vero non aliud respondere quàm se non vocabulum hoc solum, sed aliquot alia itidem adjecisse. Quæ quum patri meo ostendisset, ea ipsa esse comperit quæ itidem olim rejecerat. Quâ ex re tanto dolore exarsit, ut continere se non potuerit, quin illum aliosque, qui ad ditandum præclaris hisce divitiis Thesaurum operam suam itidem locarant, asinos Arcadicos vocaret. »

Il ne paroît point que cette édition Vénitienne ait été achevée. Celle de Lyon, 1573, 4 vol. in-fol., est beaucoup augmentée ; mais on y trouve un grand nombre de très peu satisfaisantes interpolations que les éditeurs de la dernière et meilleure édition de ce Lexique, Basle, 1740-43, 4 vol. in-fol., n'ont pas osé rejeter, de peur de voir se discréditer leur réimpression comme incomplète.

8. M. Tullii Ciceronis Opera. — *Parisiis* ex officina *Roberti Stephani.* M. D. XLIII—M. D. XLIV. 9 vol. in-8°. 53 s.

Chacun des volumes, et même chaque partie de volume, porte sa date, depuis xiv. Cal. Mar. 1543, jusqu'à Non. Jan. 1544.

Cette estimable édition est la première dans laquelle Robert Estienne ait fait usage de son bel italique, exécuté à l'imitation de celui d'Alde : *Characteribus elegantissi-*

mis *Italicos Aldi Manutij characteres proximè referentibus*, dit-il de ce Cicéron dans plusieurs de ses Catalogues. Il y a joint les diverses scholies des éditions manutiennes sur lesquelles celle-ci est copiée, sauf quelques rectifications ou changements dans les textes. On en trouve dans les Catalogues des parties séparées et complètes en elles-mêmes, que, si l'on n'y prenoit garde, on pourroit considérer comme éditions distinctes, ce qui pourroit donner mal-à-propos lieu de croire à une ou plusieurs omissions sur ces listes.

La jolie édition in-16 de Simon de Colines, complétée par les *Epistolæ ad Atticum* de Robert, 1546, et qui se partage à volonté en 8 ou 10 vol., se vendoit 45 s.

9. Justini ex Trogi Pompeii historiis externis libri XXXIIII veteris exemplaris beneficio repurgati. — *Parisiis* ex officina *Roberti Stephani.* M. D. XLIII. III. Cal. Dec. In-8°. 3 s.

10. C. Suetonii Tranquilli XII Cæsares, ex vetusto exemplari emendatiores multis locis. — *Parisiis* ex officina *Roberti Stephani* typographi Regij. M. D. XLIII. XV. Cal. Decembr. In-8°. 4 s.

C'est le Codex Memmiauus.

11. Pauli tertii Pontificis Max. ad Carolum V imperatorem Epistola hortatoria ad pacem. Ipsius Caroli, tum ad eam, tum ad alias ejusdem Concilij convocatorias, Responsio. Francisci christianiss. Francorum Regis adversus ipsius Caroli calumnias Epistola apologetica ad Paulum III. Pont. Max. scripta. — *Lutetiae* apud *Robertum Stephanum.* M. D. XLIII. In-8°. 1 s.

La Bibl. de la France, n° 29,965, met l'année 1542. Le volume a peut-être été imprimé en 1542 et en 1543, puisque du François il y a aussi deux éditions.

12. Translation de l'Epistre du roy treschrestien François premier de ce nom, à nostre sainct Pere Paul troisieme, par laquelle est respondu

aux calomnies contenues en deux lettres envoyées au dict sainct Pere par Charles cinqiesme empereur. — *Paris, Robert Estienne.* M. D. XLIII. In-8°.   10 d.

13. La même. — *Paris, Robert Estienne.* M. D. XLIII. In-4°.

La lettre apologétique écrite au nom de François 1er est du cardinal Jean du Bellay.

La Bibl. de la France, n° 29,965, déjà cité, met *Les mêmes Lettres.* J'ai le volume in-8°, il ne contient que la lettre du roi de France, ainsi que l'indique son intitulé.

14. CAROLI Stephani de Vasculis libellus, ex Bayfio decerptus. Addita vulgaris linguæ interpretatione. — *Parisiis* apud *Robertum Stephanum.* M.D.XLIII. XIII. Cal. Octob. In-8°.8 d.

M. D. XLIV.

1. CAROLI Stephani de latinis & græcis nominibus arborum, fruticum, herbarum, piscium & avium liber ex Aristotele, Theophrasto, Dioscoride, Galeno, AEtio, Paulo Ægineta, Actuario, Nicandro, Athenæo, Oppiano, Æliano, Plinio, Hermolao Barbaro, & Joanne Ruellio, cum gallica eorum nominum appellatione. — *Lutetiae* ex officina *Roberti Stephani.* M. D. XLIV. VIII. Id. Aug. In-8°.

2. ALPHABETUM Hebraicum in quo literæ hebraicæ describuntur, punctorum vocalium, accentuum forma & dictionum hebraicarum, ex Antonii Cevallerii, hebraicarum literarum professoris, recognitione.— *Parisiis* ex officina *Roberti Stephani,* typographi Regii. M. D. XLIV. In-8°. 12 feuillets.   6 d.

3. MODUS examinandæ constructionis in oratione recognitus & auc-

tus : Joanne Pellissone Condriensi authore. — *Parisiis* ex officina *Roberti Stephani.* M. D. XLIV. XV. Cal. Mart. In-8°.

4. DICTIONARIOLUM puerorum. In hoc nudæ tantum, puræque sunt dictiones, nullo loquendi genere adjecto, &c. — *Parisiis* excudebat *Robertus Stephanus.* M. D. XLIV. XV. Cal. Maii. In-4°.

Maitt., Ann. III. 375, met XLV. Ce doit être une faute, ou bien le livre a deux dates.

5. LES MOTS françois selon l'ordre des lettres, ainsi que les fault escrire, tournez en latin pour les enfants. — *Paris,* de l'Imprimerie de *Robert Estienne.* M. D. XLIV. XV. Mars. In-4°.

Ceci est le complément du *Dictionariolum.* J'ignore si, en 1542, à sa première édition, cette partie françoise-latine fut aussi imprimée.

6. HECUBA d'Euripide, traduicte de grec en Rhythme françoise, dediée au Roy. — *Paris,* de l'Imprimerie de *Robert Estienne.* M. D. XLIV. In-8°.

Duverdier et La Croix du Maine annoncent ce livre sous l'année 1550. Duverdier l'attribue à Guill. Bouchetel ; mais La Croix du Maine fait remarquer que Lazare de Baïf, auteur de cette traduction et de celle d'Électre, a, dans cette dernière, formé son nom des lettres capitales d'un dizain, et dans Hecuba, s'est désigné par sa devise *Rerum vices.*

7. Q. HORATII Flacci Poemata. Ratio mensuum quibus odæ ejusdem poetæ tenentur. Centimetrum Marij Servij. Variæ lectiones ex vetustissimis codicibus.

Ejusdem Epistolæ.

Ejusdem Ars poetica, cum trium doctissimorum commentarijs Jani Parrhasii, Acronis, Porphyrionis. Adjectæ sunt ad calcem doctissimæ

Glareani annotationes. — *Parisiis*, ex officina *Roberti Stephani* typographi Regij. M. D. XLIIII. VII. Id. Maii. In-8°. 3 s. 6 d. Les Epîtres séparément 8 d. L'Ars poetica et les Commentaires 2 s.

Cette annonce, que je copie dans les Catalogues de R. Estienne, fait connoître que ces trois divisions d'un seul et même volume circuloient séparément, circonstance qui a dû contribuer à leur destruction, et rendre cet Horace d'autant plus rare.

Maittaire, Ann. III. 373, fait remarquer que dans la signature C, le numérotage des 8 feuillets est tout-à-fait dérangé.

La BibL. lat. I, page 409, mentionne une édition in-8° de 1539, que je n'ai point vue. On y trouve aussi notée une édition de 1545, in-12, que je ne connois pas davantage.

8. DISTICHA de Moribus, nomine Catonis inscripta. — *Parisiis* ex officina *Roberti Stephani*. M. D. XLIV. In-8°. 3 d.

9. Eadem Catonis Disticha cum latina et gallica Mat. Corderii interpretatione. Dicta Sapientum cum sua quoque interpretatiuncula. Omnia recognita, nonnulla adjecta, quædam immutata. — *Parisiis* ex officina *Roberti Stephani*. M. D. XLIV. In-8°. 1 s. 6 d.

10. MESSIRE Jean de Bellay cardinal. Harangues, Oraisons, Epistres, & autres choses tant en Latin qu'en François. — Ibid. M. D. XLIIII. In-4°.

11. EUSEBII Pamphili Ecclesiasticæ Historiæ lib. X. Ejusdem de vita Constantini lib. V. Socratis (Scholastici ecclesiasticæ Historiæ) lib. VII. Theodoriti episcopi Cyrensis lib. V. Collectaneorum ex historia eccles. (Scholastici) Theodori lectoris lib. II. Hermii Sozomeni lib. IX. Evagrii lib. VI. Græce. — *Lutetiae Parisiorum*, ex officina *Roberti Stephani* typographi regii, Regiis typis. M. D. XLIIII. Pridie Cal. Jul. In-fol. 3 l. 10 s.

12. EUSEBII Pamphili Evangelicæ Præparationis lib. XV. græce, ex Bibliotheca regia. — *Parisiis* ex officina *Roberti Stephani* typographi regii, Regiis typis. M. D. XLIIII. — Eusebii Pamphili evangelicæ Demonstrationis lib. X, græce, ex Bibliotheca regia. — *Lutetiae* ex officina *Roberti Stephani*, typographi regii, Regiis typis. M. D. XLV. — Et sur le dernier feuillet M. D. XLVI. Cal. April. 2 tomes qui se relient en un vol. in-fol. 2 l. 10 s.

Ces volumes, premières éditions des ouvrages qu'ils contiennent, sont aussi les premiers dans lesquels il ait été fait usage des caractères grecs de Garamond, gravés par l'ordre de François Ier. Dans cette belle édition, Robert a fait preuve de son habileté typographique, et de ses profondes connoissances dans la littérature savante. Jusque-là il n'avoit imprimé aucun volume grec, mais du moment où la munificence royale eut mis à sa disposition les plus beaux types grecs qui aient jamais été faits, il se dévoua à l'impression des ouvrages en cette langue, sans négliger cependant aucune de ses autres impressions. Dans le cours de ces Nomenclatures on verra enregistrés et, autant qu'il sera convenable, signalés à l'attention du lecteur, les nombreux volumes qui furent le résultat de ce noble empressement.

Ces livres grecs des Estienne, ceux qu'avec les mêmes types, et avec non moins de soins et d'habileté, produisirent les Turnebe, les Morel, etc., si rigoureusement corrects, si bien imprimés et vénérés de tout le monde savant, ne sont cependant point arrivés à cette haute valeur pécuniaire, n'obtiennent point ces prix exagérés que l'on prodigue, je ne dirai point seulement aux éditions la plupart si estimables des Manuce, mais à une multitude de livres, qui, à dire le vrai, ne sont que de vaines curiosités bibliographiques. Quelques volumes seulement des éditions Stéphaniennes sont hors de ligne : les *Poetæ Græci*, 1566, in-fol., sont toujours chers, et, en grand papier, leur prix est excessif. L'admirable *Thesaurus linguæ Græcæ* avoit acquis une valeur que les deux réimpressions de Londres et de Paris ont beaucoup fait déchoir, quoique cette dernière ne puisse être achevée avant quelques années. On se laisse aussi aller à payer chèrement le célèbre Nouveau-Testament grec in-16, de 1549, quand on est séduit par la beauté de sa conservation. Les bons exemplaires de l'Hérodote, de Thucydide, et des autres volumes de cette belle catégorie grecque, ne manquent point de bienveillants acquéreurs, non plus que les nombreux et si beaux volumes, soit grecs, soit latins, dans les formats au-dessous ; mais rien de tout cela ne se surpaie, ne fait palpiter l'amateur, ou d'aise, quand il l'acquiert, ou de regret, quand il le manque. Il semble que ce soit un succès d'estime, trop grave pour devoir être l'occasion de folies ; et l'on reconnoît que, dans leurs mutations de domiciles, ces vénérables volumes vont bien plus souvent aider le savant dans ses études, que chez les curieux, parer des tablettes dont ils seroient, certes, un des ornements les plus recommandables. De cette édition d'Eusèbe, l'Histoire Ecclésiastique se paie plus que l'autre volume, qui est nécessairement moins usuel.

A partir de l'Eusèbe, Robert, sur la plupart de ses éditions, prit le titre d'Imprimeur du Roi; jusqu'alors il n'avoit pris aucun titre, si ce n'est que, depuis 1539, il mettoit quelquefois : *Hebraicarum et latinarum literarum Typographus Regius.*

Dans le Catalogue de De Thou, 1679, t. 1. p. 113, au volume *Historia Ecclesiastica* est cette note manuscrite : *R. Maroq. gr. p. cum notis mss. Thuani.* Je ne le retrouve pas dans le Catal. Soubise, où l'autre volume, relié en mar. vert, et faisant partie non désignée du n° 803, fut vendu 15 liv. 2 s.

Avis à l'heureux propriétaire de l'*Hist. Eccles.*, qui peut-être considéroit les notes manuscrites comme dépréciant son volume, ne se doutant pas qu'elles étoient de la main de l'illustre historien. Quant au format, je suis très disposé à croire qu'il n'a été tiré aucun papier plus grand que celui de toute l'édition. Il est beau et à grandes marges.

13. Eutropii Epitome belli Gallici ex Suetonii Tranquilli monumentis quæ desiderantur. In C. Julii Cæsaris Commentarios de Bello Gallico ac Civili, Henrici Glareani poetæ laureati annotationes (cum nominibus populorum, urbium, fluviorum, montium, vulgari lingua redditis). — *Parisiis* ex officina *Roberti Stephani* typographi Regij. M. D. XLIIII. In-8.

14. Crispi Sallustii de Conjuratione Catilinæ historia. Ejusdem de bello Jugurthino. Portij Latronis declamatio contra L. Catilinam. Fragmenta quædam ex libris historiarum C. Crispi Sallustii. Ex vetustiss. codicibus omnia emendatiora : & ad finem, variæ lectiones annotatæ. — *Parisiis* ex officina *Roberti Stephani*, typographi Regij. M. D. XLIIII. In-8. · 3 s.

15. C. Julii Cæsaris rerum ab se gestarum Commentarii. De bello Gallico libri VIII. De bello civili Pompeiano libri III. De bello Alexandrino liber I. De bello Africo liber I. De bello Hispaniensi liber I. Ex vetustiss. scriptis codicibus emendatiores. Pictura totius Galliæ, Pontis in Rheno, Avarici, Alexiæ, Vxelloduni, Massiliæ, per Jucundum Veronensem, ex descriptione Cæsaris. Veterum Galliæ locorum, populorum, urbium, montium ac fluviorum brevis descriptio (cum notis Henrici Glareani). —*Parisiis* ex officina *Roberti Stephani.* M. D. XLIIII. In-8°. 10 s.

16. Dionis Cassii Nicæi (Cocceius Nerva, Trajanus Nerva, Adrianus. Conflagratio Vesevi : latinè, Georgio Merula interprete) Ælius Spartianus, Julius Capitolinus, Ælius Lampridius, Vulcatius Gallicanus (de Imperatoribus romanorum) Johannis Baptistæ Egnatij Veneti in eosdem annotationes. — Ibid. M. D. XLIIII. Id. Jun. In-8°. 4 s.

17. AMMIANI MARCELLINI rerum gestarum libri XVIII, à decimoquarto ad trigesimum primum, nam XIII priores desiderantur. Quanto vero castigatior hic Scriptor nunc prodeat, ex Hieronymi Frobenij epistola, quam hac de causa addidimus, cognosces. Librum trigesimum primum qui in exemplari Frobeniano non habetur, adjecimus ex codice Mariangeli Accursij. — *Parisiis* ex officina *Roberti Stephani* typographi Regij. M. D. XLIIII. XVI. Cal. Jun. In-8°. 6 s.

18. HERODIANI Historiæ de imperio post Marcum, vel de suis temporibus, è græco translatæ, Angelo Politiano interprete. — *Parisiis, Robertus Stephanus.* M. D. XLIIII. IX. Cal. Jun. In-8°. 2 s.

19. TREBELLIUS POLLIO; Flavius Vopiscus (de Imperatoribus romanis), Johannis Baptistæ Egnatij Veneti in eosdem annotationes. Sex. Aurelius Victor. Pomponius Lætus. Compendium historiæ romanæ. Joh. Baptista Egnatius de principibus Romanorum. — *Parisiis* ex officina *Roberti Stephani* typographi Regii. M. D. XLIIII. VI. Id. Jul. In-8°. 4 s. 6 d.

20. ORATIO de sententia Christianissimi Regis scripta ad Serenissimos, Reverendissimos, Illustrissimos, Excellentissimos, Magnificos, Spectabiles viros, universosque sacri Imperij Ordines Spiræ conventum agentes. M. D. XLIIII. In-4°. 2 s.

21. ORAISON escripte suyvant l'intention du Roy treschrestien (François I) aux Seigneurs et Estas du Sainct Empire assemblez en la ville de Spire. — *Paris, Robert Estienne.* M. D. XLIIII. In-4°. 1 s. 6 d.

22. La même. — *Paris, Robert Estienne.* M. D. XLIIII. In-8°. 6 d.

23. RESPONSE a une epistre envoyee de Spire par ung secretaire alemand a ung serviteur du Roy treschrestien. Aultre epistre des choses faictes depuis quatre ans en Europe. — *Paris, Robert Estienne.* M. D. XLIIII. In-4°.

24. JOHANNIS Cardinalis Bellaii, episcopi Parisiensis, Francisci Olivarii, in senatu Parisiensi Præsidentis, & Africani Malleii, Ballivi Divionensis, Francisci I legatorum, Orationes duæ de sententia Christianissimi Regis ad serenissimos sacri Imperii Ordines Spiræ conventum agentes, anno 1544; necnon pro eodem Rege defensio adversus Jacobi Omphalii maledicta, latinè & gallicè. — *Parisiis* ex officina *Roberti Stephani.* M. D. XLIIII. In-4°.

Je prends cet intitulé dans la Bibl. de la France, n°. 29,968. Elle met au n° suivant la traduction françoise de la Défense, dont elle indique pour 1554 une réimpression que l'on voit aussi dans les Catalogues de Maittaire. Ce volume de la Défense a-t-il aussi la version des deux harangues; c'est ce que je n'ai pu vérifier, mais je pense le contraire. Enfin les Oraisons et la Défense en latin font-elles deux brochures séparées, ou bien un seul volume?

Le françois *Gallicè* est-il réellement une portion de ce volume latin, ou bien cette mention *Latinè et Gallicè* vient-elle de ce que la Bibl. de la France aura pris et réuni les intitulés d'un exemplaire latin, à la fin duquel auroit été reliée la version françoise? c'est ce que je ne puis démêler exactement, et un examen de si petite importance ne pourroit être fait en toute certitude, que si l'on avoit sous la main, et en même temps, toutes ces pièces d'Oraisons, Apologies, Défenses, maintenant oubliées, presque sans intérêt, et d'autant plus rares, qu'on aura eu fort peu d'empressement à les recueillir et conserver.

J'ai mis quelque soin à noter et bien distinguer les diverses pièces de ce genre, à l'aide, tant de celles que j'ai pu voir, que des renseignements fournis par la Bibl. de la France, le Catal. de De Thou, &c.

25. Defence pour le Roy de France Treschrestien, a l'encontre des injures & detractions de Iaques Omphalius, faicte nagueres en Latin par ung serviteur du Roy, & maintenant traduicte en François, par Simon Brunel. — *Paris, Robert Estienne.* M. D. XLIIII. In-4°.

La Bibl. de la France, n° 17,611 et 29,969, attribue la traduction de cette pièce au savant Pierre Bunel, connu surtout par ses élégantes lettres latines; mais deux Catal. de Robert Est., qui, en ce cas, me semblent autorités certaines, et aussi Maittaire, portent en toutes lettres *traduicte en françois par Simon Brunel.*

Pour une réimpression de 1554, voyez ci-dessous, à cette année-là.

26. L. Fenestella de magistratibus, sacerdotiisque Romanorum. Pomponius Lætus itidem de magistratibus et sacerdotiis, & præterea de diversis legibus Romanorum. — *Parisiis* ex officina *Roberti Stephani.* M. D. XLIIII. In-8°. 1 s. 3 d.

27. Plinius Secundus de Viris illustribus; Suetonius de claris Grammaticis, Julius Obsequens de Prodigiis. — *Lutetiae, Robertus Stephanus.* M. D. XLIIII. VII. Id. Jan. In-8°. 1 s.

Il paroît que ce petit volume porte les deux dates de 1544 et 1545.

28. Gulielmi Budæi Parisiensis consiliarii Regij supplicumque libellorum in Regia Magistri Forensia. — *Parisiis, Robertus Stephanus.* M. D. XLIIII. In-fol. 12 s.

Ce volume est presque toujours accompagné du suivant de 1545, qui en est le complément indispensable.

M. D. XLV.

1. Forensium verborum & loquendi generum quæ sunt, a Gulielmo Budæo proprio commentario descripta, gallica de Foro Parisiensi sumpta interpretatio : item græca aliquot verba Forensia dicendique genera, interdum latinè, interdum gallicè exposita : Gallicus Forensium verborum Index : cui ex diverso respondet latina ex Gulielmi Budæi Forensibus collecta interpretatio. — *Parisiis, Robertus Stephanus.* M. D. XLV. In-fol. 16 s.

2. Biblia sacra latina : juxta veterem & vulgatam editionem : cui nova ex Hebræo columnatim respondet : ad cujus margines annotantur variæ lectiones & expositiones ex doctissimis Hebræorum commentariis, quibus explicantur obscuriores loci. — *Lutetiae*, ex officina *Roberti Stephani* typographi Regij. M. D. XLV. 2 vol. in-8°.

A 2 col., plus 2 de notes marginales.

Voici comment ce livre est annoncé dans le Catalogue de Henri, sans date, mais certainement de 1569 ou 1570.

«Biblia ex duplici tralatione, vetere & nova eaque ex prælectionibus Francisci Vatabli emendata. Unde magna ex parte sumptæ annotationes, eorundem textui circunjectæ sunt. R. S. In-3° Valde minutis literis. »

Le véritable intitulé du livre ne porte que ces mots :

Biblia Quid in hac editione præstitum sit, vide in ea quam operi præposuimus ad lectorem Epistola. — Lutetiae, &c.

Après les Tables et le mot *Finis* est une partie de 28 feuillets non chiffrés contenant les 72 premiers Psaumes réimprimés avec de plus amples notes. *Diffusiores in priores Psalmos annotationes.*

La *Bibliotheca-Latino-hebraica* de Jos. Imbonati, t. 1er, p. 218-227 rapporte tout au long les reproches faits à cette édition dans l'Index expurgatoire d'Espagne, tant pour les notes, les tables, *Indices*, et les préfaces, que pour la nouvelle version qui est celle de Léon Juda, Zwinglien; près de dix grandes pages in-folio, contiennent l'exposition de ce qu'on prescrit d'en ôter, d'y changer ou ajouter. Les qualifications injurieuses n'y sont pas épargnées, bien qu'on ne puisse éviter de rendre quelque justice au savoir de celui qu'on traite si durement.

« Robertus Stephanus, Calvinianus, Hæreticus primæ classis, Hebrææ linguæ haud ignarus. » *Et plus loin :* « Monemus Lectorem translationem novam, & scholia horum Bibliorum à Roberto Stephano, Auctore damnato, primum edita, & depravata fuisse. »

Ce travail si répréhensible, si coupable, ne fut cependant point jugé tel par d'autres théologiens, par des jésuites espagnols, qui, plus tard, en 1584, à Salamanque, réimprimèrent cette version latine et tout cet attirail de notes, avec beaucoup moins de changements que n'en avoit prescrits la censure rapportée par Imbonati.

3. Novum Testamentum lat. — *Parisiis* ex officina *Roberti Stephani.* **M. D. XLV. In-16.**

Deux parties en un volume. La seconde commence après les Actes des Apôtres, avec un titre séparé, et de nouveaux chiffres. Sur l'un et l'autre titre on lit : « Breves variarum tralationum annotationes adjecta veterum latinorum exemplarium manuscriptorum diversa lectione. »

4. Harmoniæ Evangelicæ libri IIII. In quibus Evangelica historia ex quatuor Evangelistis ita in unum est contexta, ut nullius verbum ullum omissum, nihil alienum immistum, nullius ordo turbatus, nihil non suo loco positum : omnia vero literis & notis ita distincta sunt, ut quid cujusque Evangelistæ proprium, quid cum alijs, & cum quibus commune sit, primo statim aspectu deprehendere queas. Index ipsi Harmoniæ præponitur, qui ordinem in concinnanda ipsa Harmonia observatum ponit ob oculos. — VIII. Cal. Maii. M. D. XLV. — Annotationum liber unus, authore Andrea Osiandro. — *Lutetiae,* apud *Robertum Stephanum.* M. D. XLV. VIII. Non. Maii. In-16. 3 s. 6 d.

Petit volume fort rare. L'énoncé du titre

pourroit induire à croire qu'Osiander n'est l'auteur que des annotations ; mais c'est bien à lui qu'est due cette compilation laborieuse et qui n'est pas sans utilité. Maittaire fait deux volumes séparés des *Harmonies* et des *Notes,* mais il s'est corrigé dans les Annales.

5. Christiana studiosæ juventutis institutio, per Christophorum Hegendorphinum. De disciplina item & institutione puerorum Othonis Brunsfelsii Parænesis. — *Lutetiae* ex officina *Roberti Stephani.* **M. D. XLV. In-8°. 6 d.**

6. De Instituenda vita, & moribus corrigendis juventutis, Parænesis, Christophoro Hegendorphino authore. Quo pacto item ingenui adolescentes formandi sint, præceptiones Christiani Theodidacti. — *Lutetiae* ex officina *Roberti Stephani.* **M. D. XLV. In-8°. 8 d.**

7. Caroli Stephani de Re Hortensi libellus, vulgaria herbarum, florum ac fruticum, qui in hortis conseri solent, nomina latinis vocibus efferre docens ex probatis authoribus in adolescentulorum gratiam multo quam antea locupletior factus : cui nuper additus est alius libellus de cultu & satione arborum, ex antiquorum sententia. — *Lutetiae* ex officina *Roberti Stephani.* **M. D. XLV.** Prid. Id. Sept. In-8°. 1 s. 6 d.

Avec une longue épître de l'auteur à son neveu Henri (Henriculo suo), alors âgé de dix-sept ans, Je n'ai pas cru qu'il fut utile de la réimprimer ; on peut la voir dans Maittaire, p. 202.

8. (Caroli Stephani) De latinis & græcis nominibus arborum, fruticum, herbarum, piscium & avium liber ex Aristotele, Theophrasto, Dioscoride, Galeno, Aetio, Paulo Ægineta, Actuario, Nicandro, Athenæo, Oppiano, Æliano, Plinio, Hermolao Barbaro & Joanne Ruellio,

cum gallica eorum nominum appellatione : editio secunda cui multa accesserunt. — *Lutetiae ex officina Roberti Stephani.* M. D. XLV. Cal.
Sept. In-8º.

Avant cette *Editio secunda* augmentée, il
en avoit été fait deux en 1536 et 1544 ;
deux autres ont suivi en 1547, et *apud
Carolum Stephanum*, 1554.

9. ERASMI Paraphrasis, seu potius
Epitome in Elegantias Laurentii
Vallæ ; Corn. Croci Farrago. — *Pa-
risiis ex officina Roberti Stephani.*
M. D. XLV. In-8º.

10. LES DÉCLINAISONS des noms
et verbes que doibvent scavoir en-
tierement par cueur les enfans, aus-
quelz on veult bailler entree à la
langue latine. Ensemble la manière
de tourner les noms, pronoms, verbes tant actifs que passifs, gerondifs, supins & participes : les verbes
*Sum, Volo, Nolo, Malo, Fero, Edo es,
Fio, Possum, Memini :* aussi les im-
personelz. Des huiet parties d'oraison. La manière d'exercer les enfans
a décliner les noms et les verbes. —
Lutetiae ex officina Roberti Stephani.
M. D. XLV. In-8º.   2 s.

11. MANUELIS Moschopuli de ratione examinandæ orationis libellus : græce. — Ex Bibliotheca regia.
— *Lutetiae ex officina Roberti Stephani.* M. D. XLV. Prid. Cal. Jan. In-4º,
8 s.

Première édition de ce savant Opuscule.
Les grandes marges du volume ont fait
croire à Crevenna que son exemplaire étoit
sur grand papier.

12. HORATIUS. — Ibid. M. D. XLV.
In-12 ou in-16.

Il y a dans cette année une édition parisienne de François Gryphe, in-12 ou in-16,
et c'est ce que, par inadvertance, on aura
pris pour une édition de R. Estienne, qui,
je crois, n'existe pas.

13. JUN. JUVENALIS Satyræ XVI. A-

Persii Satyræ VI ad vetustiss. scripta
exemplaria emendatæ : quorum varias lectiones ad calcem rejecimus.
— *Lutetiae apud Robertum Stephanum.* M. D. XLIII. *A la fin :* HI. Non.
Jan. M. D. XLV. In-8º.   20 d.

14. M. ANNEI LUCANI de Bello
civili libri decem. Ejusdem vita in
fine operis. Ad vetustiss. scripta
exemplaria emendati : quorum varias lectiones ad calcem rejecimus.
— *Lutetiae ex officina Roberti Stephani.* M. D. XLV. In-8º.   3 s.

15. TERENTIUS, ex recensione Erasmi. — *Parisiis ex officina Roberti
Stephani.* M. D. XLV. In-8º.   5 s.

16. ÆSOPI Phrygis Vita & Fabulæ
a viris doctissimis in latinam linguam conversæ. Apologi ex Chilia-
dibus Adagiorum Erasmi, ex Lamia
Politiani, Crinito, Johanne Antonio
Campano, Gellio, Gerbellio, Mantuano & Horatio. Fabulæ item Avia-
ni, Hadriano Barlando & Gulielmo
Hermanno interpretibus. Fabulæ
præterea Laurentij Abstemij. — *Lutetiae,* apud *Robertum Stephanum.*
XVII. Cal. Mart. M. D. XLV. In-8º.   2 s.
6 s.

17. VALERII MAXIMI dictorum fac-
torumque memorabilium exempla.
Adjecto Indice propriorum nominum, rerumque memoria dignarum locupletissimo. Variæ lectiones
ex vetustiss. codicibus. — *Lutetiae
ex officina Roberti Stephani* typographi Regij. M. D. XLIII. *A la fin :*
VII. Id. Jan. M. D. XLV. In-8º.   5 s.

<hr>

M. D. XLVI.

1. BIBLIA HEBRAICA (cum punctis). — *Parisiis ex officina Roberti*

Stephani. **M. D. XLIV—M. D. XLV—
M. D. XLVI. 8 vol. in-16. 75 s.**

L'incertitude sur le format de ce livre,
que l'on dit tantôt in-16, tantôt in-12,
est détruite par les Catalogues de Robert et
de Henri, sur lesquels on le qualifie in-16.
Il paroit même que ces Imprimeurs n'ont
rien fait en in-12, et que, chez eux, tout
ce qui vient après l'in-8° est in-16.

2. NOVUM TESTAMENTUM (græcum)
ex Bibliotheca regia. — *Lutetiae* ex
officina *Roberti Stephani* typographi
Regij, typis Regijs. **M. D. XLVI. VII.
Id. Novemb. In-16. 10 s.**

Coté 8 s. sur le premier Catalogue (la
feuille de 1547), et 10 s. sur le suivant de
1552.

La publication de cet élégant volume tenoit à un projet d'impression de toute la Bible
grecque en petit format, ainsi qu'on avoit
fait pour le texte hébreu ; mais ce projet n'a
point été exécuté.

Griesbach, dans ses Prolégomènes, fait
un long et critique examen de cette édition
et des manuscrits consultés pour les deux
in-16 de 1546 et 1549, et pour l'in-fol. de
1550.

3. BIBLIA SACRA latina. Hebræa,
chaldæa, græca & latina nomina
virorum, mulierum, populorum,
idolorum, urbium, fluviorum, montium, cæterorumque locorum quæ
in ipsis Biblijs leguntur, restituta,
cum latina interpretatione. Locorum descriptio è cosmographis. Index præterea rerum & sententiarum
quæ in ijsdem Biblijs continentur.
His accesserunt schemata Tabernaculi Mosaici, & Templi Salomonis,
quæ præeunte Francisco Vatablo
hebraicarum literarum Regio professore doctissimo, summa arte &
fide expressa sunt. — *Lutetiae* ex
officina *Roberti Stephani* typographi
regii. **M. D. XLVI. Idib. Maii. In-fol.
60 s.**

4. LIBER PSALMORUM Davidis. (Fr.
Vatabli) Annotationes in eosdem ex

Hebræorum commentariis. — *Lutetiae* ex officina *Roberti Stephani* typographi Regii. **M. D. XLVI.**—Cantica
quæ in Bibliis sparsim leguntur.
Annotationes in eadem ex Hebræorum commentariis. — *Lutetiae* ex
officina *Roberti Stephani* typographi
Regii. **M. D. XLVI.** *Et à la fin :* Excudebat *Robertus Stephanus* typographus Regius, *Lutetiae,* ann. **M.D.XLVI.
IIII. Cal. Mart. In-8°. 5 s. 6 d.**

Les *Cantica,* qui forment une partie distincte de 24 feuillets, avec son titre, sont
néanmoins une portion nécessaire du volume,
bien qu'on les trouve quelquefois séparément.

Vetus tralatio (la Vulgate) est en dedans,
et sur la colonne de dehors est la traduction
Nova, de Léon Juda, faite plus littérale-
ment sur l'hébreu. D'un caractère suffisamment gros, ce volume fut imprimé pour la
satisfaction de ceux qui lisoient péniblement
les très petites lettres des deux B'bles in-8°,
de 1534 et 1545. « Reliqua volumina,
singulatim eadem forma, aut majore etiam,
si id expeti viderimus, deinceps dabimus. »
Ce projet d'une Bible latine, ainsi complétée
par des publications successives, est resté
sans exécution.

A la suite des censures de la Bible de
1545, Imbonati donne celles de ce volume
de Psaumes, lesquelles occupent plus d'une
grande page in-fol., et le même *Monemus
Lectorem....* y est répété. Voyez ci-dessus,
page 63, à la Bible latine de 1545.

5. PSALMI triginta (I, III, VI, XI,
XII, XIII, XV, XXIII, XXX, XLII, C,
CXIII, CXIV, CXX à CXXXIV, CXXXVII,
CXLIV) Latine, cum poetica para-
phrasi latina M. Antonii Flaminii.
— *Parisiis* ex officina *Roberti Ste-
phani.* **M. D. XLVI. Cal. Jun. In-8°.**

Réimprimé par Charles Estienne en 1552.

6. EUSEBII Demonstratio evangelica. —1545—6. In-fol.

Pour cet ouvrage et les autres écrits du
même Eusèbe, voyez ci-dessus, à l'année
1544, page 60.

7. INSTITUTIONUM hebraicarum
Abbreviatio, M. Sancte Pagnino Lu-

censi authore. — *Lutetiae* ex officina *Roberti Stephani.* M. D. XLVI. V. Idib. Aug. In-8o. 3 s.

8. OBSERVATIONES in linguam hebraicam, ad simplicem sacrarum literarum intelligentiam admodum necessariæ, Sancte Pagnino Lucensi authore. — *Lutetiae* ex officina *Roberti Stephani.* M. D. XLVI. VI. Non. Oct. In-8o. 1 s.

Petite partie de 62 pages, chiffrées séparément, et devant être jointes au volume des *Institutiones.*

9. NATURAE Verborum, insertis vulgaribus exemplorum interpretationibus, ad puerorum utilitatem. — Ibid. M. D. XLVI. In-8.

10. JOHANNIS Despauterij Ninivitæ Syntaxis : cum Indice vocularum quarum aut constructio, aut significatio insignior est. — *Lutetiae* ex officina *Roberti Stephani.* M. D. XLVI. In-4o.

Voyez plus bas, page 79, à l'année 1550.

Je ne crois pas très fermement à l'existence de cette édition, notée dans *Vitæ Steph.*, page 78, mais d'une manière peu assurée. Il faut remarquer que l'édition de 1542 est *Editio tertia*, et celle de 1550, *quarta*, ce qui ne laisse guère place à une édition intermédiaire. Quant à celles que, d'après le Catalogue des Estienne, on pourroit croire exister sans date, il faudroit les avoir vues pour les donner comme telles avec assurance, sans quoi l'on s'exposeroit à créer une série d'éditions sans dates, sur l'autorité de Catalogues qui auroient négligé de les énoncer.

11. RUDIMENTA Grammatices Thomæ Linacri, ex Anglico sermone in latinum versa, interprete Georgio Buchanano Scoto. — *Lutetiae* ex officina *Roberti Stephani.* M. D. XLVI. In-8o.

Ce livret est sur deux Catalogues de R. Estienne annoncé Minori forma, 1 s. 3 d. Maiore, 20 d., ce qui désigne une édition in-4o, et l'in-8o de cette année 1546.

12. (ROBERTI Stephani) Dictionarium latino-gallicum multo locupletius, Thesauro nostro recens excuso ita ex adverso respondens, ut extra pauca quædam aut obsoleta, aut minus usitata vocabula, in hoc eadem sint omnia, eodem ordine, sermone patrio explicata : adjectis authorum appellationibus, quas in superiore Latino-gallico prætermiseramus. — *Lutetiae* ex officina *Roberti Stephani.* M. D. XLVI. IIII. Non. Jun. In-fol. 60 s.

Cette édition est beaucoup plus ample que la précédente et première de 1538. Par l'énoncé de son titre, on voit qu'elle est combinée de manière à correspondre avec le *Thesaurus linguæ latinæ*, et à rendre d'autant plus utile l'usage simultané de ces deux Lexiques. Les fils de Guill. Budé donnèrent à Robert communication de papiers de leur père, où il trouva pour son livre de bonnes additions, que, dans ce volume, il eut soin de désigner par la lettre B. A la fin, il mit un traité *De Venatione*, du même savant.

13. DE DUPLICI copia verborum Des. Erasmi Roterodami Commentarij duo (ex postrema authoris recognitione). — *Lutetiae* ex officina *Roberti Stephani* typographi Regij. M. D. XLVI. XIII. Cal. Jul. In-8o. 4 s.

14. PETRI MOSELLANI Tabulæ de schematibus & tropis. In Rhetorica Philippi Melanchthonis. In Erasmi Roterodami libellum de duplici copia. — *Lutetiae* ex officina *Roberti Stephani* typographi Regij. M. D. XLVI. Non. Apr. In-8o.

15. DE SYLLABARUM quantitate Regulæ speciales, quas Despauterius in carmen non redegit, autore Maturino Corderio, Grammaticæ professore. — Ibid. M. D. XLVI. IIII. Non. Decemb. In-8o.

16. M. T. CICERONIS ad Q. Fratrem dialogi de Oratore, de claris Oratoribus, Orator, de optimo genere

oratoriis ; cum variis ad calcem lectionibus. — *Lutetiae* ex officina *Roberti Stephani*. M. D. XLVI. In-18. 20 d.

17. M. T. CICERONIS Officiorum libri III. Cato Major, vel de Senectute ; Lælius, vel de Amicitia ; Paradoxa Stoicorum VI ; Somnium Scipionis ex libro sexto de Republica, cum Erasmi annotationibus, notis Phil. Melanchthonis in Officia, & Barth. Latomi in Paradoxa. Quæ qui leget, facile quantum in ijs emendandis studium sit adhibitum intelliget. Additæ sunt in extremo opere variæ lectiones è libris manu scriptis, & ex ingenio. — *Parisiis* ex officina *Roberti Stephani*. M. D. XLVI. In-16. 1 s. 6 d.

18. MARCI TULLII Ciceronis Sententiæ illustriores. Apophthegmata item & Parabolæ sive similia aliquot, præterea ejusdem piæ sententiæ. Authore Petro Lagnerio, Compendiensi. — *Lutetiae* ex officina *Roberti Stephani*. M. D. XLVI. In-8°.

Après une préface *Lectori*, vient une dédicace de l'auteur de cette compilation *Petrus Lagnerius* (Pierre Lagner ou Lagnier, de Compiègne), à trois professeurs de droit, à Toulouse, et datée de cette ville, *Septimo Calend. Sept.* Ann. 1541, ce qui peut faire admettre l'existence de quelque autre édition première, antérieure à l'année 1546.

19. ANDRIA TERENTII, omni interpretationis genere, in adolescentulorum gratiam facilior effecta : ut ex hâc comœdia omnes deinde alias ab eodem comico conscriptas, nullo negotio assequantur juvenes bonarum literarum studiosi. — *Lutetiae* ex officina *Roberti Stephani* typographi Regij. M. D. XLVI. XV. Cal. Maii. In-8°.

20. SALMONII Macrini Juliodunensis Odarum libri tres ad P. Castellanum pontificem Matisconum. Jo. Bellaii cardinalis amplissimi Poëmata aliquot elegantissima ad eundem Matisconum pontificem. — *Parisiis* ex officina *Roberti Stephani* typographi Regij. M. D. XLVI. In-8°.

21. DE REBUS IN GALLIA BELGICA nuper gestis, & pace restituta (carmen). — *Lutetiae* ex officina *Roberti Stephani* typographi Regii. M.D.XLVI. In-8°. 2 d.

Cahier de huit feuillets. L'auteur est anonyme. Au commencement sont des vers de S. Macrin, dont à l'exemple de Maittaire, Ann. III, 393, je transcris ici quelques-uns, parce qu'ils célèbrent de grands Imprimeurs.

Quod faustum fælixque tibi divino futurum
    Jam tuus in lucem prodest iste liber....
Excusum nitidis formis emitte precamur,
    Quales vel Stephanus, vel Colinæus habet.
Nam per se pulchræ quod serica palla puellæ,
    Hoc, mihi crede, libro casio tersa novà est.
Omnibus ut numeris igitur perfectus ad unguem
    Exeat, & cultu splendidiore juvet ;
Elige chalcographis age de potioribus unum,
    More Aldi exactum qui tibi vulget opus...

Niceron, qui attribue à Salom. Macrin ce petit poème de 450 vers élégiaques, lui donne la date de 1547. S'il ne se trompe pas, c'est une réimpression de l'édition de 1546, qui existe bien véritablement. On peut croire que S. Macrin n'est pas l'auteur de cet opuscule ; car dans l'épigramme ou pièce de vers placée en tête, et dans laquelle il conseille à l'auteur de se faire imprimer par quelque homme habile, ou Estienne, ou S. de Colines, il lui donne des louanges que jamais auteur de sens n'oseroit se donner.

La Bibl. Hist. de la France, qui, sous le n° 17620*, Tom. IV, me fournit une partie de ces renseignements, ajoute : « On nous pardonnera ici cette remarque, qui pourra faire plaisir à quelques littérateurs. » A quelques-uns ce n'est pas sûr ; car il a pu se faire que, de 1775 à 1837, personne n'ait eu souci ni besoin d'apercevoir ces lignes ; mais après 60 ans elles portent leur fruit comme si elles avoient été mises là tout exprès pour moi, et c'est avec plaisir et reconnoissance que je fais usage de ces notes, ainsi que de plusieurs autres du même livre.

22. LA COLTIVATIONE di Luigi Alamanni, al Christianissimo Re Francesco primo. — Stampato in *Parigi* da *Ruberto Stefano*, Regio Stampatore. M. D. XLVI. In-4°.

23. ÆSOPI Phrygis Vita et Fabulæ plures & emendatiores, ex vetustissimo codice Bibliothecæ regiæ. Græce. — *Parisiis ex officina Roberti Stephani* typographi Regij. M.D.XLVI. Nonis Novembribus. In-4°. 8 s.

Belle édition.

24. DIONYSII Halicarnassei Antiquitatum Romanarum Lib. X. Græce. Ex Bibliotheca regia. — *Lutetiae ex officina Roberti Stephani* typographi Regij, typis Regiis. M. D. XLVI. — *A la fin :* Cal. Feb. M. D. XLVII. — Dionysii Halicarnassei de compositione, seu orationis partium apta inter se collocatione, ad Rufum. Ejusdem artis Rhetoricæ capita quædam, ad Echecratem. Item quo genere dicendi sit usus Thucydides, ad Ammæum. Græce. — Ibid. Calend. Apr. M. D. XLVII. In-fol. 43 s.

J'ai de ce livre un exemplaire sur lequel sont de nombreuses notes de la main de Jac. Aug. De Thou.

— — —

À la fin de la liste des Livres de Robert, page 93, est placée l'énumération détaillée des divers Catalogues officinaux des Estienne, parmi lesquels se trouve celui de Robert, de cette année 1546.

M. D. XLVII.

1. MICHAELIS Syngeli presbyteri Hierosolymitani de laudibus divi Dionysii libellus : græce. Ed. Godefrido Tilmanno e Cartusia Parisiensi. — *Lutetiae* ex officina *Roberti Stephani.* M. D. XLVII. Non. Mart. In-4°. 1 s. 6 d.

2. (CAROLI Stephani) De Latinis & Græcis nominibus arborum, fruticum, herbarum, piscium & avium liber, ex Aristotele, Theophrasto, Dioscoride, Galeno, Aetio, Paulo Ægineta, Actuario, Nicandro, Athenæo, Oppiano, Æliano, Plinio, Hermolao Barbaro & Joanne Ruellio : cum Gallica eorum nominum appellatione. Tertia æditio. — *Lutetiae* ex officina *Roberti Stephani* typographi Regij. M. D. XLVII. XIII. Cal. August. In-8°.

Il a été dit ci-dessus, page 65, que l'édition *secunda*, de 1543, avoit été précédée de deux autres, en 1536 et 1544.

3. DESPAUTERIANÆ Grammatices Contextus in epitomen redactus à Jo. Pellissone Condriensi.—*Parisiis, Robertus Stephanus.* M. XLVII. In-8°. 2 s.

Cat. Bibl. Thuanæ, II, p. 122.

C'est sans doute la même édition qui se trouve indiquée, sans sa date, dans le Cat. de 1552.

4. JO. PELLISSONIS Rudimenta prima latinæ grammatices. — *Lutetiae, Robertus Stephanus.* M. D. XLVII. In-8°. 20 d.

Même Cat. de De Thou, même page.

5. RUDIMENTA grammatices Thomæ Linacri, ex Anglico sermone in Latinum versa, interprete Georgio Buchanano Scoto. — *Lutetiae* in officina *Roberti Stephani* typographi Regij. M. D. XLVII. VII. Cal. Apr. In-4°.

6. DICTIONARIOLUM puerorum, &c. — *Lutetiae, Robertus Stephanus.* M. D. XLVII. Calendis Octob. In-4°.

7. LA MANIERE de tourner en langue Françoise les Verbes : reveue & corrigée en grande diligence. —

Paris, de l'Imprimerie de *Robert Estienne*. M. D. XLVII. In-4º.

8. LES MOTS françois selon l'ordre des lettres. — *Paris, Robert Estienne.* M. D. XLVII. In-4º. 1 s. 4 d.

Seconde édition : la première est de 1544, la prochaine, en 1557, prendra le titre de Dictionnaire et petit Dictionnaire.

9. DE RECTA latini græcique sermonis pronunciatione, Desid. Erasmi Roterodami Dialogus, in hac novissima editione locupletatus. Ex postrema authoris recognitione, in qua multa mutata & addita. — *Lutetiae* ex officina *Roberti Stephani* typographi Regij. M. D. XLVII. XVI. Cal. Julii. In-8º. 1 s. 6 d.

10. METHODUS conscribendi Epistolas, per Christophorum Hegendorphinum. Ejusdem dragmata locorum tum Rhetoricorum, tum Dialecticorum, cum exemplis ex optimis quibusque authoribus. Ejusdem exempla statûs conjecturalis, finitivi, qualitatis. — *Parisiis* ex officina *Roberti Stephani*. M. D. XLVII. IX. Cal. Maii. In-8º. 6 d.

11. IN CICERONIS Partitiones commentaria Georgii Vallæ & de optimo genere oratorum. — *Lutetiae* ex officina *Roberti Stephani*. M. D. XLVII. XVI. Cal. Junii. In-8. 2 s.

12. M. TULLII Ciceronis Epistolæ ad Atticum, ad M. Brutum, ad Quintum Fratrem, summa diligentia castigatæ, ut in iis menda, quæ plurima erant, paucissima jam supersint. — Pauli Manutii in easdem Epistolas scholia, quibus abditi locorum sensus ostenduntur : cum explicatione castigationum, quæ in his Epistolis pene innumerabiles factæ sunt. — *Lutetiae* ex officina *Roberti Stephani* typographi Regii. M. D. XLVII. Calendis Aprilibus. In-16.

Imprimé pour compléter les sept volumes du Cicéron de S. de Colines *Libri Rhetorici*, 1 vol. 1545; *Orationes*, 3 vol. 1543-44; *Epistolæ familiares*, 1 vol. 1545; et *Philosophica*, deux vol. 1545. Les huit volumes de cette rare et jolie édition se vendoient ensemble 45 s., et séparément, quelques sous de plus.

13. EPITOME Fabii Quintiliani nuper summo & ingenio, & diligentia collecta, qua possit studiosa juventus quicquid est Rhetoricæ institutionis apud ipsum authorem breviore compendio, & multo facilius adsequi : authore Jona philologo. — *Lutetiae* ex officina *Roberti Stephani* typographi Regii. M.D.XLVII. In-8º.

Copie d'une précédente édition de Simon de Colines, 1531, in-8º.

14. JOANNIS Murmellii Ruremundensis Tabulæ in artis componendorum Versuum Rudimenta. — *Lutetiæ*, ex officina *Roberti Stephani*. M. D. XLVII. XV. Cal. Mart. In-8º.

15. OVIDII Elegia de Nuce, cum Erasmi Commentario. — *Lutetiæ*, ex officina *Roberti Stephani* M. D. XLVII. IX. Cal. Julii. In-8º.

16. APOPHTHEGMATUM Opus cumprimis frugiferum, vigilanter ab ipso recognitum authore, è græco codice correctis aliquot locis, in quibus interpres Diogenis Laertii lapsus erat, Des. Erasmo Roterodamo authore. — *Lutetiæ*, ex officina *Roberti Stephani* typographi Regii. M. D. XLVII. Cal. Jul. In-8º. 8 s.

17. PAEDOLOGIA Petri Mosellani Protegensis, Dialogi XXXVII. Dialogi pueriles Christophori Hegendorphini XII. — *Lutetiæ*, ex officina *Roberti Stephani*. M. D. XLVII. In-8º. 10 d.

18. DIONYSII Alexandrini de Situ orbis Libellus, Eustathii Thessalonicensis archiepiscopi commentariis illustratus , Græce. Ex Bibliotheca Regia. — *Lutetiæ*, ex officina *Roberti Stephani* typographi Regii. M. D. XLVII. In-4°. 8 s.

19. LE TRESPAS , Obseques et enterrement de treshault, trespuissant, et tresmagnanime François par la grace de Dieu, Roy de France, treschrestien, premier de ce nom, prince clement, pere des ars et sciences. — Les deux Sermons funebres prononcez esdictes obseques, l'ung a Nostre Dame de Paris, l'autre a Sainct Denis en France, par Pierre Chastelain. — *Paris , Robert Estienne.* 1547 et 1548. In-8°.

Maittaire, Ann. III, 400, met : « P. Gallandii Oratio in funere facto Francisco Regi à professoribus Regiis. » Mais c'est une erreur. Almeloveen, qu'il cite, ne mentionne, page 10, que l'Oraison latine suivante. L'autre pièce, imprimée par Vascosan, in-4°, ne l'a point été par Robert.

20. PETRI Castellani, Episcopi Matisconensis , Oratio in funere Francisci Regis Francorum habita. — *Parisiis*, ex officina *Roberti Stephani* typographi Regii. M. D. XLVII. In-4°.

21. ORAISON funebre de François I, contenant un brief discours de ses gestes, faicts et actions les plus remarquables; traduite du latin de Pierre Du Chastel, par Jean Martin. — *Paris , Robert Estienne.* M. D. XLVII. In-4°.

L'auteur, sinon de cette relation , au moins des Oraisons funèbres, est le savant et vertueux prélat Petrus Castellanus. Ami des lettres, il eut une bienveillance toute particulière pour Robert Estienne, qu'en plus d'une occasion il protégea contre les persécutions de la Sorbonne.

Les écrivains du temps le nomment Chastelain, ou Castellan, et plus souvent Du Chastel, ce qui étoit son vrai nom.

22. CAROLI Stephani Libellus de Vasculis ex Bayfio. — *Lutetiæ , ex*

officina *Roberti Stephani.* M. D. XLVII. VI. Cal. Maii. In-8°.

23. CAROLUS Stephanus de re vestiaria ex Bayfio : tertia editio. — *Lutetiæ*, ex officina *Roberti Stephani.* M. D. XLVII. Nonis Decembribus. In-8°.

Les deux précédentes éditions sont de 1536 et 1541.

M. D. XLVIII.

1. GULIELMI Budæi Parisiensis Consiliarii Regii, supplicumque libellorum in Regia Magistri Forensia. — *Conradus Badius Lutetiæ* excudebat *Roberto Stephano* typographo Regio. M .D. XLVIII. VI. Non. Maii. In-fol. 12 s.

2. FORENSIUM verborum et loquendi generum quæ sunt a Gulielmo Budæo proprio Commentario descripta, Gallica de foro Parisiensi sumpta Interpretatio. Gallicus Forensium verborum Index : cui ex diverso respondet Latina ex Gulielmi Budæi Forensibus collecta Interpretatio. — *Lutetiæ*, ex officina *Roberti Stephani* typographi Regii. M. D. XLVIII. In-fol.

Ainsi qu'il a été dit à l'année 1544, cette partie interprétative est le complément nécessaire des *Forensia.*

3. (CAROLI Stephani) Seminarium et Plantarium fructiferarum præsertim arborum quæ post hortos conseri solent, denuo auctum & locupletatum. Huic accessit alter libellus de conserendis arboribus in seminario : deque iis in plantarium transferendis atque inserendis. — *Lutetiæ*, ex officina *Roberti Stephani.* M. D. XLVIII. III. Id. Decemb. In-8°. 2 s.

4. ALEXANDRI TRALLIANI medici lib. XII. Rhazæ de pestilentia libellus, ex Syrorum lingua in Græcam translatus : græce. Ex Bibliotheca regia. Jacobi Goupyli in eosdem castigationes. — *Lutetiae* ex officina *Roberti Stephani* typographi Regii. M. D. XLVIII. Prid. Non. Jan. In-fol.

Première édition, peu commune, et l'une des plus belles de ces habiles Imprimeurs. Harwood dit de ce volume que c'est un des livres grecs les mieux imprimés qu'il ait jamais vus, et l'a-t-il vu bien véritablement? Dans toutes ses éditions il l'annonce in-4°, quoique ce livre soit évidemment in-folio. (Note de mon Catalogue, t. 1, p. 270.

L'éditeur, J. Goupyl dit, dans son Epître au Collège des Médecins de Paris, qu'invité par Robert Estienne à collationner deux manuscrits d'Alex. Trallien et de Rhaza, de la Bibliothèque Royale, il avoit été habilement aidé dans ce travail par André Tiraqueau.

5. THESAURUS linguæ sanctæ; ex R. David Kimhi sancte Pagnino Lucensi authore contractior & emendatior. — *Lutetiae* ex officina *Roberti Stephani.* XII. Cal. Feb. M. D. XLVIII. In-4°.

Et non pas in-folio, comme le dit Almeloveen, p. 19, ni in-8, ainsi qu'il est imprimé dans les deux listes de Maittaire, erreur que cependant il avoit corrigée à la page 112.

6. ALPHABETUM græcum Regiis trium generum characteribus postremo excusum. — *Lutetiae* ex officina *Roberti Stephani* typographi Regii. M. D. XLVIII. *Et à la fin :* Excudebat *Robertus Stephanus* typographus Regius. Ann. M. D. XLVIII. In-8°. 1 s.

Je n'ai vu que l'édition de 1550, à laquelle celle-ci est indubitablement semblable.

7. COMMENTARII linguæ græcæ, Gulielmo Budæo, consiliario Regio, supplicumque libellorum in Regia magistro, auctore. Ab eodem accurate recogniti, atque amplius tertia parte aucti. — *Lutetiae* ex officina *Roberti Stephani,* M. D. XLVIII. *A la fin :* Excudebat *Robertus Stephanus* typographus Regius, *Lutetiae Parisiorum.* Anno M. D. XLVIII. IX. Cal. Jan. In-fol. 3 l. 10 s.

Edition la meilleure de ces disquisitions très savantes, qui ont été fort utiles à la science, mais dont on fait maintenant peu d'usage.

8. PARAPHRASIS, seu potius Epitome inscripta Erasmo Roterod. in Elegantiarum libros Laurentii Vallæ ab illo jam recognita cum gallica tum dictionum, tum loquutionum expositione. Cui addita est Farrago sordidorum verborum, sive Augiæ stabulum repurgatum, per Cornelium Crocum. — *Lutetiae* ex officina *Roberti Stephani.* M. D. XLVIII. XVI. Cal. Jul. In-8°. 2 s. 6 d.

9. PHIL. MELANCHTHONIS Grammatica latina, jam denuo recognita, & plerisque in locis locupletata. — Excudebat *Robertus Stephanus.* Parisiis. Anno M. D. XLVIII. IX. Cal. Feb. In-8°.

10. DE OCTO orationis partium constructione libellus, cum commentariis Junii Rabirii. — *Lutetiae* ex officina *Roberti Stephani.* M. D. XLVIII. In-8°.

11. JOACHIMI Fortii Ringelbergii Andoverpiani Rhetorica.— *Parisiis, Robertus Stephanus.* M. D. XLVIII. In-8°.

12. MARCI TULLII Ciceronis Sententiæ illustriores, Apophthegmata & Parabolæ , &c. — Ibid. M. D. XLVIII. In-8°.

Réimpression de l'édition de 1546. Voyez ci-dessus, page 68.

13. ANDRIA TERENTII, omni interpretationis genere, in adolescentulorum gratiam facilior effecta : ut ex hac comœdia omnes deinde alias ab eodem comico conscriptas, nullo negotio assequantur juvenes bonarum literarum studiosi. — *Lutetiae* ex officina *Roberti Stephani* typographi Regii. M. D. XLVIII. IX. Cal. Nov. In-8°. 5 s.

14. SENTENTIÆ & Proverbia ex Plauto, Terentio, Virgilio, & aliis poetis. — *Parisiis, Robertus Stephanus.* M. D. XLVIII. IX. Cal. Jan. In-8°. 1 s. 4 d.

Pour l'énoncé du titre, voyez à l'édition première de 1536, page 43.

15. THEODORI Bezæ Vezelii Poemata. — *Lutetiae* ex officina *Conradi Badii* sub prelo Ascensiano e regione Gymnasii D. Barbaræ. M.D.XLVIII. — A la fin : *Lutetiae, Rob. Stephano* Regio typogr. & sibi excud. *Conr. Badius.* M. D. XLVIII. Id. Jul. In-8°.

Plus tard, l'auteur eut regret d'avoir imprimé dans ce volume quelques poésies légères, *amatoria*, qui ne reparoissent point dans les réimpressions plus amples de 1569, 1576, 1585 et 1597.

16. CATONIS Disticha de moribus. — *Lutetiae, Robertus Stephanus.* M. D. XLVIII. In-8°.

17. LUCIANI Dialogi aliquot per Erasmum latine versi, cum Nicolai Boscoducensis explanatione. His accesserunt aliquot alii ejusdem Luciani Dialogi mire festivi, eodem Erasmo interprete. — *Lutetiae* ex officina *Roberti Stephani.* M.D.XLVIII. XII. Cal. Maii. In-8°.

18. DIONIS Romanarum Historiarum libri XXIII (videlicet) à XXXVI ad LVIII usque : græce. Ex Bibliotheca regia. — *Lutetiae* ex officina *Roberti Stephani* typis Regiis. M. D. XLVIII. Prid. Cal. Febr. In-fol. 40 s.

Ce livre existe en grand papier à la Bibl. Royale. Crevenna en avoit aussi un exemplaire.

Première et belle édition, avec des corrections de Henri et de son père, qui se plaint avec raison de n'avoir pu imprimer ce livre que d'après un très mauvais manuscrit.

M. D. XLIX.

1. NOVUM TESTAMENTUM (græcum) ex Bibliotheca regia. — *Lutetiae* ex officina *Roberti Stephani* typographi Regij, typis Regiis. M. D. XLIX. IIII. Id. Oct. In-16. 10 s.

Il ne m'est pas permis de ne pas redire ici ce qui a été mille fois répété, que c'est dans ce volume de 1549, et non pas dans l'édition de 1546, que la faute *pulres* pour *plures* se trouve sur la première page de la préface, laquelle faute sert à discerner les deux éditions, même quand les titres en auroient été déplacés ou changés.

Malgré sa réputation d'exactitude si justement établie, cette édition de 1549 n'est pas entièrement exempte de fautes typographiques; on pourroit, dit-on, lui en reprocher jusqu'à 14, et seulement 12 à celle de 1546. Les savants qui ont fait de ces deux volumes un minutieux examen, disent aussi que l'édition de 1549 est en 67 endroits différente de celle de 1546; que, de ces leçons différentes, quatre seroient douteuses, trentesept mauvaises, et vingt-six bonnes et véritables; de manière qu'en somme, l'édition première auroit onze bonnes leçons de plus que la seconde; calcul à l'angloise, qui n'empêche pas que l'édition de 1549 ne continue à être plus recherchée que celle de 1546. Elle est aussi beaucoup plus rare, sans cependant qu'un exemplaire de moyenne conservation, ce que les Anglois nomment *an indifferent copy*, vaille au-delà de quelques francs.

Dans la même année 1549, avec de semblables caractères, et sans doute avec une fonte des mêmes types, fut imprimée à Paris, chez Benoist Prevost, une autre édition in-12 ou in-16, partagée en deux volumes, et n'ayant point aux marges, comme celles de Robert, des lettres grecques indiquant la division des anciens chapitres grecs. Sur une partie des exemplaires on lit qu'elle est faite aux dépens de la veuve d'Arnold Birckmann, et sur d'autres c'est pour Pierre Hautin ou Hutin.

2. HEBRÆA & Chaldæa nomina virorum, mulierum, populorum, idolorum, urbium, fluviorum, montium, cæterorumque locorum quæ in Bibliis leguntur, ordine Alphabeti Hebraici. Index rerum ac sententiarum. — *Lutetiae* ex officina *Roberti Stephani* typographi Regii. M. D. XLIX. XIII. Cal. Maii. In-4º. 6 s. 6 d.

3. CHRISTOPHORI Hegendorphini Institutio, et Othonis Brunsfelsii Paraenesis. — *Lutetiae* ex officina *Roberti Stephani*. M. D. XLIX. In-8º.

4. HEBRAICARUM INSTITUTIONUM libri IIII, Sancte Pagnino Lucensi authore, ex R. David Kimhi priore parte מכלל quam חקמק ק לה inscripsit, fere transcripti. — *Lutetiae Parisiorum*, excudebat *Robertus Stephanus*. M. D. XLIX. XIII. Cal. Maii. In-4º. 18 s.

Cet ouvrage, à l'édition duquel présida Joannes Leiartius (Le Jart), est, ainsi qu'il est déclaré sur le titre, en grande partie extrait de la Grammaire Hébraïque du savant rabbin D. Kimhi.

5. INSTITUTIONES linguæ Græcæ Nic. Clenardo authore. Pro cujus meditationibus Græcanicis Manuelis Moscopuli veteris grammatici Græcum librum περὶ χιδῶν eruditiss. quo Græcia tota instituendis pueris uti consuevit, excudimus ad exemplaria Regiæ bibliothecæ.— *Lutetiae* ex officina *Roberti Stephani* typographi Regii. M. D. XLIX. VI. Id. Nov. In-4º. 3 s.

6. MEDITATIONES Græcanicæ in artem Grammaticam, authore Nicolao Clenardo : in eorum gratiam qui viva praeceptoris voce destituuntur; et literas Græcas suo ipsorum ductu discere coguntur. — Ibid. M. D. XLIX. In-4º.

Imprimant les *Institutiones Græcæ* Robert, ainsi qu'on le voit sur le titre, y conseille l'usage du traité Grammatical de Moschopulus, qu'il avoit tiré de l'oubli par sa première et bonne édition de 1545, in-4°; mais il reconnut sans doute que ce livre étoit hors de la portée de beaucoup d'étudiants, et, dès la même année 1549, pour accompagner les *Institutiones*, il réimprima en même forme les *Meditationes Græcanicæ*, données en 1531 par Clénard à la suite de cette Grammaire, et qui consistent en une Epître grecque de Basile-le-Grand, *Ad Gregorium Theologum (Nazanzenum) De vita in solitudine agenda*, divisée en courts paragraphes, chacun suivi d'une version latine par G. Budé, d'une autre version *interpretatio*, de Clénard, accompagnée d'un Commentaire ou Examen analytique et surtout grammatical. A la fin du volume, dans une *Peroratio operis*, Clénard expose les motifs d'utilité qui lui ont fait faire ce travail.

« De Grammatices Meditationibus quæ in medium proferrem, hæc quidem habui, id potissimùm spectans, ne juventus Græcarum literarum avida, diutius quàm par esset, in primis linguæ rudimentis hæreret : sed uno in opusculo totum istarum minutiarum tædium devoraret.... »

Ces *Meditationes* se relient ordinairement à la suite des *Institutiones*, mais chacun des deux ouvrages forme cependant un volume complet.

Les éditions données comme étant sans date n'existent que dans les Catalogues où l'on a négligé d'en inscrire l'année.

7. ELEGANTIARUM Laur. Vallæ libri sex, carmine perscripti, cum brevissimis scholiis, Joanne Roboamo authore. — *Lutetiae* ex officina *Roberti Stephani*. M. D. XLIX. In-8º.

8. ÆLII DONATI de octo orationis partibus libellus. — *Lutetiae* ex of-

ficina *Roberti Stephani* typographi Regij. M. D. XLIX. In-8º.

9. RUDIMENTA Johannis Despauterii. — *Lutetiae* ex officina *Roberti Stephani* typographi Regij. M.D.XLIX. VI. Cal. Aug. In-8º.   8 d.

10. LES PRINCIPES et premiers Elemens de la langue latine, par lesquels tous jeunes enfans seront facilement introduicts à la cognoissance d'icelle. — *Paris*, en l'Imprimerie de *Robert Estienne*, Imprimeur du Roy. M. D. XLIX. In-8º.   2 d.

11. PRINCIPIA, sive prima linguæ latinæ Elementa, pueris facilè instituendis commodissima. — *Lutetiæ* ex officina *Roberti Stephani* typographi Regij. M. D XLIX. In-8º.   2 d.

C'est la traduction du livre élémentaire qui précède.

12. LES DECLINAISONS des noms & verbes; la manière de tourner les noms, pronoms, verbes, participes : des huict parties d'oraison, la maniere d'exercer les enfans a décliner les noms & les verbes. — *Paris*, de l'Imprimerie de *Robert Estienne*. M. D. XLIX, au mois de Septembre. In-8°.

13. DICTIONAIRE Françoislatin, autrement dict les mots François avec les manieres d'user d'iceulx, tournez en latin. Corrigé & augmenté. — *Paris*, de l'Imprimerie de *Robert Estienne*. M. D. XLIX. XXVII. Jul. In-fol.   30 s.

Edition bien plus ample que la première, de 1540. Aussi se vendoit-elle 30 s., au lieu de 25 s., prix de la précédente.

14. M. TULLII Ciceronis Officiorum libri III. Cato Major, vel de Senectute. Lælius, vel de Amicitia. Paradoxa Stoicorum VI. Somnium Scipionis, ex libro sexto de Republica.

Quæ qui leget, facile quantum in iis emendandis studium sit adhibitum intelliget. Additæ sunt in extremo opere variæ lectiones è libris manu scriptis, & ex ingenio. — *Lutetiae* ex officina *Roberti Stephani*. M. D. XLIX. XII. Cal. Dec. In-8º.   2 s. 6 d.

15. P. VIRGILII Maronis Opera & Opuscula. — *Lutetiae* ex officina *Roberti Stephani* typographi Regij. M. D. XLIX. In-16.

16. HORATII Poemata, Scholiis, & argumentis ab Henrico Stephano illustrata. — *Lutetiae* ex officina *Roberti Stephani*. M. D. XLIX. In-8º.   5 s.

Henri Estienne n'avoit alors que 19 ans.

17. JUNII JUVENALIS & Auli Persii Flacci Satyræ. Jam recens recognitæ, simul ac adnotatiunculis quæ brevis commentarii vice esse possint illustratæ. — *Lutetiae* ex officina *Roberti Stephani*. M. D. XLIX. In-8°.   20 d.

18. DES. ERASMUS de Civilitate morum. — *Lutetiae* ex officina *Roberti Stephani*. M. D. XLIX. XIIII. Cal. Octobr. In-8.

19. GEORGIUS MERULA de gestis Ducum Mediolanensium, sive de antiquitatibus Vicecomitum. — *Lutetiae* ex officina *Roberti Stephani*. M. D. XLIX. In-4.

20. PAULI Jovii Novocomensis (episcopi Nucerini) Vitæ duodecim Vicecomitum Mediolani Principum (cum iconibus illorum ad vivum expressis). Ex Bibliotheca Regia. — *Lutetiae* ex officina *Rob. Stephani* typographi Regii. M. D. XLIX. In-4.   6 s.

La préface de l'auteur à Henri, dauphin, depuis Henri II, est datée de Rome, 11 Kal. Aprilis, 1547. Les portraits gravés en

bois sout au nombre de dix , et , à chacun ,
l'auteur fait connoître d'après quelle peinture
il a été exécuté.

**21. L. FENESTELLA de Magistrati-
bus , sacerdotijsque Romanorum.
Pomponius Lætus itidem de Magistratibus et sacerdotijs, & præterea
de diversis legibus Romanorum. —
Lutetiae ex officina *Roberti Stephani.*
M. D. XLIX. Cal. Feb. In-8. 1 s. 3 d.**

**22. LAZARI Bayfii Annotationes in
legem II. de captivis & postliminio
reversis, in quibus tractatur de re
Navali. Ejusdem Annotationes in
tractatum de auro & argento legato,
quibus vestimentorum & vasculorum genera explicantur. His omnibus imagines ab antiquissimis monumentis desumptas ad argumenti
declarationem subjunximus. Item
Antonii Thylesii de coloribus libellus, à coloribus vestium non alienus. — *Lutetiae* ex officina *Roberti
Stephani.* M. D. XLIX. Prid. Id. Sept.
In-4°. 10 s.**

Réimpression de l'édition de 1536.

M. D. L.

**1. NOVUM JESU CHRISTI D. N. Tes-
tamentum, græce, ex Bibliotheca
regia. — *Lutetiæ* ex officina *Roberti
Stephani,* Regiis typis. M. D. L. XVII.
Cal. Jul. In-fol. 35 s.**

Cette édition, si recommandable par la
beauté de son exécution et par son importance littéraire, est formée sur l'attentive
collation de nombreux manuscrits que, pour
ses deux in-16 de 1546 et 1549, Robert
avoit déjà plus ou moins complètement consultés, et dont il donne en marge les principales variantes, ce que n'avoit pu admettre
l'exiguïté des pages de petit format. Le texte
de celle-ci, sans être absolument exempt de
toute erreur typographique, est réputé plus
correct qu'aucune des éditions antérieures,

et même plus que la plupart de celles qui
l'ont suivie ; et ce volume, dû à la diligence
et sagacité personnelles de Robert , suffiroit
seul pour assurer sa réputation comme savant
littérateur et typographe distingué. Henri,
son fils, alors dans le cours de ses excursions
littéraires en diverses parties de l'Europe,
et notamment en Italie, se trouvant à Paris
pendant l'impression de cet in-folio , fit
pour cette édition une pièce de 72 vers grecs,
qui est placée au commencement du volume.

L'impression achevée, Robert étoit au
bout de son travail, mais non pas de ses pei-
nes ; et les Sorbonnistes ne négligèrent rien
pour lui faire interdire de publier ce beau et
respectable volume. Enfin , après maintes
tracasseries , après des quasi-décisions con-
tradictoires, des voyages à la suite de la
cour, et de très onéreuses pertes de temps ,
il obtint pleine permission de publier et
vendre, et défense fut faite aux Docteurs
de l'inquiéter à ce sujet.

Lorsque parut la Bible latine de 1545, les
ennemis ecclésiastiques de Robert purent y
trouver occasion de satisfaire leur haine , et
crier anathème contre ses annotations, ravis
de ce que quelques-unes , peut-être , n'é-
toient pas en suffisante harmonie avec les
doctrines absolues du catholicisme. Outrant
une vérité matérielle pour en faire résulter
une fausseté , ils purent aussi faire croire
que Fr. Vatable étoit étranger à ces notes, et
que l'on avoit frauduleusement fait emploi
de son nom, parce qu'effectivement il ne les
avoit pas personnellement remises, et qu'elles
étoient le résultat de ses leçons publiques sur
la Bible, *dictata magistri.* Ajoutez à cela que
le moine, sans doute effrayé de ces clameurs,
et peu desireux de devenir un *bienheureux
compagnon martyr*, se hâta , dit-on, de
désavouer les notes , ou au moins de se mon-
trer mécontent de leur publication. Mais
dans le soulèvement sorbonnique contre cette
édition in-fol. du N.T. grec, nul autre prétexte
que des accusations d'infidélités que l'on ne se
mettoit pas fort en peine de prouver, et dont
plusieurs de ces docteurs auroient été en
toute incapacité d'alléguer les textes, pour
eux écriture inconnue et indéchiffrable. Si
en cette occasion Robert réussit à faire
taire la haine , il ne l'amortit pas : l'autorité
déclara le livre irréprochable, mais la Sorbonne n'en oublia point l'éditeur ; et , dans
peu d'années , nous allons le voir obligé de

fuir en une terre étrangère, et d'abandonner sa patrie, qu'il honoroit par de nobles et pénibles travaux.

Une préface de Robert, *Sacrarum Literarum studiosis*, en grec d'abord, et ensuite en latin, occupe le feuillet qui suit celui de l'intitulé. En voici un extrait :

« Superioribus diebus, Christiane lector, Novum Domini nostri Jesu Christi Testamentum, qua, dictante Spiritu Sancto, scriptum fuit lingua, cum vetustissimis sedecim scriptis exemplaribus quanta maxima potuimus cura & diligentia collatum, minore forma, minutioribusque Regiis characteribus tibi excudimus. Idem nunc, iterum et tertiò cum iisdem collatum, majoribus vero etiam Regiis typis excusum tibi offerimus : iis præfixis, (nequid desyderes) insertisve, aut in calce positis, quæ usquam in scriptis aut excusis leguntur codicibus : quæ omnia, angusta alterius forma capere non potuerat. Ad hæc, in margine interiori varias codicum lectiones addidimus : quarum unicuique numeri Græci nota subjuncta est, quæ nomen exemplaris, unde sumpta est, indicet : aut exemplarium nomina, quum plures sunt numeri. Iis namque placuit, primo, secundo, ad sextum decimum usque nomina imponere : ut primo, Complutensem editionem intelligas, quæ olim ad antiquissima exemplaria fuit excusa : cui certè cum nostris mirus erat in plurimis consensus. Secundo, exemplar vetustissimum, in Italia ab amicis collatum. Tertio, quarto, quinto, sexto, septimo, octavo, decimo et quintodecimo, ea quæ ex Bibliotheca Regis habuimus. Cætera sunt ea quæ undique corrogare licuit... »

2. **Caroli Stephani** libri tres de nutrimentis ad Bayllium inquisitorem regium. — *Lutetiae* ex officina *Roberti Stephani*. M. D. L. In-8.   2 s.

3. **Alphabetum Hebraicum.** — *Parisiis*, excudebat *Robertus Stephanus*, typographus Regius. M. D. L. In-8.

4. **Alphabetum Græcum** Regiis trium generum characteribus postremo excusum. — *Lutetiae* ex officina *Roberti Stephani* typographi regii. M. D. L. Ex privilegio Regis. *A la fin :* Excudebat *Robertus Stephanus* typographus Regius, ann. M. D. L. In-8°. 1 s.

Cette édition, dont voici le titre exactement copié sur un exemplaire, n'est sans doute qu'une réimpression de celle de 1548, que je n'ai point vue. Cette brochure de 32 feuillets a l'avantage d'être un excellent spécimen des trois beaux caractères qui ont tant honoré les presses françoises, et de donner le tableau exact de leurs nombreuses ligatures et abréviations.

5. **Meditationes** Græcanicæ in artem Grammaticam, authore Nicolao Clenardo : in eorum gratiam, qui viva præceptoris voce destituuntur, & literas Græcas suo ipsorum ductu discere coguntur. Emendatiores. — *Lutetiae* ex officina *Roberti Stephani* typographi Regij. M. D. L. In-4.

C'est l'édition de 1549, dont le titre et les trois pages suivantes ont été réimprimés avec quelques légers changements typographiques.

6. **Philippi** Melanchthonis Grammatica latina, recognita & locupletata. — M. D. L. — *Et à la fin :* Excudebat *Robertus Stephanus*, *Parisiis*, anno M. D. XLVIII. IX. Cal. Febr. In-8.

Edition de 1548, sans autre changement que la date d'année sur le titre.

7. **Johannis** Despauterii Grammaticæ pars prima diligentissime recognita. — *Parisiis* ex officina *Roberti Stephani*. M. D. L. Calendis. April. In-4°.

8. **Johannis** Despauterii Ninivitæ Syntaxis quarto edita : cum Indice vocularum, quarum aut constructio, aut significatio insignior est. — *Parisiis* ex officina *Roberti Stephani*. M. D. L. — *Et à la fin :* Excudebatur *Lutetiae*, anno M. D. LII. V. Calen. Jun. apud *Carolum Stephanum* typographum Regium.   In-4.

Il y a ici de la confusion. A cette édition *quarta*, de Robert, 1550, Maitt. Ann. III, 594, avertit qu'à la fin elle porte l'année 1552, avec le nom de Charles, *apud Carolum*. N'auroit-il pas eu en main un exemplaire complété de deux éditions de 1550 et 1552, ou bien cet énoncé de M.D.LII. ne seroit-il pas tout simplement une faute typographique dans les Annales? Je trouve d'ailleurs cette mention trop peu positive pour en inférer l'existence certaine d'une édition *apud Carolum Stephanum*, 1552.

9. THOMÆ Linacri Rudimenta Grammatices ex Anglico sermone in Latinum versa interprete Georgio Buchanano Scoto. — *Lutetiae* ex officina *Roberti Stephani* typographi Regij. M. D. L. In-8. 1 s. 8 d.

10. THOMÆ Linacri de emendata structura latini sermonis libri VI. Index copiosissimus in eosdem. — *Lutetiae* ex officina *Roberti Stephani* typographi Regij. M. D. L. VI. Id. Mart. In-8. 6 s.

11. DICTIONARIOLUM puerorum a postrema editione, authorum productionibus, ac permultis loquendi formulis adauctum, ut deinceps pueri ad ipsorum etiam vocabulorum usum paulatim assuescant. Ad illustrissimum principem, atque ampliss. cardinalem Lotharingium. *Lutetiae* ex officina *Roberti Stephani*. M. D. L. XV. Cal. Novemb. 8 s.

12. DICTIONARIUM poeticum quod vulgo inscribitur Elucidarius carminum. — *Lutetiae* ex officina *Roberti Stephani*. M. D. L. Prid. Cal. Octobr. In-8°.

13. BELLUM grammaticale (R. D. Andrea Guarna Salernitano, patritio Cremonensi authore). — *Parisiis* ex officina *Roberti Stephani*. M. D. L. Nonis Octob. In-8°. 6 d.

Page 28, à l'édition de 1528, j'ai dit que Robert avoit imprimé cet Opuscule cinq fois; je me suis trompé au moins d'une, car il vient de m'en tomber sous la main une édition de 1526, du même Robert.

14. PAULI MANUTII Scholia quibus & loci Familiarium Epistolarum obscuriores explanantur, & castigationum quæ in iisdem Epistolis factæ sunt, ratio redditur. — *Lutetiae* ex officina *Roberti Stephani*. M. D. L. VIII. Cal. Dec. — M. Tullii Ciceronis Epistolæ Familiares diligentius quàm quæ hactenus exierunt emendatæ.—Ibid. Non. Dec. In-8°. 6 s. 6 d.

15. DE SYLLABARUM quantitate regulæ speciales, quas Despauterius in carmen non redegit : autore Maturino Corderio, Grammatices professore. — *Lutetiae* ex officina *Roberti Stephani*. M. D. L. IIII. Non. Dec. In-8°. 8 d.

16. LA TRAGEDIE d'Euripide, nommée Hecuba, traduicte de grec en rhythme Françoise, par Lazare de Bayf, dédiée au Roy. — *Paris, Robert Estienne*. M. D. L. In-8°. 1 s.

Voyez ci-dessus, page 59, à l'année 1544.

M. D. LI.

1. NOVUM Jesu Christi D. N. Testamentum Græcum, cum duplici interpretatione D. Erasmi, et veteris interpretis. (Ant. Osiandri) Harmonia item Evangelica, & copioso Indice. — Ex officina *Roberti Stephani*. M. D. LI, 2 vol. in-16 ou in-8° à 3 colonnes.

Le titre ne porte d'autre indication que l'Olivier de Rob. Estienne. Le Catalogue Pinelli, n° 61, note ce livre *apud Robertum Stephanum*, in-16, c'est-à-dire du format des deux éditions grecques de 1546 et 1549; mais, dans la citation suivante de Chevillier, on voit qu'il est *d'une forme un peu plus grande*, ce qui revient à l'in-8° de ce temps-là.

C'est le plus rare peut-être de tous les Nouv. T. Gr. imprimés par Robert. Aussi fut-il vendu 1 l. 5 sh. à la vente de Pinelli, où les livres, en général, n'obtinrent point des prix exagérés. C'est la première édition dans laquelle le texte grec du Nouv.-Test. soit divisé en versets. Henri raconte (Préf. de la Concordance gr. du Nouv.-Test. 1594, in-fol.) que cette division fut faite par son père pendant un voyage à cheval de Paris à Lyon. On peut croire que l'idée lui en vint du *Psalterium quincuplex*, in-fol., imprimé en 1509 et en 1513, par Henri, père de Robert, et dans lequel les versets sont divisés par des chiffres arabes.

Cette petite édition suit le texte de l'in-fol. de 1550. La version de la Vulgate occupe la colonne intérieure, et celle d'Erasme est du côté des marges. Dans les éditions suivantes, Henri remplace la version d'Erasme par celle de Théodore de Bèze.

Pour le Nouv.-Testament, Le Long, Bibl. Sacrée, fait remarquer que la date a été par lui vue de M. D. XLI au lieu de M. D. LI ; et Maittaire, Ann. III, 595, confirme cette observation, 'en avertissant que le x a été gratté. L'édition ne pouvant être de 1541, il est clair que cet x est une erreur de chiffre. Les exemplaires que j'ai vus sont de 1551, et n'ont rien de gratté.

Voici une citation de Chevillier, Origine de l'Imprimerie de Paris, pag. 143 et suivantes. Je me contente de transcrire, les détails qu'elle contient n'étant pas d'assez grande importance pour motiver d'ultérieures recherches.

« En l'année 1551, Robert Estienne réimprima le Nouveau-Testament d'une forme un peu plus grande, en deux volumes, où il plaça le grec entre la Vulgate et la version d'Erasme, et divisa les chapitres par versets, ainsi qu'il avoit vu pratiqué dans les plus anciens manuscrits grecs et latins..,. et mit un chiffre à chaque verset pour une plus grande commodité........ Ce qu'il pratiqua ensuite dans l'impression de l'Ancien-Testament, l'année 1557 (et 1555, in-8°). C'est là le plus ancien Nouveau-Testament, et c'est la plus ancienne Bible latine où j'ai vu les versets distingués par chiffres : cet exemple fut bientôt suivi. Les ministres firent imprimer de cette manière leurs Bibles françoises et leurs Nouveaux-Testaments en différentes villes, comme à Genève, à Lyon, à Caen, à Orléans, en 1556, par Philibert Hamelin; en 1560 et 1562, par Antoine Rebul; en 1563, par Barthélemy Molin, et

la même année par Jean Crespin et par Pierre Philippe; en 1566, par Sébastien Honorati; en 1567, par Louis Rabiez et par plusieurs autres. Les années suivantes, Nicolas Barbier et Thomas Courteau imprimèrent aussi en cette façon, l'année 1564, à Basle, la Bible latine selon les traductions de Pagnin et de Vatable ; René Benoist fit ainsi paroitre, à Paris, sa Bible françoise in-fol. 1566. Christophe Plantin, à Anvers, acheva le Pentateuque de sa Polyglotte, en 1569, et les autres tomes en 1570, 1571, 1572, où se voit la distinction des versets par chiffres. A Rome, la Bible de Sixte-Quint, 1590, et celle de Clément VIII, 1592, furent données au public en cette même manière; et depuis Clément VIII, la Vulgate a été imprimée ordinairement par versets chiffrés, avec cette différence, que, dans les Bibles et Nouveaux-Testaments de Robert Estienne, des ministres de Genève et de Basle, tous les versets commencent la ligne, ce qui ne se trouve point observé dans celles de Sixte-Quint et de Clément VIII, si on en excepte Job, les Psaumes et les Paraboles de Salomon. Ordinairement les protestants ont suivi, dans leurs éditions, la méthode de Robert Estienne; quelques-uns, parmi les catholiques, l'ont aussi tenue, comme Laurent Beyerlinck dans sa Bible *Variarum Translationum*, d'Anvers, 1616; Pierre Frizon, dans sa Bible françoise de Paris, 1621; Thomas Malvenda, jacobin espagnol, dans sa Bible latine à deux colonnes, dont l'une contient la Vulgate, l'autre la version sur l'hébreu, imprimée à Lyon, 1650. Mais le plus grand nombre a copié en tout la Bible de Clément VIII. En 1652, Antoine Vitré imprima par l'ordre du Clergé de France cette belle Bible in-12, en huit volumes. C'est un des plus excellents ouvrages d'Imprimerie qui aient paru en ce siècle.... Il y garde la méthode de Robert Estienne..... François Coustelier l'imita dans sa Bible imprimée in-8°, à Paris, 1664; et ensuite les libraires de Lyon dans leurs éditions de 1679 et 1684, in-fol.; 1680 in-4°, 1686, in-8°, et autres années. On voit que, depuis le temps de Robert Estienne, l'usage a été d'imprimer la Sainte Bible avec des chiffres arabes à tous les versets. Jacques Fabry d'Estaples les avoit déjà introduits dans son *Psalterium Quincuplex*, imprimé en 1509 et 1513 par Henri, père de Robert. Richard du Mans, docteur de Paris , de l'ordre de S.-François, donna le Livre des Psaumes, avec le Commentaire de P. Lombard, imprimé à Paris, in-fol. 1541 , par Poncet Le Preux. Sans doute Robert Estienne avoit vu ces impressions, et il est bien probable qu'il forma son idée sur ces exemples. Mais Jacques Fabry fit imprimer la première lettre de chaque verset en rouge, manière qui plut à Genebrard, dans sou Psautier imprimé in-8°, à Paris, 1581 , ce que ne fit point Robert Estienne. »

2. SANCTI Justini philosophi & martyris Opera , græce , ex Bibliotheca regia. *Lutetiæ* , ex officina *Roberti Stephani* typographi regii, regiis typis. M. D. LI. In-fol.   27 s.

Première et belle édition. C'est, je crois, à tort que Crevenna dit son exemplaire en grand papier. Les marges de ces éditions des Estienne sont généralement grandes et d'une disposition élégante.

3. COMMENTARIUS puerorum de quotidiano sermone, qui prius *Liber de corrupti sermonis emendatione* dicebatur , Mathurino Corderio authore. Carmen Paræneticum , ut ad Christum pueri statim accedant. Indices duo , Gallicus & Latinus. — *Parisiis* ex officina *Roberti Stephani* typographi regii. M. D. L. A la fin : Excudebat *Robertus Stephanus* typographus regius. Pr. Cal. Dec. M. D. LI. In-8°.   6 s. 6 d.

Voyez page 53, à l'année 1541. Si cette édition est réelle, sa date prouve que Robert n'avoit pas quitté Paris à la fin de novembre 1551, et qu'il y étoit encore Imprimeur du Roi.

Je ne veux pas révoquer en doute l'existence d'une édition que Maittaire, Ann. III, 606, cite d'une manière aussi précise ; mais la parité de date de jour, Prid. Cal. Dec. avec la précédente de 1541, peut faire penser que, pour l'une ou l'autre, la date n'est pas exactement rapportée. Dans *Vitæ Steph.*, page 70, Maittaire dit de cette édition de 1551 : « Quarto edendum Corderius permisit Stephano. » Celle-ci est la huitième, les pré-

cédentes étant de 1530-31-33-34-36 deux fois, et 41.

4. TABULAE breves & expeditæ Georgii Cassandri in præceptiones rhetorices : ex postrema authoris recognitione. — *Lutetiæ* , ex officina *Roberti Stephani* , typographi regij. M. D. LI. In-8°. 37 pages.

Avec une préface de l'auteur à deux personnes de Bruges, datée de 1542.

Cet Opuscule, ainsi que le suivant, ont été annoncés sans date, parce qu'on les prenoit sur le Catalogue de 1552 , dans lequel les livres ne sont point datés. Je n'ai vu que le premier des deux ; mais il est probable que le second est du même temps, et n'est pas plus considérable.

5. TABULAE præceptionum dialecticarum , quæ quàm brevissime & planissime artis methodum complectuntur : in puerorum & rudium gratiam. Authore Georgio Cassandro. — Ibid. In-8.

6. TERENTIUS cum argumentis in singulas scenas ferè ex Ælii Donati commentariis transcriptis : opuscula Erasmi de metris comicis et Victoris Fausti de comœdia. — *Lutetiæ*, ex officina *Roberti Stephani* typographi Regij. M. D. LI. *Et à la fin :* Excudebat *Rob. Stephanus* typographus regius , *Parisiis*. M. D. L. IIII. Cal. Decemb. In-8°.   4 s.

7. SENTENTIAE veterum Poetarum, per Georgium Majorem in locos communes digestæ, ac tandem post authoris supremam manum , multum auctæ ac locupletatæ. Antonii Mancinelli de poetica virtute Libellus. Index Sententiarum & Proverbiorum. — *Lutetiæ* , ex officina *Roberti Stephani* typographi Regij. M. D. LI. In-8.

8. DIONIS Nicæi rerum Romanarum à Pompeio Magno ad Alexandrum Mamææ Epitome, græce, authore Johanne Xiphilino.— *Lutetiæ,* ex officina *Roberti Stephani* typographi regij, Regiis Typis. M. D. LI. In-4°. 15 s.

9. DIONIS Nicæi rerum Romanarum à Pompeio Magno ad Alexandrum Mamææ filium Epitome Joanne Xiphilino authore, et Gulielmo Blanco Albiensi interprete : Ad Georgium Armeniacum, Cardinalem ampliss. — *Lutetiæ ,* M. D. LI. In-4°. 8 s.

Sans nom d'Imprimeur, mais avec l'olivier des Estienne. Il y a des exemplaires qui portent les armes de George d'Armagnac, cardinal, auquel le traducteur a dédié son ouvrage, par une épître datée de Rome, VII. Cal. Martias, 1550.

Maittaire place en cette année 1551 la première édition en langue grecque du Catéchisme de Calvin. Ce doit être une erreur. Voyez plus bas, aux années 1553 , p. 83 , et 1554, p. 84.

<hr>

M. D. LII.

1. PROVERBES , Ecclesiaste , Cantique , Sapience , Ecclesiastique.— (*Geneve*) De l'Imprimerie de *Robert Estienne.* M. D. LII. In-8.

2. PSEAUMES de David, en Latin & François.— M. D. LII. VII d'Avril. Imprimé par *Robert Estienne.* In-8.

3. SOMMAIRES et brefs recueils en forme d'exposition du contenu ès Pseaumes de David.— Ibid. M. D. LII. XII de Juin. In-8.

Ces deux éditions paroissent destinées à ne former qu'un volume.

Allant exercer à Genève sa profession d'Imprimeur et libraire, Robert ne devoit cependant pas y transporter son magasin de livres imprimés. Ce déplacement eût occasioné des dépenses très considérables, et sans doute aussi le débit de toutes ces bonnes impres-

sions étoit plus certain à Paris que dans l'austère ville des Réformés. Il est donc indubitable que la librairie à Paris, et même l'Imprimerie , *officina* , ne furent pas entièrement désorganisées, puisqu'il s'y imprima un Catalogue de 15 feuillets in-8°, indiquant les livres des Catalogues précédents, mais sans le nom de l'Imprimeur, qui n'y étoit plus, avec sa seule marque et la date de l'année. Voyez ci-dessous , page 94.

4. LE Nouveau-Testament, c'est-à-dire la Nouvelle Alliance de Nostre-Seigneur Jesus-Christ, tant en latin qu'en françois. Les deux Translations traduites du grec , respondantes l'une à l'autre verset à verset, notez par nombres. Brieve declaration d'aucuns mots & manieres de parler contenus en iceluy, difficiles à entendre. Claire declaration du contenu au Vieil & Nouveau-Testament. Sommaires & briefs recueils en forme d'exposition du contenu ès chapitres de tous les livres du Nouveau-Testament. — De l'Imprimerie de *Robert Estienne.* M. D. LII. In-16.

5. AD Censuras Theologorum Parisiensium , quibus Biblia a Roberto Stephano Typographo Regio excusa calumniose notârunt, ejusdem Roberti Stephani Responsio — Oliva *Roberti Stephani ,* M. D. LII. XXIII. Junii. In-8.

6. LES Censures des Theologiens de Paris , par lesquelles ils avoyent faulsement condamne les Bibles imprimées par Robert Estienne, Imprimeur du Roy : auec la response d'iceluy *Robert Estienne.* Traduictes de Latin en Francois. — L'Olivier de *Robert Estienne.* M. D. LII. Le XIII de Juillet. In-8°.

Ce factum, auquel on ne peut reprocher de présenter les faits avec inexactitude, est écrit *ab irato,* et les expressions dures n'y sont point épargnées; mais il ne faut pas perdre de vue les persécutions , tant secrètes qu'avouées, auxquel-

les, depuis près de trente ans, Robert étoit en butte, et cela, de la part de gens qui, ayant mission expresse d'enseigner et faire connoître les Saintes-Ecritures, avoient juré haine mortelle et poursuites sans relâche contre un homme qu'ils auroient dû, au contraire, accueillir et encourager dans son empressement à multiplier les bons exemplaires de ces mêmes livres. Et que l'on ne vienne pas dire que c'étoit le zèle de la maison de Dieu qui les dévoroit, et que le respect pour les Livres Saints leur inspiroit une vertueuse indignation pour les impressions dans lesquelles les textes sacrés étoient altérés dans un esprit de secte. Le Nouveau-Testament latin de 1523 étoit-il ou non orthodoxe ? Et quelles clameurs ne fit-il pas jeter à ces hommes qui vouloient que ces livres ne fussent de facile accès que pour eux, pour quelques-uns d'eux ? Les Bibles qui suivirent, et leurs diverses éditions partielles méritent-elles plus de reproches ? Et cette feuille en placard, des Commandements de Dieu, et cette autre, *Summa Scripturæ*, court extrait de l'Ecriture, pour la publication desquelles plusieurs Sorbonnistes alloient criant que le feu n'étoit pas une punition trop sévère. *
Les pièces existent ; en cinq minutes on peut lire, et faire soi-même l'instruction du procès. Combien de scandaleuses clameurs et de procédures ecclésiastiques contre l'irréprochable édition du Nouveau-Testament grec, 1550, in-fol. La Bible latine de 1545, longuement stygmatisée dans un *Index* expurgatoire, et cependant réimprimée dans le même siècle (1584), en Espagne, par des Jésuites, contient à peine, dans son océan de notes, qu'on ne lit pas, quelques expressions dont une Théologie tracassière pourroit essayer de s'emparer pour, les interprétant à sa manière, en faire sortir l'accusation d'une trop foible foi à l'efficacité de la confession et à l'existence du Purgatoire.

Robert, persécuté sans cesse, pourchassé, traqué, et en péril pour ses impressions de

textes catholiques, se réfugia en Suisse, où ce fut un bon Imprimeur acquis pour la réimpression des textes protestants. A qui la faute ? Docteurs Gaigny, Guyancourt, Picart et consors, répondez.

7. ROBERTI Stephani Dictionarium Latino-Gallicum locupletius. — *Robertus Stephanus*. M. D. LII. In-fol.

Pour l'énoncé du titre, voyez ci-dessus, page 67, à l'année 1546.

Cette édition de 1552 n'est annoncée par Maittaire que sur l'autorité d'Almeloveen. Si elle existe, il est probable qu'elle a été faite à Paris, et étoit sous presse lorsque, à la fin de 1551, Robert abandonna cette ville. Mais n'est-ce pas plutôt celle de Charles, 1552, pour laquelle voyez ci-dessous, p. 103. Il se peut faire aussi qu'à Genève, il ait, en 1552, mis de nouveaux titres à des exemplaires de son édition de 1546, et c'est une vérification que l'on peut se trouver hors d'état de faire. Ces anciens Dictionnaires sont en général des livres devenus fort rares, non-seulement parce qu'ils ont beaucoup servi, mais surtout aussi parce qu'ayant été remplacés, et plus d'une fois, par de nouvelles éditions, ou même de nouveaux Lexiques beaucoup meilleurs, on a très peu songé à conserver ces anciens exemplaires, et bien moins encore à préserver de la destruction ceux que l'usage avoit plus ou moins dégradés.

8. INDEX Librorum in hac Officina (*Roberti Stephani*) impressorum. — *Lutetiae*. M. D. LII. In-8°.

Voyez ci-dessous, page 93, la liste exacte de tous les Catalogues des Estienne.

M. D. LIII.

1. IN sacra quatuor Evangelia Enarrationes perpetuæ, secundum & postremum recognitæ : qui inspersi sunt syncerioris Theologiæ loci communes, ad scripturarum fidem simpliciter & nullius insectatione tractati : adjectis etiam aliquot locorum tractationibus, & Indice copiosissimo, per Martinum Buce-

---

* Vers la fin du volume je réimprimerai ces deux pièces, et l'on pourra juger. Quelques personnes inclinent à croire que si Robert fut durement persécuté, il y donna lieu par ses publications bibliques; et moi je pense que ce furent les persécutions injustes qui l'exaspérèrent et le jetèrent dans le parti protestant.

rum. — Oliva *Roberti Stephani.* **M. D. LIII. In-fol.**

Avec une Epître de Martin Bucer à Edouard Fox, Evêque d'Erford, datée de Strasbourg. x Cal. Sept. **M. D. XXXVI.**

2. EVANGEL. Matthæi Marci Lucæ & in eadem commentarii a Stephano Roberto ex scriptoribus Eclesiasticis collecti, Novae Glossae ordinariæ specimen, authore Roberto Stephano. (Andreæ Osiandri) Harmonia Evangelica. — Oliva *Roberti Stephani.* **M. D. LIII.** Idib. Jan. in-fol.

3. EVANGEL. Johannis cum Commentario Calvini. — Oliva *Roberti Stephani.* **M. D. LIII.** Cal. Jan. In-fol.

4. INSTITUTIO Christianæ Religionis, Johanne Calvino authore. Indices duo locupletissimi : alter rerum insignium : alter verò locorum sacræ Scripturæ qui in his Institutionibus obiter explicantur. — Excudebat *Robertus Stephanus* in sua officina. Pridie Non. Februarii. **M. D. LIII. In-fol.**

L'arrivée et l'établissement à Genève d'un habile Imprimeur de Paris dut être un évènement pour les Réformés; aussi ne manquèrent-ils pas de se prévaloir aussitôt de ses bons offices, et, dès son arrivée à Genéve, Robert occupa ses presses à la publication ou réimpression de livres à l'usage de la religion réformée.

5. LA Bible (Traduction françoise revue par Jean Calvin). — L'Olivier de *Robert Estienne.* **M. D. LIII. Le IX Juin. In-fol.**

Voici le jugement que Richard Simon, *Critique du Vieux-Testament,* page 385, porte de cette révision de Calvin : « La plus ancienne édition que j'en aye vue est de 1553, imprimée par Robert Estienne. Les noms propres hébreux y sont encore plus adoucis que dans l'édition d'Olivetan. On s'est conformé eu cela à la Vulgate, de laquelle il s'éloigne beaucoup moins que ceux qui ont retouché après lui cette même traduction. Comme il étoit homme d'un grand jugement, et qu'il s'étoit appliqué depuis long-temps à

l'étude de l'Ecriture, il y a quelquefois mieux réussi que ceux qui ont su la langue hébraïque. Il a eu cependant plus d'égard au sens qu'aux mots, et il a corrigé, quelquefois sans nécessité, la version d'Olivetan.»

6. CATECHISME, par Jehan Calvin. — L'Olivier de *Robert Estienne.* **M. D. LIII. in-8.**

Première publication de ce Catéchisme, dont on va voir, en 1554, deux traductions en hébreu et en grec, et qui fut ensuite plusieurs fois réimprimé en grec et latin.

Maittaire, dans ses listes, pag. 26 et 93, et dans les Annales, tom. III, p. 113 et 599, place à l'année 1551 la première édition grecque du Catéchisme de Calvin; mais je crois pouvoir assurer que ce fut en 1554 que cette traduction parut pour la première fois, et d'après l'ouvrage en françois que Calvin venoit de publier en 1553. Maittaire lui-même, Vie des Estienne, page 261, dans une note, parlant de la réimpression de 1563, donne à la première édition grecque sa date exacte de 1554. Est-ce par inadvertance qu'ensuite il a mis 1551 ? Sans doute il est souvent arrivé que la dénégation d'un fait s'est trouvée détruite par la preuve matérielle du fait lui-même; et un exemplaire de 1551, s'il se rencontroit, viendroit prouver que je suis dans l'erreur ; mais je crois mon assertion exacte et tout-à-fait fondée en raison.

L'établissement de Robert à Genève n'a pu y produire un livre dès 1551, puisque l'on tient pour certain que, le 30 novembre de cette année, il imprimoit encore à Paris, voyez page 80 ; et d'ailleurs, pour publier en cette année sa version grecque, il auroit fallu que Henri eût eu à l'avance de l'auteur communication de l'ouvrage françois non publié ; mais c'est une possibilité tout-à-fait improbable, et on n'auroit certainement pas manqué de mentionner une telle communication dans le livre lui-même.

Ainsi donc cet ouvrage parut d'abord en françois, et publié par l'auteur en 1553, in-8°. — Traduit en hébreu, par Imm. Tremellius, 1554, 24 Aug. in-16. — Peu après est venue la traduction grecque, 1554, 15 déc. in-8°. Le grec, réuni à une traduction latine, a ensuite été imprimé quatre fois par Henri, en 1563, 1565, 1575 et 1580, in-16.

7. LA forme des prieres Ecclesiastiques, avec la maniere d'administrer les Sacrements, & celebrer le mariage, & la visitation des malades. — L'Olivier de *Robert Estienne*. M. D. LIII. In-8°.

8. DE vero verbi Dei, Sacramentorum, & Ecclesiæ ministerio libri II. De adulterinis Sacramentis liber unus. De adulterato Baptismi sacramento & de sanctorum oleorum usu & consecrationibus liber unus. De adulterata Cœna Domini, & de tremendis sacræ Missæ mysteriis libri VI. De theatricâ Missæ saltatione Cento ex veteribus Poetis Latinis consarcinatus, authore Petro Vireto.—Oliva *Roberti Stephani*. M.D.LIII. XIIII. Cal. Jul. In-fol.

M. D. LIV.

1. IN primum Mosis librum, qui Genesis vulgo dicitur, Commentarius Johannis Calvini. — Oliva *Roberti Stephani*. M. D. LIII. XIII. Cal. Aug. In-fol.

2. PSALMORUM libri quinque ad hebraicam veritatem traducti, & summa, parique diligentia à Martino Bucerò enarrati. Ejusdem Commentarii in librum Judicum & in Tzephaniah (Sophoniam) Prophetam, cum ejusdem enarrationibus.— Oliva *Roberti Stephani*. M. D. LIII. Prid. Id. Maii. In-fol.

3. LES Quatre Evangelistes, avec une Exposition continuelle & familiere, recueillie des expositions des plus sçavans docteurs Ecclesiastiques, par laquelle on peut voir combien les Gloses ordinaires & Postilles, que le temps passé on a baillé au peuple chrestien en lieu de l'Evangile, l'ont esloingné & d'estourné de Jesus-Christ, & en quelles

tenebres on l'a mené. — L'Olive de *Robert Estienne*. M. D. LIIII. Le XXV. Jan. In-fol.

C'est la traduction de *Novæ Glossæ Specimen*, &c., imprimé, en 1553, par le même Robert.

4. RUDIMENTA fidei Christianæ, sive Catechismus, græce. — Ex officina *Roberti Stephani*, M. D. LIV. XV. Dec. In-8.

Ce volume ne porte ni le nom de la ville, ni ceux de J. Calvin, son auteur, et de Henri Estienne, par qui il est traduit en grec. Au commencement est une lettre ou préface grecque de l'Imprimeur, ensuite des Iambes grecs *ad pium lectorem*. A la fin sont quelques prières en grec, et les Psaumes 3 et 89, avec l'Oraison Dominicale, mis en vers grecs.

5. ספר‏חינך בחור יה‏ id est (J. Calvini) liber Catecheseos juventutis Dei ab Immanuele Tremellio Hebraice versus. — M. D. LIIII. XXIV. Aug. In-16.

6. DE origine, continuatione, usu, authoritate, atque præstantia ministerii verbi Dei & Sacramentorum : & de controversiis eâ de re in Christiano orbe, hoc præsertim sæculo excitatis, ac de earum componendarum ratione, authore Petro Vireto. — Oliva *Roberti Stephani*. M. D. LIIII. VIII. Cal. Feb. In-fol.

7. DEFENSIO orthodoxæ fidei de sacra Trinitate, contra prodigiosos errores Michaelis Serveti Hispani: ubi ostenditur hæreticos jure gladii coercendos esse, & nominatim de homine hoc tam impio justè & meritò sumptum Genevæ fuisse supplicium, per Joannem Calvinum. — Oliva *Roberti Stephani*. M.D.LIIII. In-8.

8. DE Hæreticis a civili magistratu puniendis Libellus, adversus Martini Bellii farraginem, & novorum academicorum sectam, Theodoro Beza Vezelio auctore.— Oliva *Roberti Stephani*. M. D. LIIII. In-8°.

On a justement flétri la barbare intolérance qui s'est souillée du très inutile crime de ce supplice ; et si , dans toutes les croyances , la vraie piété le condamne , il ne peut pas davantage être rendu excusable par les exigences de la plus soupçonneuse police. Ce fut une atrocité que ses auteurs ne réussirent pas même à colorer du moindre prétexte de nécessité publique. Servet put être un rêveur, mais il étoit inoffensif , et Calvin, ainsi que ses disciples, ne le furent point. Ce que dit très bien H. Grotius (Animadversiones in Rivetum). « Servetus , quicquid tandem senserit, de quo mihi non satis patet , turbator certè Genevensis reipublicæ non fuit. Nam neque cœtus collegit , neque Genevæ morari voluit , sed consulere Calvinum , cujus de discipulis omnia, ubicumque invaluere, imperia turbantibus idem dici non potest. »

9. ALPHABETUM Hebraicum : accuratiora omnia. — Oliva *Roberti Stephani.* M. D. LIIII. In-8°.

10. ALPHABETUM Græcum, cum Theodori Bezæ scholiis, in quibus de germana Græcæ linguæ pronunciatione disserit. — Oliva *Roberti Stephani.* M. D. LIIII. In-8°.

11. AMBROSII Calepini Dictionarium , quarto & postremo ex Roberti Stephani latinæ linguæ Thesauro auctum. — M. D. LIII. *A la fin :* Excudebat *Robertus Stephanus* in sua officina. Cal. Jan. M. D. LIIII. 2 vol. in-fol.

Très déterminé à ne point grossir mon livre par la facile et oiseuse réimpression d'inutiles préfaces et dédicaces, je ne crois pas me mettre en contradiction avec moi-même en introduisant ici la presque totalité de cette préface de Robert. Ce seroit une faute de l'omettre, malgré l'étendue de la citation.

Rob. Stephanus Lectori. Permirum est, quòd inter homines aliqui reperiantur ea audaciâ & impudentiâ ut alienum laborem ad se libenter transferant.... Quum nos adhuc scholastici essemus, videremusque quantopere opus esset Dictionariis integris atque emendatis , instituimus instaurare atque emendare Dictionarium Calepini. Quum-

que videremus illud non sufficere.... cœpimus aliud novum edere , quod Thesaurum Linguæ Latinæ appellavimus. Ad quod absolvendum permultos libros legimus , in primis eorum qui suis commentariis Latinos autores explicarunt.... Quumque cogitaremus aliquid adhuc efficere & certius & melius, dedimus operam , ut Cicero cæterique ejusdem puritatis et authoritatis diligenter legerentur. Quo in genere maximos sanè indices confecimus..... Cœpimus denuò imprimere nostrum Thesaurum , tum corrigentes , tum augentes, &c. Hoc quum singulari quadam diligentiâ & industriâ egissemus, quidam in Aquitanica sive Lugdunensi Gallia Typographi, quibus nunc librum non licebat propter regium privilegium imprimere, editionem Calepini suscipiunt, addentes tum dictiones, tum formas loquendi ex Thesauro nostro sumptas, interdum decem lineas, interdum viginti , aliquando dimidiam columnam, nonnunquam etiam unam integram..... Quotiescunque ipsorum impressio venditione est distracta, hinc & illinc evellunt minuta quædam fragmenta , eaque prioribus addunt, cum nova semper epistolâ, &c. Nec vero istis compilatoribus (quorum nominibus parco) dissimulavi, me, quod mihi furati fuerant , jure meo vendicaturum ; id quod certe hoc tempore facere volui, præsertim quum intellexerim eos velle adhuc librum istum coacervare, meum Thesaurum compilando...... quem nos postremò adornamus, corrigentes ea, quæ mendosa sunt ; et, quæ redundant, resecantes ; eumque augentes...... Græca etiam addentes..... Nec instituam longam querelam de iis qui in Germania hunc Thesaurum contractum impresserunt, novam inscriptionem Promptuarii ei dantes , cum longissima epistolâ..... Neque plura dicam de eo ipso Thesauro, qui Venetiis est impressus ; in quo ne ea quidem errata emendaverunt quæ nos prætermiseramus; tantummodo græca ex Calepino in illum Thesaurum transtulerunt..... Equidem poteram hæc omnia declarare in præfatione alterius cujusdam libri, sed non tam opportuno tempore & loco quam in edendo atque imprimendo isto libro. Interea autem quot millia erratorum deprehensa..... Quam præter operis rationem infarta multa (quae tamem integra reliquimus, ne quid Calepini aucti amatores a nobis detractum quererentur). ..... Quum operis nostri exemplar emendatum dare arbitrati essemus, in excudendo parandum fuit, & ex tempore præstandum, quod fieri potuit : plura alias præstituri', vitam si Dominus longiorem commodaverit, non in hoc castigando, sed novo plane formando. .... Neque vero interim cessabunt amici fesso Atlanti humeros supponentes, ab emendando nostro Latinæ Linguæ Thesauro & augendo, græcisque dictionibus formisque adjiciendis..... & in novo Græcæ linguæ Thesauro absolvendo, in quo eamdem quam in latino, observatam rationem conspicies, ex optimis delectissimisque Græcorum grammaticis, poetis, rhetoribus, oratoribus, historiographis, & variarum rerum scriptoribus. Quæ dum tibi, lector, magnis vigiliis. .... parentur, Deum precibus adito, ut vires animosque mihi & amicis augeat, quo a nobis cœpta, aliquando perfecta accipias, etiam in literis sacris. Vale. Ex urbe. M. D. LIII. Cal. Jul.

12. FRANCISCI Hotomani Commentariorum in Orationes M. T. Ciceronis primum volumen. — Excudebat *Robertus Stephanus* in sua officina. Anno M. D. LIIII. Idib. Augusti. In-fol.

Très estimables Commentaires dont la suite n'a point paru. Ce premier volume ne contient que treize oraisons, *pro P. Quinctio, Sext. Roscio, Q. Roscio, Verrinæ Septem, pro M. Fonteio, A. Cæcina, pro lege Manilia.* Dans sa Préface, le commentateur se plaint en ces termes de l'altération des textes dans la plupart des éditions de Cicéron : « Adhibui..... manuscriptorum codicum et eorum qui ex impressorum officinis prodierant, numerum non parvum. Cognovi in impressis libris tantam repugnantiam ac dissensionem, ut ipse (opinor) Tullius, si revivisceret, sua hæc scripta vix agniturus esse videatur..... » Les commentaires sur les Verrines sont dédiés à Théodore de Beze, par une préface spéciale de l'auteur, datée III. Id. Feb. M. D. LIII.

M. D. LV.

1. BIBLIORUM Vulgata editio, in qua juxta Hebraicorum versuum rationem singula capita versibus distincta sunt, numeris præfixis, qui versuum numeris, quos in concordantiis nostris novis & integris, post literas marginales A B C D E F G addidimus respondent : ut quærendi molestia leveris, quum tibi tanquam digito, quod quæris demonstrabunt. — Oliva *Roberti Stephani.* M. D. LV. VIII. Id. April. Excudebat *Roberto Stephano* Conradus Badius. In-8°.

Une seule version, deux colonnes, mais d'un même texte, se suivant.

Nulle ressemblance avec les deux volumes de 1545.

2. CONCORDANTIÆ Bibliorum utriusque Testamenti, novæ & integræ, quæ revera Majores appellare possis (ab integro ex ipso textu excerptæ, ac multis partibus auctiores superioribus. — Oliva *Roberti Stephani.* M. D. LV. VII. Cal. Feb. In-fol.

Almeloveen, p. 24, ajoute à ce titre: *Idem Hebraice.* C'est une erreur, et ces Concordances ne sont que latines. Il a pris sa note au Catal. Bib. Th. t. 1, p. 8 ; mais l'hébreu y forme un volume à part qui n'est point de Robert.

Celui-ci, se livrant à l'impression des Saintes-Ecritures, avoit promptement reconnu l'insuffisance de la compilation des Concordances latines, et la nécessité d'améliorer, et presque de refaire l'ancien travail du moine Lucas. Dès 1537, il avoit manifesté l'intention de s'en occuper ; mais ce fut seulement en 1555 que son projet fut réalisé, et, dans la préface de ces Concordances latines, il en promet de semblables pour le grec. Sa mort trop prompte l'empêcha d'acquitter cette dette, et les seules Concordances du Nouveau-Testament furent publiées en grec et latin par Henri, son fils, en 1594, 1 vol. in-fol.

3. JOHANNIS Calvini Harmonia ex tribus Evangelistis composita, Matthæo, Marco & Luca : adjuncto seorsum Johanne, quòd pauca cum aliis communia habeat : cum Calvini commentariis & ejusdem ad Senatum Francfordiæ Epistola, Genevæ, Calendis Augusti M. D. LV. data. — Oliva *Roberti Stephani*. M. D. LV. XVI. Cal. Oct. In·fol.

4. J. CALVINUS in Acta Apostolorum. — Ibid. M. D. LV. In·fol.

5. DE PUERILI Græcarum literarum doctrina liber. Lodoico Enoco authore. — Oliva *Roberti Stephani*. M. D. LV. Id. Maii. In·8°.

La date est sur le titre et à la fin de la préface de l'auteur : *Adolescentulis Genevensibus reliquisque suis discipulis.*

Cette Grammaire se trouve quelquefois reliée à la suite des *Paralipomena græca* de Henri Est. 1581, et alors la date de son titre est cachée par un papier collé au bas de ce feuillet.

M. D. LVI.

1. EPISTOLÆ omnes, latine. In Pauli Apostoli Epistolas, atque etiam in Epistolam ad Hebræos, item in Canonicas Petri, Johannis, Jacobi & Judæ, quæ etiam Catholicæ vocantur, Johannis Calvini, quorum hanc esse recognitionem postremam ex lectione atque collatione cum prioribus deprehendet lector. — Oliva *Roberti Stephani*. M. D. LVI. In-fol.

2. HOSEA, Joel, Amos, Abdias & Jonas, hebraice, cum Thargum, id est, Chaldaica Paraphrasi Jonathan, & Commentariis R. Selomo Iarhi, R. Abraham Aben Ezra & R. D. Kimhi ; variis lectionibus ex multorum exemplarium diligenti collatione in margine adscriptis.—Apud *Robertum Stephanum*. M. D. LVI. Mense Adar. In-4°.

Dans les éditions de Charles Estienne, on verra plusieurs volumes hébreux des Petits

Prophètes, avec Commentaires, de 1557-58, iu-4°. Je crois qu'ils n'ont point de rapport avec celui-ci, que je n'ai point eu l'occasion d'examiner.

M. D. LVII.

1. BIBLIA sacra latina, juxta veterem & S. Pagnini Veteris Testamenti, Theod. Bezæ Novi Tralationem cum notis Fr. Vatabli, &c. — (*Genevæ*) Oliva *Roberti Stephani*. M.D.LVI —M.D.LVII. 2 vol. in-fol. pour l'Ancien Testament, 1 pour le Nouveau et pour la table des *Hebrœa, Chaldœa, Grœca, Latina Nomina.*

A la fin du Nouveau-Testament, Cal. Martii. M.D.LVII.

Le Nouveau-Testament se trouve quelquefois séparément.

La Vulgate (*Tralatio Vetus*) en caractères menus, occupe la colonne intérieure ; sur celles de devant, en lettres plus fortes, est la version (*nova*) de S. Pagnini, souvent rectifiée, soit d'après des corrections de sa main, trouvées sur deux exemplaires d'une édition antérieure, soit d'après celles de François Vatable, que l'éditeur et Imprimeur dit avoir été recueillies aux leçons (*ex ore*) de ce savant professeur par Bertinus, l'un de ses auditeurs. Quelques-uns ont prétendu que ces notes, ainsi que la plupart de celles de la Bible in-8° de 1545, sont de Robert, qui se couvrit du nom de Vatable pour faire passer des assertions quelquefois peu orthodoxes. Ce fait, beaucoup controversé, mais non prouvé, est maintenant de très petite importance. Pour le Nouveau-Testament, à la Vulgate est jointe en second la version de Théodore de Beze, accompagnée de ses scholies, et qui paroit ici pour la première fois. Les Livres apocryphes, pris sur le texte alors reconnu pour le plus exact, celui de la Polyglotte de Ximenès, sont traduits par Claude Baduel (*Baduellus*), qui y a ajouté quelques notes. Robert Estienne, qui, non plus que ses divers parents, ne prétendit jamais se parer du travail d'autrui, rend compte dans ce livre de la participation de chacun de ces savants.

Dans cette Bible, les versets sont distingués et chiffrés, ce que déjà Robert avoit pratiqué dans son Nouveau-Testament grec et latin de 1551, in-8°. Ce n'étoit pas tout-à-fait une innovation, car déjà le *Psalterium Quincuplex* de son père avoit les versets chiffrés, ainsi que plusieurs autres volumes bibliques de divers Imprimeurs ; mais ce fut seulement après cette Bible de 1557 que l'usage de cette utile division fut promptement et presque généralement adopté. Voyez ci-dessus, page 79.

2. LIBER Psalmorum Davidis. Tralatio duplex vetus & nova. Hæc posterior, Santis Pagnini, partim ab ipso Pagnino recognita, partim ex Francisci Vatabli, Hebraicarum literarum professoris quondam Regii eruditissimis prælectionibus emendata & expolita. Adjectæ sunt annotationes cum ex aliorum tralatione, tum vero ex Commentariis Hebræorum ab ipso Vatablo diligenter excussis : quæ Commentarii vice lectoribus esse poterunt. — M. D. LVI. A la fin Cal. Jan. M. D. LVII. — *Genevæ* Imprimebat *Rob. Stephanus* in sua officina. In-8°.

Le Catalogue de Henri met : « Cum annotationibus diffusioribus quàm quæ in Bibliorum volumine habebantur. »

3. PSALMI, latinè, ex Hebræo, interprete Joh. Calvino, cum ejus Commentariis. (*Genevæ*) — Oliva *Roberti Stephani*. M. D. LVII. Idib. Jul. In-fol.

Avec une assez curieuse préface de Calvin, datée *Genevæ*, Calendas Augusti. M. D. LVII. Il y rend compte de sa vie passée et de ses études, et fait un court exposé de son passage à la religion réformée.

4. J. CALVINUS in omnes Epistolas. — M. D. LVII. In-fol.

Cette réimpression d'un volume publié en 1556 par le même Robert, n'existe probablement pas ; Almeloveen, sur l'autorité de qui elle est mentionnée, aura mis 1557 au lieu de 1556.

5. DICTIONARIOLUM puerorum latino-gallicum, ex postrema recognitione R. Stephani : in qua illorum consilio qui quotidiano et assiduo usu in docendis juvenibus exercitatissimi sunt adjecta est singulorum verborum constructio et nominum regimen, necnon dicendi formulæ sine quibus varia illorum significatio recte dignosci non poterat. Huic subjunctum est Dictionariolum Gallico-Latinum ex postrema ejusdem recognitione. — M. D. LVII. XVII. Cal. Maii. In-4°.

6. DICTIONAIRE des mots françois selon l'ordre des lettres, ainsi que les fault escrire ; avec les manieres de parler plus nécessaires ; tournez en latin et amplifiez de beaucoup pour l'utilité des enfans et autres. — L'Olive de *Robert Estienne*. M. D. LVII. Jul. XXVIII. In-4°.

Les deux éditions précédentes, de 1544 et 1547, ne portent pas le titre de Dictionnaire.

J'avois d'abord cru cet in-4° et le précédent imprimés à Paris dans l'établissement typographique délaissé par Robert ; mais un plus ample examen m'a fait reconnoître que tous deux sont d'impression Genevoise, ce que prouve de reste la préface du premier. Ou y voit aussi que le prêtre et grammairien Mathurin Cordier, le naïf et respectable auteur de la *Civilité puérile et honnéte*, réfugié en Suisse pour cause de religion, et qui mourut à Genève en 1564, principal du Collège, étoit, en 1557, à la téte de l'école de Lausanne (*moderator*). Voici une partie des préfaces de ces deux volumes.

Rob. Stephanus Maturino Corderio Lausannensis scholæ moderatori S. D. Tuas accepi literas occupatissimus , tamen dedi operam ut tuæ rogationi satisfacerem. Commentarios enim tuos in disticha illa moralia, Catonis inscripta nomine, nuper abs te recognitos impressi ; nec minori quidem, ut opinor, diligentia quàm Lutetiæ jam olim te præsente ipso feceramus. — Nostro puerorum Dictionariolo, quod cupiebas ut denuò recognoscerem , ad prælum revocato, ego , in scholæ vestræ Lausannensis potissimum gratiam, addidi quæ volebas maximè; nempè diversas verborum & quorundam etiam nominum constructiones, pro diversa cujusque significatione; frequentiores item in quotidiano sermone loquutiones, adjectis præcipuorum authorum, qui illis usi sunt nominibus. Hæc omnia characteribus paulo minutioribus indicavi..... Ex nostra officina libraria. M. D. LVI. VIII, Cal. Novemb. »

Du dernier volume il y a deux éditions, ayant l'une et l'autre 192 feuillets, et semblables, sauf quelques corrections et augmentations indiquées sur la seconde des deux impressions, dont le titre, qui porte le mot *Petit* avant *Dictionaire*, a ces mots: *Corrigé et augmenté par l'autheur.* La préface n'est plus la même, et on y lit ce qui suit, qu'à défaut du volume je copie dans Maittaire, Ann. III. 703.

« Après avoir reveu & recorrigé notre *Dictionariolum*, et adjousté ce qui luy défailloit, avons pareillement reveu et corrigé cestuy-cy, qui se joignoit coustumierement à l'autre, adjoustans les mots et manieres de parler francoises qui defailloyent..... De ces deux livrets te pourras aider pendant que travaillerons à revoir nostre *Latino-Gallicum*, et le grand Dictionnaire François-Latin, ne cessans d'amender tout ce, qu'autrefois avions commencé pour le prouffit public, concernant nostre langue francoise. »

Celui-ci va être, en 1559, réimprimé à Paris, chez le fils et chez le frère de Robert, Robert II et Charles.

5. TRAICTÉ de la Grammaire francoise. — L'olivier de *Robert Estienne* (1557). In-8.

On lit à la fin : « Ce qui pourroit rester, à sçavoir comment chasque mot se doibt escrire, et les plus communes manieres de parler François, se trouveront au petit Dictionnaire François-Latin, que nous avons imprimé ceste présente année M. D. LVII, au quel ceste partie de grammaire defailloit pour l'accomplissement d'iceluy. Le VII Décembre.

Quoique sans date sur le titre, ce volume doit être placé à l'année 1557, parce que cette date résulte du passage ici rapporté.

Ce même traité fut réimprimé dès l'année suivante.

M. D. LVIII.

1. PHRASES hebraicæ, seu loquendi genera hebraica quæ in Veteri præsertim Testamento passim leguntur, ex Commentariis Hebræorum, aliisque doctissimorum virorum scriptis explicata. Thesauri linguæ hebraicæ altera pars (authore Roberto Stephano). — Excudebat *Robertus* in sua officina. M. D. LVIII. Cal. Feb. In-8°.

Dans l'exemplaire de De Thou, qui est à la Bibliothèque Royale, les mots *Thesauri Linguæ Hebraicæ altera pars* sont couverts d'une bande de papier, ce qui aura sans doute été fait sur la plupart des exemplaires.

2. TRAICTÉ de la Grammaire francoise, par Robert Estienne. — M. D. LVIII. VII. Sept. In-8.

3. GALLICÆ Grammatices libellus latine versus ab Henrico Stephano. — Oliva *Roberti Stephani.* M. D. LVIII. In-8.

« *R. Stephanus lectori* S. D. Ut iis exterarum quoque nationum hominibus, qui perdiscendæ linguæ nostræ desiderio tenentur, inservire possemus, quæ de Grammatica Gallica erant à nobis collecta, & nostro sermone scripta, in latinum vertenda curavimus.... »

4. MATURINI Corderii Commentarius puerorum de quotidiano sermone, &c. — Apud *Robertum Stephanum.* M. D. LVIII. In-8.

6. ADAGIORUM Chiliades quatuor cum sesquicenturia, Des. Erasmi Roterodami. Hæc editio multis græcorum latinorumque authorum locos emendatiores quàm in aliis sint editionibus, indicem item longè locupletiorem habet. Henrici Stephani Animadversiones in Erasmicas quorundam Adagiorum expositiones. — Oliva *Roberti Stephani.* M. D. LVIII. In-fol.

Bibl. Lat. III. page 128, Editions d'Aurelius Victor..... « Apud Rob. Stephanum subjectus Script. Hist. Aug. et 1558. 16 ad calcem Justini. »

La première indication est claire et exacte; la seconde sembleroit établir l'existence d'un Justin de Rob. Estienne, de 1558, in-16 ou in-12, à la fin duquel seroit *Aurelius Victor*. On trouve cet historien dans le Recueil des *Historiæ Aug. Scriptores,* Rob. Est. 1544, in-8°, et aussi dans le troisième volume des Historiens Romains, 1568, 4 vol. in-8° de H. Estienne, mais, je crois en être sûr, dans nul autre volume de ces Imprimeurs.

M. D. LIX.

1. Joh. Calvini Commentarii in v libros Mosis. — M. D. LIX. In-fol.

2. Glossæ in tres Evangelistas, cum J. Calvini Commentariis, adjecto seorsum Johanne. — Oliva *Roberti Stephani.* 1559. In-fol.

Maittaire date ce volume de 1560.

3. Institutio christianæ Religionis in libros quatuor nunc primùm digesta, certisque distincta capitibus ad aptissimam methodum aucta etiam tam magna accessione ut propemodum opus novum haberi possit; Joh. Calvino authore. — Oliva *Roberti Stephani.* — Excudebat *Robertus Stephanus.* M. D. LIX. XVII. Cal. Septembr. In-fol.

4. De Coena Domini plana & perspicua Tractatio : in qua Joachimi Westphali Calumniæ postremùm editæ repelluntur. Theod. Beza authore. — Oliva *Roberti Stephani.* M. D. LIX. In-8°.

5. Leges Academiæ Genevensis.

— *Genevæ,* oliva *Roberti Stephani.* M. D. LIX. In-4°.

M. D. LX.

1. Le Nouveau Testament, reveu et corrigé sur le grec par l'avis des ministres de Geneve. —L'olivier de *Robert Estienne.* M. D.LX. In-12 ou in-16.

Réimprimé en 1567, in-8°, et 1568, in-12, par François II, fils de Robert II.

2. Johannis Calvini Harmonia ex tribus Evangelistis composita, Matthæo, Marco & Luca, adjuncto seorsum Johanne, quod pauca cum aliis communia habeat. Cum ejusdem Commentariis. Secunda editio. — Oliva *Roberti Stephani.* M. D. LX. In-fol.

Ce volume et le précédent, commencés par Robert, n'ont paru que dans l'année qui a suivi sa mort, arrivée certainement en 1559. Ils auront été achevés dans son Imprimerie, soit par Henri son fils, soit par des employés ou préposés quelconques.

Une réimpression de 1563, aussi in-fol., est faite de même à Genève, chez Michel Blanchier.

ÉDITIONS SANS DATE.

Les Catalogues de Robert enregistrent un certain nombre de livrets sans date, et surtout des Oraisons de Cicéron, imprimés en petits cahiers séparés, pour les jeunes étudiants, ainsi qu'il s'est toujours pratiqué depuis. Le Catalogue ajouté par Henri à son volume *Epistola de suæ Typographiæ statu,* 1569, in-8° (et sur lequel voyez ci-dessous, page 95), les mentionne aussi, mais sous cette indication générale « Orationes aliquot Ciceronis seorsum excusæ in puerorum gratiam », ce qui peut faire croire qu'àlors, et à Genève, il n'en avoit point à vendre, et les plaçoit dans ce Catalogue seulement pour mémoire, et comme devant figurer dans la nomenclature des impressions de son père. Ces diverses pièces n'avoient sans doute ni intitulé ni date, ce qu'il seroit peu utile et probablement impossible de coustater, les livrets d'écoliers étant condamnés à périr successivement dans les jeunes mains qui en font usage, et ces Oraisons et parties séparées de Cicéron n'ayant dû inspirer à personne l'idée d'en former de très imparfaits recueils. Je donne la liste de ces cahiers d'école d'après les Catalogues de Robert, seul renseignement qui les fasse connoître, et j'y ajoute la très dubitative mention de quelques volumes depuis cités sans date par Maittaire et autres, sur l'autorité de ces mêmes Catalogues, et qui, peut-être pour la plupart, n'existent réellement que datés, et déjà figurant en leur ordre dans le cours de cette nomenclature.

Les Catal. de Robert établissent ainsi leur liste de ces diverses pièces.

Orationum seorsum in gratiam puerorum excusarum nomina.

1. CICERONIS Oratio in Catilinam. In-8°.   10 d.

2. IN EANDEM Commentaria F. Sylvii Ambiani. In-8°.   2 s.

Robert a fait de ces Commentaires au moins deux éditions, dont celle-ci pour la première des Catilinaires, et l'autre pour les quatre; car, dans deux de ses Catalogues, l'annonce en est exprimée ainsi qu'il suit, et le prix est de 6 s. au lieu de 2 s.

3. In Catilinarias M. Tul. Ciceronis Invectivas F. Sylvii Ambiani Commentarii luculentissimi. In-8°.

C'est aussi le format de toutes les pièces suivantes.

— Oratio in Pisonem.   8 d.

— — pro Archia poeta; pro M. Fonteio.   6 d.

Réimprimé en 1539, avec une Oraison de plus, *Antequam iret in exilium.* Voyez ci-dessus, page 48.

Cette différence prouve que ce cahier a été réimprimé au moins une fois; et ces pièces, que chaque renouvellement de l'année scolaire faisoit immanquablement enlever à grand nombre, ont dû, chacune, avoir plusieurs réimpressions.

— Oratio pro M. Cœlio.   6 d.

— — pro A. Cæcina.   8 d.

— — pro A. Cluentio.   1 s. 4 d.

— — pro L. Flacco.   6 d.

— — — Réimprimé.   8 d.

— — pro M. Marcello, pro Ligario, pro rege Dejotaro.   6 d.

— — pro P. Quintio, pro Roscio comœdo.   10 d.

— — pro lege Manilia.   6 d.

Maittaire, Ann. Typ. III, 470, dit avoir rencontré celle-ci avec la date de 1553.

— — — Réimprimé.   8 d.

— — pro T. A. Milone.   6 d.

— — pro L. Muræna.   8 d.

— — pro Sexto Roscio Amerino. 10 d.

— — pro P. Sylla, pro L. Cornelio Balbo.   1 s.

4. C. CRISPI Sallustii in M. T. Ciceronem Oratio.   2 d.

5. M. TULLII Ciceronis Rhetorici, seu de inventione lib. II cum M. Fabii Victorini Rhetoris doctissimi Commentariis separatim expressis. In-4°.   4 s. 6 d.

C'est sans doute l'édition de 1537.

6. AD C. Trebatium M. T. Ciceronis Topica. In-8°.   6 d.

7. IN TOPICA Ciceronis Anitii Manlii Severini Boetii Commentarius. In-8°.   3 s.

Les six éditions de 1528 à 1542 ont toutes le Commentaire de Boece, et cependant les derniers Catal. annonçant celle-ci au prix de 3 s., ont une autre édition de 6 d., qui ne peut être que du texte nu. C'est sans doute quelque reste d'une édition première faite avant que dans l'année 1528, Robert ait eu ces Commentaires à sa disposition. Elle aura été délaissée par les acheteurs, qui, toujours, auront préféré l'édition commentée qu'il fallut faire six fois, en 1528, 1530, 1532, 1535, 1540 et 1542.

Je ne crois pas qu'avec ou sans les Commentaires, il y ait, des *Topica*, aucune édition sans date.

8. A. M. Sev. Boetii de Differentiis topicis libri IIII. In-8°.   10 d.

Imprimé en 1530, 1534 et 1537.

9. Ad Marcum Brutum Orator. Explicatio quorundam locorum difficilium authore Philippo Melanchthone. In-8°.

10. Victoris Pisani patricii Veneti in M. Tullii Ciceronis oratorem commentarium. In-8°.   10 d.

Il ne faut pas confondre ce Commentateur avec l'ancien Rhéteur et Commentateur des *Libri de Inventione*, Marius Fabius Victorinus.

11. M. T. Ciceronis Dialogi de Amicitia, de Senectute : cum Erasmi annotationibus. In-8°.

Ce doit être l'édition de 1529.

12. Alphabeth hébreu. In-8°.

13. A. B. C. In-8°.

Il a dû arriver que ces pages de première instruction auront été imprimées et réimprimées, sans qu'il y ait eu lieu de songer à leur donner titre ou date.

14. Rudimenta prima latinæ grammatices. Johanne Pellissone Condriensi authore. In-8°.

Les Catalogues de Robert annoncent deux éditions, *minori forma*, du prix de 20 d. Ce doit être cet in-8: et *majore*, 2 s.; ce seroit l'in-4° dont il y a deux éditions avec date, 1529 et 1533.

15. Ejusdem Pellissonis modus examinandæ constructionis in oratione. In-8°.   4 d.

Il y a un in-8° de 1544 et deux éditions in-4° de 1535.

16. Prima pars Grammaticæ Johannis Despauterii Ninivitæ, diligentissimè recognita. In-4°.

Rien ne me prouve que ce n'est pas l'édition in-4° de 1543.

17. Contextus universæ Grammatices Despauterianæ, Johanne Pellissone Condriensi authore. In-8.

Il y a un in-4° de 1535, et de 1547 un in-8° qui est sans doute celui-ci.

18. Exempla de latino Declinatu partium orationis, authore Maturino Corderio, rogatu Jacobi Blanci, grammaticorum hypodidascali in Gymnasio Navarræo. In-8°.   20 d.

Ne trouvant ce volume et le suivant que sur les deux Catalogues de Robert, de 1546 et 1552, je n'en puis indiquer d'édition primitive avec date. On le revoit imprimé avec des augmentations, *Recognita et aucta*, et avec un appendice, par Robert ou Henri, ce qui n'est pas certain, mais encore sans date.

19. Amo & alia verba gallice versa, cum accentibus super unamquamque dictionem signatis. — *Parisiis, Robertus Stephanus*. In-4°.   4 d.

20. Hulderici Hutteni Ars versificatoria. In-8°.   3 s.
Édition de 1532, ou sa copie.

21. M. A. Plauti Amphitryo & aliæ aliquot Comœdiæ. In-fol.   8 s.

Sur le Catalogue de Robert, 1546. Il se peut que cette impression partielle et très peu connue de Plaute ne soit autre chose que quelques exemplaires non entiers des éditions de 1529 ou 1530, dont on aura essayé de tirer parti en les annonçant pour ce qu'ils étoient, et à bas prix.

Maittaire, toujours d'après le Catal. de Henri, annonce sans date, et comme ne faisant qu'un seul in-fol., les Annotations de Guill. Budé sur les Pandectes, et son traité *De Asse et partibus ejus*. Ce sont deux volumes distincts. Le volume *De Asse* est l'in-fol. de 1542, imprimé par Vascosan pour Robert Estienne, &c., et les *Annotations* sont de 1535, année dans laquelle R. Estienne les a imprimées deux fois, aussi in-fol. Voir à ces deux années, 1535 et 1542. *G. Budæi Epistolæ,* in-fol., pareillement annoncé, est peut-être quelque fragment séparé de l'un de ces volumes.

22. ALBERTI PIGHII Apologia adversus novam Marci Beneventani Astronomiam. In-4°.

Ce livre, que, d'après le Catalogue de Henri, Maittaire, pag. 79 et 103, note *apud Robertum Stephanum,* sans date, est de Simon de Colines, in-4°, et ainsi daté: — « Excudebat Simon Colinæus hunc libellum omnibus Mathematicarum Disciplinarum studiosis admodum utilem Parisiis M.D.XXII. Tertia die mensis Maii. » Maittaire s'est rectifié dans les Annales Typogr. II, 627.

20. DE MEMORABILIBUS et claris mulieribus aliquot diversorum scriptorum opera. — *Parisiis* apud *Robertum Stephanum.*

Cité par Maittaire, d'après Draudii Bibl. Cl. Je n'en ai aperçu ailleurs aucune trace.

Catalogues officinaux de la famille des Estienne.

Avant de clore l'énumération des livres publiés par le premier Robert, je vais donner les détails nécessaires sur les Catalogues que je réunis tous ici, parce qu'ils seroient comme perdus dans le cours de ces longues nomenclatures.

Le premier Robert Estienne a publié plusieurs Catalogues de ses livres; après lui, Henri, son fils, en a mis un à la suite du volume *H. Stephani Epistola de suæ Typographiæ statu,* 1569, in-8°. Un autre aussi de Henri est mentionné dans le Catalogue de De Thou, II. 418. Après ce dernier, je n'en connois point d'autres, ni de ce même Henri, ni d'aucun des autres Estienne, pas même d'Antoine, qui, cependant, imprima beaucoup, et pendant une longue suite d'années. Maittaire, dans ses Annales Typographiques, a réimprimé en entier ces Catalogues, à l'exception de

celui que mentionne la Bibl. Thuana, et de quelques feuillets supplémentaires dont il ne parle point non plus, parce que, sans doute, ils ne sont point venus à sa connoissance. Ces Suppléments consistent en une Notice des nouvelles publications de Robert, vers 1547, et un appendice de six pages pour le Catalogue de Henri.

Bien que ces divers Catalogues soient extrêmement rares (rarissimi et ingenti pretio, comme le dit avec raison Maittaire), je n'en reproduis cependant ici que les intitulés, parce qu'on les retrouve réimprimés dans les Ann. Typ., et que, d'ailleurs, les renseignements qu'ils peuvent fournir ont été mis en œuvre par Maittaire, d'abord imparfaitement dans la Vie des Estienne, plus diligemment dans les Annales, et de nouveau par moi, à qui ils ont encore été fort utiles. Si dans l'Histoire des Manuce j'ai réimprimé leurs Catalogues, c'est parce que, jusqu'à notre temps, ils avoient été tout-à-fait perdus de vue ; que, des premiers, on ne connoît qu'un seul exemplaire, et à peine deux ou trois de celui de 1563, in-4°.

1. LIBRI in officina Rob. Stephani partim nati, partim restituti et excusi. 8 feuillets in-8°, sans date, et tout en lettres rondes.

C'est le premier des Catalogues de Robert. Il est rangé par ordre alphabétique, et avec les prix. Les titres y sont fort abrégés, sans date, et, pour seule indication de format, ils sont quelquefois suivis des mots *magno volumine, parvo volumine.* Il ne peut être antérieur à la fin de 1542, puisqu'on y voit *Despauterii Syntaxis,* dont la date est d'octobre 1542.

Réimprimé dans les Annales Typ. II, p. 463-472.

2. LIBRI vænales in Bibliopolio Roberti Stephani typographi Regii, tum ab Henrico Stephano patre, tum à Simone Colinæo ejus vitrico excusi. 16 feuillets in-8°, sans date, et, comme le précédent, en lettres rondes, mais plus petites.

Second Catalogue de Robert, réimprimé dans les Annales Typ. II, 492-520. Il contient, non pas des livres de ses propres publications, mais ce qui lui restoit de Henri, son père, mort depuis un quart de siècle, et ce qui lui arrivoit en héritage comme fils de la veuve de Henri, remariée à Simon de Colines. Ce devoit être un partage de famille, soit entre vifs, soit, ce que je crois plutôt, après la mort de ce beau-père, d'autant mieux que je vois un autre Catalogue d'impression et disposition toutes semblables, aux noms de Regnauld Chaudiere et Claude, son fils, contenant, avec leurs propres livres, ceux dont ils venoient d'hériter du même Simon de Colines, dont Regnauld étoit gendre, et Claude petit-fils (ex filia nepos). Ce Catalogue de 28 feuillets, qui existe à la Bibl. Mazarine, et duquel, ainsi que des divers Catalogues des Estienne, je possède un exemplaire, est daté de M. D. XLVI. *Mense Augusto*. Maittaire, dans ses Annales, III, 147-205, donne en entier, non pas ce Catalogue de 1546, mais sa réimpression datée M. D. XLVIII *Mense Augusto*, ayant le même contenu, sauf quelques livres de plus et très peu de moins, assez des uns et des autres pour donner certitude que ce sont deux impressions différentes, quoique tout-à-fait semblables d'exécution. Cette date de 1546 n'est pas sans utilité, en ce qu'elle rend moins incertaine celle de la mort de Simon de Colines, qui a dû avoir lieu, au plus tard, dans les quatre à cinq premiers mois de 1546, puisque voici en août un Catalogue d'une certaine étendue, résultat d'inventaire, prisée et partage de ce grand établissement entre de nombreux héritiers (*multos hæredes*).

Je n'ai pas à réimprimer ici ce Catalogue, mais voici l'avis qu'il porte en tête, et qui fait connoitre ce que devinrent les caractères, les livres et aussi la marque typographique de Simon de Colines, que lui-même avoit comme empruntée de Regnauld Chaudière, à qui elle fit alors retour : Le Temps avec sa faux, et *Virtus sola aciem retundit istam.*

Claudius Calderius Lectori S.

Simon Colinæus naturæ concedens, multos reliquit hæredes : in queis & Calderios. His hæreditate obuenerunt Colinæi characteres typographici, unà cum illo Temporis falciferi omnibus notissimo insigni, quod ille suis libris præfigere solebat. Quotquot igitur libri ex Calderiana officina prodibunt in posterum, eos certò scias illis ipsis characteribus ex-

cusos, quibus uti solenne erat Colinæo. Studiosè vere diligenterque curabitur, ut ad characterum elegantiam accedat castigatio tersissima. Hoc noluimus te nescire. Vale. Omnia cum tempore.

3. LIBRI in officina Roberti Stephani, typographi Regij, partim nati, partim restituti & excusi. — M. D. XLVI. IIII. Id. Maii. In-8°. 12 feuillets en romain et italique, avec l'olivier.

Les livres sont rangés à-peu-près par ordre de matières et avec les prix, mais sans date, et pas plus d'indications de formats que sur ceux qui précèdent.

Réimprimé dans les Annales. II, 472-491.

4. HÆC EX OFFICINA Rob. Stephani prodierunt, ex quo suum ædidit Indicem.

Quatre pages. Supplément au précédent Catalogue, et ne contenant que des livres publiés de 1546 à 1547. J'ai noté plus haut, page 93, que Maittaire ne l'a point connu.

5. INDEX librorum in hac officina impressorum. — *Lutetiæ.* M. D. LII. In-8°.

Seize feuillets, dont le XVI_e est blanc; le XVe n'a que sept lignes.

Réimprimé dans les Annales, II, 521-542.

Imprimé chez Robert, lorsqu'il venoit de quitter la France, ce Catalogue ne porte plus son nom, et cette précaution étoit prudente. La persécution contre laquelle il alloit à Genève chercher un refuge, auroit pu l'atteindre dans ses propriétés commerciales, si le débit en eût été continué en son nom. On peut aussi croire, sans risquer d'être injuste, que si, au lieu d'être un amas de livres, ces magasins délaissés par Robert eussent contenu des valeurs plus attrayantes et plus facilement réalisables, les moyens de confiscation n'auroient pas manqué pour les faire arriver en la possession de quelque zélé orthodoxe.

Il est à remarquer aussi qu'on ne voit, dans ce Catalogue, aucun des volumes latins de la Bible, dont il devoit cependant rester encore un grand nombre à vendre.

On aura senti qu'il y'avoit danger à les laisser figurer dans le Catalogue d'un religionnaire fugitif, dont les diverses éditions entières ou partielles de la Bible latine étoient en horreur aux vrais croyants.

Voici le titre et les notes préliminaires du Catalogue mis par Henri à la suite de *H. Steph. Epistola de suæ typographiæ statu*, 1569. In-8°, et que Maittaire a réimprimé tome III, p. 462-481 des Ann. Typ.

6. INDEX librorum, qui ex officina Henrici Stephani hactenus prodierunt.

Quibus inserti sunt nonnulli ex iis autoribus, quos ejus pater ROBERTUS STEPHANUS edidit: (significati literis R. et S.) quorum paucula exemplaria apud eundem Henr. supersunt.

Unicuique adjecta est impressionis forma declarata verbis typographicis seu bibliopolicis: f°, significante eam quæ vulgò appellatur In-fol : 4°, Eam quæ vocatur In-quarto : itidemque in-8°, In octavo : et 16° in-16. Eorum autem librorum nominibus qui minore etiam forma sunt, subjuncta est nota p° p° de qua in calce hujus indicis dicetur.

Et au bas de la trente-deuxième et dernière page on lit : Nota illa p° p° significat in parvo parvo, ita vocantibus quibusdam bibliopolis libros qui minore sunt forma quàm qui appellantur in-16.

Avec leur singulière expression *parvo parvo*, ces libraires au moins parloient latin; mais, pendant plusieurs années, j'ai vu en habitude sur les Catalogues anglois d'anciens livres ces deux mots si étrangement accouplés : *charta majora*. Demandant pourquoi on faisoit ce barbarisme, il me fut répondu que l'intention étoit de désigner des exemplaires qui, n'étant pas en grand papier, avoient néanmoins des marges grandes et bien conservées. A Paris, j'ai vu quelque chose qu'on peut mettre à côté de ce *charta majora*. Sur un Catalogue d'une certaine ampleur on annonçoit ainsi les Fêtes et Courtisanes de la Grèce: Féteset, Courtisane de la Grèce. Il est indubitable que le faiseur de Catalogue prétendoit annoncer l'histoire de la demoiselle Féteset, comme il auroit mis Marion, ou Frétillon, courtisane de Paris.

Je ne crois pas qu'aucun de ces anciens Imprimeurs ait jamais rien fait dans ce for-

mat portatif et depuis si usité, que nous nommons in-12 ; leur in-8° ordinaire en tenoit lieu, et ç'aura été uniquement par économie de fabrication que, plus tard, on aura songé à employer un papier un peu plus grand, afin de faire tenir sur chaque feuille 24 pages, chacune aussi grande que celles dont on avoit l'habitude de mettre seize sur le papier ordinairement employé.

Peu d'années après, Henri ajouta à ce Catalogue le Supplément de six pages que voici, et qui n'a point été connu de Maittaire.

7. APPENDIX ad Catalogum librorum officinæ Henrici Stephani.

Il est sans date, mais a dû paroître en 1574, car, annonçant plusieurs livres imprimés depuis 1569, Henri y promet la prochaine publication des *Parodiæ morales* qui sont de 1575, et on y trouve *Fr. Hotomani Quæstiones*, dont la première édition est de 1573.

Le dernier de tous ces Catalogues qui sont venus à ma connoissance est celui que mentionne ainsi le Catal. de De Thou, t. II, p. 418 :

CATALOGUS librorum in officina Henr. Stephani excusorum. — *Rob. Steph.* In-8°.

Rien là ne peut faire présumer que ce soit le même que celui du volume de 1569. Il aura été imprimé à Paris, chez le second Robert, pour faciliter, dans cette ville, le débit des impressions Genevoises de Henri.

Que l'on ne trouve ni inutile ni trop étendue cette excursion sur de simples Catalogues officinaux. Malgré tous mes soins pour éviter la prolixité, il m'a été impossible d'être plus bref, et puisque j'ai pris la tâche d'enregistrer toutes les éditions des Estienne, il y avoit obligation, toute utilité à part, de ne point négliger leurs Catalogues, dont chacun, si peu ait-il de feuillets, est un livre, une édition ; et le sort de la plupart de ces livrets d'annonces étant de promptement périr déchirés et détruits, ils finissent par constituer une série d'imprimés rares et précieux, quand les livres qu'ils énumèrent sont eux-mêmes recommandables. Une Bibliothèque qui réuniroit les Catalogues connus des Manuce, des Junte, des Estienne, des Plantin, des Elzevir, et de quelques autres de ces célébrités, mettroit certainement au rang de ses plus précieuses raretés cette collection peu volumineuse de simples cahiers d'annonces. J'ai donc satisfait à une obligation certaine en m'expliquant avec exactitude et clarté sur ces pièces imprimées qui étoient fort mal connues; et je l'ai fait d'autant plus volontiers, que ce n'est pas du tout m'être occupé de détails inutiles. Les renseignements Bibliopoliques et littéraires que fournissent ces feuilles sont dignes de confiance, et presque toujours plus sûrs que ceux que l'on va bien plus ordinairement chercher dans les Catalogues de Bibliothèques, si souvent fautifs, et quelquefois sciemment infidèles. Je finis en disant avec Maittaire, Ann. ɪɪ, 46ɪ: « Horum Indicum commemorationem, non est ut quisquam, quasi futilem otiosamque prorsus & supervacaneam damnet. Quid enim ad Typographorum notitiam (quod est horum Annalium institutum) magis pertinet, quàm data ab ipsis librorum suorum notitia? »

De Simon de Colines j'ai un petit Catalogue sans date; je ne le vois mentionné nulle part, et c'est peut-être aussi le seul qu'il ait fait. Il se compose de douze pages in-ɪ2, de forme allongée, ne ressemblant pas du tout aux petits volumes de ces temps-là, souvent nommés in-ɪ2, et qui sont des in-ɪ6. Il est en petit italique, par ordre de matières, titres fort abrégés, et avec les prix. Il contient la plupart des livres de Simon de Colines, mais on n'y voit pas encore le joli Cicéron en petit format.

———

Je profite de cet espace pour placer le portrait de Claude Garamond, cet habile graveur de Caractères, aux talents de qui est dû l'admirable grec dont le premier emploi a tant honoré les presses de Robert. Ce portrait est fait d'après une autorité sûre. Je n'en ai aucun de Henri; mais je donnerai celui de Robert.

FRANCISCUS STEPHANUS PRIMUS.

M. D. XXXVII.

1. COMMENTARIORUM Philosophiæ moralis libri tres, & libellus progymnasmatum : authore Hieronymo Rup. Metinensi Castellano. — *Parisiis*, apud *Franciscum Stephanum*, typis & characteribus Simonis Colinæi. M. D. XXXVII. In-8°.

2. VINETUM. In quo varia vitium, uvarum, vinorum, antiqua, latina, vulgariaq; nomina, &c. In adolescentulorum gratiam ac favorem (à Carolo Stephano). — *Parisiis*, apud *Franciscum Stephanum*. M.D. XXXVII. In-8°.

Par erreur typographique, Almeloveen, p. 12, met Caroli Stephani *Viretum*, ce qui n'existe pas.

3. NATURÆ pronominum, in adulescentulorum gratiam, ex Prisciano collectæ. — *Parisiis*, apud *Franciscum Stephanum*. M. D. XXXVII. In-8°. 3 d.

4. NATURÆ Participiorum, ex Prisciano, in gratiam adolescentulorum. — *Parisiis*, excudebat *Simon Colinæus*, sumptibus *Francisci Stephani*. M. D. XXXVII. In-8°.

5. LA MANIERE de tourner toutes especes de noms latins en nostre langue françoyse. A l'utilité des jeunes enfans, estudians es bonnes lettres. — *Parisiis*; apud *Franciscum Stephanum*. M. D. XXXVII. In-8°.

6. DE RE navali libellus, in adolescentulorum bonarum literarum studiosorum favorem, ex Bayfij vigilijs excerptus, & in brevem summulam facilitatis gratia redactus. Addita ubique puerorum causa vulgari vocabulorum significatione. — *Parisiis*, apud *Franciscum Stephanum*. M. D. XXXVII. In-8°.

M. D. XXXVIII.

1. (CAROLI Stephani) Sylva. Frutetum. Collis.—*Parisiis*, apud *Franciscum Stephanum*, M. D. XXXVIII. In-8°.

2. (CAROLI Stephani) Arbustum. Fonticulus. Spinetum. — *Parisiis*, apud *Fr. Stephanum*. M. D. XXXVIII. In-8°.

3. NATURÆ nominum, ex Prisciano præcipue collectæ. In adolescentulorum gratiam. — *Parisiis*, imprimebat *Francisco Stephano* fratri Robertus Stephanus. M.D.XXXVIII. xv. Cal. Mart. In-8°. 3 d.

4. NATURÆ VERBORUM ex Prisciano. — *Parisiis*, imprimebat *Francisco Stephano* privigno Simon Colinæus. M. D. XXXVIII. Prid. Cal. Augusti. In-8. 3 d.

5. NATURÆ participiorum ex Prisciano, in gratiam adolescentulorum. — *Parisiis*, excudebat *Simon Colinœus*, sumptibus *Francisci Stephani*, in clauso Brunello, sub scuto Franciæ agentis. M. D. XXXVIII. In-8.

6. NATURAE infinitivorum, gerundiorum & supinorum, ex Prisciani & aliorum bonorum authorum sententia.—*Parisiis*, imprimebat *Francisco Stephano* privigno Simon Colinæus. M. D. XXXVIII. Pridie Cal. Augusti. In-8.

7. NATURAE conjunctionum ex Prisciano. — *Parisiis*, imprimebat *Francisco Stephano* fratri Robertus Stephanus. M. D. XXXVIII. XII. Cal. Mart. In-8.

8. NATURAE præpositionum (et interjectionum) ex Prisciano.— *Parisiis*, imprimebat *Francisco Stephano* fratri Robertus Stephanus. M. D. XXXVIII. Cal. Mart. In-8.

Ces petits traités de Grammaire, réimprimés en 1540, et sans doute plusieurs fois encore, ont été faits par Charles Estienne pour Henri son neveu, *in gratiam Henriculi sui.*

Les interjections font un cahier de 8 pages, chiffré à part, après les 32 pages des prépositions.

9. DE RECTA Latini sermonis pronunciatione & scriptura libellus. — *Parisiis*, apud *Franciscum Stephanum*. M. D. XXXVIII. In-8.

10. M. T. CICERONIS Orator ad Brutum, cum annotationibus Philippi Melanchthonis. — Apud *Franciscum Stephanum*. M. D. XXXVIII. In-8. 1 s.

11. CATONIS Disticha de Moribus, cum latina & gallica interpretatione (Mat. Corderii) & accentibus, & Epitome Erasmi in singula Disticha; hæc in gratiam Riverii sui cursim

obibat Carolus Stephanus. — *Parisiis*, imprimebat. *Francisco Stephano* privigno Simon Colinæus. M. D. XXXVIII. Quinto Idus Octobris.

Et dans le même volume :

Dicta Sapientum Græciæ, aliis sententiis explicata, vulgaribus (Gallicis) versibus reddita. — *Parisiis*, imprimebat *Simon Colinæus* pro *Francisco Stephano* privigno suo. M. D. XXXVIII. Postridie Nonas Octobr. In-8.

Imprimé par Simon de Colines pour François Estienne, et par les soins de Charles, ce volume a sans doute été fait de compte commun avec Robert, car on en voit aussi des exemplaires à son nom. Je ne les ai pas comparés avec ceux de François, mais certainement l'honnête Robert n'auroit ni pu ni voulu faire à ses frères le tort de copier ainsi à son profit une de leurs publications. Voyez ci-dessus, page 67. A chacune des deux parties de ce volume est une courte préface de Charles à son jeune ami *Riverio suo* (Rivière ou Rivery), qui l'avoit pressé de l'imprimer.

12. TERENTII Comœdiæ, adjectis in adolescentulorum gratiam accentibus, & brevissimis argumentis ex Donato : Andria & Eunuchus. — *Parisiis*, apud *Franciscum Stephanum*. M. D. XXXVIII, avec sa marque typographique. *Ensuite* Heautontimorumenos, Adelphi, Hecyra, Phormio.—*Parisiis*, apud *Simonem Colinæum* & *Franciscum Stephanum*. M. D. XXXIX. In-4, avec la marque de Simon de Colines.

Il est à noter que, de l'année 1538, il y a une édition in-8° (*sexta*) de Robert, et de 1538-39, celle-ci in-4°, faite en commun par François et par Simon de Colines.

Dans cet in-4° les lignes sont fort espacées, pour donner aux étudiants la facilité d'y écrire, soit leur propre version, soit plutôt *Dictata Magistri*. S. de Colines a imprimé plusieurs autres volumes d'études classiques, ainsi interlignés. Le Catal. fait connoître que chacune de ces pièces se vendoit séparément, au prix de 18 d.

M. D. XXXIX.

1. VITA beatissimi patris, D. Petri Cælestini Quinti, Pontificis maximi, Ordinis Cælestinorum institutoris eximii, qui summo tandem Pontificatui renunciavit. Conscripta primum a Domino Petro ab Aliaco, cardinale Cameracensi, &c. Locupletata et limatiori stylo donata a Religioso fratre Dionysio Fabro Cælestinorum eorumdem priore meritissimo. — *Parisiis*, apud *Franciscum Stephanum*. 1539. In-4.

Volume fort rare et presque inconnu.

M. D. XL.

1. NATURÆ nominum, ex Prisciano præcipue collectæ. — *Parisiis*, imprimebat *Francisco Stephano* privigno Simon Colinæus. M. D. XL. III. Non. Sept. In-8.

2. NATURÆ pronominum, ex Prisciano. — Ibid. M. D. XL. III. Non. Sept. In-8.

3. NATURÆ verborum, ex Prisciano. — Ibid. M. D. XL. XV. Cal. Octob. In-8.

4. NATURÆ infinitivorum, ex Prisciano. — Ibid. M. D. XL. VIII. Cal. Octob. In-8.

5. NATURÆ participiorum, ex Prisciano. — Ibid. M. D. XL. In-8.

6. NATURÆ adverbiorum, ex Prisciani sententia. In gratiam adolescentulorum. — *Parisiis*, apud *Franciscum Stephanum*. M. D. XL. In-8.

7. CONJUGAISONS latines et françoyses de verbes actifz avec passifz, neutres, déponens et communs : aussi pareillement *Sum*, *Volo*, *Nolo*, et aucuns impersonnelz de la voix active et passive. — *Parisiis*, apud *Franciscum Stephanum*. M. D. XL. In-8.

8. NATURÆ conjunctionum, ex Prisciano. — Ibid. M. D. XL. III Non. Sept. In 8.

9. NATURÆ præpositionum (et interjectionum) ex Prisciano. — *Parisiis*, imprimebat *Francisco Stephano* privigno Simon Colinæus. Anno M. D. XL. XVII. Cal. Octobr. In-8.

Comme dans l'édition de 1558, les interjections font à la fin un cahier de 8 feuillets, séparé, mais sans titre.

10. LA MANIERE de tourner toutes especes de noms latins en nostre langue françoise. A l'utilité des jeunes enfans, estudians es bonnes lettres. — Ibid. M. D. XXXX. in-8°.

11. JOACHIMUS Perionius de Antiqua Fabularum, Ludorum, Theatrorum consuetudine. — *Parisiis*, *Francisco Stephano* excudebat *Simon Colinæus*. M. D. XXXX. In-4°.

M. D. XLI.

1. P. TERENTII Andria; omni interpretationis genere in adolescentulorum gratiam, facilior effecta. —*Parisiis*, apud *Simonem Colinæum & Franciscum Stephanum*. M. D. XLI. In-8°.

2. CATONIS Disticha de Moribus, latine & gallice : Dicta Sapientum Græciæ, & libellus de moribus ac vitæ institutione. — *Parisiis*, apud *Simonem Colinæum & Franciscum Stephanum*. M. D. XLI. In-8°.

M. D. XLII.

1. CLAUDII Viexmontii Methodus confessionis compendiaria. — *Parisiis*, apud *Simonem Colinœum* & *Franciscum Stephanum* ejus privignum. M. D. XLII. In-4°.

*2. EPITOME Commentariorum Dialecticæ inventionis Rodolphi Agricolæ, per Bartholomæum Latomum Arlunensem. — *Parisiis*, apud *Simonem Colinœum* & *Franciscum Stephanum*. M. D. XLII. In-8°. 1 s. 8 d.

3. (CAROLI Stephani) Arbustum, Fonticulus, Spinetum. — *Parisiis*, *Franciscus Stephanus*. M. D. XLII. In-8°.

4. (CAROLI Stephani) Naturæ adverbiorum, ex Prisciani sententia. In gratiam adolescentulorum. — *Parisiis*, apud *Franciscum Stephanum*. M. D. XLII. In-8°.

5. JOANNIS Ludovici Vivis de conscribendis Epistolis libellus. — *Parisiis*, *Franciscus Stephanus*. M. D. XLII. In-8°.

M. D. XLIII.

1. PSALTERIUM, cum aliis hymnis Biblicis Davidis, græce. — *Parisiis*, apud *Franciscum Stephanum*. M. D. XLIII. In-12 ou plutôt in-16.

En rouge et noir. Les titres des psaumes et le commencement de chacun des versets sont en rouge.

2. HORÆ in laudem Beatissimæ Virginis Mariæ, græce, secundùm consuetudinem Romanæ Ecclesiæ. — *Parisiis*, apud *Franciscum Stephanum*. M. D. XLIII. In-16.

En rouge et noir comme le Psautier grec.

3. (CAROLI Stephani) Pratum, Lacus, Arundinetum. — *Parisiis*, apud *Simonem Colinœum* & *Franciscum Stephanum* ejus privignum. M. D. XLIII. In-8°.

4. (CAROLUS Stephanus) de Re Herbaria & Hortensi. — Ibidem. M. D. XLIII. In-8°. 1 s. 6 d.

5. PROBÆ Falconiæ, vatis clarissimæ à Divo Hieronymo comprobatæ Centones, de fidei nostræ mysteriis è Maronis carminibus excerptum Opusculum. — *Parisiis*, apud *Franciscum Stephanum*. M. D. XLIII. In-8°.

6. ERASMI libellus de conficiendis epistolis. — *Parisiis*, apud *Simonem Colinœum* & *Franciscum Stephanum* ejus privignum. M. D. XLIII. In-8.

M. D. XLVI.

1. LES PRINCIPES & premiers élémens de la langue latine, par lesquels tous ieunes enfans seront facilement introduiz en la congnoissance d'icelle. — *Paris*, en la maison de *François Estienne*. M.D.XLVI. In-8.

En la maison indique l'endroit où se débitoit le livre, mais non de quelle Imprimerie il sortoit ; ce qui semble prouver que François, auteur de cet opuscule, n'avoit pas encore d'Imprimerie.

Réimprimé en 1549, par Robert Estienne.

M. D. XLVII.

1. ÆLII DONATI de octo partibus orationis libellus. — *Parisiis*, apud *Franciscum Stephanum*. M. D. XLVII. In-8.

2. P. TERENTII Afri comici Andria;
omni interpretationis genere in
adolescentulorum gratiam facilior
effecta. Adjectus est Index Latinarum & Gallicarum dictionum. —
Parisiis, apud *Franciscum Stephanum*. — Excudebat *Francisco Stephano Franciscus Girault*. M.D.XLVII.
In-8.

M. D. XLVIII.

1. METHODUS Confessionis in gratiam puerorum : apud Lutetianam
Navarram grammaticæ Studentium
edita. Authore Fratre Claudio Viex-
montio, Parisiensi : ordinis Fonte-
braldensis. In-4o.

Ce titre est imprimé sur un petit carré de
papier, et cache un autre intitulé plus concis, qui, au bas de la page, se termine
ainsi : Parisiis, apud Franciscum Stephanum,
In clauso Brunello, sub scuto Franciæ.
M. D. XLVIII.

Avec une préface de l'auteur, *ad Lectorem*, datée Parisiis, è nostro cœnobio Fi-
liarum Dei, quarto Idus Martias : anno
Christi nati sesqui millesimo trigesimo octavo.

Cet examen de conscience en petits caractères, me semble trop étendu pour être
la Méthode abrégée (*Compendiaria*), du
même auteur, imprimée en 1542, que je
n'ai point vue.

M. D. LX.

1. DICTIONARIUM latino-gallicum.
— *Parisiis*, apud *Jacobum Du Puis*.
Excudebat *Franciscus Stephanus*.
M. D. LX. In-fol.

M. D. LXI.

1. DICTIONARIUM. — Apud *Sebas-
tianum Honoratum*. Venundatur
Parisiis, apud *Nicol. Chesneau*, via
Jacobea, sub scuto Frobeniano et
Quercu viridi. — Excudebat *Fran-
ciscus Stephanus*. M. D. LXI. In-fol.

Il faudroit voir ces deux volumes pour juger s'ils ne seroient pas d'impression Genevoise, et, en conséquence, du second François Estienne, le premier étant mort avant
1559, et rien n'apprenant qu'il ait eu un
fils exerçant l'Imprimerie.

Ce même Dictionnaire est encore indiqué
Apud Carolum Stephanum, 1561. Quel
que soit le plus ou moins d'exactitude de ces
diverses mentions de noms et d'années, il
paroît indubitable qu'il ne s'agit que d'une
seule et même édition, qui auroit été partagée entre plusieurs libraires. Maittaire,
p. 162 et 473, et p. 31 et 110 des Catalogues,
donne à cette édition les dates de 1570 et
1571 ; mais ce ne peut être qu'une erreur.

CAROLUS STEPHANUS PRIMUS.

M. D. XLIV.

1. PLUTARQUE, Traicté de la honte vicieuse, traduict du grec en françois, par François Legrand, procureur du roi au baillage de Melun. — M. D. XLIIII. In-8.

Duverdier met ce livre de 1544, et La Croix du Maine de 1554. Je crois avec Maittaire que c'est à cette dernière année qu'il faut le rapporter, Charles n'étant pas encore, en 1544, ni libraire, ni Imprimeur.

M. D. LI.

1. INSTITUTIONES Linguæ græcæ, Nicolao Clenardo authore. — Cura ac diligentia *Caroli Stephani.* M.D.LI. Non. Octobr. In-8.

Il est probable que cet in-8° est celui du Catal. de Robert, 1552, cum Notis Guillonii.

2. CICERONIS Paradoxa, Audomari Talæi commentationibus explicata.— *Lutetiae,* cura ac diligentia *Caroli Stephani.* M.D.LI. XIII. Calend. Januar. In-4.

3. PETRI BUNELLI familiares aliquot Epistolæ, in adolescentulorum Ciceronis studiosorum gratiam. — *Lutetiae,* cura ac diligentia *Caroli Stephani.* M. D. LI. XIII. Cal. Octobr. In-8. 18 d.

4. APPIANI Alexandrini Romanarum historiarum
Celtica   Parthica
Libyca, vel Car- Mithridatica
   thaginiensis Civilis, quinque
Illyrica   libris distincta.
Syriaca
— *Lutetiae,* typis Regiis, cura ac diligentia *Caroli Stephani.* M. D. LI. In-fol.

Première édition. Elle fut faite par les soins réunis de Charles et de Robert, son frère. Voici ce qu'en dit Henri dans la préface de son édition de 1592, in-fol. « Roberti Stephani patris mei et patrui Caroli Stephani operâ, etiam, si patrui tantùm nomen frons libri præferat, in lucem prodiit Parisiis. »

5. APOLOGIA cujusdam Regiæ famæ studiosi, qua Cæsariani Regem Christianiss. arma & auxilia Turcica evocasse vociferantes impuri mendacii & flagitiosæ calumniæ manifestè arguuntur. — *Parisiis,* apud *Carolum Stephanum* typographum Regium, è regione Scholæ Decretorum. M. D. LI. In-4. 15 d.

6. APOLOGIE faicte par un serviteur du Roy contre les calomnies des Impériaux sur la descente du Turc. — *Paris, Charles Estienne,* Imprimeur du Roy, devant les escholes de Decret. M. D. LI. In-4. 1 s.

C'est la traduction de la pièce précédente.

J'ai le latin et le françois, tous deux de cette édition de 1551. La Bibliothèque de la France, n° 17659, met le latin de 1552, et Maittaire, page 108, met aussi en 1552 la traduction françoise, ce qui doit faire conclure que le latin, ainsi que le françois, imprimés d'abord en 1551, l'auront été une seconde fois en 1552.

M. D. LII.

1. M. ANTONII Flaminii Paraphrasis in triginta psalmos versibus latinis conscripta : ejusdem de rebus divinis carmina. — *Lutetiae*, apud *Carolum Stephanum*. M. D. LII. In-8.

2. DE DIVERSIS regulis juris antiqui, Pandectarum libri titulus XVII & ultimus. In eundem titulum vetus, sed incerto auctore brevis & elegans Commentarius. — *Lutetiae*, apud *Carolum Stephanum*, typographum Regium. M. D. LII. In-8.

Le Catalogue Pinelli, ordinairement si exact, porte : *libri quinquagesimi primi.* Quand même on ne sauroit pas qu'il ne peut y avoir de 51e livre, les Pandectes n'en ayant que 50, je n'en serois pas moins sûr d'être exact, ayant pris le titre sur un exemplaire que j'avois en ma possession. Le format est au-dessous de l'in-8° ordinaire des Estienne, et cependant, malgré cela, in-8°.

3. JOANNIS Valverdi Hamuscensis (Hispani) de animi & corporis sanitate tuenda libellus ad Hieronymum Verallum Cardinalem amplissimum apud Francorum Regem legatum, cum Indice copiosissimo. — *Lutetiae*, apud *Carolum Stephanum*. M. D. LII. Non. Feb. In-8. 2 s.

4. DESPAUTERII Syntaxis. — Ibid. M. D. L. et M. D. LII. In-4.

5. DICTIONARIUM latino-gallicum postrema hac editione valde locu- pletatum. — *Parisiis*, apud *Carolum Stephanum* typographum Regium. M. D. LII. Idibus Jul. In-fol.

Qui de Charles ou de Robert a imprimé cette édition de 1552 ? C'est Charles. Le Cat. de De Thou, sur lequel, t. II, p. 233, elle est enregistrée dans les additions manuscrites, la met, *ex visu*, au nom de Charles ; et il n'est nullement probable que tous deux aient en même temps fabriqué le même livre, qui ne contient pas moins de 1430 pages. Maittaire annonce l'édition de Robert sur l'autorité un peu légère d'Almeloveen ; mais il est encore possible qu'il y ait eu quelque partage d'exemplaires, et que vraiment il s'en trouve avec ce nom, sans que cependant l'impression n'en doive pas moins être attribuée à Charles, qui est l'auteur des corrections et augmentations, tant de cette nouvelle édition que de la suivante de 1560 ou 1561, pareillement imprimée par lui. Dans sa préface, il s'élève contre l'absurde reproche fait par ceux qui blâmoient la publication des Dictionnaires pour l'intelligence de la langue latine, et prétendoient que l'usage des tables, des Dictionnaires, et même des livres imprimés, ne servoient d'appui qu'à la paresse.... » Aut quemadmodum Typographiam, sic etiam Indices et Dictionarios negligentiæ potius quam eruditionis bonarum literarum sectatoribus ansam præbere dicant. » Voyez ci-dessus, page 82.

6. DICTIONARIOLUM puerorum a postrema editione, authorum productionibus, ac permultis loquendi formulis adauctum, ad illustrissimum principem atque ampliss. Cardinalem Lotharingium. — *Lutetiae*, apud *Carolum Stephanum*. M. D. LII. V. Cal. Maias. In-4°.

Les armes du Cardinal sont mises sur le titre à la place de la marque de l'Imprimeur.

7. LA GUIDE des chemins de France, reveue & augmentée : les fleuves de France, aussi augmentez : par Charles Estienne, docteur en medecine. — *Paris*, chez *Charles Estienne*. M. D. LII. In-8°.

8. LES VOYAGES de plusieurs endroits de France, en forme d'itinéraires, et les fleuves du royaume de France, par Charles Estienne, docteur en medecine. — *Paris, Charles Estienne.* M. D. LII. In-8°.

Sont-ce deux ouvrages différents, ou le même avec deux titres sur deux feuillets, ou différents sur une partie des exemplaires ? Je ne puis trouver traces d'une édition première, d'après laquelle auront été faites celles-ci, que l'on annonce revues et augmentées.

9. APOLOGIA altera pro Rege Christianissimo Henrico II. contra Cæsarianos, in qua de cansis belli inter Regem & Cæsarem recens orti agitur. — *Parisiis*, apud *Carolum Stephanum*, typographum Regium. M. D. LII. In-4°.

Ant. Teissier attribue l'une de ces deux Apologies à Pierre Danes , habile professeur grec , mort évêque de Lavaur en 1577. S'il en a fait une, il est probable que l'autre est aussi son ouvrage.

10. SECONDE Apologie contre les calomnies des Impériaux sur les causes & ouvertures de la guerre. — M. D. LII. In-4°. 20 d.

La même pièce a été imprimée en allemand en cette année 1552, in-8°. Rien ne porte à croire que ç'ait été chez Estienne.

11. (CHARLES ESTIENNE) Abbrégé de l'histoire des Vicontes & Ducz de Milan, le droict desquels appartient à la couronne de France, extraict en partie du livre de Paulus Jovius : avec les pourtraicts d'aucuns desdits Vicontes et Ducz, representez après le naturel. Dedié par Charles Estienne à Anne, duc de Montmorency, pair, grand-maistre & connestable de France.—*Paris, Charles Estienne.* M. D. LII. In-4°. 2 s. 6 d.

La Bibl. hist. de la France , n° 38853 , dit : In-4° et in-8°.

12. CHARLES ESTIENNE. Discours des histoires de Lorraine et de Flandres, au Roy Tres-Chrestien Henry II. — *Paris*, chez *Charles Estienne*, Imprimeur du Roy. M. D. LII. In-4°.

Avec une dédicace ou préface de l'Imprimeur à Henri II , du mois d'août 1552.

Ecrit en justification des droits de la France sur la Flandre et la Lorraine , où Henri II venoit de porter ses armes, La dédicace à Henri II est datée d'août 1552.

M. D. LIII.

1. NOVUM Testamentum (græcum) ex Biblioth. regia. — M. D. LIII. In-8°.

Edition citée par Maittaire, d'après Almeloveen. Je ne l'ai point vue.

2. NOVUM Testamentum latinum cum indice Evangeliorum et Epistolarum, juxta consuetudinem ecclesiæ Parisiensis & Romanæ. — *Parisiis*, apud *Carolum Stephanum.* M. D. LIII. In-16.

3. PLACITORUM summæ apud Gallos Curiæ libri XII per Joannem Lucium Parisiensem Caterinæ Augustæ à rebus procurandis primarium. — *Lutetiae*, apud *Carolum Stephanum.* M. D. LIII. In-fol.

4. PETRI RAMI Aristotelicarum animadversionum liber nonus & decimus in posteriora Analytica. — *Parisiis*, apud *Carolum Stephanum.* M. D. LIII. In-8°.

5. LE PRINCE de Nicolas Machiavelle, secretaire et citoyen de Florence, traduict d'italien en françois par Guill. Cappel. — *A Paris*, chez *Charles Estienne*. M. D. LIII. In-4°.

6. PETRI BELLONII Cenomani de

aquatilibus libri duo, cum iconibus ad vivam ipsorum effigiem expressis. — *Parisiis*, apud *Carolum Stephanum*. M. D. LIII. in-8° oblong, fig.

7. PRINCIPES de la langue latine.— *Paris, Charles Estienne.* M.D.LIII. In 8.

8. DICTIONARIUM historicum ac poeticum, omnia gentium, homilium, locorum, fluminum ac montium, antiqua recentioraque ad sacras ac profanas historias poetarumque fabulas intelligendas necessaria vocabula bono ordine complectens. — *Lutetiae*, cura ac diligentia *Caroli Stephani*. M. D. LIII. Prid. Non. Decemb. In-4°.

Un extrait de la préface de Charles Estienne donnera une idée de sa coopération à ce Dictionnaire, qui, dans son temps, fut estimé et de beaucoup d'usage, et duquel cinq précédentes éditions n'avoient, depuis 1530, formé qu'un simple volume in-8°.

Historicum hunc Indicem omnium quæ hactenus prodierant Dictionariorum longè locupletissimum.... plurimum jucunditatis ac facilitatis allaturum tibi persuadeas velim.... a fratre (Roberto, Vid. Edit. primam anni 1530 et subsequentes) jam pridem inchoatum laborem, atque à nobis nunc demum, quàm diligentissime fieri potuit, dispositum, ac multàm locupletatum.... Sacra prophanis, recentia veteribus, verisque fabulosa.... pudicis obscœna, receptis obsoleta permiscentur.... Id enim est Indicis nihil, quoad fieri potuit, omisisse. — Dum in historiarum explicatione, præterea, quæ propria vocantur, nomina, etiam res ipsas significare oportuit; fieri non potuit, quin cum pudicis ac sacris nonnulla etiam parum pudica explicarentur : qualia sunt poetica permulta, quibus utinam nobis carendum esset.... Hoc denique tibi bona fide pollicemur, nihil hic esse quod Christianam (cum quà non esse jocandum satis scimus *) religionem, aut principum authoritatem, doctiorumque famam ulla ex parte labefactare possit. Vale.

* Cette famille le savoit à son grand dam, et l'on peut même s'étonner de l'ombre de liberté de cette parenthèse.

9. M. TULLII Ciceronis de Oratore ad Quintum Fratrem Dialogi tres, Audomari Talæi explicationibus illustrati. — *Parisiis*, apud *Carolum Stephanum*. M. D. LIII. In-4°.

10. M. TULLII Ciceronis in Catilinam Orationes cum prælectionibus Petri Rami. — *Lutetiae*, apud *Carolum Stephanum*. M. D. LIII. In-4°.

11. ORATIONE di M. Claudio Tolommei, ambasciator di Siena, recitata dinanzi ad Henrico II, Christianissimo Re di Francia. — *Parigi*, apresso a *Carlo Stefano*, stampator di Sua M. Christianiss. M. D. LIII. In-4°.

12. L'ORAISON du Seigneur Claude Tolommei, ambassadeur de Siene, prononcée devant le Roy à Compiegne, au mois de Decembre l'an 1552, traduitte d'italien en langue françoyse. — *Paris, Charles Estienne.* M. D. LIII. In-4°.

13. LA GUIDE des chemins de France, reveue & augmentée pour la troisiesme fois : les Fleuves du Royaume, aussi augmentés.—*Paris, Charles Estienne.* M. D. LIII. In-8°.

Réimpression du volume publié en 1552, et peut-être aussi sous ses deux titres.

14. LE SIEGE de Mets en Lorraine par l'Empereur Charles V en l'an M. D. LII, dedié au Roi, par Bertrand de Salignac. — *Paris, Charles Estienne.* M. D. LIII. In-4°.

Le titre ne porte que Le Siége de Mets, en 1552. Le nom de l'auteur est *Bertrand*; c'est mal-à-propos que quelques-uns le nomment *Barthelemi*.

Un exemplaire sur vélin fut vendu 240 fr. chez Mac-Carthy, et auparavant, chez La Vallière, 73 fr. On y doit trouver un grand plan de la ville de Metz.

15. NICOLAI VILLAGAGNONIS de Bello Melitensi, & ejus eventu Gallis

imposito, ad Carolum V Imp. Commentaria. — Apud *Carolum Stephanum.* M. D. LIII. Calendis April. In-4°.

16. DISCOURS de la guerre de Malthe, contenant la perte de Tripoli et autres forteresses, faussement imposée aux François; à l'Empereur Charles V, par le chevalier Nicolas Durand de Villegagnon. — *A Paris,* chez *Charles Estienne.* M. D. LIII. In-4°.

Cette traduction, dont l'auteur est Nicolas Edoart Champenois, a été aussi imprimée à Lyon, in-8°, dans cette même année 1553.

17. EPISTOLA Regis Christianissimi ad amplissimos sacri Imperii ordines. — *Parisiis, Carolus Stephanus.* In-8.

18. DE RE vestiaria, vascularia & navali (a Carolo Stephano) ex Bayfio in adolescentulorum, bonarum literarum studiosorum, gratiam excerptus. — *Lutetiae,* apud *Carolum Stephanum.* M. D. LIII. In-8°.

M. D. LIV.

1. PHILONIS Judæi de divinis decem oraculis, quæ summa sunt legum capita, liber. Johanne Væuræo interprete.—*Lutetiae,* apud *Carolum Stephanum,* typographum Regium. M. D. LIIII. In-8°.

Dédié au cardinal de Lorraine, pour lequel il en fut tiré sur vélin un exemplaire que depuis l'on a vu relié en maroq. jaune ancien, avec une tête en or sur la couverture. Il a passé dans une Bibliothèque inconnue.

2. PARADOXES, ce sont propos contre la commune opinion, debattus en forme de declamations forenses pour exciter les jeunes esprits en causes difficiles; reveuz & corrigez pour la seconde fois (par Charles Estienne). — *Paris, Charles Estienne,* Imprimeur du Roy. M.D.LIIII. In-8°.

Ces paradoxes sont une imitation, et presque une traduction de ceux d'Ortensio Landi.

3. PARADOXE que le plaider est chose très utile et necessaire à la vie de l'homme (par Charles Estienne). — *Paris, Charles Estienne.* M. D. LIIII. In-8°.

Maittaire, dans son Catalogue, pag. 34, et dans l'Index des Ann. Typ., a mis *le plaisir* au lieu de *le plaider.*

4. PRAEDIUM rusticum in quo cujusvis soli vel culti vel inculti plantarum vocabula ac descriptiones, earumque conserendarum atque excolendarum instrumenta suo ordine describuntur. In adolescentulorum, bonarum literarum studiosorum, gratiam (aut. Carolo Stephano). — *Lutetiae,* apud *Carolum Stephanum,* typographum Regium. M. D. LIIII. In-8.

Les divers Opuscules d'agriculture et de jardinage réunis dans ce volume, après avoir tant de fois été imprimés séparément, ainsi qu'on l'a pu voir dans ces listes, ne sont guère qu'une compilation érudite faite aux dépens des auteurs anciens et modernes qui ont écrit sur ces sujets, mais surtout d'après les anciens grecs et latins. Les observations pratiques y sont peu de chose, et ces livrets sont nécessairement aujourd'hui hors d'usage, bien que leur collection, le *Prædium rusticum,* soit la souche, ou plutôt l'embryon de la volumineuse Maison Rustique, ce livre si connu, si rectifié, augmenté, et toujours si insuffisant, enfin si complètement changé, bien que conservant son nom primitif, et dont la première publication françoise fut la traduction de ce susdit *Prædium rusticum,* faite par Charles lui-même, et publiée après sa mort, in-4°, par les soins du médecin Jean Liebaut, son gendre, sous ee titre : L'Agriculture et Maison Rustique, de M. Charles Estienne, je crois, à Rouen, avec des corrections et additions fort nombreuses, mais qui le devinrent bien davantage dans les réimpressions suivantes.

5. DE LATINIS & græcis nominibus arborum, fruticum, herbarum, piscium & avium liber : ex Aristotele, Theophrasto, Dioscoride, Galeno, Aetio, Paulo Ægineta, Actuario, Nicandro, Athenæo, Oppiano, Æliano, Plinio, Hermolao Barbaro, & Joanne Ruellio : cum gallica eorum nominum appellatione : quarta editio. — *Lutetiae*, apud *Carolum Stephanum*. M. D. LIIII. Iu-8°.

6. JOAN. BACCHANELLI Regiensis de consensu Medicorum in curandis morbis libri quatuor. — *Lutetiae*, apud *Carolum Stephanum*. M. D. LIIII. In-16.

7. EJUSDEM de consensu Medicorum in cognoscendis simplicibus liber. — Ibid. M. D. LIIII. Idib. Septemb. In-16.

Ces deux Opuscules sont ordinairement reliés ensemble.

8. COMPENDIUM MICHLOL (absolutissimum) hebrææ grammatices Davidis Kimhi nunc primo editum; auctore Rodolpho Bayno, Cantabrigiense & sanctæ linguæ professore Regio Lutetiæ Parisiorum. — *Parisiis*, apud *Carolum Stephanum*. M. D. LIIII. In-4°.

9. INSTITUTIONES linguæ Syriacæ, Assyriacæ, atque Talmudicæ, una cum Æthiopicæ atque Arabicæ collatione. Addita est ad calcem Novi Testamenti multorum locorum historica enarratio, Angelo Caninio, Anglarensi authore. — *Parisiis*, *Carolus Stephanus*. M. D. LIIII. In-4°.

Cet Angelo Canini, d'Anghiari, est en-

core auteur de plusieurs autres ouvrages, dont un traité *de Hellenismo*, imprimé à Paris en 1555, et peut-être aussi par Charles Estienne.

10. RUDIMENTA Despauterii, cum accentibus. — *Lutetiæ, Carolus Stephanus*. M. D. LIIII. Idibus Septemb. In-8°.

11. (CAROLI Stephani) Latinæ linguæ cum Græca Collatio ex Prisciano, & probatiss. quibusque authoribus per locos communes literarum, partium orationis, constructionis ac totius grammatices. — *Lutetiæ*, apud *Carolum Stephanum* typographum Regium. M. D. LIIII. Calendis Junii. In-8°.

En tête sont deux Epîtres de l'auteur, Charles Estienne : l'une *Ad Lectorem*, et l'autre au cardinal Charles de Lorraine, auquel il a dédié encore d'autres ouvrages, et qui sans doute fut pour lui un généreux Mecène ; car il reconnoît son patronage par cette singulière date : *Ex tua Typographia*. Prid. Cal. Maji. M. D. LIIII.

12. (CAROLI Stephani) Dictionarium latino-græcum, in quo singulæ dictiones ac locutiones latinæ, græcis vocibus ac sententiis præmissæ, magnum utriusque linguæ commercium indicant. Hujus autem plurima pars ex Budæi vigiliarum reliquiis excerpta est. Ad Illustrissimum Principem, atque Amplissimum Cardinalem Lotharingium. — *Parisiis, Carolus Stephanus*. M. D. LIIII. XVI. Cal. April. In-4°.

Cette édition de 1554 est-elle une réimpression ? Je vois ce livre sur le Catalogue des livres de Robert, de 1552, exactement avec le même intitulé: mais comme il y est sans indication de prix, il se peut faire qu'on l'y ait placé par anticipation, et comme un livre encore en préparation et sous presse.

Dans ce volume l'Epitre adressée par Charles à son protecteur le cardinal de Lorraine, est datée, non pas comme dans Latinæ Linguæ Collatio *Ex tua Typographia*, mais *Ex nostra officina*, XVIII. Cal. Aprilis.

On voit que d'avril à mai il y eut progrès dans l'obséquiosité.

13. DIONYSII Halicarnassei Responsio ad Cn. Pompeij epistolam, in qua ille de reprehenso ab eo Platonis stylo conqueritur. Ejusdem Comparatio Herodoti cum Thucydide, & Xenophontis, Philisti, Theopompi inter se. Ejusdem ad Ammæum Epistola (adversus eos qui Demosthenem ab Aristotele præcepta eloquentiæ didicisse contendebant. Ejusdem de præcipuis linguæ græcæ authoribus. Elogia Maximi illius, qui Juliani imperatoris præceptor extitit. Libellus de oppositionibus insolubilibus. Omnia hæc græcè, cura Henrici Stephani.) — *Parisiis,* apud *Carolum Stephanum.* M. D. LIIII. In-8°.

Ce qui est ici en parenthèse se lit, non pas sur le titre, mais sur le feuillet qui le suit.

Avec une longue Épître ou Dédicace grecque de Henri à l'ambassadeur de France à Venise, Odet de Selve, par qui il avoit été gracieusement accueilli dans cette ville.

Cette Epître grecque est suivie d'une Epitre latine de Henri à P. Victorius.

14. DEFFENCE pour le Roy treschrestien contre les calomnies de Jacques Omphalius. — *Paris,* chez *Charles Estienne.* M. D. LIIII. In-4°.

Cette réimpression d'une édition de 1544 est bien de 1554 et non de 1552, quoique notée de cette année dans la Bibl. de la France, au n° 17611, qui, d'ailleurs, se trouve rectifié au n° 29969.

15. LETTRES au cardinal de Ferrare sur le voyage du roi (Henri II) aux Pays-Bas de l'Empereur, en l'an 1554, par (Bertrand) de Salignac, gentilhomme François. — *Paris, Ch. Estienne.* M. D. LIIII. In-4°.

Les mêmes Lettres ont été imprimées sous le titre suivant, à Paris, chez Estienne, et à Lyon, en 1554, in-4°, ensuite à Rouen, 1555, in-8o.

16. LE VOYAGE du Roy aux Pays-Bas de l'Empereur en 1554, brievement récité par lettres missives que (Bertrand) de Salignac ecrivoit du camp du Roy au Cardinal de Ferrare. — *Paris, Charles Estienne.* M. D. LIIII. In-4o.

Almeloveen et Maittaire, *Vitæ Steph.,* disent le cardinal de Guyse, ce que je crois d'autant plus être une erreur, que Maittaire se corrige dans les Annales Typ.

17. HASTARUM & auctionum origo, ratio, ac solennia. Authore Junio Rabirio jureconsulto, & apud Petragorios in subselliis Bergeraci causarum capitalium quæstore ac præfecto regio, cum indice locupletissimo. Senatuum Arestis omnia ferè confirmantur, ac humaniorum authorum loci plurimi illustrantur. — *Lutetiæ,* apud *Carolum Stephanum.* M. D. LIIII. Id. Maii. In-4°.

Dans le Catal. de De Thou, 1,228, ce livre est au nom de Robert Estienne: c'est une erreur, à moins qu'il n'y ait en partage, ce qui n'est pas probable pour un Opuscule de peu de feuillets.

Apud Petragorios doit signifier *chez les Périgourdins,* bien que ce ne soit pas tout-à-fait ainsi que s'écrivent les noms latins de Périgueux et Périgourdin.

18. TRAICTE de Plutarque de la Honte vicieuse, traduict en françois par François le Grand, procureur du Roy au baillage de Melun. — *Paris,* imprimé par *Charles Estienne.* M. D. LIIII. In-8o.

Voyez ci-dessus, page 102, à l'année 1544.

M. D. LV.

1. CANTICUM Canticorum, Ruth, Lamentationes Jeremiæ, Ecclesiastes, et Esther ; Hebraicè, collatis veteribus exemplaribus, & adhibito peritiorum judicio. — *Parisiis,* ex officina *Caroli Stephani,* Typographi Regii. M. D. LV. Mense Octobri. In-4º.

2. DEUX Livres de la Nature et diversité des poissons , avec leurs pourtraicts representez au plus près du naturel; par Pierre Belon, du Mans. — *Paris , Charles Estienne.* M. D. LV. In-8º oblong. Fig.

3. CAROLI Stephani Rudimentum Latino-Gallicum , cum accentibus. —*Paris , Charles Estienne.* M D.LV. In-8º.

4. LA Maniere d'exercer les enfans à décliner les Noms et les Verbes. — *Paris , Charles Estienne.* M. D. LV. Septembre. In-8º.

5. M. T. CICERONIS Opera. — *Parisiis, Carolus Stephanus.* M. D. LI—LV. In-fol.

4 tomes ordinairement reliés en deux gros volumes.

Sur un titre général est la date de M. D. LV. Apud Carolum Stephanum, Typographum Regium. Viennent ensuite une préface, une dédicace et *Ciceronis Vita.* Un autre titre porte : Tomus primus Operum M. Tullii Ciceronis, in quo hæc continentur. Rhetorica, Variæ Lectiones , Index copiosissimus. Lutetiæ, &c. M. D. LIIII., et sur le dernier feuillet : Excudebatur Lutetiæ cura ac diligentia Caroli Stephani. Ann. M.D. LI. III Non. Septembris.

Tomus secundus. Omnes ejus Orationes , variæ Lectiones , Index. M. D. LIIII sur le titre , pas de date à la fin.

Tomus tertius. Omnes Epistolas , et sur le titre : M.D. LIIII.

Tomus quartus. Opera philosophica. Sur le titre : M. D. LIIII. *A la fin :* M. D. LV. III. Cal. Martii.

Il se peut qu'il y ait dans les exemplaires quelques variations sur ces diverses dates, car j'ai vu des descriptions que je suis fondé à croire exactes, et qui, pour les années, n'avoient point parité entière avec celle-ci, dont je suis certain, l'ayant prise sur un exemplaire complet, qui est à la Bibliothèque du Roi. Il contient un grand nombre de notes de la main de Claude Du Puy.

Cette édition , bien et soigneusement imprimée, n'est guère autre chose que la reproduction de l'in-8º de Robert Estienne , 1543-1544 , avec quelques variations de texte, dont plusieurs n'ont pas été trouvées heureuses. Elle est peu recherchée.

En 1835, les journaux ont annoncé qu'à Orléans un libraire venoit d'acquérir un Cicéron de Charles Estienne, 1555, in-fol., tout rempli de notes de la main de Henri. On ajoutoit que le propriétaire, qui avoit payé cet exemplaire 15 francs, eu vouloit 1800 francs; et, tout récemment, une brochure allemande, publiée à Zurich, disoit que le propriétaire de ce Cicéron avoit refusé 1500 fr. , et en vouloit 2400 fr.

A Orléans, on a bien voulu me rendre le service d'examiner ce livre avec attention. Il est bien de Ch. Estienne , 1555, les quatre tomes reliés en deux volumes. Il est effectivement couvert d'innombrables notes de Henri , avec quelques-unes d'une autre main contemporaine , ces dernières surtout en grec. Sur les titres de deux des tomes est écrit : *Ex libris Henrici Stephani*, double signature qui authentique l'écriture des notes , bien reconnoissable d'ailleurs par sa beauté, même dans ses parties les plus négligées. Si le propriétaire le permet, je donnerai une page lithographiée qui contiendra le *fac-simile* d'un des *Ex libris*, et plusieurs lignes de notes.

Le propriétaire assure que jamais il n'a demandé 1800 francs, et encore moins 2400 francs ; qu'on ne lui a pas offert 1500 francs, et que ses prétentions sont de 1000 fr.

Tiendroit-il ferme à ce prix si on lui faisoit une offre ? c'est ce que je ne puis bien savoir, n'ayant pas eu l'intention d'acheter.

Ces nombreuses annotations prouvent que Henri vouloit aussi donner une édition des Œuvres entières de Cicéron.

6. M. T. CICERONIS Epistolarum familiarium liber secundus. Aliquot item Epistolæ ex cæteris libris, tum ad Atticum, tum ad alios, et duæ ex Seneca , selectæ in gratiam juventutis, cum Latina & Græca interpretatione , Mathurino Corderio authore. — *Parisiis ,* ex officina

Caroli Stephani, Typographi Regii. M. D. LV. In-8°.

7. Ovidii Elegia de Nuce , cum E- rasmi Commentario , ex postrema authoris recognitione. — *Lutetiae*, *Carolus Stephanus*. M. D. LV. VII. Cal. Octobr. In-8°.

8. Proverbiorum liber , Petro Go- dofredo , Carcasonensi juriscon- sulto , procuratore regio , authore. —*Parisiis, Carolus Stephanus.* M.D.LV. In-8°.

9. Christophori Hegendorphini Methodus conscribendi epistolas , & Dragmata locorum rhetoricorum ac dialecticorum. — *Parisiis*, apud *Carolum Stephanum*. M. D. LV. VI. Cal. Nov. In-8°.

M. D. LVI.

1. Pentateuchus , hebraice. — *Parisiis*, ex officina *Caroli Stephani.* M. D. LVI. In-4°.

Chevillier, page 298 , donne à ce livre la date de 1546 , ce qui ne peut être qu'une erreur. Charles n'a véritablement commencé à imprimer qu'en 1551.

2. Brevis Tractatus de accentibus trium librorum, Job, Proverb. & Psalm. (Quorum ratio à nemine an- tehac plenè exposita est) Authore Juda filio Belham , Hispano, nunc primum editus. — *Parisiis* , ex of- ficina *Caroli Stephani* Typographi Regii. M. D. LVI. In-4°.

3. Placitorum Summæ apud Gal- los Curiæ libri XII, multis , a prima editione , placitis insignibus aucti, & tribus commodiss. Indicibus il- lustrati , per Johannem Lucium.— *Lutetiae* apud *Carolum Stephanum.* M. D. LVI. X. Cal. Apr. In-fol.

4. Institutionum Hebraicarum

Abbreviatio, M. Sancte Pagnino Lu- censi authore. — *Parisiis* , apud *Carolum Stephanum*. M.D. LVI. Id. Feb. In-4°.

5. Tabula in Grammaticam He- bræam, authore Nicolao Clenardo. — *Parisiis*, ex officina *Caroli Ste- phani*. M. D. LVI. In-4°.

6. Plutarchi Libellus de Fluvio- rum & montium nominibus, et quæ in iis reperiuntur : Latine , inter- prete Ang.-Ver. — *Parisiis* , apud *Carolum Stephanum*. M. D. LVI. In-8°.

Le traducteur n'est connu que par ces premières lettres de son nom ; mais cette traduction se retrouvant imprimée dans le Recueil des Ouvrages d'Adr. Turnebe, tom. 11e ; n° 10 , avec la même Epître dédica- toire, accompagnée de la même signature Ang. Ver., on ne se tromperoit peut-être pas en la lui attribuant.

M. D. LVII.

1. Joel , Hebraice , cum Com- mentariis R. David Kimhi a Fran- cisco Vatablo Hebraicarum litera- rum regio professore , summa cura & diligentia recognitis ; adjecta insuper varia lectione , & Indice lo- corum qui ex Talmud citantur , per Joan. Mercerum professorem re- gium: — *Parisiis* , ex officina *Ca- roli Stephani*. M. D. LVII. Mense Ni- san (Mart.-April.) In-4°.

2. Chaldaea Jonathæ , Uzielis filii Interpretatio in duodecim Pro- phetas diligenter emendata, & punc- tis juxta analogiam grammaticam, per Joannem Mercerum Hebraica- rum literarum professorem Regium. Hoseas & Joel cum explicatione lo- corum obscuriorum Targum , per eundem. — *Parisiis* , ex officina

Caroli Stephani Typographi Regii. M. D. LVII. In-4°.

Cette édition des Douze petits Prophètes, en hébreu, avec le Targum, ou Paraphrase Chaldaïque, forme trois volumes, dont ce premier, qui porte le titre général, contient seulement Osée et Joel. Voici les intitulés du second volume, contenant Amos, Abdias et Jonas, et du troisième, où sont Michée, Nahum, Habacuc, Sophonias, Aggée, Zacharie et Malachie.

3. CHALDAEA Interpretatio Amos, Abdiæ & Jonæ, punctis juxta analogiam grammaticam notata, cum varia lectione per Joan. Mercerum, & ejusdem in loca difficiliora scholiis. — Ibid. M. D. LVII. In-4°.

4. CHALDAEA Interpretatio Michææ, Nahum, Habacuc, Sophoniæ, Haggæi, Zachariæ et Malachiæ, punctis juxta analogiam grammaticam notata, diligenterque emendata, adjecta etiam exemplarium hinc indè collatorum varia lectione per Joan. Mercerum. — Ibid. M. D. LVIII. In-4°.

J'ai rapporté les trois intitulés, afin que, rencontrant séparément l'un ou l'autre de ces trois rares volumes, on sache positivement ce que l'on devroit encore avoir pour compléter le recueil. Voir Habacuc, à l'année 1559, page 112.

Il est à noter que la troisième partie appartient à l'année 1558. Maittaire, après l'y avoir placée, la met encore à 1559, ce qui supposeroit deux éditions successives, auxquelles je ne croirois, qu'après avoir vu et comparé un ex. de chacune de ces deux années. Je crois bien plutôt que l'une des deux dates est une erreur de liste.

5. DE Diversis regulis juris antiqui Pandectarum libri quinquagesimi, Titulus XVII & ultimus. In easdem vetus, sed incerto auctore brevis & elegans Commentarius. — *Lutetiae*, apud *Carolum Stephanum.* M. D. LVII. In-8°.

Réimpression de l'édition de 1552, avec la même épître, la même préface *ad Lectorem*, sauf quelques mots changés dans la première de ces deux pièces.

6. ELEGANTIARUM Laurentii Vallæ libri sex, carmine perscripti, cum brevissimis scholiis, Joanne Roboamo Raverino authore. — *Lutetiae*, apud *Carolum Stephanum.* M. D. LVII. In-8.

Maittaire, Ann. Typ. III, 702, mentionne une autre édition de Paris, de même 1557, in-8°, *apud Thomam Richardum*, entièrement semblable à celle-ci. Ne seroit-ce point une édition partagée entre ces deux libraires ?

7. DE Octo Orationis partium constructione Libellus, cum commentariis Junii Rabirii. — *Lutetiae*, apud *Carolum Stephanum*. M. D. LVII. V. Cal. Feb. In-8.

8. CAROLI Stephani Thesaurus Ciceronianus. — Ibid. M. D. LVII. In-fol.

Niceron, et les Ann. Typ., III, 688, mettent 1556. C'est la date de la préface, IIII. Nov. M. D. LVI.

M. D. LVIII.

1. M. T. CICERONIS Opera. M. D. LVIII. In-fol.

Cette édition, mentionnée par Maittaire, sur l'autorité d'Almeloveen, n'existe véritablement pas ; à peine le dernier volume de celle de 1551–54–55 étoit-il achevé et publié. Aussi ne la fait-il plus figurer dans les Ann. Typ.

2. RUDIMENTA prima Latinæ Grammatices & modus examinandæ constructionis in oratione, Johanne Pellissone Condriensi authore. — *Parisiis*, ex officina *Caroli Stephani*. M. D. LVIII. In-8.

Réimpression des trois éditions de Robert, de 1529, 1533 et 1547.

M. D. LIX.

1. HABACUC cum commentariis R. David Kimhi, à Francisco Vatablo, Hebraïcarum literarum Regio professore, summa cura & diligentia recognitis : adjectis insuper scholiis Masoræ, varia lectione, atque indice locorum quos Kimhi citat ex Talmud, per R. Mercerum linguæ Heb. professorem Regium. — *Parisiis*, ex officina *Caroli Stephani* Typographi Regii. M. D. LIX. In-4°.

2. PLACITORUM Summæ apud Gallos Curiæ Libri XII, per Johannem Lucium. — *Parisiis, Carolus Stephanus.* M. D. LIX. Idibus Febr. In-fol°.
De 1553 à 1559, voilà trois éditions de ce Recueil.

3. DE Latinis et Græcis nominibus arborum, fruticum, &c. — *Lutetiae*, apud *Carolum Stephanum.* M. D. LIX. In-8°.

4. ALPHABETUM Hebraicum. — *Lutetiae*, ex officina *Caroli Stephani.* M. D. LIX. In-8°.

5. RUDIMENTA prima Latinæ Grammatices & modus examinandæ constructionis in oratione, Johanne Pellissone Condriensi authore. — Ibid. M. D. LIX. In-8°.

6. CONTEXTUS Universæ Grammaticæ Despauterianæ, cum suorum Commentariorum Epitome concinnata per Joannem Pellissonem Condriensem. — *Lutetiae*, apud *Carolum Stephanum.* M. D. LIX. Idib. Januar. In-8°.

7. RUDIMENTA Latino-Gallica, cum accentibus. — *Lutetiae* apud *Carolum Stephanum.* M. D. LIX. XV. Cal. Feb. In-8.

8. PETIT Dictionnaire François-Latin. — *Paris, Charles Estienne,* M. D. LIX. In-4°.
Réimpression de la dernière édition de Rob. Estienne, 1557, où ce livre est nommé *Dictionariolum Gallico-Latinum.* Voyez ci-dessus, page 88.

9. DICTIONARIUM Poeticum, quod vulgo inscribitur Elucidarius Carminum, multo quam antehac emendatius. Ibid. M. D. LIX. Prid. Cal. Jan. In-8°.
Imprimé par Robert Estienne en 1530, 1535, 1541 et 1550. Les corrections de cette cinquième édition sont l'ouvrage de Charles.

M. D. LX.

1. RUDIMENTA prima Latinæ Grammatices, & Modus examinandæ constructionis in Oratione ; J. Pellissone authore. — *Lutetiae*, apud *Carolum Stephanum.* M. D. LX. XV Cal. Maii. In-8.

2. CATONIS Disticha de Moribus, cum Latina et Gallica interpretatione : Dicta Sapientum, cum sua quoque interpretatiuncula. — *Lutetiae*, apud *Carolum Stephanum.* M. D. LX. In-8o.

M. D. LXI.

1. DICTIONARIUM Latino-Gallicum, jam inde post multas editiones plurimum adauctum. — *Lutetiae*, apud *Carolum Stephanum.* M. D. LXI. Non. Feb. In-fol.
On trouve des exemplaires *Apud Jacobum Dupuis et Carolum Stephanum.* Voyez ci-dessus, page 101, le même livre à François Estienne.

2. Syntaxis Johannis Despauterii. — *Lutetiae*, ex officina *Caroli Stephani.* M. D. LXI. Idibus Aprilis. In-4°.

———

Les volumes suivants, ouvrages de Charles, n'ont pas été imprimés chez lui.

1. (*Gli Ingannati*) Comedie du Sacrifice des professeurs de l'Académie Senoise, nommez *Intronati*, celebrée ès jeux d'un Karesme prenant, à Senes, traduicte de langue Tuscane (par Charles Estienne). — *Paris*. 1540. In-16.

Réimprimé à Lyon, 1543, in-12 ou in-16, et aussi à Paris, Estienne Groulleau, 1556, in-16, sous le titre des *Abusez*. Il est assez singulier que cet ouvrage de Charles Estienne se réimprime à Paris, ailleurs que chez lui, qui, depuis plusieurs années, étoit Imprimeur.

2. Premiere Comedie de Terence, intitulée l'Andrie, traduite en prose françoise, par Charles Estienne. Avec un bref recueil de toutes les sortes de jeux qu'avoient les anciens Grecs et Romains, et comment ils usoient d'iceux. — *Paris, Gilles Corrozet*, 1542. In-16.

3. De Dissectione partium Corporis humani Libri tres, à Carolo Stephano, Doctore medico, editi una cum figuris, & incisionum declarationibus à Stephano Riverio Chirurgo compositis. — *Parisiis*, apud *Simonem Colinæum.* M. D. XLV. In-fol. Fig. en bois.

La Bibliothèque Royale possède un bel exemplaire de ce livre, imprimé sur vélin, avec les figures peintes, mais avec un feuillet imprimé sur papier. Acheté 541 fr. chez Mac Carthy, qui l'avoit payé 500 fr. en 1789, à la vente Soubise, il vient de la Bibl. de De Thou, dans le Catalogue de laquelle je le vois ainsi indiqué en une addition manuscrite, à la page 172 du tome second : *Aliud exemplar in charta Pergamena.*

La préface de Charles à un jeune ami, *Riverio suo*, mentionnée ci-dessus, p. 98, s'adresse indubitablement à cet Etienne de La Riviere, devenu depuis chirurgien habile.

4. La Dissection des Parties du Corps humain, divisée en trois livres ; par Charles Estienne, Docteur Medecin : avec les figures et déclarations des incisions, par Estienne De la Riviere, chirurgien. — *Paris, Simon de Colines.* M. D. XLVI. In-fol. Fig.

———

HENRICUS STEPHANUS SECUNDUS.

1. Anacreontis Teij Odæ, gr. et lat. ab Henrico Stephano luce & latinitate nunc primum donatæ. — *Luteliae*, apud *Henricum Stephanum* ex privilegio Regis. M. D. LIV. In-4°.

Première édition. Il en existe un exemplaire sur vélin à Blenheim, dans la Bibliothèque de Marlborough : il est à la reliure de Grolier.

Jos. Scaliger a avancé, mais sans preuves suffisantes, que la version latine étoit, non pas de Henri Estienne, mais d'un poète de ce temps, Joannes Auratus (Jean Dorat). Si Henri se fût approprié cette traduction sans le consentement de l'auteur, il y auroit eu tôt ou tard réclamation et désaveu. Or ce Jean Dorat n'a point réclamé. S'il y avoit eu accord entre eux, on eût fini par le savoir; ces secrets littéraires sont rarement gardés, et la vanité est là pour faire ses révélations.

dem comparatis in calce libri habentur. — Ex officina *Henrici Stephani*. M. D. LVI. In-4°.

Ces poètes sont Salmon Macrin, Flaminius, Helius Eobanus Hessus et G. Buchanan, auxquels Henri ajoute un cinquième, Rapicius Jovita, Italien. Il met Buchanan au premier rang; après lui Flaminius; le François S. Macrin vient ensuite, *longe inferior*. De l'Allemand Eobanus il dit : « Si quis metrum detrahere velit, nihil commune cum poesi habere comperietur. » Quant à Rapicius Jovita, « fere unicuique non omnino malo versui pessimum subjungit. » C'est bien aussi quelquefois le cas de Henri dans ses travaux poétiques.

Dans Nicéron, ce titre est de 1556, in-4°, 96 pages.

Maittaire, *Vitæ Steph.*, p. 41, le met in-8°, sans date, copiant, pour l'intitulé, le Catal. de Henri. Il paroit avoir voulu se rectifier dans les Ann. III, 466 et 673, où, se conformant à Nicéron, il le remet in-4°, et de 1556.

1. Davidis Psalmi aliquot Latino carmine expressi a quatuor illustribus Poetis, quos quatuor regiones Gallia, Italia, Germania, Scotia genuerunt : in gratiam studiosorum poetices inter se commissi ab Henr. Stephano, cujus etiam nonnulli psalmi Græci cum aliis Græcis iti-

1. Athenagorae Atheniensis philosophi Christani Apologia pro Christianis, ad imperatores Antoninum & Commodum. Ejusdem, De resurrectione mortuorum. Ex antiquis exemplaribus libellus ille nunc primùm profertur, hic autem castigatior quàm antea editur (cum versione latina subjuncta Conradi

Gesneri et Petri Nannii ; ac ipsius Gesneri et Henr. Stephani notis). — Ex officina *Henrici Stephani*. M. D. LVII. In-8º.

A la p. 190 est une Épître ou Dédicace de Henri, ex Typographeio nostro, x Cal. Jun. Petro Nannio (Nanning) savant Hollandois, avec lequel il avoit, en 1551, fait connoissance à Louvain, et auteur de la traduction de l'Opuscule *De Resurrectione*. La traduction de l'Apologie est de C. Gesner.

2. **MAXIMI** Tyrii Philosophi Platonici Sermones sive Disputationes XLI. Græcè nunc primum editæ. — Ex officina *Henrici Stephani Parisiensis* typographi. M. D. LVII — Eædem, latinæ, ex Cosmi Paccii archiepiscopi Florentini interpretatione, ab Henrico Stephano quamplurimis in locis emendata. — Ibid. M. D. LVII. In-8.

Première édition grecque de ce livre, apporté de Grèce à Laurent de Médicis, par le savant J. Lascaris. La version latine de Cosme Paccio, ici beaucoup corrigée, avoit été imprimée à Rome, 1517, in-fol. Dans sa préface, Henri dit que Paccio s'étoit, dans cette version, si souvent et si grossièrement trompé, qu'il lui avoit fallu revenir sur l'estime que précédemment on faisoit de son habileté.

Sur le Catal. de De Thou, t. II, pag. 4, au titre de ce livre, on a ajouté à la main : R. mar. gr. p. L'exemplaire, en mar. r. a été vendu à la vente Soubise 11 l. 12 s., et le propriétaire actuel de ce bel ex. peut vérifier s'il est sur un papier supérieur à celui de toute l'édition, ce que je ne suis pas disposé à croire. Fait avec marges un peu grandes, ce volume peut facilement être réputé en grand papier, lorsqu'il a été suffisamment ménagé par le relieur.

3. **ARISTOTELIS** et Theophrasti Scripta] quædam, græce, quæ vel nunquam antea, vel minus emendata quam nunc, edita fuerunt, (cum notis Henrici Stephani). — Ex officina *Henrici Stephani Parisiensis* typographi. M. D. LVII. In-8.

Avec une Épitre ou Dédicace de Henri à P. Vettori.

4. **CICERONIS** volumen Epistolarum quæ *Familiares* olim dictæ, nunc rectiùs *ad Familiares* appellantur. Commentationes diversorum in has Epistolas partim antea, partim nunc primùm editæ seorsum prodeunt. — Excudebat *Henr. Stephanus*. M. D. LVII. In-8.

Ces notes ou commentaires *Diversorum* sont de Denis Lambin, de C. Sigonio, de Denis Canter, de Henri lui-même, et surtout de Paul Manuce.

5, **CICERONIANUM** Lexicon Græcolatinum. Id est, Lexicon ex variis Græcorum scriptorum locis à Cicerone interpretatis collectum ab Henrico Stephano. Loci Græcorum authorum cum Ciceronis interpretationibus. — Ex officina *Henrici Stephani* Parisiensis typographi. M. D. LVII. In-8.

Le Recueil qui suit fait partie du volume, et doit nécessairement y être joint.

IN M. T. Ciceronis quam plurimos locos Castigationes Henrici Stephani : partim ex ejus ingenio, partim ex vetustissimo quodam & emendatissimo exemplari. — Ibid. M. D. LVII. In-8.

6. **ÆSCHYLI** Tragœdiæ VII, Græcè : quæ cum omnes multò quàm antea castigatiores eduntur, tum vero una, quæ mutila et decurtata prius erat, integra nunc profertur. Scholia in easdem, plurimis in locis locupletata et emendata, Petri Victorii cura et diligentia (cum Henr. Stephani observationibus). — Ex officina *Henrici Stephani* Parisiensis typographi. M. D. LVII. In-4º.

P. Vettori (Victorius) ne trouvant pas facilité à publier en Italie ses annotations sur Æschyle (Lucubrationes in Æschylum), en fit envoi à Henri qui s'empressa de mettre en lumière le travail de son savant ami. Après le texte, souvent corrigé avec avantage, il réunit toutes les variantes écrites aux marges du volume de Victorius, et d'autres que lui fournit un manuscrit en sa possession. A l'aide d'un manuscrit de la Bibl. du pape Paul III (Alex. Farnèse), il put compléter la tragédie d'Agamemnon, dont la fin, qui manque dans les trois précédentes éditions grecques d'Æschyle (Alde, 1518, Robortel, 1552, Adr. Turnebe, 1552), dans celle-ci n'occupe pas moins de 16 pages et demie. Il n'eut pas le même bonheur pour les Coéphores, dont le commencement n'a pu être retrouvé, sauf une partie du Prologue, imprimée pour la première fois dans la petite édit. de G. Canterus, Plantin, 1580, in-16. Aux scholies et corrections de Victorius, Henri ajouta ses propres notes.

7. Ex Ctesia, Agatharchide, Memnone excerptæ Historiæ. Appiani Iberica. Item, de gestis Annibalis, græce. Omnia nunc primum edita. Cùm Henrici Stephani Castigationibus. — Ex officina *Henrici Stephani Parisiensis* typographi. M. D. LVII. In-8.

Avec une épître de Henri à C. Sigonio.

M. D. LVIII.

1. IMPP. Justiniani, Justini, Leonis novellæ Constitutiones. Justiniani Edicta ex bibliotheca illustris viri Huldrici Fuggeri, domini in Kirchperg, et Weyssenhorn, publicæ commoditati dicantur. Justiniani opus antea editum, sed nunc primùm ex vetustis exemplaribus studio & diligentia Henrici Scrimgeri Scoti restitutum atque emendatum, et viginti tribus Constitutionibus quæ desiderabantur, auctum. Cui et Edicta ejusdem Imperatoris, non prius edita, tanquam corollarium accesserunt. Justini autem et Leo-

nis Constitutiones (quæ et ipsæ in antiquis codicibus Novellæ cognominantur) nunquam antea in lucem prolatæ. Græce. — Excudebat *Henricus Stephanus*, Huldrici Fuggeri Typographus. M. D. LVIII. In-fol.

Cette édition est dédiée à Huldrich Fugger, Dominus in Kirchperg & Weyssenhorn, opulent protecteur de Henri, et l'un des principaux membres de cette célèbre famille de riches négociants, dont l'immense fortune fut souvent employée à protéger les arts et les lettres, à former des collections scientifiques et d'utiles établissements. Par les libéralités de Huldrich, Henri fut encouragé et soutenu dans les travaux difficiles et trop souvent onéreux de son Imprimerie; et il paroît certain qu'indépendamment d'une certaine somme qui lui fut donnée ou avancée, il recevoit chaque année cinquante écus en raison de quoi il s'intituloit *Illustris viri Huldrichi Fuggeri* (quelquefois *Fuggerorum*) *Typographus;* ce que l'on voit sur plusieurs de ses éditions, depuis celle-ci de 1558 jusqu'en 1568.

Les portraits de cette famille,[1] à commencer à Jacques Fugger, mort en 1469, ont été gravés et publiés avec notices biographiques, en un vol. in-fol. imprimé en 1595, en 1618 et 1620, et plus récemment encore en 1754.

M. D. LIX.

1. DIODORI Siculi Bibliothecæ historicæ libri quindecim de quadraginta : græcè. Decem ex his quindecim nunquam priùs fuerant editi. — Anno 1559, excudebat *Henricus Stephanus* Illustris viri Huldrici Fuggeri Typographus. In-fol.

Première et belle édition de dix des quinze livres dont se compose ce volume. Elle est dédiée par Henri à son Mécène Huldrich Fugger, que dans son Epître il conjure de continuer à ne rien épargner pour découvrir et rendre à la lumière les bons et anciens livres.

2. APPIANI Alexandrini Hispanica et Annibalica, latinè nunc primùm edita, ex Francisci Beraldi, linguæ Græcæ professoris doctissimi interpretatione. Hujus editionis margini appositæ numerorum notæ paginis Græci libri respondent, Henrici Stephani typis non ita pridem excusi (anno 1557). — Excudebat *Henricus Stephanus*, illustris viri Huldrici Fuggeri typographus. M. D. LX. In-8.

3. GENTIUM et Familiarum Romanarum Stemmata, Richardo Streinnio Barone Schwarzenavio auctore, Ad Illustrissimum Principem Carolum Archiducem Austriæ.—Excudebat *Henricus Stephanus* illustris Viri Huldrichi Fuggeri typographus. M. D LIX. XV. Cal. Mart. In-fol.

La Dédicace de ce jeune auteur, à peine âgé de vingt ans, adressée à l'archiduc Charles d'Autriche, est datée XVI Cal. Sept. 1558.

M. D. LX.

1. IMP. Leonis Augusti Constitutiones novellæ, aut correctoriæ legum repurgationes, Latinæ nunc primùm ab Henrico Agylæo factæ. Imp. Justiniani Edicta. Imp. Justini Constitutiones aliquot. Imp. Tiberii Constitutio una. Imp. Zenonis Constitutio una eodem interprete. Hujus editionis margini appositæ numerorum notæ paginas Græci exemplaris indicant ab Henrico Stephano excusi. — Excudebat *Henricus Stephanus*. M. D. LX. In-8.

2. PINDARI Olympia, Pythia, Nemea, Isthmia. Cæterorum octo Lyricorum Carmina, Alcæi, Sapphus, Stesichori, Ibyci, Anacreontis . Bacchylidis, Simonidis, Alcmanis,

nonnulla etiam aliorum : Omnia græce et latine. — Anno 1560 excudebat *Henricus Stephanus* Huldrici Fuggeri Typographus. In-16.

Deux parties qui toujours se réunissent.

M. D. LXI.

1. CATENA recentiorum Theologorum Protestantium in Psalmos & Cantica ex diversis Bibliorum locis. —*Henr. Stephanus.* M. D. LXI. In-fol.

2. CATENA in N. T. ex Theologis Protestantibus excerpta. — *Henr. Stephanus.* M. D. LXI. 2 vol. In-fol.

Ainsi annoncé dans le Cat. de De Thou, I, p. 161.

3. DISTICHA moralia, nomine Catonis inscripta : cum Gallica interpretatione, & ubi opus fuit, declaratione Latina. Hæc editio, præter præcedentes, non solum recentem authoris Maturini Corderii recognitionem, sed & Græcam Maximi Planudæ interpretationem & distichorum Indicem habet. Dicta Sapientum septem Græciæ ad finem adjecta, cum sua quoque interpretatiuncula.—Olivâ *Roberti Stephani.* M. D. LXI. In-8.

En 1556, Mat. Cordier avoit remis à Robert, son ami intime (amicum integerrimum), alors fixé à Genève, sa traduction (interpretationem) des Distiques de Caton, « ut eam ante annos viginti et amplius ab ipso Roberto impressam nunc à pluribus, quibus sæpius ab imperitis typographis edita fœdabatur, mendis repurgatam pro vetere (quæ inter eos, ex quo juvenis Lutetiæ docebat accrevit) amicitiâ, rursus excuderet. » Lettre de Mat. Cordier, datée de Lausanne, et qui doit être de 1556 ou 1557. Je ne vois pas que Robert ait fait une telle édition; et le volume de 1561, fait à Genève, soit par Henri, soit par quelque autre personne, dans l'Imprimerie délaissée par Robert, doit être le premier emploi de la révision envoyée par Cordier. Dans la préface de son *Dictionariolum*, 1557, ci-dessus, p. 88, Robert dit cependant avoir reçu et imprimé *nuper*, dernièrement, ces Distiques, de la dernière révision de Cordier. Il y auroit donc une édition de 1556 ou 1557. Ni Maittaire ni moi n'en avons trouvé traces. Une édition de Paris, 1560, in-8°, *apud Carolum Stephanum* est-elle faite sur cette révision de Cordier? c'est ce que je n'ai pu vérifier.

Que l'on ne trouve pas oiseuses ces *disquisitions* sur des livres de si peu d'importance et si souvent réimprimés. Ma tâche obligatoire est de donner une liste exacte et claire de toutes les éditions des Estienne. Nul embarras bibliographique ponr les Hérodotes, les Plutarques et les Xénophons, &c. et c'est précisément pour les petits livres si souvent réimprimés, qu'il y a une confusion et une incertitude que je dois chercher à faire disparoître. Dans les Annales Aldines, ce fut aussi pour des éditions les moins importantes, que leur multiplicité m'obligea souvent à de longues explications.

4. **XENOPHONTIS** omnia quæ extant Opera, multorum veterum exemplarium ope (quorum bonam partem Bibliotheca viri Illustris Huldrichi Fuggeri suppeditavit) a multis mendorum sordibus ità purgata, ut longè majóre cum fructu legi multòque faciliùs quàm anteà intelligi possint. Epistolarum Xenophontis fragmenta quædam hæc editio præter alias habet. In Xenophontem Annotationes Henrici Stephani, quibus partim varias lectiones examinare, partim locis aliquot obscuris lucem afferre, partim mendosos quosdam (in quibus veterum codicum auxilio destitutus fuit) suæ integritati restituere conatur. Indicem copiosissimum cum Latina interpretatione innumeris in locis emendata habebis. — Excudebat *Henricus Stephanus* Illustris viri Huldrici Fuggeri Typographus. M. D. LXI. In-fol.

5. **XENOPHONTIS** Operum Interpretationem à diversis editam Henr. Stephanus partim ipse recognovit, partim per alios recognoscendam curavit, in iis potissimum locis in quibus minus tolerabilis esse videbatur. Huic præfixa est ejusdem Henrici Stephani Oratio de conjungendis cum Marte Musis, exemplo Xenophontis. Hujus editionis margini appositi sunt numeri qui Græcam paginam Latinæ respondentem indicant, ut Index (qui paulo superioribus accuratior operi extremo adjectus est) ad utranque editionem lectori usui esse possit.— Ibid. M. D. LXI. In-fol.

On voit que le grec et le latin forment deux publications distinctes et séparées, disposition qui paroît avoir été combinée en faveur de ceux à qui le secours si souvent trompeur de l'interprétation latine pouvoit être inutile : le livre cependant n'est bien complet que lorsque les deux parties sont réunies. Il paroît certain que du grec il existe du grand papier. Un exemplaire annoncé comme tel fut vendu 4 guinées à la vente de Bridges. A Breslau, dans la Bibliothèque de Sainte-Elisabeth, on en conserve un exemplaire sur vélin.

Indépendamment de ses travaux personnels pour la collation et correction du texte grec, d'après plusieurs anciens manuscrits, dont plusieurs lui furent prêtés par la Bibliothèque Fugger, et pour la révision de la version latine, dont il fit lui-même celle du livre de la Cavalerie, Henri eut le concours de plusieurs savants distingués, du Crétois Fr. Portus, de Conrad Gesner, Joach. Camerarius, &c., et il a rendu son édition aussi supérieure à celle d'Alde (1525), que celle-ci l'emportoit sur l'édition de Ph. Junta, 1516. Henri réussit mieux encore dans la réimpression qu'il fit en 1581, et qui, moins brillante d'exécution que le volume de 1561, lui est littérairement très supérieure. Ainsi donc, à vingt années de distance, par ses deux éditions, il a puissamment contribué à corriger et éclaircir le texte très corrompu de Xénophon.

M. D. LXII.

1. GENESIS, Latine, cum Catholica expositione Ecclesiastica, ex probatis Theologis excerpta, Vatablo, Luthero, Calvino, Marlorato, &c. — Excudebat *Henricus Stephanus* Huldrici Fuggeri Typographus. M. D. LXII. In-fol.

2. PSALMI Davidis cum Catholica expositione Ecclesiastica, ab Augustino Marlorato collecta. Cantica ex diversis Bibliorum locis, cum simili expositione. — Ibid. M.D.LXII. In-fol.

3. CATENA recentiorum Theolog. Protestant. in Psalmos & Cantica ex diversis Bibliorum locis. — *Henr. Steph.* 1562. In-fol.

Le Cat. de De Thou, I, p. 156, intitule ainsi ce volume, que je n'ai point vu. Il le date de 1561 ; mais sur mon exemplaire de ce Catal., le I est remplacé à la main par un 2, ce qui rend certaine la date de 1562.

4. NOVI Testamenti Catholica expositio Ecclesiastica, id est, ex variis probatis Theologis excerpta ab Augustino Marlorato. Sive Bibliotheca expositionum Novi Testamenti, id est, Expositiones ex probatis omnibus Theologis collectæ, & in unum corpus singulari artificio conflatæ : quæ instar Bibliothecæ multis expositionibus refertæ esse possint. — M. D. LXII. In-fol.

L'impression de ces divers volumes avoit été commencée par Robert, qui mourut avant d'avoir pu la terminer. Je ne puis me refuser de citer ici un passage de l'Epître ou Dédicace de Henri *ad Joannem Viviacum*, qui, si elle sent le rhéteur par les expressions et le style, n'en contient pas moins vérité dans ce qu'elle dit de Robert.

« O mortem morienti quidem, si annos spectes, maturam, at superstitibus litera-rum studiosis præmaturam! O mortem spes eximias intercipientem! O mortem multos præclaros conatus interrumpentem, multaque præclara opera nobis invidentem! O mortem tribus linguis & tribus trium linguarum scriptoribus magnam jacturam afferentem! O Typographi mortem arti typographicæ exitium minitantem ! O mortem denique multis damnis & cladibus fœtam !.... »

La mort violente du pasteur Augustin Marlorat, pendu à Rouen, le 30 octobre 1562, par ordre du connétable Anne de Montmorenci et de François, duc de Guise, interrompit l'impression de ces Commentaires, dont Marlorat étoit en partie auteur, en partie compilateur, et avec l'aide duquel probablement Henri auroit complété cette collection de Commentaires Bibliques.

Maittaire, Ann. III, 719, met cette *editio prima* à l'année 1561. Est-ce une erreur de chiffre, ou bien y a-t-il deux dates dans le volume, ou des exemplaires de chacune des deux ?

5. SEXTI Philosophi Pyrrhoniarum hypotypωσεων libri III, Quibus in tres Philosophiæ partes severissimè inquiritur. Libri magno ingenii acumine scripti, variaque doctrina referti : Græcè nunquam, Latinè nunc primum editi, interprete Henrico Stephano, (cum ejus notis.)— Excudebat idem *Henr. Stephanus* Huldrichi Fuggeri Typographus. M. D. LXII. In-8.

Dédié par Henri à Henri de Mesmes, alors maître des requêtes (*Supplicum libellorum in Regia magistro*).

Ce ne fut que 59 ans après, en 1621, à Paris, que ce livre fut imprimé en grec pour la première fois.

6. THEMISTII Philosophi (Euphradæ ab eloquentia cognominati) Orationes XIIII. Græce. Harum sex posteriores, novæ, cæteræ emendatiores prodeunt, (cum Henr. Stephani notis.) — Excudebat *Henricus Stephanus* illustris viri Huldrichi Fuggeri Typographus. M.D.LXII. In-8.

Le titre annonce une version latine que Henri n'a point donnée. Aussi les mots *cum latina interpretatione* imprimés sur le titre, sont couverts par une bande de papier.

M. D. LXIII.

1. Mosis libri v. cum Johannis Calvini Commentariis : Genesis seorsum : reliqui quatuor in formam harmoniæ digesti. Præter Indices duos alphabeticos rerum quarundam in hisce Johannis Calvini commentariis notabilium, calci hujus voluminis adjectos, unum in Genesin, alterum in reliquos quatuor libros in formam harmoniæ dispositos : habes & tertium qui, singulorum capitum quilibet versus (varie alioqui, prout operis ratio postulavit, dispersi) quota pagina inveniri possint, protinus indicabit. — *Henricus Stephanus*. M. D. LXIII. In-fol.

2. Theodori Bezæ Responsio ad defensiones & reprehensiones Sebastiani Castellionis, quibus suam Novi Testamenti interpretationem defendere adversus Bezam & ejus versionem vicissim reprehendere conatus est. In hoc libello multi Novi Testamenti loci accuratissime excutiuntur, quorum indicem adjecimus. — Excudebat *Henricus Stephanus*. M. D. LXIII. In-8°.

3. J. Calvini Rudimenta Fidei Christianæ, vel rudis & elementaria quædam institutio : quam Catechismum veteres appellarunt. Huic addita est Ecclesiastica precum formula : græce & latine. — Excudebat *Henr. Stephanus*, illustris viri Huldrichi typographus. M. D. LXIII. In-16.

4. De Abusu linguæ Græcæ, in quibusdam vocibus quas Latina usurpat, Admonitio Henrici Stephani. Ejusdem tetrastichon :

Qui non Græcus erat, vocitatus barbarus olim :
    At quæ Græca prius , barbara facta queror.
Huic, Graium manes, grates agitote libello,
    Barbaries ejus namque fugatur ope.

— Excudebat *Henricus Stephanus*. M. D. LXIII. In-8.

M. D. LXIV.

1. Esaiæ Prophetia, cum Catholica Expositione Ecclesiastica, ab Aug. Marlorato collecta. Adjectus est Index locuples & artificiose digestus, huic expositioni communis cum ejusdem generis expositionibus in Genesin, & in Psalmos antehac ab eodem Marlorato editis. — Excudebat *Henricus Stephanus*. M. D. LXIIII. In-fol.

2. Novi Testamenti catholica Expositio Ecclesiastica, &c. ab Augustino Marlorato. Secunda editio. — *Genevæ*, excudebat *Henricus Stephanus*. M. D. LXIIII. In-fol.

Pour l'énoncé du titre, voyez à l'année 1562, la première édition.

Il est à croire que c'est ce volume qu'Almeloveen annonce sous le titre de *Augustini Marlorati Opera omnia*. Genevæ, 1564, In-fol. Edition qui n'existe pas.

3. (Henr. Stephani) Dictionarium medicum, vel, expositiones vocum (græcarum) medicinalium, ad verbum excerptæ ex :

Hippocrate,   Aetio,
Aretæo,   Alex. Tralliano,
Galeno,   Paulo Ægineta,
Oribasio,   Actuario,
Rufo Ephesio,   Corn. Celso.

Cum latina interpretatione. Lexica duo in Hippocratem huic dictionario præfixa sunt, unum, Erotiani, nunquam antea editum, alterum,

Galeni, multò emendatius quàm antea excusum : (notæ Henr. Steph. in utrumque, C. Gesneri in Erotian.) —Excudebat *Henr. Stephanus*, illustris viri Huldrichi Fuggeri typographus. M. D. LXIIII. In-8°.

Ce livre étoit sous presse dès l'année 1556; car le Lexique d'Érotien est cité page 384 de l'Æschyle publié au commencement de 1557.

On trouve dans *Scaligerana prima*, article *Erotianus*, une censure amère de cette édition. L'auteur y prend occasion de jeter du blâme sur la manière de travailler de Henri, et le lecteur ne peut manquer d'y voir l'animosité qui dicte ces lignes offensantes. « Lexicon Erotiani extat Genevæ apud Henricum Stephanum excusum, apud quem invenias auctores mire depravatos, quippe qui φιλαυτία laborans temerè, quicquid displicet, immutat et corrumpit. Non ità Plantinus Antuerpiensis, fidelissimus typographus. »

Il est impossible que, dans le difficile travail de la révision et correction de ces vieux écrits, la plupart venus à nous dans un déplorable état d'altération et de confusion, l'éditeur le plus savant et le plus judicieux ait infaillibilité continuelle dans son choix des leçons diverses, et bonheur complet dans ses conjectures. Henri ne fut certainement pas infaillible ; mais il est bien reconnu que, dans sa glorieuse et pénible carrière, il n'a point fait de chutes; que ses faux pas, s'il peut lui en être reproché, ont été rares et de peu d'importance ; on sait d'ailleurs que les très savants Scaliger père et fils n'étoient pas en usage de critiquer avec bienveillance et moderation.

Quant à l'emphatique qualification *fidelissimus*, donnée à Plantin, avec l'intention non dissimulée de rabaisser d'autant le travail littéraire et personnel de Henri, voyons quelle est ici sa véritable valeur. Plantin fut typographe habile, diligent dans les labeurs de son officine, très soucieux de la correction de ses livres, ainsi que de leur bonne exécution ; mais les louanges ou les critiques méritées par ses publications ne peuvent arriver jusqu'à lui que comme Imprimeur, comme industrieux fabricant. Le travail d'éditeur n'étoit point dans ses attributions, et jamais il ne fut exposé à se rendre personnellement coupable de témérité ou d'infidélité dans le choix de variantes grecques : il n'avoit pas eu le bonheur d'une suffisante éducation classique. Les Anversois, qui le nomment encore avec orgueil le grand Plantin, reconnoissent qu'il n'étoit pas savant, et avouent que, pour les lettres latines qu'il lui falloit écrire, Juste Lipse lui prêtoit un officieux et discret secours. Plantin mérite les plus grands éloges pour les importants et utiles travaux qui remplirent sa carrière typographique ; il eut au plus haut degré le talent de savoir *faire faire*, et tient un des premiers rangs parmi ce que, depuis quelques années, on nomme les grands industriels. De nos jours, il auroit eu des premiers les presses mécaniques, et des meilleures et des plus expéditives. Par sa constante activité, et un heureux choix de savants aides-littéraires, il opéra avec assez de succès pour avoir jusqu'à vingt-deux presses roulantes, et quelquefois plus, nombre prodigieux pour ce temps-là, tandis que les Manuce, les Estienne n'en eurent habituellement que de deux à quatre ; dans les circonstances difficiles, et pour eux elles furent fréquentes, ils en entretinrent à peine une, et presque jamais au-delà de cinq à six. Aussi, malgré le dispendieux échec de sa belle Bible Polyglotte, Plantin sut acquérir des richesses, qui, transmises à sa famille, furent par elle successivement augmentées dans l'exercice de la même profession, et sont encore aujourd'hui le patrimoine[1] de plusieurs de ses honorables descendants. Tout au contraire, ces savants et studieux Imprimeurs, dont la renommée durera tant que s'exercera l'art de la typographie, et dont les plus réels titres de gloire sont les immenses travaux littéraires qui leur sont personnels, ont été, pendant une partie de leur vie, dans la mal-aisance, et jamais au-dessus d'une étroite médiocrité : le dernier des Manuce est mort presque insolvable; et deux des Estienne, Henri, le plus justement célèbre, Antoine, qui de toute cette longue famille eut les plus considérables ateliers, sont morts à l'Hôtel-Dieu, Henri à celui de Lyon, et Antoine à Paris, suivant ce qu'assure Almeloveen, qui paroît avoir pris à ce sujet de soigneuses informations.

Amené par l'offensante censure de Jos. Scaliger à parler de Plantin , j'ai cru bien faire de mettre ici en parallèle ces trois familles typographiques , qui honorent leur siècle , et dont chacune mérite une grande part d'éloges, bien qu'à des titres qui , pour tous , ne sont pas les mêmes.

4. FRAGMENTA Poetarum veterum latinorum, quorum opera non extant :

Ennii ,	Pacuvii ,
Accii ,	Afranii ,
Lucilii ,	Nævii ,
Laberii ,	Cæcilii ,

Aliorumque multorum : undique à Rob. Stephano summa diligentia olim congesta : nunc autem ab Henrico Stephano ejus filio digesta, et priscarum quæ in illis sunt vocum expositione illustrata : additis etiam alicubi versibus græcis quos interpretantur. Hoc in gratiam studiosorum carminis : propediem autem et amatoribus orationis solutæ in simili labore (Deo favente) gratificabimur.— Excudebat *Henricus Stephanus*, illustris viri Huldrichi Fuggeri typographus. Anno M. D. LXIIII. In-8°.

On voit que Henri promettoit un semblable travail pour les écrivains latins en prose. Il est fâcheux qu'un aussi curieux ouvrage n'ait pas été exécuté.

5. THUCYDIDIS Olori filii de bello Peloponnesiaco libri octo (una cum scholiis græcis suas in sedes magna ex parte repositis, et integritati suæ restitutis plerisque in locis). Iidem latinè, ex interpretatione Laurentii Vallæ, ab Henrico Stephano recognita. — Excudebat *Henricus Stephanus*, illustris viri Huldrichi Fuggeri typographus. M. D. LXIIII. In-fol.

Il y a de cette édition des exemplaires sur plus grand et meilleur papier ; ils sont rares , mais ne se paient pas un haut prix.

M. D. LXV.

1. LA BIBLE, qui est toute la saincte Escriture : contenant le vieil et le nouveau Testament, autrement la vieille et la nouvelle alliance (avec les notes marginales). On a nouvellement adjousté en ceste edition entre autres choses, des figures esquelles sont cottez les passages correspondans des quatre derniers de Moyse. — L'olivier de *Henri Estienne*. M. D. LXV. In-fol.

2. JESU CHRISTI D. N. Novum Testamentum sive Novum Fœdus, cujus Græco textui respondent interpretationes duæ : Una, vetus ; altera, nova, Theodori Bezæ, diligenter ab eo recognita. Ejusdem Th. Bezæ annotationes, quas itidem hac secunda editione recognovit, et accessione non parva locupletavit. Indices etiam duo , theologis (præsertim Hebraicæ, Græcæ et Latinæ linguæ studiosis) multum profuturi, adjecti sunt. Responsio ejusdem ad Sebastianum Castellionem, in qua multi N. Testamenti loci accuratissime excutiuntur, seorsum excusa prostat. — *Genevæ* , *Henricus Stephanus*. M. D. LXV. In-fol.

La réponse de Théod. de Bèze est de 1563. Voyez ci-dessus , page 120. *Hac secunda editione :* je ne connois pas celle qui seroit la première : elle doit avoir paru vers 1558, in-8° , imprimée peut-être chez Robert. Je n'en vois de traces que dans le Catal. Pinelli, n° 64. « Nov. Test. a Theodoro Beza, Gr. Lat. Absque ulla nota. In-8°.

Cet in-fol. de 1565 est noté en grand papier au Catalogue de César de Missy, Londres, 1777, n° 380.

3. NOVUM TESTAMENTUM , latine,

Theodoro Beza interprete. — Ibid.
M. D. LXV. In-8°.

C'est la version latine déjà imprimée dans
l'in-fol. qui précède. L'auteur y a ajouté
une Dédicace (Epistola) au prince de Condé,
datée 10 Cal. Mart. 1565.

Cette traduction fut entreprise par les
conseils et à la prière de J. Calvin et
de Robert Estienne. Après sa première
publication, elle fut revue et perfectionnée par l'auteur, qui la reproduisit en
cette année 1565, sous les formats in-fol. et
in-8°. Dans sa préface, il dit de son Imprimeur qu'il l'avoit en grande estime,
pour ce qu'il n'étoit point « ex scelerato eo
Typographorum grege, qui ea sunt impie-
tate et avaritia, ut dum lucrum captant,
nihil sit tam impium quod non obtrudant,
digni planè qui communi omnium principum
authoritate severè coerceantur. » Les princes
de toutes couleurs n'ont pas manqué à cette
sévère coercition.

4. **J.** Calvini Rudimenta Fidei
Christianæ, gr. et lat. &c. —L'olivier
de *Henri Estienne*. M. D. LXV. In-16.

Voyez ci-dessus, à l'année 1563, p. 120.

=====

M. D. LXVI.

1. LA CONFIRMATION de la disci-
pline ecclésiastique, observée es
Eglises réformées du Royaume de
France. Avec la responce aux ob-
jections proposées à l'encontre. —
Chez *Henri Estienne*. M. D. LXVI.
In-8°.

2. ALPHABETUM Hebraicum, in quo
literæ Hebraicæ describuntur; punctorum vocalium, accentuum forma
et vis : cum appellatione syllabarum
et dictionum Hebraicarum. Ex Antonii Cevallerii Hebraicarum literarum professoris recognitione. —
Oliva *Roberti Stephani*. M. D. LXVI.
In-8°.

3. RUDIMENTA Grammaticæ de
partium Orationis declinatu, ab authore Maturino Corderio recognita
et aucta. Appendix ejusdem ad
suum rudimentorum libellum nunc
primum edita. In-8°.

Maittaire, p. 79, met ce livre *apud Robertum;* mais à la page 120, incertain, il
dit : H. S. aut R. S. Dans ce dernier cas, ce
seroit une édition de Paris, et, par l'expression *recognita et aucta*, on voit que,
datée ou non, elle est certainement postérieure à celle qui figure au Catal. de Robert.
Voyez ci-dessus, page 92.

4. COLLOQUIORUM scholasticorum
libri quatuor ad pueros in sermone
latino paulatim exercendos, authore
Maturino Corderio. Colloquiorum
seu dialogorum græcorum specimen, authore Henrico Stephano. —
Apud *Henricum Stephanum*. In-8°.

Quoique sans date, ces deux volumes,
ainsi que le suivant, sont rapportés à l'année 1566. Dans celui-ci, Henri paroît avoir
voulu essayer pour l'étude de la langue grecque ce que Cordier avoit fait pour la langue
latine, mais il en est resté au specimen.

5. TRAICTÉ de la conformité du
langage françois avec le grec, divisé en trois livres, dont les deux
premiers traictent des manieres de
parler conformes : le troisieme contient plusieurs mots François, les
uns pris du Grec entièrement, les
autres en partie ; c'est-à-dire, en
ayant retenu quelques lettres par
lesquelles on peut remarquer leur
étymologie. Avec une Préface re-
monstrant quelque partie du des-
ordre & abus qui se commet au-
jourdhuy en l'usage de la langue
Françoise. En ce Traicté, sont des-
couverts quelques secrets tant de
la langue Grecque que de la Françoise : duquel l'auteur et Imprimeur
est Henry Estienne, fils du feu Robert Estienne. In-8°.

Ce volume, dépourvu de date, ne peut être postérieur à l'année 1566, puisqu'il est mentionné dans l'Apologie pour Hérodote (Épître à un sien ami, page 3), et que, dans l'Épître à Henri de Mesmes, Henri fait mention de la récente mort de sa femme, qu'il perdit de la fin de 1565 aux premiers mois de 1566. « Depuis environ cinq mois qu'il pleut à Dieu me priver de la doulce et heureuse compagnie de celle avec laquelle il m'avoit conjoinct par le lien qui est entre les Chrestiens le plus estroict. »

En 1569, cet ouvrage fut réimprimé à Paris, sans doute par Robert. Mon exemplaire ne porte cependant pas son nom, mais bien celui de Iaques du Puis; qui a fait imprimer d'autres livres chez Robert, et qui, pour ce volume, n'a peut-être son nom que sur une partie des exemplaires.

Quelques passages contre les moines et contre le Pape, ou bien signalant une de ces fraudes ecclésiastiques trop souvent pratiquées, des noms de Saints imaginaires, forgés tout exprès pour leur attribuer la puissance de guérisons miraculeuses, ne purent être conservés dans l'édition de Paris : mais vraiment ces plaisanteries sont très peu de chose, et, fondées ou non, elles ne sont point exprimées de manière à ce qu'il y ait à en regretter l'absence dans ce livre, qui est curieux et instructif, et dont la réimpression en plus grosses lettres est bien exécutée, et, en que'ques endroits, plus correcte que l'édition sans date.

6. FLORILEGIUM diversorum epigrammatum veterum, in septem libros divisum, magno epigrammatum numero & duobus Indicibus auctum : græce.

Henr. Steph. de hac sua editione Distichon.

Pristinus à mendis fuerat lepor antè fugatus, Nunc profugæ mendæ, nunc lepor ille redit.

M. D. LXVI. in-4º.

Dans ce très savant volume, Henri n'a pas aperçu, à la page 488, que ses correcteurs et ouvriers typographes reproduisoient la pièce de vers demi-iambes de Paul le Silentiaire, non pas ainsi qu'elle se voit dans les trois éditions Aldines du *Florilegium*, mais bouleversée et transformée en un inintelligible assemblage de mots, comme dans l'édition Juntine de 1519, dans celles de Paris, 1531, et de Basle, 1549. C'est probablement cette dernière que Henri aura donnée pour copie à ses compositeurs. Voyez Annales Aldines, seconde édit., tome premier, p. 101, et troisième édit., p. 43. En 1591, Bonav. Vulcanius écrivit à Henri au sujet de cette transposition de tous les vers de cette pièce.

7. POETÆ Græci Principes heroici carminis, & alii nonnulli.

1. Homerus,
2. Hesiodus,
3. Orpheus,
4. Callim.
5. Aratus,
6. Nicander,
7. Theocritus,
8. Moschus,
9. Bion,
10. Dionysius,
11. Coluthus,
12. Tryphiod.
13. Musæus,
14. Theognis,
15. Phocylides,
16. Pythagoræ Aurea carmina, Fragmenta aliorum.

Henrici Stephani Tetrastichon de hac sua editione.

Quæ facie invitat plures invitat ocellos.
Quum cultu corpus compta decente nitet,
Nativo prius hi nos illexere decore,
Illecebras cultus dat novus iste novas.

— Anno M. D. LXVI. Excudebat *Henricus Stephanus* illustris viri Huldrichi Fuggeri typographus. In-fol.

Depuis près de trois siècles que ce beau livre est imprimé, les poètes qu'il contient ont été l'objet de travaux d'érudition qui successivement en ont plus ou moins épuré, éclairci les textes, et par leurs notes, interprétations et autres accessoires littéraires, à la vérité quelquefois surabondants, en ont beaucoup facilité la lecture. Mais si cet important Recueil, que l'érudition classique consultera toujours, ne peut plus, autant qu'autrefois, être considéré comme livre d'usage habituel, il n'en demeure pas moins un des plus beaux monuments typographiques et littéraires, et l'honneur de nos Bibliothèques. Aussi, bien que hors de la catégorie des livres très rares, ce volume est-il, de tous ceux des Estienne, celui qui a acquis la valeur relativement la plus élevée. Un exemplaire, de parfaite conservation et de belle reliure, se paie quelquefois 150 fr. et au-delà. Le malheur est que le plus souvent on ne le rencontre que dans un état de fatigue attestant un long et fréquent usage. Quant au grand papier, il est extrêmement rare, d'une véritable élégance, et d'un prix exorbitant. L'exemplaire de De Thou, à son ancienne et belle reliure en mar. rouge, et qui est maintenant à notre Bibliothèque royale, a été payé mille francs à la vente le Caillard; mais c'est, à n'en point douter, le plus bel exemplaire existant. Sa dimension est de 382 millim. de hauteur, sur 221 de largeur.

8. PINDARI Olympia, Pythia, Nemea, Isthmia. Cæterorum octo Lyricorum carmina, Alcæi, Sapphus, Stesichori, Ibyci, Anacreontis, Bacchylidis, Simonidis, Alcmanis, nonnulla etiam aliorum. Editio II. græcolatina H. Stephani recognitione quorundam interpretationis locorum, & accessione lyricorum carminum locupletata.—Anno M.D.LXVI. Excudebat *Henr. Stephanus* illustris viri Huldrichi Fuggeri typographus. 2 vol. in-16.

Un peu plus ample et plus corrigée que la première édition de 1560, ainsi que l'annonce le titre.

9. L'INTRODUCTION au Traité de la conformité des merveilles anciennes avec les modernes, ou Traité préparatif à l'Apologie pour Hérodote. L'argument est pris de l'Apologie pour Hérodote, composée en latin par Henri Estienne, & est ici continué par lui-même :

Tant d'actes merveilleux en cest œuvre lirez
Que de nul autre apres esmerveillé serez.
Et pourrez vous sçavans du plaisir ici prendre,
Vous non sçavans pourrez en riant y appren-
[dre. —]

L'an M. D. LXVI, au mois de Nouembre. In-8º.

On annonce trois éditions sous cette même date, savoir l'originale de 572 pages, en petits caractères, avec l'Olivier d'Estienne sur le titre; une réimpression, mêmes caractères, mais sans l'Olivier, et une troi-

sième, en lettres plus grosses, avec l'Olivier, et ayant 680 pages, ces deux dernières ne conservant plus, à la page 280, chap. 21, un long passage de l'édition originale, auquel est substitué un autre récit. Au lieu de trois éditions à la date de 1566, je crois qu'il y en a au moins quatre; car, outre celles qui sont ici désignées, j'en ai une autre qui, de même que l'originale, porte l'Olivier sur le titre, est évidemment du même menu caractère, et cependant n'a plus ce passage de la page 280, par lequel l'édition originale est connue et caractérisée.

Il se peut que, même de la première édition, il y ait des exemplaires plus ou moins nombreux dans lesquels on aura changé ce passage, à cause de la grossière expression qui le commence, ce qui feroit deux sortes d'exemplaires d'une même édition.

Au reste, cette particularité, fût-elle en elle-même moins insignifiante, ne pourroit conserver à l'édition première un véritable intérêt de singularité, ce passage et toutes les différences des douze à quinze anciennes éditions de cet ouvrage ayant été diligemment recueillis dans la réimpression de La Haye, 1735, 3 vol., petit in-8º, qui est bien imprimée, point très rare, et la seule complète.

On sait que, dans une préface apologétique mise en tête de son Hérodote latin, Henri essaie, assez inutilement, de réhabiliter la réputation de véracité de cet historien, dont le nom est si long-temps demeuré proverbial pour exprimer l'exagération et même le mensonge historique, jusqu'à ce qu'enfin, de nos jours, d'extraordinaires et imprévus évènements, une belliqueuse et savante expédition qui toujours honorera la France, soient venus faciliter des examens et explorations, dont un des utiles résultats a été d'établir et démontrer la savante exactitude de la plupart de ces récits. L'Hérodote latin publié, et Henri apprenant que l'on préparoit une traduction françoise de l'Apologie, craignit de se voir défiguré par quelque présomptueux ignorant, et prit le parti de se traduire lui-même; mais, usant de la liberté bien permise à tout traducteur de son propre ouvrage, il laissa courir sa plume, se donna carrière, et introduisit une multitude de contes, de plaisanteries, de récits, qui n'auroient pu être de mise en tête du volume historique, et ainsi transforma son Apologie latine en un livre françois bien plus étendu, qu'il s'empressa de publier, de même sous le titre d'*Apologie*, &c. Ce livre, précipitamment écrit par un homme dont les nombreux voyages, la haute sagacité et les profondes études avoient meublé la tête d'un immense savoir, et en qui les persécutions ecclésiastiques exercées contre sa famille, causoient une irritation qu'augmentoit une certaine causticité de caractère; ce livre, dis-je, est donc rempli, bourré d'anecdotes, de traits satiriques, de petits contes parfois amusants, quelquefois ridicules ou absurdes, et trop souvent d'assez mauvais ton; il laisse voir aussi que l'on n'a songé à rien moins qu'à lui donner un convenable ensemble. C'est tout au plus si les matières y sont à-peu-près classées par chapitres; et plusieurs répétitions, que le moindre soin eût pu éviter, font croire que l'impression alla aussi vite que la plume de l'auteur. Malgré ces énormes défauts, c'est cependant un puits de science anecdotique, un trésor de petits faits vrais et faux, mêlés avec d'autres choses d'ordre plus relevé; aussi ce livre si éminemment remarquable a-t-il eu douze à treize éditions du vivant de son auteur; et, depuis qu'il est moins lu, bien des gens l'ont à bon escient fourragé et pillé sans avoir été en humeur d'en faire le moindre aveu.

Ne peut-il être permis de croire que ces révélations scandaleuses, ces invectives, ces lazzis de Henri Estienne, et d'autres raconteurs avant et après lui, dont beaucoup seroient difficilement excusables, ont eu cependant leur degré d'utilité, et par là ont atténué en quelque façon les justes reproches que l'on est disposé à leur faire. On ne peut se dissimuler que leurs cyniques et amères plaisanteries contre de mauvais prêtres, contre les moines en général, ne soient que trop souvent fondées, et que, dans ces récits diffamatoires, il n'y ait presque jamais que médisance. On peut donc croire que la crainte de se voir stigmatiser et pilorier dans quelque impertinent livret, quelque *novella* bien graveleuse, aura plus d'une fois eu pour effet de contenir, d'arrêter dans leurs désordres l'espèce de personnes contre lesquelles ces sortes d'attaques ont été pendant tant d'années dirigées.

On a imprimé, mais sans en apporter de preuves, que, pour ce livre, Henri avoit été brûlé à Paris en effigie. On en a dit autant de Robert, son père, mais sans le prouver davantage. Henri, vers ce temps-là et après, vint plusieurs fois à Paris, y séjourna, fut accueilli et à la ville et même à la cour, ce qui n'auroit pas eu lieu si un jugement de condamnation au feu eût existé contre lui.

10. HERODOTI Halicarnassei Historiæ lib. IX, & de vita Homeri libellus, latine. Illi ex interpretatione Laur. Vallæ adscripta, hic ex interpretatione Conradi Heresbachii; utraque ab Henr. Stephano recognita. Ex Ctesia excerptæ Historiæ. Icones quarundam memorabilium structurarum. Apologia Henr. Stephani pro Herodoto.
Ejusdem Henrici Stephani de hac sua editione Distichon :

Herodoti Latium possederat hactenus umbram,
  Nunc Latium corpus possidet Herodoti.

— Excudebat *Henricus Stephanus*, illustris viri Huldrichi Fuggeri typographus. M. D. LXVI. In-fol.

J'ai de ce volume un exemplaire sur lequel sont beaucoup de notes de la main de l'historien J. A. De Thou, ainsi que le font connoître les additions mss. du Catal. Bibl. Thuanæ, I, p. 276.

Les gravures, *Icones*, consistent en trois grandes planches en bois représentant la Tour de Babylone, les Jardins et le Palais ou forteresse, *Arx*, de Sémiramis.

M. D. LXVII.

1. JESU Christi D. N. Novum Testamentum, Gr. cum vetere interpretatione, et nova Theodori Bezæ. Additæ sunt, eodem autore, summæ breves doctrinæ unoquoque Evangelistarum & Act. Apostolicorum loco comprehensæ. Item, Methodi Apostolicarum Epistolarum

brevis explicatio Ejusdem ad illustriss. Principem Ludovicum Borbo-
nium Principem Condensem , &
Gallicam nobilitatem verum Dei
Evangelium amplexam. Præfatio ,
in qua de Verbi scripti autoritate
& vera ejus interpretatione disseri-
tur. — Excudebat *Henricus Stephanus* viri illustris Huldrichi Fuggeri
Typographus. **M. D. LXVII.** In-8.

2. HEBRAICAE linguæ Rudimenta ,
accurata methodo et brevitate conscripta. Eorundem Rudimentorum
praxis , quæ vivæ vocis loco esse
possit. Omnia recognita & aucta ab
ipso autore Antonio Rodolpho Ce-
vallerio , ejus linguæ professore. De
Hebraica Syntaxi Canones generales
nunc primùm editi. — Excudebat
Henricus Stephanus. **M. D. LXVII.**
In-4.

Ainsi que le remarque Maittaire, la date
de 1559, qui est à l'Epître ou Dédicace latine de l'auteur, porteroit à croire qu'il auroit été fait de ce livre une autre édition
antérieure à celle-ci.

3. MEDICÆ artis Principes, post
Hippocratem & Galenum.

Græci Latinitate donati : Aretæus,
Ruffus Ephesius, Oribasius, Paulus
Ægineta, Aetius, Alexander Tral-
lianus, Actuarius, Nic. Myrepsus. —
Latini : Corn. Celsus, Scrib. Lar-
gus, Marcell. Empiricus.

Aliique præterea, quorum unius
nomen ignoratur. Index non solùm
copiosus , sed etiam ordine artifi-
cioso omnia digesta habens. Hip-
pocr. aliquot loci cum Corn. Celsi
interpretatione.

Henrici Stephani de hac sua editione Tetrastichon.

Quærere quos ægri per compita multa solebant,
 Hospita nunc per me est omnibus una domus.
Prima salutiferæ medicorum gratia dextræ :
 Sistenti medicos nonne secunda mihi ?

— Excudebat *Henricus Stephanus.*
M. D. LXVII. In-fol. 1 vol. souvent
relié en deux.

Henri regardoit avec raison comme fort
avantageux dans les études et travaux scientifiques d'avoir les livres traitant des sujets
analogues réunis en peu de volumes, ou
même en un seul lorsqu'il y avoit possibilité, et dans sa préface, il s'en explique
ainsi : « Quum suis studiis utilissimum semper judicarit ejusdem argumenti scriptores,
si non uno volumine, at certè quàm pau-
cissimis fieri posset, inclusos habere, (adeo
ut etiam multos, qui seorsum compacti
erant, recompingendos, ut aliis sociari possent, curárit) venit hinc aliquando in men-
tem, de suo sensu judicanti, gratissimam
se omnibus literarum studiosis rem facturum, si ejusdem generis scriptores eodem
velut tecto reciperet, ita ut una eademque
opera universi consuli à quolibet possent.
Huic consilio debetur illud Poetarum Græcorum volumen ante paucos menses editum. »

A l'occasion de cette Collection médicale,
un assez docte médecin, Nicolas Nancel, se
plaint aigrement de Henri dans une lettre
de 1579, rapportée par Maittaire, page
288. Je crois qu'en cette circonstance le
médecin eut tort, et reçut le compliment
qu'il méritoit. On voit dans cette lettre
qu'ayant offert à Henri un travail de corrections sur des médecins latins anciens, avec
quelques autres ouvrages de sa façon, et
que celui-ci ayant refusé, disant qu'il n'auroit pas loisir d'en faire emploi, que,
d'ailleurs, il venoit depuis peu de jours de
publier une collection où étoient contenus
la plupart de ces médecins, Nancel lui ré-
pliqua que, pour ce qui étoit de la collection, il lui faisoit un double reproche : 1°
d'avoir, dans son énorme volume, accolé
trop peu de médecins latins à un trop grand
nombre de médecins grecs ; 2° que de la
multitude de variantes existant, après en
avoir adopté une pour être employée dans
les textes, on avoit négligé toutes les autres,
au lieu de les recueillir et placer sur les marges, et aussi que, faute de suffisante attention, le choix avoit assez souvent porté
sur la plus mauvaise, *sæpicule deterrimam;*
que , pour ce choix, on auroit dû prendre

l'avis de quelque médecin habile en son art, et judicieux critique : qu'à cela Henri, fronçant le sourcil et prenant cette mine refrognée qui lui étoit assez habituelle, répondit durement à-peu-près ceci : « J'ai fait à ma façon, vous aussi, faites à la vôtre. »

Une critique peut avoir quelque chose d'exact, et cependant mériter d'être mal accueillie. Dire à un homme qui vient de mettre en lumière un gros et laborieux volume, que son ouvrage est à-peu-près manqué, c'est déjà passablement dur ; mais ajouter que la besogne eût été bien mieux faite si l'on avoit pris l'aide d'un homme habile, lorsqu'il est manifeste que disant un homme habile, on sous-entend *moi qui vous parle*, il y a là de quoi mettre hors des gonds l'homme le plus rempli de mansuétude. Or une extrême douceur n'étoit pas le fond du caractère de Henri ; et d'ailleurs il se sentoit aussi de l'habileté, et dix fois plus que n'en eut jamais le malencontreux critique.

Sur cette attaque de Nancel, dont je ne parle que parce que sa lettre, que Maittaire a jugé à propos de réimprimer, est de nature à faire prendre du caractère de Henri une opinion plus défavorable qu'il ne mérite, Maittaire dit qu'il laisse le procès à juger aux médecins ; j'en fais très volontiers de même, mais en ajoutant que, malgré l'anathème du médecin mécontent de n'y avoir pas été employé, cette Collection, estimée dans son temps, l'est encore aujourd'hui, et même a acquis une assez haute valeur. La description de ses diverses parties se trouve dans plusieurs Bibliographes, et notamment dans le Manuel de M. Brunet, t. III, p. 462.

4. POLEMONIS, Himerii, & aliorum quorundam Declamationes, nunc primum editæ. Græce. Hic ille esse fertur Polemon inter Sophistas olim celeberrimus, & dicto illo valde nobilitatus, Romam esse orbis epitomen. Edente Henrico Stephano. — Excudebat *Henricus Stephanus*. M. D. LXVII. In-4.

5. TRAGOEDIÆ Selectæ Aeschyli, Sophoclis, Euripidis. Cum duplici interpretatione latina, una ad verbum, altera carmine. Ennianæ interpretationes locorum aliquot Euripidis. — Excudebat *Henricus Stephanus*, illustris viri Huldrichi Typographus. M. D. LXVII. 3 vol. in-16.

Encore il y a quarante ans, six exemplaires en feuilles de ce livre dormoient, peut-être depuis leur naissance, dans les magasins d'une ancienne Maison de librairie Lyonnoise. Je n'en ai été instruit qu'au moment où ils venoient d'être enlevés par des étrangers non moins que moi rechercheurs d'antiquités typographiques.

6. PETRI Montaurei Rondæi (du Rondeau) Poltrotus Meræus. — *Genevæ*, *Henricus Stephanus*. M. D. LXVII. In-4°.

Pièce fort rare. Elle étoit dans la Bibliothèque de De Thou, faisant partie d'un recueil exactement décrit dans les additions manuscrites du Catalogue, t. II, p. 292-293. Ce même volume de De Thou se retrouve au Catalogue de Soubise, n° 4871. Il fut vendu 25 liv. 19 s., et sa reliure étoit en maroq. vert, désignation quelquefois utile et toujours omise dans ce Catalogue.

La pièce y est attribuée à Adrien Turnèbe ; c'est aussi ce que donne à entendre Maittaire, *Vitæ Typ. Par.* p. 61, en citant les Eloges de Teissier, où il est dit que Le Laboureur rapporte des vers faits à la louange de Poltrot, qui tua le duc de Guise, attribués à Turnèbe..... Une autorité que je crois sûre, celle du savant Bibliothécaire de la Bibl. de De Thou, de la main duquel est écrit au Catalogue le titre tel que je le rapporte, ne laisse point d'incertitude sur l'auteur de ces vers, et fait bien connoître que cet éloge d'un odieux assassinat ne peut être mis à la charge du savant et estimable Adrien Turnèbe, tout prévenu qu'il pût être en faveur de ceux que persécutèrent si âprement les Guise. Henri, qui imprima cette pièce, eût mieux fait sans doute de s'en abstenir ; mais il étoit à Genève, au milieu des plus ardents réformateurs ; et le savant ministre Marlorat, un des plus laborieux parmi ces ouvriers

évangéliques, avoit été pendu à Rouen par l'ordre d'un des Guise.

7. Jani Parrhasii Liber de rebus per Epistolam quæsitis.

Henrici Stephani tetrastichon de hoc Jani Parrhasii aliisque quibus Poetas illustravit libris:

Si migrare animas aliena in corpora nostras
  Veridico Samius protulit ore Senex,
Migrasse in Janum Latiorum pectora vatum,
  Aut vatem OEdipodis more fuisse reor.

Francisci Campani Quæstio Virgiliana adjuncta est. — M. D. LXVII. In-8.

M. D. LXVIII.

1. Psalmi Davidis aliquot, metro Anacreontico & Sapphico, Authore Henrico Stephano, cujus etiam ex officina prodeunt. Ejusdem Henrici Stephani Odarion de Psalmis aliquot Davidicis à se ἀναχρεοντειομελο-ποιηθεῖσι.

Anacreontis olim
Modos dedi jocosos:
Anacreonticam nunc,
Sed nil Anacreontis
Dabo lyram sonantem.
Sic æmulabor hastam
Quæ vulnus inferebat,
Addebat et medelam.
Quos sauciavit olim
Nervis chelys profanis,
Sanabit illa nervis
Aptata christianis.

M. D. LXVIII. In-32.

2. Synesii Cyrenæi, episcopi Ptolemaïdis, Hymni, vario lyricorum versuum genere. Gregorii Nazianzeni Odæ aliquot : Græce. Utrisque in lucem nunc primùm prodeuntibus latinam interpretationem adjunxit Fr. Portus Cretensis, et Epistolam ad Philologos Græcam

præmisit. — Excudebat *Henricus Stephanus*. M. D. LXVIII. In-32.

3. Sophoclis Tragœdiæ septem : Græce. Unà cum omnibus Græcis scholiis, et cum Latinis Joach. Camerarij. Annotationes Henrici Stephani in Sophoclem et Euripidem, seorsum excusæ, simul prodeunt.

Henrici Stephani distichon de suis edit. Aeschyli et Sophoclis :

Aeschylon edideram, Sophocles invidit : at
  Cur ab eo posthac invideatur habet. (idem

Excudebat *Henricus Stephanus*. **M. D. LXVIII. In-4.**

Deux des tragédies, Ajax et Electre, ont une version latine.

Ces notes forment le volume in-8° dont l'intitulé suit.

4. Henrici Stephani Annotationes in Sophoclem & Euripidem : quibus variæ lectiones examinantur, et pro mendosis emendatæ substituuntur. Ejusdem Tractatus de orthographia quorundam vocabulorum Sophocli cum cæteris tragicis communium. Ejusdem Dissertatio de Sophoclea imitatione Homeri.

Ejusdem Henrici Stephani distichon de his suis annotationibus.

Spuria germanis primùm est dignoscere verba,
  Germana est tibi mens elicienda dehinc. —

M. D. LXVIII. In-8.

5. Apophthegmata Græca Regum & Ducum, Philosophorum item, aliorumque quorundam : ex Plutarcho & Diogene Laertio, cum Raphaelis Regii latina interpretatione. — *Henricus Stephanus*, Illustris viri Huldrichi Fuggeri typographus. **M. D. LXVIII. In-16.**

Il paroit que c'est sur ce volume que, pour la dernière fois, Henri s'intitule *Fuggeri* ou *Fuggerorum Typographus* : on a vu plus haut qu'il avoit commencé en 1558.

6. VARII Historiæ Romanæ Scriptores, partim Græci, partim Latini, in unum velut corpus redacti, de rebus gestis ab Urbe condita usque ad imperii Constantinopolin translati tempora. Nomina eorum quos habes hîc authorum, proximè sequentes paginæ te docebunt. — Excudebat *Henricus Stephanus.* M. D. LXVIII. 4 vol. in-8°.

Tom. I. Carolus Sigonius, C. Velleius Paterculus.

Tom. II. Dionis Nicæi Epitome, Herodianus, græce et lat., ex versionibus Guliel. Xylandri, et Angeli Politiani.

Sans frontispice.

Tom. III. Suetonius, Ælius Spartianus, Julius Capitolinus, Ælius Lampridius, Vulcatius Gallicanus, Flavius Vopiscus, Trebellius Pollio, S. Aurelius Victor, Pomponius Lætus, J. Bapt. Egnatius.

La pagination continue de 497 à 1407.

Tom. IV. Ammianus Marcellinus, Eutropius.

De longues annotations de J. B. Egnatius ; quelques-unes d'Erasme sur Suétone : le tout allant de 1409 à 2048. Ensuite un Index, non chiffré, et une petite partie séparée, chiffrée de 1 à 68, contenant des vers d'Ausone et autres poètes sur les empereurs Romains.

M. D. LXIX.

1. TESTAMENTUM novum, gr. et latine, et interpretatio syriaca Novi Testamenti, Hebræis typis descripta, plerisque etiam locis emendata.

Eadem, latino sermone reddita authore Immanuele Tremellio, Theologiæ doctore & professore in schola Heidelbergensi, cujus etiam Grammatica chaldaica & syra calci operis adjecta est. — *Coloniae Allobrogum,* excudebat *Henricus Stephanus.* M. D. LXIX. 2 vol. in-fol.

Annoncé en grand papier, chez Pinelli, n° 72.

Par l'énoncé du titre on voit que le Grec est accompagné d'une version latine, et que le Syriaque a aussi sa version.

Des mots *Coloniæ Allobrogum*, imprimés en très petites lettres au-dessus des lignes de la date, et sans doute à la main, il ne faut pas conclure que Henri auroit été imprimer ce livre à Cologne, mais bien que les deux mots ont été mis là, après coup, pour faire connoître que c'étoit à Cologne que se vendoit cet ouvrage, dû aux presses et aux soins de Henri Estienne (Excudebat).

La Grammaire Syriaque, réimprimée à part en un volume in-4°, qui va suivre, forme, à la fin du second volume, une partie séparée de 50 pages, chiffrées par colonnes, de 1 à 98.

2. GRAMMATICA chaldæa & syra, Immanuelis Tremellij, Theologiæ doctoris et professoris in Schola Heidelbergensi. — Excudebat *Henricus Stephanus.* M. D. LXIX. In-4°.

3. COMICORUM græcorum Sententiæ, id est γνῶμαι latinis versibus ab Henr. Stephano redditæ, & annotationibus illustratæ. Ejusdem Henrici Stephani Tetrastichon de his comicorum sententiis :

Quem permixta jocis offendunt seria multis,
Quem minùs idcirco comica Musa juvat,
Paucis mixta jocis hinc seria plurima carpat :
Namque cothurnata hic plurima soccus ha-
(bet.

— Excudebat *Henricus Stephanus.* M. D. LXIX. In-24.

Dédié au duc de Bavière. A la fin du volume sont ajoutées les Sentences des Comiques latins, et celles de Publius Syrus.

4. **Theodori** Bezæ Vezelii Poematum Editio secunda, ab eo recognita. Item ex Georgio Buchanano aliisque variis insignibus poetis excerpta carmina, præsertimque epigrammata. — Excudebat *Henr. Steph.* ex cujus etiam epigrammatis Græcis & Latinis aliquot cæteris adjecta sunt. **M. D. LXIX.** In-8°.

La pagination recommence après les poésies de Théod. de Bèze.

La première édition parut chez Robert Estienne en 1548, in-8° : elle fut réimprimée in-16, sans date, *Ad insigne capitis mortui*, dont il y a deux et peut-être trois édilio. s. Celle-ci est dédiée par l'auteur à André Dudith, théologien hongrois, auteur d'une multitude de savants ouvrages très estimés dans son temps, mais qui ne se lisent plus.

Voyez ci-dessus, page 73.

5. **Artis** Typographicæ Querimonia, de illiteratis quibusdam Typographis, propter quos in contemptum venit. Autore Henrico Stephano. Epitaphia Græca & Latina doctorum quorundam Typographorum, ab eodem scripta. — *Henr. Stephanus.* **M. D. LXIX.** In-4.

6. **Henrici** Stephani Epistola, qua ad multas multorum amicorum respondet, de suæ typographiæ statu, nominatimque de suo Thesauro Linguæ Græcæ. In posteriore autem ejus parte, quàm misera sit hoc tempore veterum scriptorum conditio, in quorundam typographorum prela incidentium, exponit. Index librorum qui ex officina ejusdem Henrici Stephani hactenus prodierunt. — Anno **M. D. LXIX.** Excudebat *Henricus Stephanus.* In-8.

Cet Opuscule et le précédent, mais non pas le Catalogue (Index), qu'on retrouve dans les Ann. Typogr. III, 462, sont réimprimés dans les deux ouvrages d'Almeloveen et de Maittaire.

Voyez ci-dessus, page 93, la réunion de tous les Catalogues connus des Estienne.

7. **Remonstrance** du Prince de Condé au Roy Charles IX, du 23 aoust 1568. Avec la protestation et le récit du meurtre perpétré en sa personne le 13 mars 1569. — In-8.

8. **Literæ** Ludovici Borbonii, Principis Condæi, ad Carolum IX. Testificatio causarum quæ eum arma sumere coegerunt : Brevis Narratio cœdis ejusdem Principis & scripta in eundem Epitaphia.—In-8.

Cette pièce et sa traduction latine sont attribuées à Henri Estienne, et paroissent sorties de ses presses, bien qu'elles n'aient ni son nom ni sa marque typographique. Elles n'ont point non plus la date de l'année, et parurent probablement peu après la mort du Prince.

M. D. LXX.

1. **Novi** Testamenti Catholica expositio Ecclesiastica, &c. Ab Augustino Marlorato. — Oliva *Roberti Stephani.* **M. D. LXX.** In-fol.

Troisième édition ; les précédentes sont de 1562 et 1564.

2. **Athanasii** Dialogi V, de Sancta Trinitate, Basilii libri IIII, adversus impium Eunomium. Anastasii & Cyrilli compendiaria Orthodoxæ fidei explicatio, græce et latine, ex interpretatione Theodori Bezæ. Fœbadi sive Fœbadii liber contra Arianos, latine. Quæ Athanasij, Anastasij & Cyrilli sunt, & quæ Fœbadij, nunc primùm eduntur. — Excudebat *Henricus Stephanus.* **M. D. LXX.** In-8°.

L'opuscule de Fœbadius forme à la fin une partie de 27 pages chiffrées séparément.

3. CONCIONES sive Orationes ex Græcis, Latinisque Historicis excerptæ. Quæ ex Græcis excerptæ sunt, interpretationem Latinam adjunctam habent, nonnullæ novam, aliæ jam antea vulgatam, sed nunc demum plerisque in locis recognitam. Additus est Index artificiosissimus & utilissimus, quo in rhetorica causarum genera, velut in communes locos, singulæ conciones rediguntur. — *Henricus Stephanus*. M. D. LXX. In-fol.

Dédié à Pomponne de Bellièvre, ambassadeur de France en Suisse.

4. EPIGRAMMATA Græca selecta ex Anthologia. Interpretata ad verbum, et carmine, ab Henrico Stephano : quædam et ab aliis. Loci aliquot ab eodem annotationibus illustrati. Ejusdem interpretationes centum et sex unius distichi, aliorum item quorundam epigrammatum variæ. — Anno M. D. LXX. Excudebat *Henricus Stephanus*. In-8°.

5. HERODOTI Halicarnassei Historia, sive, Historiarum libri IX, qui inscribuntur Musæ, ex vetustis exemplaribus recogniti, et libellus de Vita Homeri. Ctesiæ quædam : Græce. Ex recensione Henrici Stephani. — Excudebat *Henricus Stephanus*. M. D. LXX. In-fol.

Dédié à Jacques de Broullart, ou Brulart, comte de Lagny (Jacobus a Broullart Lagnii Comes).

Ce volume, auquel il convient de joindre la version latine donnée par le même Henri, en 1566, est aussi bien imprimé que correct ; il est cependant moins estimable que la réimpression grecque et latine, plus ample, et beaucoup améliorée, de 1592. Et par l'effet de ce noble desir de toujours mieux faire, qui fut le constant mobile des travaux de ces hommes si recommandables, la troisième édition Stéphanienne d'Hérodote, donnée par Paul en 1618,

laisse loin derrière elle les deux précédentes.

6. DIOGENIS Laertii de vitis, dogmatis & apophthegmatis eorum qui in philosophia claruerunt, libri X. Græce & lat. Ex multis vetustis codicibus plurimos locos integritati suæ restituentes, & eos quibus aliqua deerunt explentes. Cum annotationibus Henrici Stephani. Pythag. Philosophorum fragmenta, cum latina interpretatione. (Anonymi cujusdam Dissertationes : Lysidis, Theanus, Melissæ, Muiæ Epistolæ, Græce tantum.) —Excudebat *Henr. Stephanus*. M.D. LXX. In-8.

Le latin forme une seconde partie chiffrée à part, mais sans titre ; et le tout se reliant eu un volume.

M. D. LXXII.

1. JULII Cæsaris Scaligeri Poemata, Epigrammata tum Græca, tum Latina. — *Henricus Stephanus*. M. D. LXXII. In-8.

2. PLUTARCHI Chæronensis quæ extant Opera cum Latina interpretatione. Ex vetustis codicibus plurima nunc primum emendata sunt, ut ex Henrici Stephani annotationibus intelliges : quibus et suam quorundam libellorum interpretationem adjunxit. Æmilii Probi, seu Cornelii Nepotis de vita excellentium imperatorum. Item Donati Acciaioli vitæ Scipionis & Annibalis. — Excudebat *Henricus Stephanus*. M. D. LXXII. 13 vol. In-8.

Cette importante édition, exécutée avec correction et élégance, a été louée et critiquée, peut-être outre mesure. Selon Casaubon, *optima est* : Xylander, éditeur contemporain, et par cela même en quelque sorte éditeur rival, ne lui témoigne pas une grande estime ; et, de notre temps, Reiske, dans son édition, la juge plus sévèrement encore. C'est avec raison qu'on lui reproche plus d'une correction hasardée, et point assez heureuse. Les savants voudroient y trouver l'exacte indication des secours imprimés et manuscrits (*codices*) dont l'éditeur s'est aidé; mais, malgré ses défauts, cette édition est supérieure aux précédentes Aldines, Juntines, et même à celles de Basle, 1533-42-1560, qui lui ont servi de fondement. Plusieurs éditions suivantes, tant entières que partielles, ont, en grande partie, adopté ses textes, et elle est restée la meilleure édition, jusqu'à ce que les travaux de Reiske, de Wyttenbach et de Corai aient acquis à leurs savantes publications une supériorité incontestée.

Elle se compose de six volumes de grec, trois pour les Vies (*Parallelæ*), et trois pour les OEuvres diverses ; autant pour le latin, divisé de même, plus un treizième volume d'Appendice ou Vies comparées et Vies supplémentaires, et les annotations. Des six volumes de grec il a été tiré en grand papier des exemplaires qui sont fort rares. On n'en connoît point du latin, ni du treizième volume. Ce dernier manque quelquefois ; mais alors les douze autres ne sont plus qu'un livre imparfait et déchu d'une grande partie de sa valeur.

3. THESAURUS Græcæ linguæ, ab Henrico Stephano constructus. In quo præter alia plurima quæ primus præstitit, (paternæ in Thesauro Latino diligentiæ æmulus) vocabula in certas classes distribuit, multiplici derivatorum serie ad primigenia , tanquam ad radices unde pullulant revocata.

THESAURUS LECTORI.

Nunc alii intrepidè vestigia nostra sequantur :
Me duce plana via est quæ salebrosa fuit.

Ejusdem Appendix librorum ad Thesaurum Græcæ linguæ pertinentium. Item Index in Thesaurum. — Anno M. D. LXXII. Excudebat *Henr. Stephanus.* Cum privilegio Cæs. Majestatis et Christianiss. Galliarum Regis; 5 vol. In-fol.

4. GLOSSARIA duo , e situ vetustatis eruta : ad utriusque linguæ cognitionem et locupletationem perutilia. Item , de Atticæ linguæ seu dialecti idiomatis Comment. Henr. Stephani. Utraque nunc primùm in publicum prodeunt. — Excudebat *Henricus Stephanus.* M. D. LXXIII. In-fol.

Le Dictionnaire forme quatre volumes, dont le dernier est plus mince que les autres. Le tome cinquième, très volumineux, contient l'Appendix avec ses pièces supplémentaires, et l'Index de tous les mots grecs rangés par ordre alphabétique. Cet Index est divisé en deux parties, dont la première commençant à la page contenant les colonnes 239 et 240, et finissant à la lettre Π, va jusqu'à la colonne 1746. La seconde partie, commençant à P, n'occupe que 212 colonnes. Le bas du dernier feuillet contient un registre complet des cinq volumes.

Le quatrième volume étant moins fort que chacun des autres, se trouve quelquefois relié avec les *Glossaria*, ce qui met plus d'égalité entre les divers volumes ; mais un bel exemplaire, surtout en grand papier, est bien plus convenablement partagé et relié en six volumes.

Les *Glossaria* sont de 1573, bien que quelques Bibliographes les datent de 1572.

Le papier de ce livre, tant du format ordinaire que de celui que l'on nomme grand papier, est de qualité assez commune, pas assez blanc, et sans beaucoup de consistance, ainsi qu'étoient alors les papiers de fabrique Suisse. Il en est de même pour la plupart des autres livres de Henri, et notamment pour le Platon in-fol. de 1578, dont le papier est cependant un peu moins mol. Le grand papier de l'un et de l'autre livre est de la même sorte de fabrication, bien que plus blanc et un peu plus solide. Si l'on pouvoit douter que ces livres eussent été fabriqués en Suisse, la seule qualité de leurs papiers suffiroit pour en être la preuve complète.

Dans un avis de l'auteur, placé sur la première page de l'Index, on lit ce qui suit:

« Quum.... alphabeticum ordinem minimè servassem , sed alium quemdam, qui quantum laboris, molestiæque mihi attulit,

(ut pote viam per avia patefacienti) tantum voluptatis utilitatisque tibi allaturus est : Indicem qui illum quoque alterum ordinem alphabeticum ostenderet , huic operi addere necesse habui. »

Il y a plus de quarante ans, j'ai noté qu'à la Bibliothèque Royale se trouvoit un exemplaire du *Thesaurus*, imprimé sur un papier plus grand et surtout plus épais que le grand papier connu , d'où il résulte une troisième sorte d'exemplaires plus précieux que tous les autres. Malheureusement celui-ci étoit dans un état de pourriture et de dégradation qui en rendoit tout usage impossible , et il ne pouvoit servir qu'à constater l'existence d'un troisième papier supérieur aux deux autres. Je regrette d'avoir , dans les dernières visites que je fis, en 1836 , à M. Van-Praet, oublié de lui reparler de cet exemplaire. Il se seroit très bien rappelé ce qu'a pu devenir ce précieux débris ; et il auroit su me dire s'il gisoit encore relégué dans les combles, ou si on l'avoit expulsé comme livre trop complètement inutile. Nul autre que lui ne pouvoit avoir une telle particularité en mémoire.

Le grand évènement de la vie de Henri, sa publication la plus importante , et à bon droit reconnue pour la plus utile de toutes celles que l'on doit à ses longs travaux littéraires et typographiques, est ce *Thesaurus Græcæ Linguæ*, 5 vol. in-fol., 1572. Ce livre, qui le place au rang des hommes les plus savants de l'époque, pourra devenir de peu d'usage ; d'autres Lexiques plus complets, disposés d'une manière plus commode, ou même savamment abrégés , réussiront plus ou moins à le remplacer, mais ils ne le feront jamais oublier.

Cet immense ouvrage fut long-temps l'objet des méditations de son auteur ; et ce qui pour un savant ordinaire eût pu s'accomplir avec une honnête et satisfaisante médiocrité par le mécanisme d'une consciencieuse compilation , est devenu dans ses mains habiles un ouvrage de bien plus haute portée et d'une utilité beaucoup plus réelle. L'exécution de ce vaste projet avoit aussi occupé son père, qui, long-temps, eut l'espoir de faire succéder un *Trésor grec* à son *Trésor* de la langue latine , et qui enfin compta sur son fils pour réaliser ce qu'il n'avoit pu que projeter. On ignore l'importance des travaux préparatoires qu'il

lui laissa , mais ils ne pouvoient tomber en meilleures mains , et son fils a dignement satisfait au mandat paternel.

Dès l'année 1561, onze ans avant la publication du *Thesaurus*, Henri avoit déjà réuni et coordonné assez de matériaux pour ne plus avoir d'incertitude sur la direction et l'achèvement de son travail ; dès-lors il crut devoir songer aux moyens de publication , et voulut se munir de privilèges protecteurs, qui pussent mettre le fruit de ses veilles à l'abri des pirateries littéraires ou mercantiles. La suite lui fit douloureusement reconnoître le peu d'efficacité de ces hautes garanties. Le 13 juillet 1561, il obtint le privilège du Roi Charles IX , et , plus tard , semblables diplômes de l'Empereur Maximilien II, en dates des 15 février et 17 septembre 1570. Ainsi qu'on le voit dans plusieurs de ses Lettres et Préfaces , ces années furent diligemment employées à l'achèvement et impression de son livre ; et, quelque long que puisse paroître cet intervalle, ce furent des années bien remplies. Elles le furent d'autant mieux , que, malgré la persévérante assiduité qu'exigea ce labeur, chacune d'elles vit conduire à bien quelques-unes de ces éditions savantes dont on a dans mes listes l'énumération successive.

Avec le travail intellectuel qui crée le livre, il faut cet autre travail , d'ordre moins relevé , qui lui donne un corps : sa fabrication matérielle. Or cette fabrication exigea nécessairement et beaucoup de temps et de fortes dépenses. Aussi l'Imprimeur et auteur avoue, dans ses préliminaires, que cette entreprise typographique le met au bout de ses ressources. Un supplément nécessaire à son livre, le volume de *Glossaria duo e situ vetustatis eruta* , dont la place naturelle étoit sa combinaison avec l'un des tomes du Lexique, ne fut publié qu'en 1573, et on peut attribuer ce retard au besoin de trouver, dans la vente des premiers exemplaires du *Trésor*, le secours nécessaire pour subvenir aux frais d'impression de ce dernier volume.

Une innovation dont se félicitoit Henri, est qu'au lieu d'avoir disposé son Lexique dans un ordre alphabétique rigoureux, il avoit préféré de grouper les innombrables mots dérivés ou composés à la suite de leurs racines ou mots primitifs. Cette disposition savante, qui n'est point sans utiles résultats pour l'étude approfondie de la langue grecque, a peut-être empêché le livre de Henri de devenir aussi usuel qu'il méritoit de l'être, les difficultés qu'il présente aux novices devant les mettre fort souvent en embarras de se démêler au milieu de mots dont les racines ne leur sont pas assez connues.

Il n'en avoit pas voulu faire un *Dictionariolum ad usum Tyronum ;* mais M. Didot, sans le vouloir plus que lui, a très justement pensé que, malgré les grandes proportions de ce livre et sa destination *transcendantale*, ce seroit en augmenter l'utilité que de le rendre accessible même aux moins avancés dans cette étude. Aussi, dans sa belle réimpression de ce Trésor, qui, grâces à ses travaux et à ceux de plusieurs savants coopérateurs françois et étrangers, va doubler de richesse et d'importance, il reprend l'ordre complètement alphabétique. Sans doute, dans cette œuvre presque nouvelle, qui méritera d'être nommée le *Trésor* de Didot, il voudra conserver aussi ce scientifique avantage dont Henri s'applaudissoit, ce rapprochement méthodique des racines avec leurs composés, au moyen d'une sorte de vocabulaire inverse de celui qui, ajouté par Henri à son Lexique, vient alphabétiquement au secours de ceux pour qui l'autre arrangement seroit un labyrinthe. On vient de voir que c'est l'Index formant la presque totalité du cinquième volume.

Ce Lexique eût à lui seul assuré une immense réputation à son auteur; mais on sait, et mon ouvrage a pour but de le faire mieux connoître encore, on sait que Henri Estienne a bien d'autres titres à une juste célébrité. Il en sera de même pour la très recommandable famille par qui l'utile présent de cette réimpression perfectionnée aura été fait aux Lettres, et qui, depuis longtemps, marche à une illustration dont les contemporains ne sont pas toujours suffisamment empressés à donner le brevet, mais que nos neveux ne refuseront certainement pas. Nous autres, que nos rapports quotidiens et notre attachement personnel font bourgeoisement songer aussi à leur bien-être présent, nous espérons que ce grand ouvrage, qui, pour Henri, fut une cause d'embarras et de détresse, aura été, pour ses courageux continuateurs, une entreprise aussi lucrative qu'elle est honorable.

Avant cette réimpression parisienne, qui, par ses augmentations et l'abondance de ses pièces accessoires, pourra être considérée comme une Bibliothèque philologique de la langue grecque, avoit paru à Londres, de 1815 à 1825, celle de M. A. J. Valpy, 8 vol. in-fol., publiés en 39 livraisons. Elle se recommande par de très nombreuses augmentations, et ne peut manquer d'être, pour l'édition nouvelle, un utile auxiliaire, et aussi un stimulant, pour s'efforcer de faire mieux encore, ce que les livraisons déjà publiées donnent le droit d'espérer.

L'édition angloise est achevée; celle de MM. Didot le sera dans quelques années. Si cette dernière tient tout ce que ses commencements promettent, tout ce que l'expérience acquise suggérera de bon et utile, elle sera, et de beaucoup, la meilleure des deux, *erunt posteriora* meliora *prioribus ;* mais, quelque supériorité que tant de doctes travaux aient pu donner à l'une ou à l'autre de ces réimpressions, le *Thesaurus*, tel que l'a publié Henri, n'en demeurera pas moins un monument de sa haute science; et quand même il ne seroit plus guère feuilleté que par quelques étudiants heureux de l'inévitable diminution de son prix, on se fera sans doute un devoir de le conserver dans les grandes Bibliothèques, comme ces généreux coursiers dont on soigne encore l'existence, en mémoire de leurs anciens services, maintenant remplacés par ceux de jeunes et vigoureux descendants.

D'une bonne conservation, bien complet, avec l'indispensable volume des Glossaires, sans lequel sa valeur diminuoit de plus de moitié, ce livre a valu trois à quatre cents francs, s'est même quelquefois payé six cents, et, en grand papier, de six cents francs à mille francs. Il y falloit joindre aussi les deux volumes in-folio de Supplément, par Daniel Scott, imprimés à Londres en 1743, précieux secours dont l'un et l'autre nouvel éditeur n'aura pas dû faillir à tirer tout ce qu'ils pouvoient contenir de bon.

Dans le choix de leurs augmentations nombreuses et variées, ils auront dû avoir trop de discernement et de goût pour permettre à l'alliage de s'introduire dans le Trésor de Henri Estienne; et, si quelques reproches peuvent être faits à l'édition de Valpy sur la manière dont certaines parties de ce Supplément y sont employées, c'est pour les éditeurs de Paris un avertissement qu'ils ne devront pas se donner le tort de négliger.

En 1812, des libraires de Londres, pour suppléer à la rareté des Glossaires, en firent une réimpression de même format, de bonne exécution, et que l'on dit assez correcte. Elle fut tirée à cent exemplaires, plus vingt-cinq en grand papier.

La date de 1572, année de la publication du *Thesaurus*, n'est pas sur tous les exemplaires : on en voit qui sont sans date, et l'on prétend aussi qu'il en existe avec l'année M. D. LXXX. Les titres non datés ont au-dessous de l'Olivier des Estienne les mots *Henr. Stephani Oliva;* à la place occupée dans les autres par la date M. D. LXXII, et au lieu du distique que je viens de rapporter, ils ont celui-ci :

THESAURUS LECTORI.

De ea quam fecit quidam ejus epitome,

Quidam ἐπιτέμνων *me, capulo tenus abdidit*
ensem :
Æger eram a scapulis, sanus at huc redeo.

De magno quod idem compendium affert dispendio agitur in ea quæ proximè sequitur epistola.

Cette épître (Admonitio de Thesauri sui Epitome) occupe toute la page en revers du titre.

On ne signale que la date pour différence caractéristique des exemplaires dont le titre porteroit l'année 1580 ; mais si cette triple variété n'a pas fait croire à l'existence de trois éditions successives, au moins est-ce une opinion assez généralement reçue qu'il y en a deux. Je l'ai cru aussi, d'après l'examen attentif de plusieurs exemplaires, dans lesquels je trouvois beaucoup de feuilles ayant des différences attestant une double impression. Ces deux éditions successives et presque simultanées me sembloient cependant impliquer contradiction avec ce que Henri déclare lui-même au commencement de son livre, page 2. ..... *Thesaurus me hic ex divite reddit egenum ,* et encore : ..... *me, cujus opes consumpsit opimas :* et , dans une troisième pièce de vers : .... *me.... inopem meus hic ex divite fecit , Thesaurus, gazasque omnes exhausit avitas.* Plus tard , il dit encore que la lenteur du débit de ce Trésor achevoit de le ruiner. Cinq volumes in-folio d'un prix nécessairement élevé ne ruinent pas leur propriétaire quand la vente en a été assez prompte pour que vite il les lui faille réimprimer. Ces réflexions m'ont amené à

penser que la cause de ces différences, sur beaucoup de feuilles , est que l'on auroit été en nécessité de les refaire pour réparer, ou des mécomptes dans le tirage , ou des pertes de feuilles par l'eau, le feu, la pourriture en magasin, et peut-être pour des gaspillages en l'absence du maître, qui, vers ce temps-là , commença de longues et fréquentes excursions. Cette opinion est aussi celle de M. F. Didot père , dans une intéressante notice sur le premier Robert et le second Henri, qu'il a mise à la fin d'un volume de ses poésies , 1834 , in-8°. Je crois donc que , pour recompléter des exemplaires de la première et unique édition , on aura refait un certain nombre de feuilles , dépense d'autant plus contrariante et fâcheuse qu'elle étoit en pure perte , et se faisoit pour un livre qui se débitoit avec beaucoup trop de lenteur.

M. Ambr.-F. Didot a depuis fait un attentif et long examen de ces différences , qu'il a poursuivies sur sept exemplaires. Il a acquis la certitude de la réimpression d'une quantité de feuilles équivalant environ à la moitié de tout le contenu du livre ; mais ces feuilles sont distribuées avec inégalité dans tous les exemplaires où elles ont été introduites, plusieurs même paroissent n'avoir été réimprimées qu'à très petit nombre. Cette nouvelle et si diligente exploration me fait d'autant plus fermement croire qu'il n'a point été fait d'édition nouvelle , mais une réimpression partielle et purement onéreuse d'une multitude de feuilles, à nombres inégaux, et destinées uniquement à recompléter.

Quant aux exemplaires sur lesquels on a dit avoir vu la date de 1580, je pense avec M. F. Didot que, si l'assertion est exacte, il s'agit de titres refaits par des libraires, qui se seront crus intéressés à rajeunir le livre , ou même à faire croire à une édition nouvelle.

Dans l'avis placé au verso du titre sans date , on lit les mots : *huic posteriori editioni;* dans un volume in-8° de 1595, *De Justi Lipsii Latinitate,* on voit encore : *Illius operis (Thesauri) posterior editio.* Examinons la vraie valeur et l'intention , les motifs de cette sorte de déclaration.

Henri, ayant rendu son Lexique grec si éminemment supérieur à tous ceux qui l'avoient précédé, ne se dissimula cependant point qu'il y pourroit beaucoup ajouter encore ; il avait même l'idée de corrections indispensables (*multo plura, nisi animus et vires defuissent, restiturus.... in quædam, quæ sua sunt, severam censuram acturum*) ; et il annonce le dessein d'imprimer ses *emendationes* à part, afin, dit-il, de ne pas forcer les premiers acquéreurs à acheter une seconde fois l'entier ouvrage ; mais cet avis du titre sans date : *Hæc autem omnia non huic posteriori Thesauri editioni inscrere, sed seorsum edere decreverat,* qui sembleroit prouver la duplication d'édition, est pour moi une preuve contraire presque suffisante. Est-il croyable que, réimprimant un livre de cette importance, son auteur auroit consenti à frustrer l'édition nouvelle d'un de ses plus remarquables avantages, et se fût abstenu d'y introduire et des augmentations et des corrections nécessaires, qu'il étoit si facile de réimprimer pour l'usage des possesseurs de la première édition, sauf à les leur délivrer au prix le plus modique, gratis même ? Henri, ayant forcément refait en partie son livre par la réimpression d'un si grand nombre de feuilles, aura cru pouvoir, sans blesser la vérité, le qualifier de seconde édition, et essayer par là d'en ranimer le débit. Il aura d'ailleurs voulu profiter de cette occasion pour placer en tête même du livre, et sur le titre, ses justes plaintes contre Scapula. Cet avis, le très inoffensif distique du frontispice, et l'avis qui en occupe le verso, quelques mots à la seconde page des *Paralipomena gr.,* 1581, et un bout de dialogue, imprimé seulement en 1595, et que je cite à la fin de cet ouvrage, furent sa seule vengeance contre cet éhonté plagiaire.

L'abrégé de Scapula fit grand tort à Henri ; il s'en plaint, et avec raison ; mais cette concurrence si nuisible, dont la publication est de 1579 ou 1580, et dont avant ce temps l'existence lui étoit déjà connue, étoit bien aussi une raison pour le détourner de faire une seconde édition, et de se charger d'une nouvelle masse de ces ruineux volumes, dont un *Compendium* bien ou mal fait devoit rendre le poids encore plus pénible à supporter. Pour une seconde et véritable édition, on eût certainement refait aussi le volume des Glossaires, dont la rareté, communément attribuée à ce qu'il n'a été imprimé qu'une fois, vient bien plutôt de ce que les ressources pécuniaires étant

alors presque épuisées, ainsi que Henri le déclaroit lui-même, il en aura été tiré un moindre nombre que des cinq volumes : peut-être aussi se sera-t-on défié de l'exactitude du public à venir retirer et payer ce volume, publié après coup, si bon pût-il être. Combien de fois n'a-t-on pas négligé de venir retirer d'utiles parties supplémentaires, même lorsqu'elles se délivroient gratuitement !

La compilation écourtée de Scapula eut la fortune de beaucoup d'abrégés : bien moins chère, et en apparence d'usage plus facile, elle se vendit, se réimprima pendant que le *Trésor* restoit dans le magasin de son auteur. Mais si Scapula fit à Henri un mal qui influa sur l'aisance du reste de sa vie, heureusement pour nous, et grâces à l'existence de l'art typographique, l'abréviateur ne put être un autre Justin ; son abrégé n'a point tué et fait disparoître l'ouvrage original. D'après les vices de cette compilation, si bien signalés par Henri, on peut vraiment s'étonner d'un succès si réel et si continu. On sait qu'après plusieurs réimpressions, celle d'Elzev., 1652, in-folio, augmentée, surtout dans ses parties accessoires, avoit acquis un prix considérable, fut payée en France, quelquefois jusqu'à 250 fr., et, en Angleterre, dix à douze guinées. Trois éditions ont encore été récemment faites, à Glasgow, 1816, 2 vol. in-4°; Oxford, 1820, in-fol., et Londres, 1820, grand in-4°. Ces deux dernières, par leurs additions importantes, remplacent avantageusement toutes les autres, même celle de 1816.

Henri avoit privilège pour la France, pour l'Allemagne, et cependant on ne le voit point essayer de s'en prévaloir pour empêcher, ou au moins contrarier le débit de ce malencontreux (untoward) abrégé. Il faut croire que, dans l'exercice du droit conféré ou garanti par ces pièces de Chancellerie, il y auroit eu avec certitude de frais judiciaires, bien peu de certitude de réussite profitable. Combien de gens se sont ruinés en gagnant un très juste procès !

C'étoit aux princes, aux puissants de la terre qu'il appartenoit de venir au secours de Henri, et, par de judicieuses largesses, lui alléger le fardeau de cette louable, mais tant onéreuse entreprise. Les troubles civils, si funestes à tout ce qui est noble et utile, les dévastations, les excès de tout genre, par lesquels se signaloient réciproquement les partis, ne laissoient guère songer à venir aider dans ses embarras domestiques un savant et honnête travailleur, qui, aux yeux de Charles IX, absorbé dans ses conspirations contre ceux qu'il accusoit de sans cesse conspirer, ne pouvoit être qu'un ennemi, puisque c'étoit un de ces huguenots détestés, l'ami des Calvin, des Théodore de Bèze, employant ses presses à propager leurs doctrines.

A l'exemple de Maittaire, je crois à propos de rapporter plusieurs passages des préfaces de Henri, dans lesquelles il parle de cet ouvrage, depuis si long-temps l'objet de ses savantes veilles et de ses plus chères affections. En 1567, lors de la publication du Recueil des Médecins anciens, et dans la préface de ce livre, il témoigne son appréhension de critiques injustes, ou beaucoup trop sévères, lui reprochant avec dureté quelques légères fautes, et, chez d'autres en laissant passer, ou même en approuvant par centaines, et des plus lourdes. Dans ce même avis il laisse voir l'ordre par lui adopté dans le classement et la disposition de son Lexique.

Ce seroit le cas de citer ici sa préface du premier volume des exemplaires dont le titre est sans date, et qu'il nomme *editio posterior*, où il exprime ses plaintes sur l'infidélité dont il est victime, et signale l'impéritie avec laquelle son ouvrage venoit d'être, non pas abrégé, mais dépecé et mutilé par un ignorant et audacieux compilateur : et encore l'Opuscule critique de 1595, sur la latinité de Juste-Lipse, dans lequel il parle encore de son *Thesaurus*.

Mais ces diverses citations, placées ici, auroient le très grand inconvénient d'étendre encore cet article, déjà d'une longueur démesurée. Elles seront en lieu plus convenable à la fin de cet ouvrage, avec plusieurs autres citations non moins nécessaires.

5. Juris Orientalis Libri III, ab Enimundo Bonefidio J. C. digesti, ac notis illustrati, & nunc primùm in lucem editi, gr. cum latina interpretatione. — Excudebat *Henr. Stephanus*. M. D. LXXIII. Cum privilegio Caes. Majest. In-8.

6. De abusu Linguæ Græcæ, in quibusdam vocibus quas Latina usurpat, Admonitio Henrici Stephani. Excudebat *Henricus Stephanus*. M. D. LXXIII. In-8.

Déjà imprimé en 1563.

7. M. Terentii Varronis Opera quæ supersunt. In lib. de ling. lat. conjectanea Josephi Scaligeri, recognita & appendice aucta. In libros de re rust. notæ ejusdem Jos. Scal. non antea editæ. Adr. Turn. Comment. in lib. de lingua latina : cum emendationibus Ant. Augustini. Item P. Victorii Castigationes in lib. de re rustica. — M. D. LXXIII. Excudebat *Henr. Stephanus*. In-8.

La réimpression de 1581 est plus belle, elle a même quelques corrections ; on lui préfère cependant celle-ci de 1573, qui est plus rare, et dans laquelle, partie II, pag. 211-212, on trouve des vers de Muret, par lui envoyés à Jos. Scaliger, comme étant de l'ancien poète comique Trabea, et que celui-ci, dupe de la plaisanterie, imprima comme tels. Ces vers et leur note ne reparoissent point dans l'édition de 1581.

8. (Henrici Stephani) Poesis philosophica, Vel saltem, Reliquiæ poesis philosophicæ, Empedoclis, Xenophanis, Timonis, Parmenidis, Cleanthis, Epicharmi. Adjuncta sunt Orphei illius Carmina qui a suis appellatus fuit ὁ τεολόγος. Item Heracliti & Democriti loci quidam, et eorum Epistolæ : græce. — *Henricus Stephanus*. M. D. LXXIII. In-8.

9. Homeri et Hesiodi Certamen. Nunc primùm luce donatum. Matronis & aliorum Parodiæ, ex Homeri versibus parva immutatione lepidè detortis consutæ. Homericorum heroum Epitaphia. Cum duplici interpretatione Latina. — Excudebat *Henricus Stephanus*. M. D. LXXIII. In-8.

10. VIRTUTUM Encomia : sive Gnomae de virtutibus : ex poetis et philosophis utriusque linguæ Græcis versibus adjecta interpretatione Henrici Stephani. Inter latina autem carmina quædam sunt elegantissima , a paucissim. adhuc lecta. — Excudebat *Henricus Stephanus.* M. D. LXXIII. In-16.

11. FRANCISCI Hotomani Quæstionum illustrium liber. — M.D.LXXIII. In-8.

12. JANI Parrhasii Liber de rebus per Epistolam quæsitis. Francisci Campani Quæstio Virgiliana. — M. D. LXXIII. In-8.

Réimpression du volume de 1567.

M. D. LXXIV.

1. APOLLONII Rhodii Argonauticon Libri IIII. Scholia vetusta in eosdem libros quæ palmam inter alia omnia in alios Poetas scripta obtinere existimantur : græce. Cum annotationibus Henrici Stephani ex quibus, quantam in hanc editionem contulerit diligentiam, cognosci poterit. — Excudebat *Henricus Stephanus.* M. D. LXXIIII. In-4.

2. (Henrici Stephani) FRANCOFORDIENSE Emporium , sive Francofordienses Nundinæ : Quàm varia mercium genera in hoc emporio præstent, pagina septima indicabit. Henricus Stephanus de his suis nundinis.

Impiger extremis merces non sumis ab Indis,
Sed piger hasce potes lector habere domi.

— Anno M. D. LXXIIII. Excudebat *Henricus Stephanus.* Pridie. Cal. Mart. In-8.

Plusieurs opuscules sont contenus dans ce volume assez rare. Maittaire énumère ces diverses pièces de manière à faire croire qu'elles sont mentionnées sur le titre ; mais ce n'est véritablement que sur la septième page qu'on en voit le détail ainsi qu'il suit :

Francofordiensium Nundinarum Encomium ab H. Stephano. *En prose.*

Laudatio equi cujusdam præstantissimi. Vituperatio equi cujusdam deterrimi. *En vers* , ainsi que les trois pièces suivantes , qui sont aussi de Henri.

Laudatio Baccharæ.

Cœna Posthiana , sive Kylicodipsia.

Methisomisia , sive Epigrammata , &c.

Epigrammata ex Anthologiæ libro contra Ebrietatem et Ebriosos ; græce. Cum Latina Josephi Scaligeri interpretatione.

Libanii descriptio Ebrietatis , Ex Basilio descriptio alia ; gr. et lat.

Lucianicæ Academiæ Orationes duæ, una pro Ebrietate , altera contra Ebrietatem.

Ebriosi hominis habitus , suis coloribus depictus à Lycone , Oratore græco.

Ebrietatis accusatio ex Seneca et Plinio.

Le volume, de 120 pages, est terminé par une Lettre ou Epître de Henri ad Paulum Melissum , qui , en réponse , lui fit sur ce recueil quelques observations de détail, orthographiques , prosodiques , &c.

Almeloveen , pag. 37 et 61 , fait mal-à-propos trois volumes de ce Recueil, qui a été publié sans division.

M. D. LXXV.

1. PSALMORUM Davidis aliquot Metaphrasis Græca, Johannis Serrani. Adjuncta e regione paraphrasi Latina G. Buchanani. Precationes ejusdem Græcolatinæ , quæ ad singulorum Psalmorum argumentum sunt accommodatæ. — M. D. LXXV. Excudebat *Henr. Stephanus.* In-16.

2. RUDIMENTA fidei christianæ, sive Catechismus, cum Catechismo alio magis compendiario nunc adjuncto, & precum Ecclesiasticarum

formula , gr. et lat. — *Henricus Stephanus* 1575. In-16.

3. ORATORUM veterum Orationes , Æschinis, Lysiæ, Andocidis, Isæi, Dinarchi , Antiphontis , Lycurgi , Lesbonactis Herodis (Attici), Demadis , Antisthenis, Alcidamantis, Gorgiæ) & aliorum : græce In harum editione quid ab Henr. Stephano præstitum sit, ex ejus præfatione lector intelliget. Cum interpretatione Lat. quarundam. — Excud. *Henr. Steph.* Anno M. D. LXXV. In-fol.

Les Discours d'Æschine *In Timarchum* et *de falsa Legatione*, sont traduits en latin par Jer. Wolfius; celui du même *In Ctesiphontem*, et de Démosthène *pro Ctesiphonte*, sont traduits par Denys Lambin; Lysias ; *De cæde Eratosthenis*, tr. par Henri Estienne ; du même *In Eratostenem*, et *In Alcibiadem* , tr. par Simon Groulart.

On trouve quelquefois séparément, soit des Discours, soit l'un des Orateurs réunis dans ce volume. Au Catal. de De Thou , t. II, p. 236-237 , on voit Lysias , Andocide, Antisthène , Antiphon, chacun en un volume ou cahier séparé.

En grand papier à la Bibliothèque Royale.

4. PARODIÆ morales H. Stephani , in poetarum veterum Latinorum Sententias celebriores totidem versibus græcis ab eo redditas.

Ejusdem Henrici Stephani ad lectorem tetrastichon.

Aurea priscorum (ceu quædam oracula) vatum
  Ecce tibi in varios dicta propago modos.
Ipsa legentis erit sic propagata voluptas,
  Ipse propagatus sic quoque fructus erit.

Centonum veterum & parodiarum utriusque linguæ exempla. — *Henricus Stephanus.* M. D. LXXV. In-8.

Ces imitations grecques de vers latins anciens sont plutôt des tours de force qu'un recueil de bons vers. Henri écrit qu'il les composa *ad fallendum itineris tædium*. Il étoit effectivement revenu depuis peu de Vienne en Autriche, et il avoit l'habitude de composer , surtout des vers, *inter equitandum*.

5. ARRIANI (qui alter Xenophon vocatus fuit) de expeditione Alex. Magni , Historiarum libri VIII, gr. et lat. ex Bonavent. Vulcanii Brug. nova interpretatione. Ab eodem quamplurimi loci ope veteris exemplaris restituti. Cum Indice copiosissimo. Alexandri vita , ex Plut. Ejusdem libri II de fortuna vel virtute Alexandri, gr. et lat. — M. D. LXXV. Excudebat *Henricus Stephanus*. In-fol.

6. DISCOURS merveilleux de la vie, actions et deportemens de Catherine de Medicis, Royne-mere , auquel sont recitez les moyens qu'elle a tenu pour usurper le gouvernement du Royaume de France, & ruiner l'estat d'iceluy. — M. D. LXXV. In-8.

Edition originale, en gros caractères, 164 pages.

Ce livre , que l'on assure avoir paru en 1574 , bien qu'il soit daté de 1575 , fut dans cette même année réimprimé en in-8° , mais en plus petits caractères, et n'ayant que 95 pages. Peut-être même a-t-il été fait une troisième édition sous cette même date.

Une réimpression de 1576 est donnée comme seconde édition , et comme troisième celle-ci de 1578.

Discours , déclarant les moyens que Catherine de Médicis a tenus pour usurper le gouvernement du Royaume de France, et ruiner l'estat d'iceluy. Troisième édition, plus correcte , mieux disposée que la première et la seconde , et augmentée de quelques particularitez. M. D. LXXVIII. In-8°.

Cette édition est effectivement augmentée d'une petite pièce de 24 vers françois : *Sympathie de la vie de Catherine et de Jésabel , avec l'antipathie de leur mort*, et de deux Lettres envoyées à la Royne-mere, par un sien serviteur (De Villemadou) après la mort de Henri II. La première datée du 26 avril 1574 et l'autre de 1576, et dans ces Lettres Catherine n'est pas plus épargnée que dans le Discours merveilleux. Je ne sais pas exactement si tout ou partie de ces augmentations se trouve dans l'édition de 1576, annoncée aussi comme plus correcte, mieux disposée et augmentée.

On attribue cet écrit à Henri Estienne, et rien ne paroît plus vraisemblable. Le caustique auteur de l'Apologie pour Hérodote étoit bien homme à produire l'outrageux pamphlet, dont, au reste, la grave et sévère histoire a confirmé, sinon approuvé, presque toutes les rudes et souvent brutales accusations. Un des plus sûrs garants de la véracité de ce libelle pourroit être Catherine elle-même, qui, suivant ce qu'assurent plusieurs écrits contemporains, dit, après s'être fait lire l'ouvrage, que, si l'auteur l'avoit consultée, il auroit pu en raconter bien d'autres.

Quelques-uns prétendent que l'auteur est Théodore de Bèze, et non Henri. Il est très possible que ces deux hommes, qui avoient des rapports continuels de travaux et d'amitié, y aient mis la main l'un et l'autre.

On conçoit qu'un tel écrit courut partout. Aussi fut-il traduit en latin, en anglois et en flamand. La Bibl. de la France, n° 25081, prétend que la traduction latine fut imprimée dès 1573, mais elle ne rapporte pas le titre d'une telle édition. Je me fierois plutôt à l'exactitude éprouvée de M. Brunet, qui mentionne deux éditions latines de 1575, et donne la date de celle qu'il croit l'originale. Je l'admets dans ces listes, parce que cette version latine étant regardée comme ouvrage de Henri, elle est probablement aussi sortie de ses presses, double raison pour l'introduire ici, bien que sans nom d'auteur, de lieu, ni d'Imprimeur.

Catharinæ Mediceæ reginæ matris, vitæ, actorum & consiliorum quibus universum regni Gallici statum turbare conata est, stupenda eaque vera Enarratio. — M. D. LXXV. In-8. 116 pages.

Une autre du même format, de 103 pages seulement, et qui paroît imprimée en Allemagne, est ainsi changée dans le commencement de son titre : Legenda Sanctæ Catharinæ Mediceæ....

—

M. D. LXXVI.

1. Novum Testamentum gr. Obscuriorum vocum et quorundam loquendi generum accuratas partim suas partim aliorum interpretationes margini adscripsit Henr. Stephanus. — Excudebat *Henricus Stephanus*. M. D. LXXVI. In-16.

Cette édition, fort bien imprimée, se distingue par une savante préface de 36 pages : *De stylo Novi Testamenti*. On peut, avec Niceron, s'étonner de ce qu'elle ne soit pas réimprimée en tête de la plupart des bonnes éditions du Nouveau Test. grec. Il faut reconnoître cependant que son appareil scientifique a pu faire craindre qu'elle ne se trouvât hors de la portée de trop de lecteurs.

Les 72 vers grecs faits par Henri pour le N. Test. grec in-fol. de 1550, se trouvent aussi dans ce petit volume.

2. Theodori Bezæ Vezelii Poemata, in hac tertia editione partim recognita, partim locupletata. Ex Buchanano aliisque insignibus poetis excerpta Carmina (quæ secundæ illorum poematum editioni subjuncta erant) seorsum excuduntur cum magna accessione. — M.D.LXXVI. In-8.

Quæ ad Bezæ Poematia accesserunt. In-8.

Cette sorte d'Appendice, qu'annonce l'intitulé du volume principal, ne porte point de date, et fait suite au volume des poésies de Théodore de Bèze.

3. De Latinitate falso suspecta, Expostulatio Henrici Stephani. Lectori non metuenda in Lat. metuenti.
Tune pudore taces, quia barbarus esse vereris?
    Eia, metum & linguam solve, Latinus eris.
Ejusdem de Plauti Latinitate Dissertatio, et ad lectionem illius Progymnasmata. — Excudebat *Henricus Stephanus*. Anno M. D. LXXVI. In-8.

J'ai un exemplaire venant des Jésuites de Bruges, qui y ont fait justice de l'hérétique Henri Estienne, en biffant ses noms partout où ils se sont trouvés. Ceux de Flandre n'étoient pas moins zélés que les Inquisiteurs de l'Italie.

4. FRANCISCI Hotomani Quæstionum illustrium liber. Secunda editione ab auctore locupletatus. Disputatio quædam ejusdem, habita Biturig. Jac. Cujacii Commentarius in L. Frater a fratre. Cui subjuncta est ejusdem Fr. Hot. Vetus renovata disputatio in eandem legem. Item Appendix adversus novam ejusdem legis interpretationem, quam nuper Lescurius vir eruditissimus promulgavit in suo Africano : qui & ipse huic Appendici additus est. — Excudebat *Henricus Stephanus.* M. D. LXXVI. In-8.

M. D. LXXVII.

1. M. T. CICERONIS Epistolarum volumen earum quæ familiares olim dictæ, nunc rectius ad familiares appellantur librorum XVI, Octavus Cœlii Epistolas habet. Fuerunt autem nunc primùm & hæ Cœlii, & cæteræ quæ Ciceronis non sunt, diverso typorum genere excusæ, ut hac diversitate in oculos incurrente, à Ciceronianis statim internosci possint. Commentationes diversorum in has Epistolas partim antea, partim nunc primùm editæ, seorsum prodeunt. — M. D. LXXVII. Excudebat *Henr. Stephanus.* In-8.

Les 16 Livres de Lettres occupent 552 pages. Viennent ensuite les Commentaires, ayant leur titre exprès, et chiffrés en deux parties, la première de 231 pages, et la seconde de 205.

Diversorum Commentationes ad Ciceronis Epistolas ad familiares. — *Henricus Stephanus.* M. D. LXXVII. In-8.

Ces Notes ou *Commentationes Diversorum* sont surtout de Paul Manuce, de Denys Lambin, de Sigonio, de Guill. Canter, et aussi de Henri Estienne.

Réimpression de l'édition de 1557, pourvu toutefois que ce ne soit pas la même annoncée de 1577 au lieu de 1557, par erreur d'un chiffre sur quelques Catalogues.

2. PSEUDO-CICERO Dialogus Henrici Stephani. In hoc non solum de multis ad Ciceronis sermonem pertinentibus, sed etiam quem delectum editionum ejus habere, & quam cautionem in eo legendo debeat adhibere, lector monebitur. — *Henricus Stephanus.* M. D. LXXVII. In-8.

3. CALLIMACHI Cyrenæi Hymni (cum suis Scholiis græcis) et Epigrammata. Ejusdem Poematium de coma Berenices, a Catullo versum. Nicodemi Frischlini Balingensis interpretationes duæ Hymnorum : Una oratione soluta : altera, carmine. Ejusdem interpretatio Epigrammatum, & annotationes in Hymnos. Henrici Stephani partim emendationes partim annotationes in quosdam Hymnorum locos. Ejusdem duplex interpretatio Hymni primi carmine utraque : quarum una, adstrictæ, altera liberæ & paraphrasticæ interpretationis exemplum esse possit. — Excudebat *Henricus Stephanus.* M. D. LXXVII. In-4.

4. P. VIRGILII Maronis Poemata Buc. Georg. Aen.) novis scholiis illustrata, quæ Henr. Stephanus partim domi nata, partim e virorum doctorum libris excerpta dedit; Ejusdem H. Stephani schediasma de dilectu in diversis apud Virgilium

lectionibus adhibendo. — *Henr. Ste-phanus.* In-8.

Cette édition et celle d'Horace qui va suivre, dépourvues l'une et l'autre de date, se placent à l'année 1577, bien que l'Horace paroisse devoir être reporté à l'année 1575. C'est la première des nombreuses éditions Stéphaniennes de Virgile qui ait des scholies marginales. Elle va être répétée en 1583, et par Paul Estienne en 1599.

5. HORATII Flacci Poemata, novis Scholiis & argumentis ab Henrico Stephano illustrata. Ejusdem Henr. Stephani Diatribæ de hac sua editione Horatii, & variis in eam observationibus. — Oliva *Stephani.* In-8.

Dans le Pseudo-Cicéro, pag. 157, Henri dit qu'il y avoit deux ans que cet Horace étoit publié. Le Pseudo-Cicero étant daté de 1577, l'Horace est donc de 1575. Il a été réimprimé en 1588, et ensuite en 1600, avec quelques augmentations prises d'un ancien manuscrit des Commentaires de Porphyrion.

6. EPISTOLIA, Dialogi Breves, Oratiunculæ, Poematia, ex variis utriusque linguæ scriptoribus. Inter Poematia autem est Satyra elegantissima, quæ inscribitur Lis, non prius edita.
Henric. Stephan. lectori.

Vt varia utroque scripta sermone hic vides,
Quæ varia variis exarata autoribus,
Ita brevitatis hic et elegantiæ
Spectare varia tibi datur certamina.

— Excudebat *Henr. Stephanus.* M. D. LXXVII. In-8.

7. DIONYSII Alex. et Pomponii Melæ situs Orbis Descriptio. Æthici Cosmographia. C. J. Solini Polyhistor. In Dionysii Poematium Commentarii Eustathii. Interpretatio ejusdem Poematii ad verbum, ab Henrico Stephano scripta : necnon Annotationes ejus in idem, et quorundam aliorum. In Melam Anno-

tationes Joannis Olivarii : in Æthicum Scholia Josiæ Simleri : in Solinum Emendationes Martini Antonii Delrio. — Excudebat *Henricus Stephanus.* M. D. LXXVII. In-4.

M. D. LXXVIII.

1. PLATONIS Opera quæ extant omnia. Ex nova Joannis Serrani interpretatione, perpetuis ejusdem notis illustrata : quibus & methodus & doctrinæ summa breviter & perspicue indicatur. Ejusdem annotationes in quosdam suæ illius interpretationis locos. Henrici Stephani de quorundam locorum interpretatione judicium, & multorum contextus græci emendatio. — Excudebat *Henricus Stephanus.* M.D.LXXVIII. 3 vol. in-fol.

C'est à l'un des savants philologues allemands qui, depuis longues années, consacrent leurs veilles à l'examen et à la reproduction des écrits de Platon, qu'il appartiendroit de donner ici de succinctes et exactes notions sur le mérite et les défauts de cette édition célèbre, et sur le rang qu'elle doit occuper encore, malgré les nombreuses réimpressions entières ou particlles qui lui ont succédé.

Il eût mieux valu, pour cette édition, que Henri se fût plus complètement chargé des fonctions d'éditeur, dont il s'acquittoit avec tant d'habileté, et que, se confiant moins à la traduction de Jean de Serres, qu'on lui reproche d'avoir préféré, il eût cherché à en faire disparoître les infidélités les plus choquantes. Une telle révision étoit peut-être impraticable pour un travail aussi long, et dans lequel le traducteur, se prévalant de sa facilité à écrire élégamment en latin, et croyant sans doute que la supériorité de son style le feroit préférer à l'exact mais inélégant Ficin, tournoit sans scrupule les difficultés qu'il ne pouvoit résoudre, espérant faire passer l'inexactitude de l'interprétation à la faveur d'une plus satisfaisante phraséologie.

Avec ses défauts , cette édition a toujours été en grande estime ; et si Henri n'a point influé sur le travail du traducteur , on voit qu'il étoit là pour surveiller la correction des textes , et enrichir le livre de doctes et presque toujours judicieuses observations. Aussi son édition a-t-elle été reconnue comme très supérieure à celle d'Alde , 1513, et aux deux de Basle 1534 et 1566 ; et les savants éditeurs de Deux-Ponts, juges irrécusables en telle matière , ont-ils , en reprenant la version de Ficin, conservé le texte dû aux soins de Henri , et donné leur édition *ad editionem Henrici Stephani accurate expressa.*

Quand les diverses éditions de Platon , dont s'occupent depuis long-temps les savants d'Allemagne , seront toutes achevées, et qu'elles auront assez long-temps circulé pour être suffisamment connues et appréciées , le monde érudit (on se rendroit suspect si l'on disoit la République des Lettres) jugera auquel de ces hommes aussi studieux qu'habiles , Ruhnken, Aste, Jacobs, Heindorf , Bekker , Schneider , les lecteurs de Platon doivent le plus de reconnoissance ; mais , en avant d'eux tous , chef et conducteur de cette brillante cohorte, Henri sera par eux tous conservé au premier rang.

Ces trois volumes in-folio , dont les beaux exemplaires sont rares et d'un prix qui ne reste guère au-dessous de 150 fr. , sont imprimés sur un papier Suisse de qualité assez commune ; aussi paie-t-on jusqu'à 600 et 800 fr. le très petit nombre de ceux que l'on rencontre en grand papier , dont la dimension excède de très peu celle du papier ordinaire , mais qui en diffèrent par un peu plus de blancheur et de consistance.

En tête de chacun des volumes est une dédicace du traducteur.

Celle du premier est adressée à la Reine Elisabeth , et suivie d'un avis de Henri.

Celle du second volume, datée de 1577, Cal. Octob. , est adressée à Jacques VI, Roi d'Ecosse, alors âgé de douze ans, et celle du troisième , avec même date , s'adresse à la République de Berne.

2. NIZOLIODIDASCALUS, sive Monitor Ciceronianorum Nizolianorum .

Dialogus Henrici Stephani. Horatius lectori ,

Ridebit monitor non exauditus, ut ille
Qui malè parentem in rupes protrusit asellum.
(PROBÆ FALCONIÆ.)

—Excudebat *Henricus Stephanus.* M. D. LXXVIII. In-8.

3. DEUX Dialogues du nouveau langage François italianizé , & autrement desguizé , principalement entre les courtisans de ce temps : de plusieurs nouveautez qui ont accompagné ceste nouveauté de langage ; de quelques courtisanismes modernes , & de quelques singularitez courtisanesques. (Par *Henri Estienne*) (1578) In-8.

Cet Opuscule a pour but de fronder la manie , alors régnante en France et surtout à la cour de Catherine , de mêler dans la langue françoise une foule de mots et d'idiotismes italiens; Henri reproche à ses contemporains leur asservissement à la mode, qui faisoit quelquefois parler de façon assez ridicule , et qui avoit fait invasion en France avec la multitude d'Italiens accourus à la suite de Catherine de Médicis. Maittaire, p. 413 , prend de là occasion de faire aux Anglois une semblable réprimande. Il leur reproche leur empressement à prendre de voisins ennemis *ab inimica gente* une immensité de mots , de façons de parler , et jusqu'à des manières de se vêtir *vestium habitum*. Juvénal reprochoit aux Romains de son temps leur engouement pour ce qui étoit grec; et que n'a-t-on pas pu dire de l'anglomanie françoise, excessive et portée jusqu'au ridicule , précisément alors que ces voisins nous faisoient le plus de mal?

Ce petit volume , devenu rare , est l'un des plus curieux écrits de Henri Estienne.

4. HOMERICI Centones , a veteribus vocati Ὁμηρόκεντρα Virgiliani Centones , Utrique in quædam historiæ sacræ capita scripti. Nonni Paraphrasis Evangelii Johannis , Græce & latine. — Excud. *Henr. Steph.* M.D.LXXVIII. In-16.

5. **Henrici** Stephani Schediasmatum variorum, id est observationum, emendationum, expositionum, disquisitionum, libri tres qui sunt pensa succisivarum horarum Januarii, Februarii, Martii.

Liber lectori.

Tres tantùm natus menses nequeone placere ?
Annum ubi natus ero, posse placere puto.

— Excudebat *Henricus Stephanus*. M. D. LXXVIII. In-8.

Une seconde partie, plus rare que celle-ci, a paru en 1589.

M. D. LXXIX.

1. **Theocriti** aliorumque Poetarum Idyllia. Ejusdem Epigrammata. Simmiæ Rhodi Ovum , Alæ, Securis, Fistula , Dosiadis Ara. Omnia cum interpretatione Latina , in Virgilianas & Nas. imitationes Theocriti Observationes Henrici Stephani. — *Henricus Stephanus*. M. D. LXXIX. In-16.

Petit volume estimé , et à juste titre. Outre le contenu indiqué au frontispice, on y trouve les poésies de Moschus , Bion et Simmias , avec leurs traductions en vers latins ; des fragments d'Orphée, Linus , &c. ; l'Idylle d'Ausone, *De Vita humana*, une élégie de Properce, la 11e du livre second, cette dernière traduite en vers grecs, par Henri , et l'autre par Fed. Jamot. Faite sur l'in-folio de 1566 , cette réimpression a l'avantage de quelques corrections dans le texte.

M. D. LXXX.

1. **Jesu** Christi , D. N. Novum Testamentum, gr. cum veteri interpretatione, et nova Theodori Bezæ. Additæ sunt ab eodem summæ breves doctrinæ unoquoque Evangeliorum & Actorum loco compre-

hensæ. Item methodi Apostolicarum Epistolarum brevis explicatio. Huic autem tertiæ editioni, præter quorundam locorum recognitionem, accesserunt breves difficiliorum phraseon expositiones, & aliæ quædam annotatiunculæ, cum ex majoribus ipsius Bezæ annotationibus, tum aliunde excerptæ : opera eorum qui in typographi Epistola nominantur. — (*Henricus Stephanus*) M. D. LXXX. In-8° à cinq colonnes.

La première édition est de 1565, in-fol. La seconde de 1567, in-8°. Celle-ci et la suivante, de 1582, in-fol. , sont nommées *troisièmes* , et *quatrième* celle de 1589, in-fol.

Ainsi que je le dis dans mon Catal., t. 1er, p. 4, je pense que nos Imprimeurs modernes auroient grande raison d'être glorieux de l'exécution d'un tel volume, imprimé à cinq colonnes, avec les beaux caractères grecs et latins de Garamond. Ce n'est cependant rien moins qu'un livre de grande valeur, et fait avec prétention de luxe ; le papier en est même de qualité suisse assez médiocre.

2. **Rudimenta** fidei Christianæ, et alius Catechismus magis compendiarius, græce et latine. — Cum Oliva *Henr. Stephani.* M.D.LXXX. In-16.

3. **Juris** civilis Fontes et Rivi. Jurisconsultorum veterum quidam loci, ex integris eorum voluminibus ante Justiniani ætatem excerpti. Henricus Stephanus lectori. Dum meam totius Juris civilis editionem expectas (quæ quanto seriùs, tanto utiliùs operam tibi navabit, viamque multo solita breviorem atque expeditiorem ad hæc studia aperiet) novum hunc libellum, vel ut editionis illius arrham præmitto. — Ex Papin. Pauli, Ulp. Caii, Modestini integris libris Aliorumque veterum juris Authorum. Henrici Stephani Collatio legum Mosaicarum & Romanarum ante Justiniani Imp. ætatem indè sumpta. — Oliva

Henrici Stephani. M. D. LXXX. In-8°.

Tout ce travail est réuni en un seul volume, bien qu'Almeloveen l'ait divisé en deux énoncés distincts. On voit que Henri donne ce Recueil comme le précurseur (*arrha*) d'une prochaine édition complète du *Corpus Juris Civilis*, projet que cependant il n'a point réalisé. Une longue préface qui commence le volume témoigne de l'habileté avec laquelle cette grande collection eût été disposée.

4. HENRICI Stephani Thesaurus Linguæ græcæ (editio altera absque anno, seu M.D. LXXX.) Oliva *Henrici Stephani.* 5 vol. in-fol.

Sur le plus ou moins de réalité de cette réimpression, ainsi que sur l'existence d'exemplaires ayant la date de 1580, voyez ci-dessus, page 136.

M. D. LXXXI.

1. PARALIPOMENA Grammaticarum Gr. Linguæ Inst. Item, Animadversiones in quasdam Grammaticorum Gr. traditiones. Autore Henr. Stephano. Numeri paginarum lectorem ad eam (Lod. Enoci) grammaticen remittunt quæ inscripta est De puerili Gr. literarum doctrina. — Oliva *Henrici Stephani.* M. D. LXXXI. XIII. Oct. In-8°.

Cette Grammaire, à laquelle Henri renvoie, est de 1555, Rob. Steph. Voyez ci-dessus, page 87.

2. M. TERENTII Varronis Opera quæ supersunt. In lib. de ling. lat. conjectanea Jos. Scaligeri, recognita et appendice aucta. In libr. de Re rustica notæ ejusdem (Josephi Scaligeri). His adjuncti fuerunt Adr. Turnebi Com. in libros de lingua lat. cum emendationibus Antonii Augustini. Item castigationes P. Victorii in libros de re rustica. — Oliva *Henrici Stephani.* M. D. LXXXI. In-8

3. PLINII Secundi Epistolarum libri x. et Panegyricus, cum aliorum Panegyricis. — Oliva *Henrici Stephani.* M. D. LXXXI. In-16.

La réimpression de 1591, en même format, contient, entre autres augmentations des notes d'Is. Casaubon qui ne sont pas dans celle-ci. Voyez p. 152.

Je n'ai point vu cette édition de 1581, mais bien celle qui n'a point de date, dont l'intitulé, que je vais rapporter exactement ici, semble être celui d'une première édition. Il se peut aussi que les deux n'en fassent réellement qu'une, et que partie des exemplaires aient sur leur titre la date de M. D. LXXXI, tandis qu'il n'y en auroit aucune sur les autres.

4. C. PLINII Secundi Epist. libri IX. Ejusdem et Trajani Imp. Amœbææ Epist. Ejusdem Plinii Panegyricus Trajano dictus. Panegyrici alii, aliis Impp. dicti, à Latino Pacato, Mamertino, Nazario. — Oliva *Henrici Stephani.* In-16, sans date.

5.   Petri   Pauli BVNELLI, & MANVTII,   Galli,   Itali,   præceptoris,   discipuli, Epistolæ Ciceroniano stylo scriptæ. Aliorum Gallorum pariter et Italorum Epistolæ eodem stylo scriptæ. — Oliva *Henrici Stephani.* Anno M. D. LXXXI. In-8°.

Avec une dédicace de Henri Estienne au Roi Henri III. Les Lettres *Aliorum Gallorum et Italorum* recommencent par un faux titre, et ont un foliotage séparé. Ce curieux volume a le défaut d'être sans table des Lettres. J'en ai une de l'élégante écriture de La Monnoye.

6. XENOPHONTIS (viri armorum & literarum laude celeberrimi) quæ extant Opera : græce. Annotationes Henrici Stephani, multum locupletatæ : quæ varia ad lectionem Xenophontis longè utilissima habent. Editio secunda, ad quam esse factam maximam diligentiæ accessio-

nem statim cognosces.— Excudebat *Henricus Stephanus.* M. D. LXXXI. In-fol.

En grand papier chez De Thou ; Catal. Bibl. Thuanæ, t. 1, p. 277, additions mss. Le même exemplaire, qui ne paroît point au Catalogue de Soubise, a été vendu à Londres, en 1791, 5 l. 15 sh. dans la vente Pâris.

Mentionné en grec sur le Catal. de De Thou, par Brunet, Niceron, etc. Mais Dibdin, Pinelli, Rossi et d'autres disent grec-latin.

Moins belle que l'édition de 1561, celle-ci lui est de beaucoup supérieure.

7. HERODIANI Historiarum libri VIII. græce. Cum (latina) Angeli Politiani interpretatione & hujus partim supplemento, partim examine Henrici Stephani utroque margini adscripto. Ejusdem Henrici Stephani emendationes quorundam Græci contextus locorum, & quorundam expositiones. Historiarum Herodianicas subsequentium libri duo, nunc primùm græcè editi (qui sunt Zosymi, cum latina versione).— Excudebat *Henricus Stephanus.* M. D. LXXXI. In-4º.

M. D. LXXXII.

1. JESU CHRISTI D. N. Novum Testamentum, sive Novum Fœdus. Cujus græco textui respondent interpretationes duæ : una, vetus : altera, nova, Theodori Bezæ, diligenter ab eo recognita. Ejusdem Th. Bezæ annotationes, quas itidem hac tertia editione recognovit, & accessione non parva locupletavit. Responsio ejusdem ad Seb. Castellionem, &c. seorsum excusa prostat.— *Henr. Stephanus.* M. D. LXXXII. XX. Feb. In-fol.

L'édition précédente de 1580, in-8º, est aussi nommée *tertia.*

2. HYPOMNESES de Gallica lingua, peregrinis eam discéntibus necessariæ; quædam vero ipsis Gallis multum profuturæ. Auctore Henr. Stephano qui et Gallicam patris sui Grammaticen adjunxit : Cl. Mitalerii Epistola de vocabulis quæ Judæi in Galliam introduxerunt. — Typis *Henr. Stephani.* M. D. LXXXII. In-8º.

M. D. LXXXIII.

1. JOH. Merceri Commentarii in quinque priores minores Prophetas. — *Genevae*, excudebat *Henricus Stephanus.* M. D. LXXXIII. In-fol.

Maittaire, en notant ce volume avec date de 1583, dit en avoir un exemplaire sans aucune date. « Habeo, qui nullum anni characterem gerit. » Et dans la vie de Henri, p. 270 : « Solitus est aliquando in eodem libro annum addere et omittere. »

2. P. VIRGILII Maronis Poemata novis Henrici Stephani scholiis illustrata, &c. Editio altera. Ejusdem Henrici Stephani Schediasma. — M. D. LXXXIII. In-8º.

Réimpression de l'édition sans date. Voyez page 142, à l'année 1577.

M. D. LXXXV.

1. THEODORI Bezæ et Georgii Buchanani Poemata et Epigrammata. — *Henricus Stephanus.* M. D. LXXXV. In-8º.

2. AULI GELLII Noctes Atticæ quas nunc primùm a magno mendorum numero magnus veterum exemplarium numerus repurgavit. Henrici Stephani Noctes aliquot Parisinæ Atticis A. Gellii Noctibus seu Vigiliis invigilatæ. Ejusdem

annotationes in alios Gellii locos prodibunt cum Lud. Carrionis notis prelo jam traditis. — *Parisiis.* M. D. LXXXV. In-8°.

Edition rare et estimable, mais moins peut-être que la réimpression de Genève, 1609, in-8°, réputée plus correcte dans le texte, ainsi que dans les notes, qui y sont plus amples, et choisies parmi celles de onze à douze annotateurs. Ni l'une ni l'autre ne contient les Commentaires complets de Louis Carrion, que promettoit cette édition de 1585.

Carrion les avoit offerts et promis à Henri, ainsi qu'un semblable travail sur Macrobe. Celui-ci, faisant ces deux éditions à Paris, et comptant sur cette promesse, s'aida des soins de Carrion pour l'impression des textes, dans lesquels il prétend que Carrion introduisit sans nécessité des leçons différentes, qui ne devoient trouver place que dans les notes; et il lui fait le même reproche pour le Macrobe de cette même année. Le texte d'Aulu-Gelle étant imprimé, huit mois s'écoulèrent, et Carrion n'avoit encore donné qu'une petite partie des notes par lui offertes et promises. Henri, fatigué de cette attente, imprima ce qu'il avoit pu en arracher, environ sept feuilles, et publia son volume en promettant la suite des notes, que cependant Carrion n'a point terminées.

La réimpression de Genève, 1609, plus ample dans ses annotations, a-t-elle été imprimée par Paul? c'est ce que je crois assez, mais sans avoir été à même de le vérifier.

Dans la première de ses Nuits Parisiennes, Henri prend vivement la défense de l'auteur des Nuits Attiques contre la censure outrageuse de Louis Vivès, qui, *L.* III, *De tradendis Disciplinis,* appelle Aulu-Gelle *hominem rhapsodum plane, congestorem potius quàm digestorem, et ostentatorem potius quàm peritum, loquaculum sine eruditione, in verbis ac sententiis putidulum,* &c. Aux injures et grossièretés près, il y a cependant bien quelque chose de vrai dans ces reproches.

Je n'ai jamais aperçu traces de deux éditions d'Apulée, mentionnées dans les anciennes éditions de la Bibliothèque latine de Fabricius, d'après une dissertation de G. Mollerus, *de Apuleio,* où elles sont indiquées, de 1524, par Robert, qui n'im-prima pas avant 1526, et de 1585, par Henri.

Maittaire, Ann. II, 649, et III, 792, les déclare avec raison imaginaires, ce qu'a reconnu la nouvelle édition de la Bibl. Latine, III, 38, mais seulement pour celle que l'on mettoit à l'année 1524, Ernesti n'ayant sans doute pas remarqué le passage de Maittaire, III, 792, déjà cité, qui les condamne toutes deux. Le vrai est que, des Estienne, la seule édition de quelque partie d'Apulée est *De Deo Socratis,* 1625, in-16, par le troisième Robert.

Mollerus aura, par distraction, lu quelque part *Apuleius* pour *Aulus Gellius,* dont on voit une édition de 1585, et il aura cru de Robert l'*Apuleius* donné en 1524, par Simon de Colines.

3. **MACROBII** in Somnium Scipionis libri duo. Ejusdem Saturnaliorum conviviorum libri VII. Cura Lud. Carrionis. — *Parisiis.* M. D. LXXXV. In-8°.

Avec une Lettre ou Dédicace à Jacques Danes, datée XI Cal. April.

Cette édition a été revue sur plusieurs manuscrits, avantage qui la rend supérieure à la plupart de celles qui l'ont précédée.

M. D. LXXXVI.

1. **AD** Senecæ lectionem Proodopœia, in qua & nonnulli ejus loci emendantur. Autore H. Stephano. Ejusdem Epistolæ ad Jacobum Dalechampium, partim Diorthotikæ quorundam Senecæ locorum, partim etiam in quosdam Exetastikæ. — Oliva *Henrici Stephani.* M. D. LXXXVI. In-8°.

2. **PINDARI** et cæterorum Lyricorum Carmina, gr. et lat. Editio III. græcolatina H. Steph. recognitione quorundam interpretationis locorum, et accessione lyricorum Carminum locupletata. — Apud *Henri-*

cum Stephanum. M. D. LXXXVI.
2 vol. in-16.

3. THEOCRITI aliorumque Idyllia cum notis Henrici Stephani. — M. D. LXXXVI. In-16.

Annoncé par Maittaire, d'après Almeloveen. Ce ne peut être qu'une erreur, et jamais je n'ai vu que l'édition in-16 de 1579.

M. D. LXXXVII.

1. NOVUM J. C. Testamentum : gr. cum Henrici Stephani interpretationibus margini adscriptis, & magna accessione in hac posteriori editione.—(*Henr. Stephanus*) M.D. LXXXVII. In-16.

Chez MM. Debure un ex. sur papier jaune.

2. DE CRITICIS vet. gr. et latinis, eorumque variis apud poetas potissimùm reprehensionibus, Dissertatio Henrici Stephani. Lectori :

Ex criticis monitis criticum tibi contrahe col-
(lum,
Vt criticas sapiat callida scripta notas.

Restitutionis Comment. Servii in Virg. & magnæ ad eos accessionis Specimen. — *Parisiis* excudebatur. Anno M. D. LXXXVII. In-4°.

Epître de Henri *Philippo Canæo Regis apud consilium Prætorianum Consiliario.*

3. DE VERA pronunciatione Græcæ linguæ Commentarii Theodori Bezæ, Jacobi Ceratini, Adolphi Mekerchi Brugensis, Mich. Hospitalii : et de recta pronunciatione linguæ latinæ Justi Lipsii Dialogus. — *Henr. Stephanus.* M. D. LXXXVII. In-8°.

4. HENRICI Stephani Dialogus de benè instituendis græcæ linguæ studiis. Ejusdem alius Dialogus de parum fidis græcæ linguæ magistris. Et, de cautione in illis legendis

adhibenda. Ad hujus autem posterioris dialogi argumentum pertinet ab eodem Henr. Stephano editus antea liber, *Paralipomena Grammaticarum Græcæ linguæ institutionum.* — Excudebatur anno 1587, In-4°.

Sans nom de lieu ni d'Imprimeur.

Dans ces Dialogues, l'auteur passe en revue les grammairiens grecs, depuis Moschopulus jusqu'aux plus récents. Il fait à chacun sa part d'éloges et de blâme, et donne de judicieux conseils sur l'usage à faire de leurs livres, plus ou moins élémentaires. Malgré l'existence de grammaires modernes d'un accès plus facile et quelquefois plus sûr, il n'est pas de doute qu'il ne soit indispensable, pour ceux qui se livrent sérieusement à l'étude de la langue grecque, de faire connoissance avec quelques-uns des anciens Oracles de la grammaire, et la lecture de cet Opuscule ne peut manquer d'en faciliter et rectifier le choix.

5. AFFINITATES omnium Principum Christianitatis cum Serenissimo Francisco Medices, Magno Duce Hetruriæ. Authore H. Stephano. — M. D. LXXXVII. In-fol.

Almeloveen, page 62.

M. D. LXXXVIII.

1. HOMERI Ilias et Odyssea, gr. cum interpretatione latina, repurgata plurimis erroribus, partim ab Henrico Stephano. — (*Henr. Stephanus*) M. D. LXXXVIII. 2 vol. in-16.

Cette édition peu commune jouit de quelque estime, bien qu'on lui reproche de n'être pas assez correcte. Absent pendant une partie du temps que dura cette impression, Henri ne fut pas à même de lui donner ces derniers soins d'éditeur, par lesquels se recommandent ses éditions grecques. La version latine, réputée peu exacte, quoique beaucoup rectifiée par Henri, sur le refus de l'auteur, est de Fr. Portus. A la fin du volume sont les *Homerici Centones*, déjà imprimés par Henri en 1578, un vol. in-16.

2. HORATII Poemata : Henr. Stephani scholiis, argumentis & diatribis illustrata : editio secunda, quæ præter scholiorum locupletationem, aliquot insuper diatribas, & quasdam in Veri Porphyrionis commentarios emendationes, nec non quasdam ad eos accessiones habet. — M. D. LXXXVIII. In-8°.

Sans nom, et avec la marque des Estienne.

Dans cette réimpression de l'édition sans date, on voit, entre autres augmentations, quatre Dissertations (Diatribæ) ajoutées aux cinq de la précédente édition.

3. MACROBII de differentiis et societatibus Græci Latinique verbi Libellus. — *Parisiis.* M. D. LXXXVIII. In-8°.

Ce volume est au nom de Du Val ; je le mets ici, parce que, dans la préface de son Macrobe, 1585, in-8°, Henri témoigne l'espoir de publier, d'après un ms. de P. Pithou, cet extrait de Macrobe, dont l'auteur paroît être un Ecossois du nom de Jean, et il est très possible que Henri ait contribué à cette publication. Voir Bib. Lat. III, p. 184.

4. THUCYDIDIS Olori filii de bello Peloponnesiaco libri octo. Una cum scholiis græcis suas in sedes magna ex parte repositis & integritati suæ restitutis plerisque in locis. Iidem latine, ex interpretatione Laurentii Vallæ, ab H. Stephano recognita. Editio secunda. — Excudebat *Henricus Stephanus.* M. D. LXXXVIII. In-fol.

Il y a de ce volume des exemplaires en grand papier.

Dans cette édition, supérieure à la précédente de 1564, la version latine de Laur. Valla est corrigée d'après d'anciens textes grecs, et la Vie de Thucydide est accompagnée de la traduction latine et de corrections, par Isaac Casaubon. Les notes de ce savant sur les Scholies ne s'étendent pas au-delà du second livre, parce que l'espoir d'obtenir communication de notes et corrections sur Thucydide et sur son Scholiaste avoit mis dans le cas de ne point aller plus avant. Ces secours n'arrivant point, on passa outre et on termina l'édition. Ce volume peu commun n'est point hors d'usage, malgré la supériorité des éditions de Hudson, de Duker et d'autres de ces derniers temps.

5. DIONYSII Halicarnassei Antiquitatum Romanarum libri XI. ab Æmilio Porto latine redditi et notis illustrati. H. Stephani operæ variæ, Henrici Glareani Chronologia, et Isaaci Casauboni animadversiones. — Excudebat *Eustachius Vignon* sibi et *Henrico Stephano.* In-fol.

Edition latine sans le texte grec.

Le titre ne porte point de date d'impression, mais les deux Epîtres préliminaires d'Aem. Portus et d'Is. Casaubon étant de 1588, font voir que l'édition est de cette même année. Maittaire, page 447, dit que l'on en rencontre des exemplaires ayant sur le titre l'année 1588, mais que dans ceux-là manquent plusieurs des pièces accessoires qui sont dans les autres.

M. D. LXXXIX.

1. NOVUM Testamentum, Græcè, cum duabus latinis interpretationibus, una vetere, altera Th. Bezæ, nunc quarto ab eo recognita, cum ejus annotationibus, hac quarta editione locupletatis : seorsim edentur Concordantiæ Novi Testamenti, quibus operam idem Beza & quidam alii impenderunt. — Oliva *Henrici Stephani.* M. D. LXXXIX. In-fol.

Les Concordances promises en cet intitulé furent publiées par Henri, en 1594, in-fol. Voyez plus bas, p. 153.

2. SCHEDIASMATUM variorum libri tres, qui sunt pensa succisivarum

horarum Aprilis, Maji, Junii. —
Excudebat *Henricus Stephanus.*
M. D. LXXXIX. In-8°.

Cette seconde partie devoit être suivie de
deux autres, qui auroient complété une
année entière. Elle est plus rare que la première, de 1578. Ces Opuscules philologi-
ques sont surtout recommandables par une
multitude de variantes et de corrections,
pour la plupart des anciens écrivains, tant
latins que grecs.

3. DICÆARCHI Messenii Geogra-
phica quædam, sive de Vita Græciæ. Ejusdem Descriptio Græciæ,
versibus iambicis, ad Theophras-
tum : græce, cum latina interpretatione atque annotationibus Henrici Stephani, et ejus Dialogus, qui
inscribitur Dicæarchi Sympractor.
— Excudebat *Henricus Stephanus.*
M. D. LXXXIX. In-8°.

Quelques exemplaires ont à la fin : *Excudebat Steph. Prevosteau,* ou sur le titre :
Apud Petrum Chouet.

Réimprimé dans le onzième volume des
Antiquités Grecques de Gronovius, et dans
le second volume des Petits Géographes
d'Hudson.

Cette première édition, faite sur un manuscrit rapporté d'Italie par Mathieu Budé,
fils du très savant Guillaume, et très savant
aussi dans la langue hébraïque, étoit imprimée depuis plusieurs années; mais Henri
en différoit la publication, afin d'y joindre
le Periple de Scylax, qu'il espéra long-temps
se procurer. La version latine est de Henri,
ainsi qu'une partie des notes; les autres sont
d'Isaac Casaubon.

M. D. XC.

1. PRINCIPUM Monitrix Musa, sive
de Principatu bene instituendo et
administrando Poema. Autore Henrico Stephano. Ejusdem Poematium,
cujus versus intercalaris, *Cavete vo-*

bis, Principes. Ejusdem libellus
(Dialogus Philocellæ et Coronelli;)
et libellus in gratiam Principum
scriptus, de Aristotelicæ Ethices
differentia ab historica & poetica.
Ubi multi Aristotelis loci vel emendantur, vel fideliùs redduntur. —
Basileæ. M. D. LXXXX. In-8°.

Ce livre, et quelques autres contenant
de même des ouvrages de Henri Estienne,
sont introduits dans cette liste, bien qu'ils
ne se présentent qu'en impressions exécutées
ailleurs que chez lui. En tête du volume est,
en 124 vers, le Proeme, ou préface
d'une Œuvre de Henri Estienne, intitulée :
L'Ennemi mortel des Calomniateurs, en
vers françois. Cette œuvre avoit été présentée
par Estienne à Henri III, et il en est fait
mention dans le poème latin. Je ne vois
pas qu'on l'ait jamais imprimée.

Quoique long, et paroissant indiquer tout
le contenu du volume, ce titre n'est cepen-
pendant pas complet. Après les 224 pages
de *Musa Monitrix,* viennent, en 64 pages,
deux autres ouvrages en vers, faisant suite
à ce recueil de conseils versifiés. L'un, *Rex
et Tyrannus,* est un parallèle entre ces deux
sortes de maîtres ; le second traite *De principatu bene instituendo et administrando,*
en vers hexamètres, *A musa Monitrice principum dictati.* Après soixante-trois distiques,
tous suivis du refrain *Cavete vobis, Principes,*
vient un Dialogue *Philocellæ et Coronelli,*
en 48 pages, non annoncé sur le titre, et
servant de Commentaire aux Distiques.

Je doute que ces Avis ou Conseils versifiés, mais très peu poétiques, aient souvent été à leur destination, et que beaucoup
de personnes en pouvoir se soient trouvées
entraînées à venir y faire leur éducation gou-
vernementale. Henri étoit un homme d'un
savoir immense, ce savoir a eu de grands et
utiles résultats ; mais pour sa versification, et
même sa prose latine, quelle différence avec
le style élégant et correct, on pourroit dire
aimable, de Paul Manuce, et souvent même
d'Alde, son fils ! En les lisant, on oublie
presque qu'on lit du latin moderne; en lisant
Henri, et surtout ses vers, une telle il-
lusion est toujours impossible.

Au reste, ce volume, fort mal imprimé,
ne laisse pas d'être curieux par l'étran-

geté de son sujet, et surtout par la patriotique intention de l'auteur. Il est fort rare.

M. D. XCI.

1. Ad M. Terentii Varronis Assertiones analogiæ sermonis latini, Appendix Henrici Stephani. Item Julii Cæs. Scaligeri de eadem disputatio doctissima. — Excudebat *Henricus Stephanus*. M. D. XCI. In-8º.

A la page 78, Maittaire mentionne une édition complète de *Terentius Varro*, 1591, in-8°; mais, pag. 116, liste générale, il se rectifie, et il n'y est plus question que de l'Appendix, dont je donne le titre exact.

2. C. Plinii Cæc. Secundi Epistolarum lib. IX. Ejusdem et Trajani Imp. Epistolæ Amœbææ. Ejusdem Plinii & Pacati, Claudii Mamertini, Ausonii, Nazarii, Eumenii, Panegyrici. Item Claudiani Panegyrici. Præter multos locos in hac posteriori editione emendatos, adjunctæ sunt Isaaci Casauboni notæ in Epistolas. — Excudebat *Henricus Stephanus*. M. D. XCI. In-16.

Réimpression de l'édition de 1581, mais améliorée et plus ample.

M. D. XCII.

1. S. Justini Martyris Epistola ad Diognetum & Oratio ad Græcos, gr. et lat. nunc primùm luce et latinitate donatæ ab Henrico Stephano, cum ejusdem & Jacobi Beureri annotationibus. Tatiani, discipuli Justini, quædam. — Excudebat *Henricus Stephanus*. M. D. XCII. In-4º.

2. De Martinalitia Venatione, sive de Therophonia segetum et vitium

alexicaca, edita ab illustrissimo Principe Friderico IV. Palatino electore. Epigrammata H. Stephani. — *Heidelbergæ*. M. D. XCII. In-4°. 32 pages.

Je trouve dans Niceron, Almeloveen et Maittaire cet intitulé d'une pièce peu connue ; et, bien qu'elle ne soit sortie d'aucune Imprimerie Stéphanienne, je l'enregistre ici à cause de 31 épigrammes de Henri Estienne, précédées d'une longue préface latine, dont il est aussi l'auteur.

3. Herodoti Halicarnassei Historiarum lib. IX, IX Musarum nominibus inscripti. Ejusdem narratio de vita Homeri. Cum Vallæ interpret. latina Historiarum Herodoti, ab Henr. Stephano recognita. Item cum iconibus structurarum ab Herodoto descriptarum. Ctesiæ quædam de reb. Pers & Ind. Editio secunda. — Excudebat *Henricus Stephanus*. M. D. XCII. In-fol.

Dans cette réimpression, moins belle que l'édition de 1570, la version latine de 1566 est beaucoup corrigée, et le volume a reçu d'utiles augmentations. On peut donc en faire usage avec confiance ; mais, si l'on peut choisir, il faut préférer l'édition suivante de 1618, in-fol., qui vaut encore mieux.

4. Appiani Alexandrini Romanarum Historiarum, Punica, sive Carthaginiensis, Parthica, Iberica, Syriaca, Mithridatica, Annibalica. Celticæ et Illyricæ fragmenta quædam. Item de bellis civilibus libri V. græce et lat. Henrici Stephani annotationes in quasdam Appiani historias, et in conciones per totum opus sparsas. — Excudebat *Henricus Stephanus*. M. D. XCII. In-fol.

5. Dionis Cassii Romanarum Historiarum libri XXV. gr. et lat. ex Guilielmi Xylandri interpretatione. Cum Henr. Stephani castigationibus.

Henricus Stephanus de Dionis Hist.

Scripserunt alii florentis tempora Romæ,
 Et grave sit quonam tempore passa jugum :
Historias alias isti conferto Dionis,
 Rivi illæ, sed fons ista Dionis erit. —
— Excudebat *Henricus Stephanus.*
M. D. XCII. In-fol.

6. Ex DIONE excerptæ Historiæ :
gr. ab Joanne Xiphilino, ex interpretatione Guilielmi Blanci, à Guilielmo Xylandro recognita, Henrici
Stephani in Joannem Xiphilinum
post duos egregios messores Spici-
legium. — Excudebat *Henricus Stephanus.* M. D. XCII. In-fol.

Ce volume est ordinairement relié à la
suite du précédent.

M. D. XCIII.

1. ISOCRATIS Orationes et Epistolæ, græce : cum latina interpretatione Hieron. Wolfii, ab ipso postremùm recognita. Henrici Stephani
in Isocratem Diatribæ VII, quarum
una observationes Harpocrationis
in eundem examinat. Gorgiæ et Aristidis quædam, ejusdem cum Isocra-
ticis argumenti, gr. et latine; Guil.
Cantero interprete.— M. D. XCIII. In-
fol.

Dédié par Henri à Marc Fugger, de cette
puissante famille qui l'avoit souvent aidé avec
bienveillance.

Le papier de cette édition est commun et
sans consistance. J'en ai vu à la Bibl. Royale
un exemplaire sur papier un peu plus blanc
et meilleur.

M. D. XCIV.

1. CONCORDANTIÆ græco-latinæ
Novi Testamenti. Cum Henrici Stephani Præfatione. — Ex typographeio *Henrici Stephani.* M. D. XCIV.
In-fol.

Ces Concordances, auxquelles travaillèrent
Théod. de Bèze, & *quidam alii* (Præf. Novi T.
Gr. anni 1589), sont en grande partie l'ouvrage de Robert, qui se proposoit de les
compléter pour tout le texte grec des S.
Ecritures. Dans la préface, Henri essaie de
piquer d'honneur les Imprimeurs ses confrères, et les invite à lui laisser au moins
quelques années de paisible jouissance avant
de s'approprier ce travail..... « .... ut sibi
ad aliquot annos privilegium ultrò irrogent,
et messi alienæ parcant; non quod ab iis,
quorum ingenium literæ poliissent, Typographis, sed ab illis qui omnino illiterati
essent, sibi timeret. »

2. AD Augustissimum Cæsarem
Rodolphum secundum et ad uni-
versos sacri Romani Imperii amplissimos ordines Ratisbonæ conventum habentes, H. Stephani Oratio adversus lucubrationem Uberti
Folietæ de magnitudine et perpetua
in bellis felicitate Imperii Turcici.
(Altera ejusdem ad eosdem) Exhor-
tatio ad expeditionem in Turcas
fortiter et constanter persequen-
dam. — *Francofordii ad Mœnum*,
Wechelianis typis. M. D. XCIV. In-8º.

Avec une dédicace en ces termes :
Henricus Stéphanus
D. D.
D. Ottoni Henrico Landschadio à Steinach
Ratisb. in conventu Imp.   1594.

L'impression de ce volume a même apparence que si elle avoit été faite par l'un
des Estienne, ce qui peut faire croire que
Henri auroit vendu à Est. Wechel des fontes
de quelques-uns de ses caractères.

Ces deux pièces furent dans la même année traduites en allemand, et imprimées
aussi à Francfort, in-4º.

Dans une Lettre (Epistola) de Henri,
qui vient après le second Discours, il se
moque des *Lipsiomimi*, et dit qu'il ne veut
être ni *Lipsiomomus*, ni *Lipsiocolax*, jeu
de mots dont le mauvais goût égale la pe-
danterie, et qui fait voir son antipathie pour
Juste-Lipse et ses admirateurs. L'écrit *De J.
Lipsii Latinitate*, qu'il imprima aussi à
Francfort l'année suivante, continua sa
querelle contre ce savant éditeur, et lui
attira bien des désagréments.

3. LES PREMICES, ou le premier livre des Proverbes épigrammatizez, ou des Epigrammes proverbialisez, c'est-à-dire, signez et scellez par les proverbes françois; aucuns aussi par les Grecs et Latins, ou autres, pris de quelcun des langages vulgaires; rangez en lieux communs. — *Henri Estienne.* M. D. XCIV. In-8°.

4. EX MEMNONE excerptæ historiæ de tyrannis Heracleæ Ponticæ. Ex Ctesia et Agatharchide excerptæ historiæ, omnia cum recenti accessione, græcè, et seorsim latinè, partim ex Henrici Stephani, partim ex Laur. Rhodomanni interpretatione. Appiani Iberica, et de gestis Annibalis, græcè, cum Henrici Stephani castigationibus. — Excudebat *Henricus Stephanus.* M. D. XCIV. In 8°.

Pinelli, n° 2549, met ce volume de 1584 : ce ne peut être qu'une erreur.

La version Latine forme une partie séparée, mais qui doit venir à la suite du grec, et y être jointe. L'Appien, qui est dans le volume grec, ne se trouve pas dans le latin.

5. DIOGENIS Laertii de Vitis, dogmatis et apophthegmatis clarorum Philosophorum libri X, græcè et latinè : Pythagoreorum fragmenta, gr. et latinè, Guilielmo Cantero interprete; Anonymi dissertationes, et Epistolæ Lysidis, Theanûs, Muiæ et Melissæ, græcè, cum Isaaci Casauboni notis ad Diogenem, & Henrici Stephani judicio de interpretatione Ambrosii & Brognoli. Hesychii Illustrii (Mylesii) liber de iisdem Philosophis, gr. et lat. Had. Junio interprete, cum Henrici Stephani annotationibus. Editio secunda. — Excudebat *Henricus Stephanus.* M. D. XCIV. In-8°.

Edition supérieure à la précédente, de 1570, et plus correcte.

La version de Diogène L. par Ambrosio et Brognoli, est ici corrigée par Henri, qui n'a pas admis dans cette réimpression les notes de sa première édition de 1570, *quod essent imperfectæ.* Il se réservoit de les revoir pour une publication ultérieure qui n'a pas eu lieu. Celles de Casaubon sont plus amples et plus exactes que dans leur première édition, faite en 1589, en un vol. in-8°, sans le texte.

M. D. XCV—XCVIII.

Almeloveen, p. 51, met dans la liste des impressions de H. Estienne une édition de *Rei Rusticæ Auctores,* 1595, in-8°. Ce volume existe, mais il est de Jer. Commelin, à Heidelberg.

1. S. JUSTINI Martyris Epistola ad Diognetum, et Oratio ad Græcos, gr. et lat. per Henr. Stephanum, cum notis. — M. D. XCV. In-8°.

Edition qui n'existe que d'après le témoignage d'Almeloveen, p. 46, et dont on ne voit nulle autre trace.

2. DE J. LIPSII Latinitate Palæstra prima Henrici Stephani Parisiensis, nec Lipsiomimi, nec Lipsiomomi, nec Lipsiocolacis, multoque minùs Lipsiomastigis; cum ejusdem præludio : *Libertas volo sit Latinitati, sed licentia nolo detur illi :* hic multa non vulgaria vulgi literatorum linguis de Latinitate illa antiquaria tantum non digladiantibus apponuntur. — *Francfordii,* M. D. XCV. In-8°.

J. Scaliger se moque de cet ouvrage, où il n'est presque parlé que de la guerre à faire aux Turcs, et dit qu'on le trouva si ridicule, qu'on en allongea ainsi le titre : « De Latinitate Lipsiana adversus Turcam. »

3. HENRICI Stephani Carmen de Senatulo fœminarum, magnum senatui virorum levamentum atque adjumentum allaturo. — *Argentorati,* Antonius Bertramus. M.D.XCVI. In-4°.

Pamphlet poétique peu connu et fort rare. Il fut payé le prix exagéré de 24 fr., vente Brienne, en 1797.

4. **THEODORI** Bezæ Veselii Poemata varia omnia, Sylvæ, Elegiæ, Epigrammata, Icones, Emblemata, Cato Censorius Christianus, ab ipso authore in unum hunc corpus collecta et recognita.— *Henricus Stephanus.* M. D. XCVII. In-4°.

Ce livre in-4°, commencé par Henri, fut, après sa mort, achevé par Jacques Stoer, qui paroît l'avoir repris vers les Emblèmes. Son titre ne porte aucun nom, mais seulement la marque de Henri. Dans le volume se trouvent *Abrahamus Sacrificans*, et *Appendix ad Poemata*, non indiqués sur le titre. Quelques exemplaires se rencontrent ayant en tête des *Emblemata*, p. 223, un titre exprès : *Th. Bezæ Emblemata. Apud Jacobum Stoer*, 1598. Dans d'autres, au commencement, après les mots *Cato Censorius*, est collée une petite bande de papier, sur laquelle on lit *Abrahamus Sacrificans;* et, pour en finir avec ces détails, j'ajouterai que, sur le titre de quelques-uns, on a imprimé, évidemment après coup, *Genevæ, Apud Gabrielem Chartier.*

5. **LECTII** Jacobi Jonah, seu Poetica paraphrasis ad eum Vatem. — Apud *Henricum Stephanum.* — M. D. XCVII. In-4°.

Comme le volume de Théod. de Bèze, le titre de celui-ci n'a point de nom, mais seulement la marque de Henri. Il est dédié par l'auteur à George Sigismond Prakschicky à Tastrifell, qui paroît avoir fait les frais des deux volumes.

6. **NOVUM** Testamentum, gr.-lat. — M. D. XCVIII. In-fol.

Avec les deux versions latines de la Vul-gate et de Théod. de Bèze, qui donna des soins à cette édition, bien qu'âgé de 80 ans.

Si Pinelli est exact, ce volume n° 79, qu'il indique seulement ainsi (*Genevæ*), a dû être commencé avec Henri, et achevé après son décès; ou ce fut la première impression de Paul, qui succéda à l'établissement de Henri, son père.

7. **SCHEDIASMATA II** ad Dicæarchum. — *Aug. Vindel.*, 1600. In-8°. Index Bibl. Barberinæ.

8. **EMENDATIONES** in Petronii Epigrammata. — *Helenopoli*, 1614. De ce même Catalogue.

La Croix du Maine cite comme existant en manuscrit deux ouvrages ou Dissertations de Henri Estienne, intitulés :

Des anciens Guerriers des Gaules, et de leurs successeurs.

Et, De la prééminence des Rois de France. Voir aussi Bib. de la Fr., n° 31,353 et 26,797.

———

Dans les vingt dernières années de ce xvie siècle, il a été imprimé à Genève, soit sans aucun nom, soit avec le seul nom de la ville, un assez grand nombre de volumes, la plupart ayant rapport à la religion réformée, et dont plusieurs sont peut-être sortis des presses de Henri Estienne. Essayer sur ces livres, maintenant presque tous hors d'usage, une vérification, qui, après tout, ne pourroit être que conjecturale, seroit sans utilité littéraire ou bibliographique; et une telle augmentation hypothétique du nombre des éditions Stéphaniennes n'auroit pas même pour résultat d'induire quelques amateurs à y chercher cette augmentation de jouissances que beaucoup ont trouvée à faire entrer comme de force, dans les collections Aldines, une multitude de livres de ces mêmes quinze à vingt années, qui presque tous appartiennent à d'autres Imprimeurs Vénitiens.

FRANCISCUS STEPHANUS SECUNDUS.

1. SERMONS de Jean Calvin sur les dix commandemens de la loy donnée de Dieu par Moyse, autrement appellez leDecalogue. Recueillis sur-le-champ, et mot à mot de ses prédications, lorsqu'il preschoit le Deuteronome, sans que depuis ait esté rien adjousté ni diminué. — *Geneve*, par *François Estienne*, pour Emeran le Melais. M. D. LXII. In-8°.

2. VINGT-DEUX sermons de Jean Calvin sur le CXIX. Pseaume. — *Geneve*, par *François Estienne*, pour Estienne Anastase et François Bodin. M. D. LXII. In-8°.

3. SERMONS de Jean Calvin sur le cantique d'Ezechias. — *Geneve*, par *François Estienne*, pour Estienne Anastase. M. D. LXII. In-8°.

4. COMMENTAIRES de Jean Calvin sur les cinq livres de Moyse; Genese est mis à part, les autres quatre sont disposez en forme d'harmonie. — *Geneve*, impr. par *François Estienne*. M. D. LXIII. In-fol.

5. BIBLIA latina. — Ex officina *Francisci Stephani*. M. D. LXVII. In-8°.

6. LA SAINTE Bible, traduite en françois, avec le calendrier histo-rial, les Pseaumes en rime, la forme des prieres ecclesiastiques, le Catechisme et la confession de foy. — De l'Imprimerie de *François Estienne*. M. D. LXVII. In-8°.

Le premier titre porte l'année 1566, et celui du N. T. est de 1567.

7. NOVUM J. C. Testamentum, latinè. — M. D. LXVII. In-8°.

8. LE NOUVEAU Testament. — M. D. LXVII. In-8°.

Ce N. Test., que l'on trouve quelquefois séparément, fait partie de la Bible de 1566-67, qui précède.

9. LE NOUVEAU Testament, reveu & corrigé sur le grec, par l'advis des Ministres de Geneve. — Par *François Estienne*. M. D. LXVIII. In-16.

10. LES PSEAUMES de David, mis en rime françoise par Clement Marot et Theodore de Beze, avec les notes de musique, le Catechisme, la forme des prieres ecclesiastiques, la confession de foy, table des Pseaumes selon l'ordre qu'on les chante en l'Eglise de Geneve, tant le dimanche que le mecredy. — Par *François Estienne*. M. D. LXVIII. In-16.

11. TRAICTE de la Grammaire françoise, par Robert Estienne. — M. D. LXIX. In- 8.

Cité par Almeloveen, non pas dans sa liste d'éditions, mais seulement dans ses Biographies, p. 3o. Comme il y a de cette Grammaire Françoise du premier Robert une double édition, l'une françoise et l'autre latine, faite à Paris, par Robert, son fils, il est peu probable que François, son autre fils, l'ait aussi imprimée à Genève dans la même année; et, s'il y a des exemplaires au nom de chacun des deux, ce que je n'ai pas vu, on peut croire que l'impression aura été faite de concert, et l'édition partagée.

La Caille, pag. 147, mentionne aussi cette Grammaire comme imprimée par François.

12. TRAICTÉ des Dances, par Lambert Barreau, auquel est résolue la question s'il est permis aux Chrestiens de dancer; nouvellement mis en lumiere. — *François Estienne.* M. D. LXXIX. In-8°.

13. HISTOIRE de Portugal en vingt livres : les douze premiers traduits du latin de Jerosme Osorius evesque de Sylves en Algarve, les huit suivans, prins de Lopez de Castagnede & d'autres historiens, nouvellement mise en francois par S. G. S. (Simon Goulart, Senlissien). — *Geneve,* de l'Imprimerie de *François Estienne,* pour Antoine Chuppin. M. D. LXXXI. In-fol.

Voyez ci-après, Rob. Estienne, année 1587.

14. DE LA Puissance légitime du prince sur le peuple, & du peuple sur le prince. Traité très utile & digne de lecture en ce temps, escrit en latin par Estienne Junius Brutus (Hubert Languet) & nouvellement traduit en françois (par François Estienne, avec une préface de C. Superantius). — M. D. LXXXI. In-8°.

Duverdier, pag. 3oo, stigmatise ce livre du mot alors redoutable, *calvinique.*

15. LES OEUVRES morales & meslées de Plutarque, translatées de Grec en François (par Amyot), reveues & corrigées en plusieurs passages par le Translateur. Comprises en deux tomes, & enrichies en cette édition de préfaces générales, de sommaires au commencement d'un chascun des traités ; & d'annotations en marge qui monstrent l'artifice et la suite des discours de l'autheur. Avec quatre Indices : le premier des autheurs alleguez & exposez ; le second des similitudes ; le troisieme des Apophthegmes ; & le dernier des choses mémorables mentionnez es dites œuvres. — *François Estienne.* M. D. LXXXI et M. D. LXXXII. 2 vol. in-fol.

Le deuxième volume est daté de 1581, et le premier, de 1582. Il est à croire qu'imprimant les préliminaires du tome premier après avoir achevé l'édition, on y aura mis la date de l'année dans laquelle on étoit arrivé.

ROBERTUS STEPHANUS SECUNDUS.

M. D. LVI.

1. ANACREONTIS et aliorum Lyricorum aliquot poëtarum Odæ, græce. In easdem Henr. Stephani Observationes. Aliquot Odæ ab Henr. Stephano, latine, eodem carmine expressæ.—*Parisiis*, typis Regiis, apud *Guil. Morelium*, in Græcis Typographum Regium , & *Rob. Stephanum*. M. D. LVI. ⌐Anacreontis Teii antiquissimi poëtæ Lyrici Odæ, ab Helia Andrea Latinæ factæ. Ad Clariss. virum Petrum Montaureum Consiliarium , & Bibliothecarium Regium.

Nec si quid olim lusit Anacreon,
Delevit ætas.

Ibid, M. D. LVI. VIII. Cal. Jan. In-8º.

La version latine de H. Estienne fait matériellement partie du volume grec, dont elle continue les chiffres de pages ; mais celle d'Hélias André, quoique chiffrée à part , et avec un titre exprès, ne doit pas moins y être réunie. Elles ne sont pas toujours d'accord, le nouveau traducteur ayant adopté dans le texte plusieurs leçons qui ne sont pas celles de l'édition de 1554. La version de Henri et ses notes sont précédées d'une courte préface latine *ad Lectorem*.

2. MOSCHI, Bionis, Theocriti Idyllia aliquot ab Henrico Stephano latina facta. Ejusdem Carmina non diversi ab illis argumenti ,et anno-tationes in illa idyllia, et Propertii Elegia , ex libro II; græce reddita. — *Lutetiae*, ex officina *Roberti Stephani*. M. D. LVI. III. Cal. Jan. In-4.

C'est la réimpression, en même format, d'une première édition faite à Venise par Paul Manuce, en 1555, pendant que Henri étoit dans cette ville. Toutes deux sont rares, et il est probable qu'on en aura imprimé peu d'exemplaires.

3. RUDIMENTA J. Despauterii, cum accentibus.—Ibid. M. D. LVI. XII. Cal. Feb. In-8º.

4. LA maniere de tourner en Langue Françoise les verbes Actifs, Passifs, Gérondifs, Supins & Participes : aussi les Verbes Impersonnels, avec le Verbe Substantif nommé *Sum*, & le Verbe *Habeo*. Reveue & corrigée en grande diligence. — *Paris* , de l'Imprimerie de *Robert Estienne*. M. D. LVI. In-8°.

5. DE syllabarum quantitate regulæ speciales , quas Despauterius in carmen non redegit, autore Maturino Corderio, grammatices professore. — *Lutetiae* , ex officina *Roberti Stephani*. M. D. LVI. X. Cal. Maias. In-8º.

6. JACOBI Cujacii J. C. observationum & emendationum Liber primus & secundus : ad Bartholomæum

Fayum senatorem Parisiensem. — *Lutetiæ*, ex officina *Roberti Stephani*. M. D. LVI. In-4°.

Le premier livre est daté vi Cal. Junii, et le second, Pridie Cal. Novemb.

7. DIONYSII Halicarnassei nonnulla Opuscula, à Stanislao Ilovio Polono nunc primùm Latinitate donata, quæ quinta pagina recensentur. Ejusdem Ilovii & Robortelli de Historica facultate commentatiunculæ.—*Lutetiae*, ex officina *Roberti Stephani*. M. D. LVI. In-8°.

Ces Opuscules, dont la liste est sur la cinquième page, sont :

De præcipuis linguæ Græcæ auctoribus.

Comparatio Herodoti cum Thucydide, & Xenophontis, Philisti, Theopompi, inter se.

Responsio ad Cn. Pompeii Epistolam.

Avec une préface du traducteur, Joànni Tencinio comiti, Stanislai Palatini Cracoviensis filio, datée de Paris, iii. Id. Jan. M. D. LVI.

Le recueil un peu plus ample de ces Opuscules avoit été publié en grec, chez Charles Estienne, *cura Henrici*, en 1554, in-8°. Voyez ci-dessus, page 108.

8. VINCENTII Lupani in Taciti Annalium Libros XVI Annotationes : ad Andream Guilardum Mortarium à sanctioribus consiliis Henrici II. — *Parisiis*, apud *Robertum Stephanum*. M. D. LVI. IIII. Id. April. In-8°.

M. D. LVII.

1. PTOCHOTROPHE Urbis Carnutensis, id est alendorum pauperum ratio, ad Carolum Guilardum episcopum Carnutensem, Vincentio Lupano authore. — *Lutetiæ*, ex officina *Roberti Stephani*. M. D. LVII. In-8°.

M. D. LVIII.

1. JOANNIS Aurati (Jean Dorat) Le-movicis Odæ triumphales, ad Carol. Lotharingium Cardinalem. — *Lutetiae*, ex officina *Roberti Stephani*. M. D. LVIII. In-8°.

2. DE Caleto nuper ab Henrico II, Francorum Rege invictiss. recepta, Georgii Buchanani Carmen.—Ibid. M. D. LVIII. In-8°.

3. DE Caleti & Guinæ Oppidorum proximo hoc bello captorum, expugnatione, Carmen doctissimum (Michaelis Hospitalii.) — *Ibid.* M. D. LVIII. In-4°.

Je pense que cette pièce est de l'Imprimerie de Robert Estienne, chez qui, plus tard, Patisson a imprimé, en un volume in fol., le Recueil des Poésies latines du Chancelier, parmi lesquelles ces vers se retrouvent, au livre iiie, pag. 171.

4. BRIEF Discours de la prise de la Ville de Thionville, mise en l'obéissance du Roy par le Seigneur de Guyse, &c. avec les articles d'icelle. —*Paris, Robert Estienne*. M. D. LVIII. In-8°.

Michel de l'Hospital a aussi célébré la prise de Thionville en des vers qui se trouvent dans son volume, page 175, à la suite de la pièce sur Calais et Guines.

M. D. LIX.

1. Petit Dictionnaire françois latin, autrement dict Les mots François selon l'ordre des lettres, ainsi qu'il les faut escrire, tournez en latin; augmenté de plusieurs dictions Françoises et Latines. — *Paris*, de l'Imprimerie de *Robert Estienne*. M. D. LIX, le 12 Aoust. In-4°.

Imprimé aussi cette année-là chez Charles. Voyez ci-dessus, p. 112.

2. EPITHALAME, ou Nosses, de tres illustre et magnanime Prince Emanuel Philibert Duc de Savoye,

et de très vertueuse Princesse Marguerite de France, duchesse de Berry, sœur unique du Roy, par Messire Claude de Buffet, Savoisien. *Paris*, de l'Imprimerie de *Robert Estienne*. M. D. LIX. In-4°.

14 feuillets sur vélin, à la Bibliothèque Royale.

3. LES **Deux Sermons** funèbres és obseques et enterrement du feu Roy Treschrestien Henri deuxième de ce nom, faits et prononcez par Messire Jerosme de la Rovere, esleu Evesque de Tholon : l'un à Nostre-Dame de Paris, l'aultre à Sainct Denys en France. — *Paris*, de l'Imprimerie de *Robert Estienne*. M.D.LIX. In-4.

4. LE **Trespas** et l'Ordre des obseques, funerailles et enterrement du Roy Henry II. l'an 1559, par le Seigneur de la Borde, François de Signac, Roy d'armes de Dauphiné. — *Paris*, de l'Imprimerie de *Robert Estienne*. M. D. LIX. In-4°.

Réimprimé en 1610, in-8°.

M. D. LX.

1. CAROLI Stephani de nutrimentis libri tres. — *Parisiis, Robertus Stephanus.* M. D. LX. In-8°.

2. DICTIONARIUM propriorum nominum virorum, mulierum, populorum, idolorum, urbium, fluviorum, montium, cæterorumque locorum quæ passim in libris prophanis leguntur. — *Lutetiae, Robertus Stephanus.* M. D. LX. In-4°.

Réimpression de l'édition de 1541, et plus ample.

3. LES SONNETS de Charles d'Espinay, Breton. — *Paris, Robert Estienne.* M. D. LX. In-4°.

4. LE CANTIQUE des Cantiques de Salomon & les Lamentations de Hieremie, traduites en vers françois par Pierre de Courcelles, natif de Candes en Touraine. — *Paris*, imprimé par *Robert Estienne*. M. D. LX. In-16.

Maitt., *Vitæ Steph.*, en mentionne une édition in-4° de 1564. Voyez ci-dessous, pag. 161.

5. EPITAPHIUM in mortem Herrici Gallorum Regis Christianissimi, ejus nominis secundi, per Carolum Utenhovium Gandavensem, & alios, duodecim linguis. Per Car. Utenh. : Ebraicè, chaldaicè, græcè, latinè, gall. germanicè, flandricè. Per alios : gallicè, italicè, hispanicè, anglicè, scoticè, polonicè. Accesserunt & aliquot ad Illustrium quorundam Galliæ hominum nomina Allusiones, per eundem.

Epitaphe sur le trespas du Roy Treschrestien Henry Roy de France, II de ce nom, en douze langues. A tres hault et tres puissant prince Philippe Roy d'Espaigne. Aultres epitaphes par plusieurs auteurs sur le trespas du mesme Roy. Plus, les epitaphes sur le trespas de Joachim du Bellay Angevin, Poete latin et françois. — *A Paris*. de l'Imprimerie de *Robert Estienne*. M. D. LX. In-4.

6. REMY Belleau, Ode pastorale sur le trespas de Joachim du Bellay. — *Paris, Robert Estienne.* M. D. LX. In-4°.

7. LE THEATRE de Jacques Grevin, de Clermont en Beauvoisis, dédié à tres illustre & tres haute princesse, Madame Claude de France, duchesse de Lorraine. — *Paris, Robert Estienne.* M. D. LX. In-8°.

Ce volume contient quatre pièces : une Pastorale à trois personnages ; la Trésorière, comédie; César, tragédie; les Esbahis, comédie. Il est terminé par la seconde partie de l'Olympe et de la Gelodacrie.

Bibl. du Théâtre françois, t. 1, p. 145. Je ne vois nulle part ailleurs annoncée cette édition de 1560, mais bien une de Paris, Sertenas, 1562.

8. ÆLII Donati de octo partibus orationis libellus, in dialogi formam latinam et gallicam redactus, in gratiam puerorum. — *Lutetiae*, ex officina *Roberti Stephani* typographi Regii. M. D. LXI. — *Et à la fin :* M. D. LXII. X. Cal. April. In-8º.

9. PRINCIPIA, sive prima linguæ latinæ elementa, pueris facile instituendis commodissima. — *Lutetiae,* ex officina *Roberti Stephani* typographi Regii. M. D. LXI. In-8°.

10. SYLVA, cui titulus Veritas fugiens, ex Remigii Bellaquei Gallicis versibus latina facta à Florente Christiano Aurelio.— *Lutetiae*, in officina *Roberti Stephani.* M.D. LXI. In-4.

M. D. LXII.

1. DECLARATION du Roy (Charles IX) sur l'edict du 17 janvier 1561, concernant la Religion. — *Paris, Robert Estienne.* M. D. LXII. In-8º.

2. EDICT du Roy (Charles IX) sur les moyens d'appaiser les troubles & séditions survenus pour le faict de la Religion. — *Paris, Robert Estienne,* Imprimeur du Roy. M. D.LXII. In-8°.

M. D. LXIII.

1. LIBELLUS Ruth, Hebraicè, cum scholiis Masoræ ad marginem; item in eundem succincta expositio nondum in lucem emissa, cujus in ma-nuscripto exemplari autor præfertur R. D. Kimhi : omnia per Joh. Mercerum recognita. — *Parisiis,* ex officina *Roberti Stephani.* M. D. LXIII. In-4°.

2. EDICT et Déclaration faite par le Roy Charles VIIII. sur la pacification des troubles de ce Royaume : du 19 mars 1562. — *Paris,* par Eloy Gibier, pour *Robert Estienne,* Imprimeur du Roy. M. D. LXIII. In-4º.

3. DISCOURS de la réduction du Havre-de-Grace en l'obéissance du Roy. — *Paris, Robert Estienne.* M. D. LXIII. In-8º.

Almeloveen, pag. 65, met ce livre à l'année 1643. Erreur qui n'est autre chose qu'une faute typographique.

M. D. LXIV.

1. PIERRE de Courcelles : traduction en vers françois du Cantique des Cantiques de Salomon, ensemble les Lamentations de Hieremie le prophete. — M. D. LXIIII. In-4º.

2. DE MORIBUS in mensa servandis libellus, Joanne Sulpitio Verulano authore, cum familiarissima, & rudi Juventuti aptissima elucidatione Gallicolatina Gulielmi Durandi. — *Parisiis,* ex officina *Roberti Stephani,* typographi Regii. M. D. LXIIII. Idibus Junii. In-8º.

3. RUDIMENTA latinogallica, cum accentibus. — *Lutetiae,* ex officina *Roberti Stephani* typographi Regii. M. D. LXIIII. Idibus Aug. In-8º.

4. QVEROLVS, antiqua Comœdia, (Plauto perperam tributa) nvnquam antehac edita, quæ in vetusto codice manuscripto Plauti Aulularia inscribitur. Nvnc primùm à Petro

Daniele Aurelio luce donata, & notis illustrata. Ad illustriss. amplissi-mumque Cardinalem Odonem Cas-tilionæum. — *Parisiis*, ex officina *Roberti Stephani*. M. D. LXIIII. Non. Octob. In-8°.

5. DECLARATION du Roy concer-nant le payement des sommes or-données par son edict de l'ayde et subvention des procès, avant que proceder par ses huissiers à l'exe-cution d'aucunes lettres de relief d'appel. — M. D. LXIIII. In-8°.

6. NOUVELLE Declaration du Roy sur l'edict de pacification des trou-bles de son royaume. — *Paris*, *Ro-bert Estienne*, Imprimeur du Roy. M. D. LXIIII. In-8°.

M. D. LXV.

1. PSALTERIUM Hebraicum. — *Parisiis*, excudebat *Robertus Ste-phanus.* M. D. LXV. Non. Maii. in-16.

2. SYRIACA Paraphrasis (Hebraico charactere) libelli Ruth, repurgata & punctis notata; cum Latina inter-pretatione & scholiis Joh. Merceri, ac ejus annotationibus de Noemi socru Ruth & de Booz atque aliis, tum ex Hebræis, tum ex nostris. — *Parisiis*, ex officina *Roberti Ste-phani*, typographi Regii. M.D.LXIIII. *Et à la fin :* Anno M. D. LXV. XV. Cal. Febr. In-4°.

3. BIBLIA sacra latina. — *Pari-siis, Robertus Stephanus.* M. D. LXV. 2 vol. in-8°.

Je crois que c'est l'édition du premier Robert, 1545, avec de nouveaux frontispices.

4. ORDONNANCE de M. de Mont-morency, gouverneur de Paris, con-cernant la police pour le temps du caresme. — *Paris*, *Robert Estienne*. M. D. LXV. In-8°.

5. DE L'UTILITÉ et repos d'esprit en l'agriculture et vie solitaire, traicté extraict de plusieurs au-theurs, par un président du parle-ment de Bretaigne. — *Paris*, Im-primé par *Robert Estienne*. M. D. LXV. In-8°.

6. JOSEPHI Scaligeri Julii Cæsaris filii Conjectanea in M. Terentium Varronem de lingua latina. — *Pa-risiis*, ex officina *Rob. Stephani* ty-pographi Regii. M. D. LXV. X. Cal. Septemb. In-8.

« In iis, præter multa alia egregia, Var-ronem in originibus verborum frequenter falli observat vir doctissimus. »

La Bibl. Lat., I, 121, d'où je fais cette citation, annonce le volume de manière à faire entendre qu'avec les notes de Scaliger se trouve le texte de l'auteur « Cum J. Sc. præ-clariss. Conjectaneis lucem viderunt (Varro-nis Libri) primùm Parisiis 1565, in-8°.» Ce qui n'est pas exact, non plus que la men-tion, pag. 123, d'une édition de H. Est. de 1569. La première est celle que l'on verra à l'année 1573.

7. HARANGUE au Roy Charles IX, à la Royne, et aux hommes Fran-çois, sur l'entretenement et recon-ciliation de la paix, et entrée dudit Seigneur en ses villes; par Gabriel Bounin, avocat à Paris, et lieute-nant de Chasteauroux, en Berry. — *Paris*, *Robert Estienne*. M. D. LXV. In-8.

M. D. LXVI.

1. DECALOGUS, hebraicè, cum Commentario R. Abraham Aben-Ezra : item Targum (Paraphrasis Chaldaica) Onkeli in Decalogum. — *Parisiis*, ex officina *Roberti Stepha-ni*. M. D. LXVI. In-4.

En 1568 a été imprimée la version latine. Voyez ci-après, pag. 165.

2. **PSALMORUM** Davidis Paraphrasis poetica, nunc primùm edita, authore Georgio Buchanano, Scoto, poetarum nostri sæculi facile principe. Ejusdem Davidis Psalmi aliquot (vi) à Th. B. V. (Theodoro Beza Vezelio) versi. Psalmi aliquot (xx) in versus item Græcos nuper à diversis translati. — *Parisiis*, apud *Henricum Stephanum* et ejus fratrem *Robertum Stephanum* typographum Regium. In-8.

Ce volume, sans date, a été imprimé et publié un peu avant la suivante édition in-16, de la même paraphrase, avec quelque différence dans les pièces accessoires. Dans cette année 1566, Buchanan fit, à Edimbourg, une autre édition de cet ouvrage, et, dans un passage de sa préface, *Epistola ad Danielem*, il dit y avoir corrigé beaucoup d'erreurs : « Se multa typographorum errata, quædam etiam sua, non pauca mutavisse. » Et il l'engage à inviter Estienne de ne pas le réimprimer *inconsultò*. Effectivement, les erreurs communes à ces deux éditions des Estienne sont corrigées dans la réimpression in-16, qui se fit, en 1575, dans l'Imprimerie de Robert.

3. **PSALMORUM** Davidis Paraphrasis poetica, nunc primùm edita, authore Georgio Buchanano, Scoto, poetarum nostri sæculi facile principe. Ejusdem Buchanani tragœdia quæ inscribitur Jephthes. Cætera ejus opera seorsum edita sunt. — *Parisiis*, apud *Henricum Stephanum* et ejus fratrem *Robertum Stephanum* typographum Regium. M.D.LXVI. In-16.

4. **LE PREMIER** livre des Considérations politiques de Roland Pietre, advocat en la Cour du Parlement à Paris. A Debonnaire gentil-homme Jean d'Anssienville, &c. — *Paris, Robert Estienne*, Imprimeur du Roy. M. D. LXVI. In-8.

5. **ALPHABETUM*** Hebraicum in quo diligentius & sincerius quàm antehac legendi ratio, ex Hebræis monumentis explicatur, adjecto ad tyrones exercendos Decalogo, ad hæc brevi accentuum tractatione quantum illis necessarium est : secunda editio. — *Parisiis*, ex officina *Roberti Stephani*. M. D. LXVI. x. Cal. April. In-8.

6. **LIBER** de accentibus Scripturæ, authore R. Juda fil. Balaam ; hebraice, opera Joh. Merceri nunc primùm editus. — *Parisiis*, ex officina *Roberti Stephani*. M. D. LXV. *Et à la fin :* Anno M. D. LXVI. Cal. Julii. In-4.

7. **ALPHABETUM** græcum, Regiis trium generum characteribus postremò excusum. — *Lutetiae, Robertus Stephanus*. M. D. LXVI. In-8.

8. **RUDIMENTA** Joannis Despauterii, cum accentibus. — *Parisiis*, ex officina *Roberti Stephani*. M. D. LXVI. In-8.

9. **LOYS** le Caron : Panegyrique, ou Oraison de louange au Roy Charles VIIII nostre souverain seigneur, présenté à la Roine mere du Roy. — Ibid. M. D. LXVI. In-8.

10. **SENTENTIÆ** singulis versibus contentæ, juxta ordinem literarum, ex diversis poetis græcis. Quibus ex adverso respondet Latina versio. — *Parisiis*, ex officina *Roberti Stephani* typographi Regii. M. D. LXVI. Mense Octobri. In-8.

Dans la Table manuscrite des Archives de la Chambre Syndicale, je vois, au 31 mai 1566, mention du privilège accordé à Robert Estienne pour l'impression de l'arrêt portant déclaration de l'innocence de l'amiral de Coligny. Cet arrêt n'aura pas manqué d'être imprimé en cette année 1566.

M. D. LXVII.

1. JONAS , cum Commentariis R. David Kimhi à Fr. Vatablo recognitis , adjectis insuper scholiis Masoræ, & varia lectione, atque Indice locorum quos Kimhi citat, ex Talmud, per Joh. Mercerum. — *Parisiis*, ex officina *Roberti Stephani.* M. D. LXVII. In-4.

2. VETERES Romanorum leges a Lud. Charunda J. C. Parisiensi restitutæ, cum ejusdem commentariis, ad V. J. & ampliss. Michaelem Hospitalium Franciæ Cancellarium. — *Parisiis*, ex officina *Roberti Stephani.* M. D. LXVII. In-4.

3. RUDIMENTA Johannis Despauterii, cum accentibus. — *Parisiis*, ex officina *Roberti Stephani.* M.D.LXVII. In-8.

4. LA MANIERE de tourner en langue francoise les Verbes Actifs, Passifs, Gerondifs, Supins & Participes : aussi les Verbes impersonels, avec le Verbe substantif nommé SVM et le verbe HABEO. Reveue et corrigee en grande diligence. — *Paris*, de l'Imprimerie de *Robert Estienne*, Imprimeur du Roy. M. D. LXVII. In-8.

5. BREVIS pro dignitate philosophiæ Euclideæ tuenda Disquisitio Joannis Stenii Saxonis L. habita Lutetiæ in Longobardorum auditorio, loco præfationis, idibus Augusti. — *Lutetiae*, apud *Robertum Stephanum.* M. D. LXVII. In-4.

6. PANEGYRIQUE II, ou Oraison de l'amour du prince et obeissance du peuple envers luy. Au Roy Charles VIIII. nostre souverain seigneur. Par Loys le Caron Advocat en la Cour de Parlement à Paris. — Ibid. M. D. LXVII. In-8.

7. PANEGYRIQUE III. Du devoir des magistrats. Au Roy Charles VIIII. nostre souverain seigneur. Dedié à Messieurs de la Cour de Parlement de Paris, par Loys le Caron, advocat en icelle. Remerciement ou recognoissance à la Roine mere du Roy. par le même. — Ibid. M. D. LXVII. In-8.

8. GEORGII Buchanani Sylvæ, Elegiæ, Hendecasyllabi. — *Parisiis*, ex officina *Roberti Stephani.* M. D. LXVII. In-16.

9. JACQUES Grevin : Poeme sur l'histoire des Francois et hommes vertueux de la maison de Medicis. — *Paris, Robert Estienne.* M. D. LXVII. In-4.

Le volume ne porte point de nom d'auteur ; mais un exemplaire , sur lequel étoit écrit : « Eruditiss. viro Domino Danieli Rogero D. D. Jacobus Grevinus medicus Parisiensis , » ne laisse pas d'incertitude à ce sujet ; ce qui , d'ailleurs , est confirmé par Draudius, Duverdier et La Croix du Maine.

10. LE PREMIER des Meteores de Jan Antoine de Baif, en vers. — Ibid. M. D. LXVII. In-4.

11. LA MORT de Lucrece et de Virginia , femme et fille trespudiques, par le sieur de la Barte. — *Paris*, impr. par *Robert Estienne.* M. D. LXVII. In-8.

12. LE BRAVE, comedie de Jan Antoine Baif, jouée devant le Roy (Charles IX), en l'hostel de Guyse à Paris, le XXVIII de Janvier M.D.LXVII. — *Paris* , imprimé par *Robert Estienne.* M. D. LXVII. In-8.

13. DISTICHA de Moribus , nomine Catonis inscripta, cum latina et gallica interpretatione. Epitome in

singula ferè disticha. Dicta Sapientum, cum sua quoque interpretatiuncula. Omnia recognita, nonnulla adjecta, quædam immutata. — *Lutetiae, ex officina Roberti Stephani* typographi Regij. M. D. LXVII. x. Cal. August. In-8.

14. LES EDICTS et ordonnances des Roys François II. et Charles IX. — M. D. LXVII. In-8.

15. ORDONNANCE du Roy pour la réformation de la justice, faite en l'assemblée de Moulins, en fevrier. — M. D. LXVII. In-8.

16. ORDONNANCE du Roy portant permission d'apporter à Paris toutes especes de vivres, &c. — M. D. LXVII. In-8.

17. — sur l'imposition du vin. — M. D. LXVII. In-8.

18. — par laquelle il revoque l'exemption de l'imposition du vin. — M. D. LXVII. In-8.

19. — sur le faict des resignations des offices, &c. — M. D. LXVII. In-8.

20. CREATION des treize offices de maistre de requestes, &c.—1567. In-8.

21. LETTRES du Roy à toutes personnes ayant bleds, &c.—1567. In-8.

22. ORDONNANCE du Roy pour les Protestants qui n'ont porté armes.—1567. In-8.

23. ORDONNANCE de MM. les Eschevins de Paris. — 1567. In-8.

24. LETTRES patentes du Roy, des causes dont la connoissance est attribuée à MM. tenants les grands jours en la ville de Poictiers. — 1567. In-8.

25. ORDONNANCES du Roy (Charles IX) concernant la police générale de son Royaume, arretées au Conseil du Roy tenu à Paris le 4 février 1567. — *Paris, Robert Estienne.* M. D. LXVII. In-8.

Bibl. de la France, n° 18,000. On y dit que ces Ordonnances sont très curieuses, et s'occupent même des habits des femmes, des veuves et des filles.

M. D. LXVIII.

1. DECALOGUS, cum Commentario R. Abraham Ben Ezra, & Paraphrasi Onkeli : Latine : Joh. Mercero interprete. — *Lutetiæ, ex officina Rob. Stephani.* M. D. LXVIII. Idib. April. In-4°.

Le texte hébreu et la paraphrase sont à l'année 1566. Voyez p. 162.

2. ROLAND Pietre. Considerations politiques. — M. D. LXVIII. In-8.

Maittaire, citant ce livre d'après Almeloveen, n'a enregistré que l'édition de 1566. Ou c'est un oubli, ou il aura pensé que celle de 1568 n'existoit pas.

3. INSTITUTIONES linguæ Græcæ, Nicolao Clenardo authore. Pro cujus Meditationibus Latinis, Manuelis Moschopuli veteris Grammatici Græcum librum Περὶ χεδῶν eruditissimum quo Græcia tota instituendis pueris uti consuevit, excudimus ad exemplaria Regiæ Bibliothecæ. — *Lutetiæ, ex officina Roberti Stephani* typographi Regij. M. D. LXVIII. *Et à la fin :* Absol. An. M. D. LXVIII. Cal. Julii. In-4.

4. DE recta et emendata Linguæ Græcæ pronunciatione, Thomæ Smithi Angli, tunc in Academia Cantabrigiensi publici prælectoris ad Vintoniensem Episcopum Epis-

tola. — *Lutetiæ, Robertus Stephanus.* M. D. LXVIII. In-4.

5. DE recta et emendata Linguæ Latinæ scriptione Dialogus, Thoma Smitho, Equestris ordinis Anglo authore. — Ibid. M. D. LXVIII. — *A la fin :* ldib. Nov. M. D. LXVII. In-4.

6. DE recta et emendata Linguæ Anglicæ scriptione Dialogus, Thoma Smitho, Equestris ordinis Anglo au- thore. — Ibid. M. D. LXVII. — *In fine.* Id. Nov. M. D. LXVIII. In-4.

7. PORCIE, Tragedie francoise, par Robert Garnier, avec des Chœurs, représentant les guerres civiles de Rome, propre pour y voir dépeinte la calamité de ce temps, dédiée à Estienne Poictiers, Seigneur de la Terrasse. — *Paris, Robert Estienne.* M. D. LXVIII. In-8.

8. EDICT sur la pacification. — *Paris, Robert Estienne,* Imprimeur du Roy. M. D. LXVIII. In-8.

9. LETTRES du Roy, par lesquel- les les Protestants soyent receus à faire leurs plaintes.—Ib. M. D. LXVIII. In-8.

10. ORDONNANCE de M^r. le duc de Bouillon pour le réglement de la justice de ses terres et seigneuries souveraines de Bouillon, Sedan, Ja- mectz, Raulcourt, Florenge, Flo- renville, Messancourt, Longues et le Saulcy. Avec les coustumes genera- les desdites terres et seigneuries. — *Paris,* impr. par *Robert Estienne.* M. D. LXVIII. In-fol.

M. D. LXIX.

1. NOVUM J. C. Testamentum gr.

ex bibliotheca regia. — *Lutetiæ,* ex officina *Roberti Stephani* Typographi Regij, typis regiis. M. D. LXVIII. *Et à la fin :* Idib. Januar. M. D. LXIX. In-16.

J'ai vu des exemplaires de ce livre ayant sur le titre la date de 1568, et sur d'au- tres étoit celle de 1569.

Chez lord Spencer est un exemplaire sur vélin, venant de la Bibliothèque de De Thou. On le voit effectivement porté, en 2 vol. au tome 1er, pag. 6, du *Catal. Bi- bliothecæ Thuanæ,* 1679, 2 vol. in-8° ; mais il n'y est pas dit que l'exemplaire soit sur vélin. J'en trouve la précise indication ainsi écrite : *Imprimé sur vélin, reliure Grecque,* à la même page 6 de mon exem- plaire de ce Catalogue, rempli d'additions manuscrites presque aussi considérables que l'imprimé, et qui, pour la plupart, sont de la main de son rédacteur, Joseph Ques- nel, Bibliothécaire.

On ne voit point cet exemplaire sur vélin reparoître dans le Catalogue Soubise, qui, ainsi que chacun sait, contient une très grande partie des livres du Catalogue de 1679. Depuis long-temps ce Nouveau-Testament, et un certain nombre d'autres livres, n'é- toient plus dans cette Bibliothèque. Sur mon Catalogue, ces articles manquant; sont bar- rés d'une ligne au crayon rouge, qui pa- roit être le résultat d'un récollement géné- ral auquel il auroit servi.

La reliure de cet exemplaire sur vélin, (dite *Grecque* sur la note que je viens de rapporter) est d'une beauté remarquable, et telle que M. Dibdin a cru convenable d'en donner la représentation en une gravure très soignée, page 485 du tome IIe de son *Bibliographical Decameron.*

2. TRAICTÉ de Grammaire Fran- coise (Par Robert Estienne). — *Pa- ris, Robert Estienne.* M. D. LXIX. In-8°.

3. GALLICÆ Grammatices libellus (ab Henrico Stephano latine versus). — *Parisiis,* Du Puis, excudebat *Robertus Stephanus.* M. D. LXIX. Cal. Feb. In-8.

Réimpression des deux volumes de 1558.

Il paroît qu'il s'en trouve des exemplaires au nom de François Estienne à Genève.

4. TRAICTÉ de la conformité du langage Francois avec le Grec, duquel l'auteur est Henri Estienne. — *Paris*, chez Jacques Du Puis. M. D. LXIX. In-8.

Copie de l'édition de Henri, sans date, que l'on rapporte à l'année 1566. A ce sujet, et aussi pour le long énoncé du titre, voyez ci-dessus, page 123.

Ce volume-ci est indubitablement imprimé par Robert, et il ne peut manquer d'y en avoir des exemplaires à son nom.

5. TUMBEAU de tres haulte, tres puissante et tres catholique Princesse Madame Elizabeth de France, Royne d'Espagne : en plusieurs langues (en hébreu , grec , latin , &c.) recueilli de plusieurs sçavans personnages de la France. — *Paris*, *Rob. Estienne*, Imprimeur du Roy. M. D. LXIX. In-4.

6. SILLACII Castraei Belli Musarumque muneribus instructissimi, animi corporisque dotibus ornatissimi , Tumulus, variis Poetarum inscriptionibus insignitus.

LE Tumbeau du Seigneur de La Chastre, dit de Sillac., gentilhomme nagueres orné des excellences du corps & de l'esprit, & garni de la cognoissance des lettres et armes : gravé d'inscriptions de divers Poëtes. — *A Paris*, par *Robert Estienne*, Imprimeur du Roy. M. D. LXIX. In-4.

Les vers suivants, d'Estienne Pasquier, ne font point partie de ce Recueil, ou *Tumulus*.

7. ESTIENNE Pasquier. Sonnets sur le Tumbeau du Seigneur de La Chastre, dict de Sillac, &c. (en grec, latin et francoys.) — *Paris*, *Rob. Estienne*. M. D. LXIX. In-4.

M. D. LXX.

1. ESTIENNE Pasquier : Epitaphe de Gilles Bourdin, Seigneur d'Assy, Procureur général au Parlement de Paris , en plusieurs langues. — *Paris*, *Rob. Estienne*. M. D. LXX. In-4.

M. D. LXXI.

1. IMPERATORUM Theodosii, Valentiniani, Majoriani , Anthemii novellæ Constitutiones XLII nunc primum in lucem editæ a Petro Pithœo. — *Lutetiæ*, ex officina *Roberti Stephani*, in vico Bellovaco, è regione scholæ Decretorum. M.D.LXXI. In-4.

2. PARAPHRASE du droict des dismes Ecclesiastiques et inféodées, par Francois Grimaudet, advocat du Roy au siege présidial à Anvers. — A *Paris*, de l'Imprimerie de *Robert Estienne* (par sa veuve). M. D. LXXI. In-8.

Le privilège de ce livre, réimprimé en 1574, s'énonce ainsi : Par lettres patentes du Roy données à Blois, l'unzième jour de Septembre mil cinq cent soixante & unze, il est permis à Denize Barbé, veufve de feu Robert Estienne , en son vivant Imprimeur dudict Seigneur , &c. Sur le titre est l'Olivier des Estienne, et leur devise ou épigraphe, *Noli altum sapere, sed time.*

Cette pièce authentique, et la publication de ce volume, en 1571 et 1574, au nom de la veuve, qui, en 1575, se remaria à Mamert Patisson, prouvent que, dès le onze Sept. 1571 , Robert n'existoit plus, bien que quelques-uns, et Maittaire lui-même , page 515, trompés par les volumes que, jusqu'en 1588, on voit au nom de Robert ou avec sa marque, aient reculé jusqu'à cette année l'époque de sa mort. Je ne changerai cependant pas l'ordre établi dans les Nomenclatures antérieures à la mienne; et, notant ici que dès-lors Robert n'existoit plus, je laisse suivre sous son nom, jusqu'au dernier de 1588, les livres portant *apud Robertum Stephanum*, ou seulement sa marque, avec ou sans les mots *Oliva Roberti Stephani.*

Très probablement Mamert Patisson, qui sur plusieurs de ses livres, déclare les imprimer *in officina Roberti Stephani*, y aura travaillé pendant plusieurs années, tantôt pour son compte personnel, *apud Patissonium*, tantôt pour le compte indivis de Robert III et Henri III, fils mineurs de Robert II, et héritiers de son symbole *Oliva Roberti Stephani.*

Dans les Annales, III, 754, Maittaire relève sa précédente erreur, et explique cette contradiction apparente en faisant ce Robert III fils de Robert II qui venoit de mourir, ce qui est exact, mais dont il ne se croyoit pas certain : (adeo ut ingenuè fateor hac in re omnia adhuc videri obscura & incerta).

M. D. LXXII.

1. **Premier** livre des Mémoires des Comtes de Champagne et de Brie : auquel est traité de l'origine des Ducs, Comtes, Palatins, Pairs, Seneschaux, Advoués, Vidames, & autres choses que ce sujet a de commun avec le général de la France (par Pierre Pithou). — *Paris*, de l'Imprimerie de *Robert Estienne.* M. D. LXXII. In-4.

M. D. LXXIII.

1. **Fragmenta** quædam Papiniani, Pauli, Vlpiani, Gaji Modestini, et aliorum veterum juris auctorum, ex integris ipsorum libris ante Justiniani Imp. tempora collecta, & cum Moysis legibus collata ; ejusdem Imp. Justiniani novellæ Constitutiones tres; Juliani antecessoris C. P. dictatum de consiliariis ; Juliani collectio de contutoribus ; omnia nunc primùm in lucem edita, ex bibliotheca P. Pithœi J.C. cujus etiam notæ adjectæ sunt. — *Lutetiæ*, ex officina *Roberti Stephani.* M.D. LXXIII. In-4.

2. **Tragedie** de Jephthé de George Buchanan, traduicte par Florent Chrestien. — *Paris*, Impr. par *Robert Estienne.* M. D. LXXIII. In-8.

3. **Hippolyte**, Tragédie de Robert Garnier. — Ibid. M. D. LXXIII. In-8.

4. **Suetonius** emendatus ex vetusto codice Memmiano. — Ibid. M. D. LXXIII. In-8.

Je crois bien que c'est l'édition de 1543, annoncée par erreur de 1573.

Au reste, ce précieux et excellent manuscrit, peut-être le meilleur connu de Suétone, avoit déjà très utilement servi pour l'édition de 1543.

5. **Remonstrances** de monsieur de Pibrac. — *Paris*, *Robert Estienne*, M. D. LXXIII. In-8.

M. D. LXXIV.

1 **Fr.** Grimaudet. Paraphrase du droict des dismes Ecclesiastiques et inféodées, reveue et corrigée pour la seconde impression. — *Paris.* M. D. LXXIV. In-8.

Par la veuve de Robert Estienne, comme pour l'édition précédente de 1571. Voyez ci-dessus, page 167.

2. JOANNIS Sulpitii Verulani De moribus in mensa servandis Libellus, cum Gallico-Latina Gulielmi Durandi interpretatione. — *Parisiis*, ex officina *Roberti Stephani*, Typographi Regij. M. D. LXXIIII. In-8.

3. JULII Cæsaris Scaligeri Poemata in duas partes divisa : Sophoclis Ajax stylo tragico translatus à Jos. Scaligero, cum quibusdam ejusdem epigrammatibus. — M. D. LXXIIII. In-8.

Maittaire, Ann. III, 762, pense que cette édition sans nom de lieu ni d'Imprimeur, est assez élégante pour devoir être attribuée à l'un des Estienne. Sa marque consistant en deux hommes, dont l'un plante un arbre que l'autre arrose, ayant en haut ce nom hébreu de Dieu יְהֹוָה, n'est cependant point une des leurs.

4. HIPPOLYTE, Tragédie avec des Chœurs, par Robert Garnier, dédiée à messieurs de Rambouillet, avec une Elégie à Nicolas Ronsard, sieur des Roches. — *Paris, Robert Estienne*. M. D. LXXIIII. In-8.

On a déjà vu une édition à l'année 1573. Je n'ai pu vérifier si véritablement il y en a eu deux.

5. CORNELIE, Tragédie, avec des Chœurs, dédiée à M. de Rambouillet. — *Paris, Robert Estienne*. M. D. LXXIIII. In-8.

M. D. LXXV.

1. PSALMORUM Davidis paraphrasis poetica, authore Georgio Buchanano Scoto, poetarum nostri sæculi facile principe. Ejusdem Jephthes, tragœdia. — M. D. LXXV. In-16.

2. LES PREMIERES OEuvres de Philippe des Portes. — *Paris*, de l'Imprimerie de *Robert Estienne*. M. D. LXXV. In-4.

M. D. LXXVI.

1. LOYS le Caron : Panegyrique au Roy Charles VIIII. — M. D. LXXVI. In-8.

Je crois bien que cette pièce et la suivante, de 1577, mentionnées par Maittaire d'après un Catalogue (Bibliotheca Cordesiana) ne sont autres que celles des années 1566 et 1567, ainsi notées comme réimpressions, par une simple erreur de chiffres. Il est peu probable qu'il y ait eu lieu de reproduire ces pièces adulatrices deux et trois années après la mort de celui qui en étoit l'objet.

M. D. LXXVII.

1. BIBLIA sacra, cum notis Fr. Vatabli et S. Pagnini. — M.D.LXXVII. 2 vol. in-fol.

Maittaire, Ann. III, 770, cite cette édition d'après La Caille, page 144, mais en ajoutant qu'il n'en a vu ailleurs aucune mention. Je n'ai jamais vu non plus cette Bible, et je doute de son existence.

2. NATURÆ verborum. — *Lutetiae*, ex officina *Roberti Stephani* typographi Regii. M. D. LXXVII. In-8.

3. PANEGYRIQUES au Roy Charles VIIII. De l'obéissance du peuple au Roy, et du devoir des Magistrats, par Loys le Caron. — *Paris*, chez *Robert Estienne*. M. D. LXXVII. In-8.

Ainsi que je viens de le dire, je ne crois pas à cette réimpression.

4. CATONIS Disticha moralia. Laberii, P. Syri, & aliorum veterum Sententiæ, iambicis versibus singulis comprehensæ; cum aliis quibus-

dam ; omnia ex veteribus libris emendatiora. — *Lutetiae*; ex officina *Roberti Stephani.* M. D. LXXVII. In-8.

Un édit du roi Henri III, de cette année 1577, mentionné dans la Table des Archives de la Chambre Syndicale, défend l'usage de la dorure pour les livres, autrement que sur la tranche. Je n'aperçois pas qu'il ait été fort obéi.

M. D. LXXX.

1. PSALMORUM Davidis paraphrasis poetica, authore Georgio Buchanano. Ejusdem Jephthes, tragœdia. — *Parisiis*, in officina *Roberti Stephani.* M. D. LXXX. In-16.

2. ALPHABETUM græcum. — *Lutetiae*, ex officina *Roberti Stephani.* M. D. LXXX. In-8.

3. RUDIMENTA Joannis Despauterii. —Ibid. M. D. LXXX. In-8.

4. DE OCTO orationis partium constructione libellus, cum commentariis Junii Rabirii. — Ibid. M. D. LXXX. In-8.

5. NATURÆ verborum, insertis vulgaribus exemplorum interpretationibus, ad puerorum utilitatem. —Ibid. M. D. LXXX. In-8.

6. PRIMA linguæ Latinæ elementa. — Ibid. M. D. LXXX. In-8.

7. Les mêmes, en françois. — Ibid. M. D. LXXX. In-8.

8. COMMENTARIUS puerorum de quotidiano sermone, seu de emendatione corrupti Sermonis, Maturino Corderio authore. — *Lutetiæ* ex officina *Roberti Stephani.* M. D. LXXX. In-8.

9. DISTICHA moralia Catonis, cum

Gallica interpretatione, & declaratione Latina; hæc editio præter præcedentes non solùm Matur. Corderii recognitionem, sed & Græcam Maximi Planudæ interpretationem habet. Dicta septem Sapientum, cum sua quoque interpretatiuncula. — *Lutetiae* ex officina *Roberti Stephani*, typographi Regii. M. D. LXXX. In-8.

M. D. LXXXII.

1. ÆLII Donati de octo partibus orationis libellus. — *Parisiis* ex officina *Roberti Stephani* Typographi regii. M. D. LXXXII. In-8.

2. LES Déclinaisons des Noms & Verbes ; ensemble, la maniere de tourner les Noms, Pronoms, Verbes & Participes : des huict parties d'oraison : la maniere d'exercer les enfans à decliner les Noms & Verbes. — *Paris*, de l'Imprimerie de *Robert Estienne*, Imprimeur du Roy. M. D. LXXXII. In-8.

M. D. LXXXIII.

1. RUDIMENTA Joannis Despauterii, cum accentibus. — *Parisiis*, ex officina *Roberti Stephani*, Typographi regii. M. D. LXXXIII. In-8.

M. D. LXXXIV.

1. LES Declinaisons des Noms & Verbes, &c.—*Paris*, de l'Imprimerie de *Robert Estienne*, Imprimeur du Roy. M. D. LXXXIIII. In-8.

De cette édition et de celle qui porte l'année 1588, Maittaire, Ann. III, 791 et 800, dit : *Eadem omnino editio ac priùs* ann. 1582. Entend-il que ce sont des réimpressions tout-à-fait conformes, ou que c'est une seule et même édition avec des titres deux fois renouvelés ? C'est ce qui importe fort peu.

2. TERENTIUS. — M D. LXXXIV. In-8.

Je n'ai jamais vu cette édition, et rien ne me prouve que ce n'est pas celle de 1534, annoncée de 1584, par erreur d'un chiffre dans le Catalogue qui sert d'autorité à Maittaire dans la Vie des Estienne. Elle ne se retrouve plus aux Annales, où sa place seroit tome III, page 790.

M. D. LXXXV.

1. ÆLII Donati de octo partibus orationis libellus. — *Lutetiæ*, ex officina *Roberti Stephani*, Typographi Regii. M. D. LXXXV. In-8.

2. ÆLII Donati idem libellus, in Dialogi formam Latinam & Gallicam redactus, in gratiam puerorum. — Ibid. M. D. LXXXV. In-8.

3. RUDIMENTA Joannis Despauterii, cum accentibus. — Ibid. M. D. LXXXV. In-8.

4. RUDIMENTA Latino - Gallica, cum accentibus. — Ibid. M.D.LXXXV. In-8.

5. PRINCIPES & premiers élémens de la langue Latine, par lesquels tous jeunes enfans seront facilement introduits à la cognoissance d'icelle. — *Paris*, de l'Imprimerie de *Robert Estienne*, Imprimeur du Roy. M. D. LXXXV. In-8.

6. DISTICHA moralia, nomine Catonis inscripta : Cum Gallica interpretatione, &, ubi opus fuit, declaratione Latina. Hæc editio præter præcedentes non solùm authoris Maturini Corderii recognitionem, sed & Græcam Maximi

Planudæ interpretationem habet. Dicta septem Sapientum Græciæ ad finem adjecta sunt, cum suâ quoque interpretatiuncula. — Ibid. M. D. LXXXV. In-8.

Selon Maittaire, III, 795, *Eadem editio* que celle de 1577. Veut-il dire identiquement de même impression, ou bien une copie tout-à-fait pareille? Pour une telle et si peu importante vérification, ainsi que pour celle dont il est question ci-dessus, à cette même page, il faudroit avoir sous la main, et en même temps, un exemplaire de chacun de ces divers volumes.

M. D. LXXXVI.

1. PRINCIPIA linguæ latinæ.—*Lutetiæ, Robertus Stephanus*. M. D. LXXXVI. In-8.

2. RUDIMENTA prima Latinæ Grammatices. Modus examinandæ constructionis in oratione, Joanne Pellissone Condriensi authore. Cum accentibus, in adolescentulorum commodum. — *Lutetiæ*, ex officina *Roberti Stephani*, Typographi Regij. M. D. LXXXVI. In-8.

Ce volume est effectivement bourré d'accents.

M. D. LXXXVII.

1. ÆLII Donati de octo orationis partibus Libellus. — Ibid. M. D. LXXXVII. In-8.

2. LA maniere de tourner en Langue Francoise les Verbes & Participes ; reveue & corrigée en grande diligence. — *Paris*, de l'Imprimerie de *Robert Estienne*, Imprimeur du Roy. M. D. LXXXVII. In-8.

3. HISTOIRE de Portugal comprinse en vingt livres, dont les

douze premiers sont traduits du latin de Jer. Osorio , Evesque de Sylves , les huit suivants prins de Lopez Castagnede : mise en francois par S. G. S. (Simon Goulart, Senlissien.) — *Paris*. M. D. LXXXVII. In-8.

Ce volume , qui paroît être la réimpression de l'in-fol. de 1581 , est ainsi indiqué au Catal. Bib. Thuanæ , tome 1er, pag. 336, additions manuscrites. Je dois noter qu'il n'y est pas dit que ce volume , imprimé à Paris, appartienne à l'un des Estienne; il n'est placé ici que par conjecture, et comme réimpression de l'in-fol.

M. D. LXXXVIII.

1. LES Declinaisons des Noms et Verbes que doivent sçavoir entièrement par cœur les enfans , ausquels on veult bailler entrée à la Langue Latine. Ensemble la maniere de tourner les Noms , Pronoms , Verbes tant Actifs que Passifs , Gerondifs , Supins & Participes : les Verbes , Sum , Volo, Nolo , Malo , Fero , Edo es , Fio , Possum , Memini : aussi les Impersonnels. Des huict parties d'Oraison. La maniere d'exercer les enfans à decliner les Noms et les Verbes. — *Paris* , de l'Imprimerie de *Robert Estienne*, Imprimeur du Roy. M. D. LXXXVIII. In-8.

Voyez ci-dessus, page 170.

MAMERTUS PATISSONIUS.

M. D. LXVIII.

1.· Hymne Genethliaque d'Antoine Caracciolo Prince de Melphe, sur la naissance du comte de Soissons, fils du Prince de Condé et de Françoise d'Orléans.

Autre Genethliaque, sur la même naissance, par Florent Chrestien. — *Paris, Mamert Patisson.* M. D. LXVIII. In-4.

Cette date de 1568 paroît être trop reculée, et il se pourroit bien qu'il fallût mettre 1578. Il est vrai que Caracciolo, auteur de la première pièce, mourut en 1569, mais elle a pu être imprimée après sa mort. Les vers de Florent Chrestien l'avoient déjà été aussi à Paris, en 1567, in-8°. N'est-il pas possible que Duverdier ou Draudius, autorités sur lesquelles s'appuie Maittaire, aient mis un 6 au lieu d'un 7? Il seroit un peu étonnant qu'après cette première impression, Patisson fût resté six années sans rien produire.

M. D. LXXIII.

1. LE premier volume des OEuvres et Melanges poétiques d'Estienne Jodelle, sieur du Lymodin. — A *Paris,* chez *Nicolas Chesneau*, rue S. Jacques, à l'enseigne du Chesne Verd, et *Mamert Patisson,* rue S. Jean de Beauvais, devant les escholes de décret. M. D. LXXIIII. le VI jour de Nov. In-4.

Ce premier volume, qui n'a point eu de second, contient trois pièces : Cléopâtre, tragédie ; Eugène, comédie en vers de 8 syllabes, et Didon, tragédie.

M. D. LXXV.

1. Les quatre livres de la Venerie d'Oppian Poete grec d'Anazarbe, traduits en vers françois par Florent Chrestien. — *Paris ,* Imprimerie de *Robert Estienne*, par Mamert Patisson. M. D. LXXV. In-4.

2. HIPPOCRATIS Prognosticon Latina Ecphrasis ex mente Galeni, auctore P. Blondello Calexio Juliodunensi medico regio : Hippocratis jurisjurandi Ecphrasis Latina, per eundem. — *Lutetiæ, Mamertus Patissonius,* In ædibus Roberti Stephani, in vico Bellovaco, è regione scholæ Decretorum. M. D. LXXV. In-4.

3. LES OEuvres poetiques d'Amadis Jamyn. — *Paris,* de l'Imprimerie de *Robert Estienne,* par Mamert Patisson. M. D. LXXV. In-4.

4. PETRONIUS Arbiter cum notis doctorum virorum. — *Lutetiæ,* apud

Mamertum Patissonium. M. D. LXXV. In–4.

Edition inscrite dans les listes de Maittaire, pag. 56 et 117, d'après la *Bibl. Cordesiana.* Mais il reconnut ensuite son erreur; car on ne revoit pas dans les Annales cette édition créée par une faute de chiffres, 1575 pour 1577, et qui n'existe pas plus en in-4° qu'en in-12 ou in-16.

M. D. LXXVI.

1. Leçons de perspective positive, par Jacques Androuet du Cerceau, architecte. — *Paris, Mamert Patisson.* M. D. LXXVI. In-fol. fig.

2. M. Verrii Flacci quæ exstant. Sex. Pompei Festi de verborum significatione libri xx. Josephi Scaligeri Julii Cæsaris F. in eosdem libros castigationes recognitæ et auctæ. — *Lutetiæ,* apud *Mamertum Patissonium* in officina Roberti Stephani. M. D. LXXVI. In-8.

Les fragments de Verrius Flaccus n'occupent que treize pages, au commencement du volume. Les notes de Scaliger ont un titre particulier et une numération séparée.

3. Antonii Mureti J. C. et civis R. Hymnorum sacrorum liber, jussu serenissimi Gulielmi, Ducis Mantuæ, &c. conscriptus. Ejusdem alia quædam Poematia.— *Lutetiæ,* apud *Mamertum Patissonium,* in officina Roberti Stephani. M. D. LXXVI. In-16.

Sans doute copié sur l'édition aldine du même temps.

4. Les amours & nouveaux eschanges des pierres précieuses, vertus & proprietez d'icelles : Discours en vers de la Vanité, pris de l'Eccleslaste ; eclogues sacrées prises du Cantique des Cantiques ; par Remy Belleau. — *Paris, Mamert Patisson,* au logis de Rob. Estienne. M. D. LXXVI. In-4°, ou in-fol.

M. D. LXXVII.

1. Catulli, Tibulli, Propertii, nova editio. Josephus Scaliger Jul. Cæsaris F. recensuit. Ejusdem in eosdem castigationum liber, ad Cl. Puteanum Consiliarium Regium in suprema Curia Parisiensi. — *Lutetiae,* apud *Mamertum Patissonium,* in officina Roberti Stephani. M. D. LXXVII. In-8.

2. Carminum Jani Antonii Baifii Liber I. — *Lutetiae,* apud *Mamertum Patissonium,* in officina Roberti Stephani. M. D. LXXVII. In-16.

3. Remigii Bellaquei Poetæ Tumulus (ab amicis constructus). — *Lutetiae,* apud *Mamertum Patissonium,* ex officina Roberti Stephani. M. D. LXXVII. In-4.

Dans ce recueil sont quatre vers grecs de Robert en l'honneur du défunt.

4. Les Larmes funebres de Christophle Du Pré, Parisien, Sieur de Passy, contenant 75 sonnets et 3 Odes sur le trespas de sa femme. — *Paris,* imprimé par *Mamert Patisson.* M. D. LXXVII. In-4.

5. Recueil des plus notables sentences de la Bible, traduites par quatrains en maniere de proverbes à la consolation des devots esprits : la constance de Matathias, Eleazar, des sept freres et leur mere. Ensemble dix sonnets sur le triomphe de la vérité, pris du troisieme livre d'Esdras : par F. Anselme du Chastel, Celestin. — *Paris, Mamert Patisson,* au logis de Robert Estienne. M. D. LXXVII. In-4.

6. Petronii Arbitri Satyricon ex

veteribus libris emendatius et amplius. — *Lutetiae,* apud *Mamertum Patissonium.* M. D. LXXVII. In-16.

Cette petite édition, dans laquelle la réunion des fragments est plus ample que dans les précédentes impressions de ce livre, est bien inférieure à celle du même Patisson, 1587, in-16. Toutes deux sont rares.

M. D. LXXVIII.

1. DEUX Discours de la nature du Monde, & de ses parties ; à scavoir, le premier curieux traittant des choses materielles, & le second curieux des intellectuelles ; par Pontus de Tyard, Seigneur de Bissy ; avec un avantdiscours sur l'un et l'autre curieux par J. D. Du Perron, professeur du Roy aux langues, aux mathematiques, & en la philosophie. — *Paris, Mamert Patisson,* Imprimeur du Roy, au logis de Robert Estienne. M.D.LXXVIII. In-4.

2. DISCOURS du temps, de l'an et de ses parties, par Pontus Tyard, Sr de Bissy. — Ibid. M. D. LXXVIII. In-4.

Ce ne peut être que l'ouvrage précédent, mal annoncé.

3. HIPPOCRATIS de capitis vulneribus Liber, Græce, ex castigatione Jos. Scaligeri ; & Latine, ex interpretatione & cum commentario Franc. Vertuniani doctoris Medici Pictaviensis. — *Lutetiae,* apud *Mamertum Patissonium* Typographum Regium, in officina Rob. Stephani. M. D. LXXVIII. In-8.

4. FRANCISCI Ulmi Pictaviensis doctoris medici de liene Libellus. — *Lutetiae,* apud *Mamertum Patissonium,* Typographum Regium,

in officina Roberti Stephani. M.D.LXXVIII. in-8.

5. MAR. Tul. Ciceronis Epistolæ familiares, nunc primum collatis aliquot exemplaribus, emendatæ : adjectis singularum epistolarum argumentis. — *Lutetiae,* apud *Mamertum Patissonium,* Typographum Regium, in officina Rob. Stephani. M. D. LXXVIII. In-24.

6. EÆDEM. — Ibidem. In-8.

7. LES OEuvres poetiques de Remy Belleau, en deux tomes. — De l'Imprimerie de *Mamert Patisson,* Imprimeur du Roy, au logis de Robert Estienne M. D. LXXVIII. 2 vol. in-16.

Ces deux volumes sont sans doute partagés comme dans la réimpression de 1585. Voyez plus bas, pag. 180.

8. LES premieres OEuvres de Philippes des Portes au Roy de France et de Pologne, reveues, corrigées et augmentées en ceste derniere impression. — Ibid. M. D. LXXVIII. In-16.

9. MARC Antoine, Tragedie de Robert Garnier, avec des chœurs, dédiée à M. de Pibrac. — *Paris, Mamert Patisson.* M. D. LXXVIII. In-8.

10. LA Troade, Tragedie du même, avec des chœurs, dédiée à Regnaud de Beaune, Evesque de Mende, ensuite Archevesque de Bourges. — *Paris, Mamert Patisson.* M. D. LXXVIII. In-8.

11. EDICT sur la création des contrerolleurs & greffiers des traictes domaniales. — *Paris, Mamert Patisson,* Imprimeur du Roy, chez Robert Estienne. M. D. LXXVIII. In-8.

M. D. LXXIX.

1. In Cosmopœiam , ex Genesis
1. 2. 3. & 5 capit. Paraphrasis , non
procul à contextu Hebraico rece-
dens , cum annotationibus ; auctore Petro Picherello , Firmit-Au-
culphæo. — *Lutetiae*, apud *Mamer-*
tum Patissonium Typographum regium in officina Roberti Stephani.
M. D. LXXIX. In-4.

2. Jean Davy du Perron : Avant-
discours sur l'un et l'autre curieux
de Pontus de Tyard. — M. D. LXXIX.
In-4.

Maittaire, d'après *Draudii Biblioth.*, cite
cet Opuscule à l'année 1578, et encore
en 1579. J'ignore s'il y a deux éditions du
volume de Pontus de Tyard , que l'on voit
à l'année 1578; mais je crois certain que
l'Avantdiscours de Duperron n'a été imprimé qu'avec les écrits auxquels il sert d'introduction ou préface.

Jean étoit frère de Jacques , le Cardinal,
et lui succéda à l'archevéché de Sens.

3. Proiect du livre intitulé de la
Precellence du langage Francois.
Par Henri Estienne.

Le Livre au Lecteur :

Je suis joyeux de pouvoir autant plaire
Aux bons François, qu'aux mauvais veux
desplaire.

Avec une Epître au Roi Henri III, et une
préface au Lecteur, l'une et l'autre de Henri,
et fort longues.

— *Paris , Mamert Patisson* , Imprimeur du Roy. M. D. LXXIX. In-8.

Il y a de ce livre des exemplaires en papier fort : ils sont rares.

4. M. Manilij Astronomicon libri quinque. Josephus Scaliger Jul.
Cæs. F. recensuit ac pristino suo
ordini restituit. Ejusdem Jos. Scaligeri Commentarius in eosdem li-

bros , et Castigationum explicatio-
nes. — *Lutetiae* , apud *Mamertum*
Patissonium , in officina Roberti
Stephani. M. D. LXXIX. In-8.

Dans une lettre à Rollin, qui se trouve
au tome premier de ses Opuscules , on lit,
à propos de cette édition, une boutade ,
qui , pour être d'un littérateur d'ordre assez
peu relevé (Desforges-Maillard , connu un
instant par des poésies publiées sous le faux
nom de Mlle Malcrais de la Vigne), n'en a
pas moins de justesse, et pourroit, tout
aussi bien qu'à Jos. Scaliger, s'appliquer à
beaucoup de ses confrères ou rivaux en annotations. Après avoir recommandé le poète
Manilius à Rollin, qui ne l'a point admis dans
ses notices sur les poètes grecs et latins, placées vers la fin de son Histoire ancienne ,
Desforges ajoute : « Mon exemplaire de
Manile est imprimé chez Mammert Patisson :
le texte est suivi des notes de Joseph Scaliger. C'est, selon moi , le commentateur le
plus pédant et le plus ridicule qui fut jamais.
Au lieu de m'expliquer naturellement les
endroits les plus difficiles, il vient m'étaler
pompeusement une ample érudition grecque.
N'est-il pas misérable de rendre sans nécessité du latin par du grec? Et si je ne sais
pas le grec, je jette au feu le Commentaire
que j'avois acheté pour m'éclaircir le texte
latin , et non pour m'éclairer dans le labyrinthe de Crète..... »

5. Georgii Buchanani Scoti Poetarum nostri sæculi facile principis
Elegiarum liber I. Sylvarum liber I.
Ejusdem Buchanani Tragœdia, quæ
inscribitur Baptistes; sive Calum-
nia. — *Lutetiae* , apud *Mamertum*
Patissonium Typographum Regium
in officina Roberti Stephani.
M. D. LXXIX. In-16.

6. Jephthes, et Poemata alia ,
cum Psalmis Georgii Buchanani. —
Ibid. M. D. LXXIX. In-16.

7. Les OEuvres poétiques de Scevole de Sainte Marthe. — *Paris, Ma-*
mert Patisson , Imprimeur du Roy,
au logis de Robert Estienne.
M. D. LXXIX. In-4.

8. ANTIGONE ou la Piété, Tragédie de Robert Garnier, avec des chœurs, dédiée à Barnabé Brisson, Président en la cour de Parlement. —*Paris, Mamert Patisson.* M.D.LXXIX. In-8.

9. LA Troade, Tragédie, du même. — Ibid. M. D. LXXIX. In-4º.

Maittaire, Ann. III, 778.

10. LES Premieres OEuvres de Philippe Des Portes. — *Paris, Mamert Patisson.* M. D. LXXIX. In-4.

11. DISCOURS d'Antoine Le Pois, Conseiller & Medecin du Duc de Lorraine, sur les Medalles et Graveures antiques, principalement Romaines, avec une exposition particuliere de quelques planches ou tables (qui sont vingt) estans sur la fin de ce livre. — *Paris, Mamert Patisson,* Imprimeur du Roy, au logis de Robert Estienne. M.D.LXXIX. In-4.

Il y a obligation de répéter ici ce qui se trouve dans beaucoup de livres : que l'une des gravures, celle du verso de la page 146, qui représente un homme armé d'un très gros Priape, est quelquefois, ou mutilée, ou même supprimée.

M. D. LXXX.

1. M. FAB. Qvintiliani Declamationes, quæ ex CCCLXXXVIII. supersunt, CXLV. ex vetere exemplari restitutæ. Calpurnii Flacci excerptæ X. Rhetorum minorum LI. nunc primùm editæ. Dialogus de Oratoribus, sive de caussis corruptæ Eloquentiæ. Ex Bibliotheca P. Pithœi, (cum ipsius Pithœi variis lectionibus, emendationibus & notis.)— *Lutetiae,* apud *Mamertum Patissonium* Typographum Regium, in of-

ficina Roberti Stephani. M.D.LXXX. In-8.

2. SCÆVOLÆ Sammarthani Pædotrophiæ libri duo priores : reliquos libros nondum author absolvit. — *Lutetiae,* apud *Mamertum Patissonium.* M. D. LXXX. In-8.

3. LES Tragedies de Rob. Garnier, Conseiller du Roy et de Monseigneur, frere unique de Sa Majesté, Lieutenant general Criminel au Siege Presidial & Seneschaussée du Maine. Nouvellement reveues et corrigées. — A *Paris,* par *Mamert Patisson,* Imprimeur du Roy, au logis de Rob. Estienne. M. D. LXXX. — Antigone, ou la Piété, Tragédie de Robert Garnier, &c. — Ibid. M. D. LXXX. In-12.

Ce volume contient six tragédies : Porcie, Hippolyte, Cornélie, Antoine, la Troade et Antigone ; celte dernière avec un titre exprès, et de nouveaux chiffres. En 1582, deux autres pièces, Bradamante et les Juives, furent ajoutées à ce même volume, dont on renouvela le titre. Il se peut que ces deux pièces se trouvent aussi à la fin d'exemplaires datés de 1580, ce que le hasard ne m'a point mis à même de vérifier.

Une édition nouvelle, de 1585, contient le recueil complet des huit pièces de cet auteur, dont pendant une cinquantaine d'années la vogue fut telle que M. Brunet en compte quarante éditions; et peut-être quelques-unes ont-elles encore échappé à ses soigneuses recherches.

Maittaire, Ann. III, 780, place ici une édition in-8º d'Antigone, ce qui feroit en cette même année deux éditions, l'une in-12, que j'ai en mains, et l'autre in-8º.

4. ANTIGONE, ou la Piété, Tragédie de R. Garnier, &c. — Ibid. M. D. LXXX. In-8.

5. SEDECIE ou les Juives, Tragédie par R. Garnier, avec des chœurs, dédiée à M. le Duc de Joyeuse,

Amiral de France. — *Paris, Mamert Patisson.* M.D.LXXX. In-8.

6. BRADAMANTE , Tragi-Comedie de R. Garnier, sans chœurs, dédiée au chevalier de Cheverny.— *Paris, Mamert Patisson.* M.D.LXXX. In-8.

C'est le premier ouvrage qui ait porté le titre de tragi-comédie.

M. D. LXXXI.

1. TRAICTE de la Dissolution du mariage par l'impuissance et froideur de l'homme ou de la femme (par Antoine Hotman). — *Paris, Mamert Patisson.* M. D. LXXXI. In-8.

Première édition, peu commune.

2. CLAUDII Bineti Bellovaci ad Deum Opt. Max. Oratio metrica pestilentiæ tempore. — *Lutetiae,* apud *Mamertum Patissonium* Typographum Regium in officina Roberti Stephani. M. D. LXXXI. In-4.

3. CLAUDII Goinæi Ecclesiæ Bellovacensis Decani , Cera. — *Lutetiae,* apud *Mamertum Patissonium* in officina Rob. Stephani. M.D.LXXXI. In-4.

4. JOANNIS Thuani , Regis Consiliarii , & libellorum supplicum in Regia Magistri , Tumulus. — *Lutetiae,* apud *Mamertum Patissonium,* Typographum Regium, in officina Roberti Stephani. M. D. LXXXI. In-4.

5. RECUEIL de l'origine de la langue et poésie françoise , ryme et Romans. Plus les noms et sommaires des OEuvres de CXXVII poetes francois, vivans avant l'an M. CCC. Par Claude Fauchet, Président en la Cour des Monnoyes. — *Paris, Mamert Patisson,* Imprimeur du Roy, au logis de Rob. Estienne. M.D.LXXXI. In-4.

6. PIERRE Pithou , Mémoires des Comtes de Champagne et de Brie , &c. — *Paris, Mamert Patisson.* M. D. LXXXI. In-8.

Pour le titre détaillé, voyez ci-dessus, page 168, à l'édition de 1572.

M. D. LXXXII.

1. PETRI Angelii Bargæi historici & poetæ regii Syriados liber primus & secundus, & ejusdem argumenta in omnes (scilicet XIII). — *Lutetiae,* apud *Mamertum Patissonium* Typographum Regium , in officina *Roberti Stephani.* M.D.LXXXII. In-fol.

Les arguments qui sont ici mentionnés sont en vers, et occupent quatre pages et demie en tête de la première partie.

2. EJUSDEM Syriados Liber tertius et quartus.—Ibid. M.D.LXXXIIII. In-fol.

3. OTHONIS Turnebi (Adriani filii) in suprema curia Parisiensi Advocati Tumulus. — Ibid. M.D.LXXXII. In-8.

L'un des trois fils du savant Imprimeur Adrien Turnèbe, savant lui-même, et mort à 28 ans 9 mois. Il est nommé Odet par La Caille , p. 130 ; Odon, dans Adr. Turnebi Vita ; et Othon , dans les Ann. Typ. , III, 785. J'ai lieu de croire Maittaire exact , parce qu'il rapporte l'avis placé en tête du livre par la mère et les deux frères d'*Othon.* Adrien, l'un des deux, est l'auteur de ce Recueil.

Maittaire fait aussi remarquer cette diversité de noms.

4. LES OEuvres d'Amadys Jamyn, secretaire et lecteur ordinaire de la Chambre du Roy, reveues , corrigées et augmentées en ceste derniere impression. — *Paris , Mamert Patisson ,* Imprimeur du Roy,

au logis de Robert Estienne. M. D. LXXXII. In-12.

5. BALLET comique de la Royne fait aux nopces de Monseigneur le Duc de Joyeuse et de Madamoiselle de Vaudemont, par Baltazar de Beaujoyeulx. — *Paris, Adrien le Roy, Robert Ballard, & Mamert Patisson*, Imprimeurs du Roy. M. D. LXXXII. In-4.

Représenté au Louvre avec pompe, ce ballet, où figurèrent de grands Seigneurs et de grandes dames, et réservé pour la Cour, y eut un grand succès. Les vers sont du Sieur de La Chesnaye, aumônier du Roi. La musique, dont les auteurs sont Battazarini, habile violoniste piémontois, Beaulieu et Salmon, maîtres de musique de Henri III, est fort bonne pour le temps. Jusque-là, rien de semblable n'avoit été représenté en France. et l'on peut dire que le *Ballet comique de la Royne* prépara l'établissement de l'Opéra.

6. LES Tragédies de Robert Garnier : Porcie, Hippolyte, Cornelie, M. Antoine, La Troade, Antigone, Bradamánte, Sedechie, toutes imprimées en un volume. — *Paris, Patisson*. M.D.LXXXII. In-12.

C'est l'édition de 1580 avec deux pièces ajoutées, et un nouveau titre.

7. JOSEPHI Scaligeri Epistola adversus barbarum poema (Francisci) Insulani patroni clientis Lucani.— *Parisiis*, apud *Mamertum Patissonium*. M. D. LXXXII. In-4°.

M. D. LXXXIII.

1. ORAISON funebre, prononcée en l'Eglise Sainct André des Arcs, es obseques de feu messire Christophle De Thou, en son vivant Chevalier, Conseiller du Roy nostre Sire en son Conseil privé & d'Estat, & premier Président en sa Cour de

Parlement, par M. Jean Prevost, Docteur en la Faculté de Théologie, Chanoine Théologal, & Archiprestre de Sainct Severin, le 14 Novembre 1582. — *Paris*. M. D. LXXXIII. In-4.

2. VIRI Ampliss. Christophori Thuani (primarii Præsidis) Tumulus. — *Lutetiae*, apud *Mamertum Patissonium*, Typographum Regium, in officina Roberti Stephani. M. D. LXXXIII. In-4.

In Jac. Aug. Thuani Æmerii pietatem.

Cui prisca est pietas, cui virtus aurea cordi,
  Dum canet Æneam, et canet Æmerium :
Ex ardente rogo tulerit quod uterque parentem :
  Sustulerit ille humeris, sustulit hic numeris.

Jusqu'au décès de son père, J. A. De Thou, troisième fils, l'historien, étoit nommé M. d'Aimery.

3. UGOLINI Verini Poetæ Florentini de illustratione Florentiæ libri tres, versibus heroicis, nunc primum in lucem editi, ex bibliotheca Germani Audeberti Aurelii, cujus labore atque industria multæ manuscripti lacunæ repletæ, ac multi loci partim corrupti, partim vetustate exesi restituti sunt. —Ibid. M. D. LXXXIII. In-fol.

Ce poète Florentin, qui enseigna la langue latine à Léon X, dans sa jeunesse, mourut en 1490, à 76 ans environ.

4. OEUVRES & Meslanges poetiques d'Estienne Jodelle. — *Paris, Mamert Patisson*. M. D. LXXXIII. In-12.

Voyez à l'année 1574 ci-dessus, p. 173.

5. JOSEPHI Scaligeri Opus de emendatione temporum.—*Lutetiae*, apud *Mamertum Patissonium*, Typographum Regium, in officina Roberti Stephani. M. D LXXXIII. Cal. Aug. In-fol.

M. D. LXXXIV.

1. ORAISON funebre faicte et prononcée par Ant. Prevost de Sanzac, Patriarche Archevesque de Bourges, au service et grande messe par luy célébrée au Quarentain et obseques de feu dame Anne De Thou, femme de Messire Philippes Hurault, Vicomte de Cheverny, Chancelier de France, audict lieu de Cheverny, le 26 Oct. 1584 (et vers à ce sujet). — *Paris, Mam. Patisson.* M. D. LXXXIV. In-4.

2. ORAISON funebre de Madame (la Chanceliere) de Cheverny, Anne De Thou, par Renaud de Beaune (depuis Archevêque de Bourges.) — Ibid. M. D. LXXXIV. In-4.

3. GEORGII Buchanani Scoti Franciscanus et fratres. Elegiarum liber I. Silvarum liber I. Hendecasyllabon liber I. Epigrammaton libri III. De Sphaera Fragmentum. — Ibid. M. D. LXXXIV. In-8.

4. SCÆVOLÆ Sammarthani Pædotrophiæ libri tres (versibus heroicis) ad Henricum III. Galliæ et Poloniæ Regem. — *Lutetiae,* apud *Mamertum Patissonium,* Typographum Regium, in officina Roberti Stephani. M. D. LXXXIII. In-4.

Noté en grand papier, ainsi que le suivant, dans mes additions manuscrites du Catal. de De Thou.

5. (J. A. Thuani) HIERACOSOPHION sive de re accipitraria libri tres (cum Epistola J. Aug. Thuani) ad Ampliss. V. Philippum Huraltum Chevernium Franciæ Cancellarium. — Ibid. M. D. LXXXIIII. In-4.

Celui-ci de même en grand papier, à la Bibl. du Roi, mais sali et gâté à l'incendie de la Bibl. de Saint-Germain-des-Prés.

Voyez à la page suivante, année 1587.

6. LES Vers du Sieur de Pybrac. Ibid. M. D. LXXXIV. In-4.

M. D. LXXXV.

1. HOMILIES de Pontus de Tyard sur l'Oraison Dominicale. — *Paris, Mamert Patisson.* M. D. LXXXV. In-16.

La famille de Pontus a depuis écrit son nom Thyard; une autre du même nom, et qui est, je crois, d'une branche cadette, écrivoit encore dernièrement Thiard; mais les livres de Pontus portent Tyard.

2. A. PERSII Satyrarum liber I. D. Junii Juvenalis Satyrarum lib. V. Sulpiciæ Satyra I. Cum veteribus commentariis nunc primum editis. Ex Bibliotheca P. Pithœi I. C. cujus etiam notæ quædam adjectæ sunt. Ibid. M. D. LXXXV. In-8.

3. MICHAELIS Hospitalii Galliarum Cancellarii Epistolarum seu Sermonum Libri sex. — Ibid. M. D. LXXXV. In-fol.

Cette édition, donnée par Hurault de l'Hospital, petit-fils du chancelier, est bien imprimée et fort estimable, mais moins ample que celle de 1732, in-8°. Il y a des exemplaires en grand papier. J'en ai un; les additions manuscrites du Cat. de De Thou en indiquent aussi un.

4. LES OEUVRES poetiques de Remy Belleau, redigées en deux volumes. Reveues et corrigées en ceste derniere impression. Tome premier. — Ibid. M. D. LXXXV. In-12.

5. LES Odes d'Anacreon Teien, Poete Grec, traduictes en françois par Remy Belleau. Avec quelques petites Hymnes de son invention, et autres diverses poesies : Ensemble une Comedie (la Reconnue, en vers

de huit syllabes). **Tome second.**
— Ibid. M. D. LXXXV. In-12.

Ces deux volumes de doivent pas être séparés.

6. Les (huit) **Tragédies de Robert
Garnier, dédiées au Roy de France
et de Pologne. — Ibid.** M. D. LXXXV.
In-12.

Première édition du recueil complet, si
souvent réimprimé pendant plus de quarante ans. Voyez ci-dessus, page 177, à
l'année 1580.

M. D. LXXXVI.

**1. Homilies de Pontus de Tyard
sur l'Oraison Dominicale. — Ibid.**
M. D. LXXXVI. **In-4.**

**2. Homilies du même sur la Pas-
sion. — Ibid.** M. D. LXXXVI. **In-16.**

3. (Josephi Scaligeri sub falso nomine) Yvonis Villiomari Aremo-
rici in locos controversos Roberti
Titii Animadversorum liber. —
Parisiis, apud *Mamertum Patissonium*, Typographum Regium, in
officina Rob. Stephani. M.D.LXXXVI.
In-8.

**4. Discours du voyage de Monsei-
gneur le Duc de Joyeuse, Pair et Amiral de France, en Auvergne, Gévau-
dan et Rouergue; et de la prise des
villes de Malzieu, Marveges** (Marve-
jols) **et Peyré,** (en août et septembre
1586) **écrit par un Gentilhomme de
l'armée dudict Seigneur à un sien
ami. —** *Paris, Mamert Patisson.*
M. D LXXXVI. **In-8.**

A la fin sont des vers à la louange du duc
de Joyeuse.

Almeloveen, et d'après lui Maittaire,
disent Voyage en *Allemagne*. Ils ont sans
doute copié le Cat. de De Thou, t. 1er, p.
306; mais sur mon exemplaire avec addi-

tions, le Bibliothécaire a effacé le mot *Allemagne*, et écrit en marge *Auvergne*. Du
Gevaudan en Allemagne l'armée auroit eu
une course un peu longue.

**5. Du progrès de l'armée du Roy
en Guyenne commandée par M. le
Duc de Mayenne. —** *Paris, Patisson,*
M. D. LXXXVI. **In-8.**

Dans la Bibl. de la France, n° 18,547,
cette pièce est au nom de l'Imprimeur Nivelle.

M. D. LXXXVII.

**1. J. Aug. Thuani Hieracosophion.
In-8.**

Se relie ordinairement à la fin du volume
de Scévole de S. M. qui suit, et c'est pour
cela que plusieurs lui ont attribué ce poème,
qui est de J. A. De Thou.

**2. Scævolae Sammarthani Poe-
mata. Ad Henricum III. Galliæ et
Poloniæ Regem. —** *Lutetiae*, apud
Mamertum Patissonium, Typogra-
phum Regium, in officina Roberti
Stephani. M. D. LXXXVII. **In-8.**

Maittaire, d'après Almeloveen, fait erreur en mettant ce volume à l'année 1577.
Dans les Annales, III, page 798, il a réta-
bli l'édition de 1587, mais sans supprimer celle qu'il place en 1577.

**3. Les premieres OEuvres de
Philippes Des Portes, reveues, corrigées & augmentées outre les précédentes impressions. —** *Paris, Mamert Patisson*, **Imprimeur du Roy,
chez Robert Estienne.** M. D. LXXXVII.
In-12.

**4. Tragedies saintes, par Loys
Des Masures, Tournisien : David
combattant, David triomphant et
David fugitif. Jephthé, ou le Vœu,
Tragédie, traduite du latin de G.
Buchanan, par Florent Chrestien,**

— *Paris , Mamert Patisson.*
M. D. LXXXVII. In-12.

5. PETRONII Arbitri Satyricon. Adjecta sunt veterum quorundam Poetarum carmina non dissimilis argumenti : ex quibus nonnulla emendatius, alia nunc primum eduntur. Cum notis doctorum virorum. — *Lutetiae ,* apud *Mamertum Patissonium*, Typographum Regium. 1587. In-12.

Edition bien supérieure à celle du même Patisson, 1577 , in-16.

M. D. LXXXVIII.

1. JOBUS , sive de Constantia libri quatuor , poetica metaphrasi (aut. J. Aug. Thuano) explicati.—*Parisiis,* apud *Mamertum Patissonium*, Typographum Regium. M.D.LXXXVIII. In-8.

2. RUFI Festi Breviarium rerum gestarum Populi Romani : cura P. Pithœi. — *Parisiis,* apud *Mamertum Putissonium.* **M. D. LXXXVIII.** In-8.

M. D. LXXXIX.

1. LA Bella Mano. Libro di Messere Givsto de Conti , Romano Senatore. Per M. Jacopo de Corbinelli , gentilhomo Fiorentino restaurato Al Christianiss. Henrico III. Re di Francia & di Pollonia. (Raccolto di antiche rime di diversi Toscani.) — In *Parigi ,* Per *Mamerto Patissonio ,* Typografo Regio. 1589. Con privilegio. In-12.

Il y de cette rare édition plusieurs sortes d'exemplaires. Les premiers ont la date de 1589; d'autres sont de 1590, 1591 ou 1595. Sur le titre de 1589, le livre est, comme on le voit ici, dédié à Henri III,

dont le privilège accordé à J. Corbinelli , le 23 mars 1587, occupe le recto du cinquième feuillet. En 1590 , on réimprima les trois feuillets de préliminaires avec quelques différences , ainsi que huit du cahier G , fol. 75 à 82. Dans ces 16 pages refaites , et au moyen de la suppression d'un assez insigniant *Capitolo di Nastagio da Monte Alcino,* est introduite en entier la longue et très satirique *Canzone* du Florentin Maestro Pagolo , de laquelle les feuillets supprimés ne donnoient que le commencement. Plus tard, des exemplaires furent redatés de 1591. Enfin , en 1595 , Seb. Nivelle ayant acquis , soit le reste de l'édition , soit une partie seulement des exemplaires , ne voulut point sans doute débiter un livre portant une dédicace au feu Roi Henri III : il réimprima le frontispice , et fit aussi disparoître le feuillet de privilège.

Maittaire , à l'année 1595, conserve pour ce livre le nom de Patisson. S'il n'a point fait erreur, c'est encore une autre variation d'exemplaires.

J'en ai un fort beau , à la reliure de J. A. De Thou , et en grand papier. Il est de 1589 , mais avec la *Canzone* entière que cet amateur éclairé se sera empressé de substituer aux feuillets dont l'exclusion ne le privoit que d'une pièce de mauvais vers. Je fais cette observation , parce que , dans mon Catalogue, III , 84 , j'ai par mégarde dit que l'exemplaire contenoit , et les vers supprimés , et ceux qui les ont remplacés. Une autre inadvertance , qu'à l'instant j'aperçois en ce même article, p. 83 , c'est qu'au lieu de .... « au Roi Henri III, dont le privilège se trouve au cinquième feuillet, » j'ai laissé passer « .... au Roi Henri III, dont le cinquième feuillet porte le privilège. » On a imprimé quelque part qu'à ce Catalogue avoient été reprochées trois graves erreurs (bibliographiques) trois incorrections en grec , et trois phrases peu françoises. Il se peut très bien que la phrase en question fasse partie de ce triple trio de griefs littéraires. Je crois au reste qu'une erreur plus forte que ces neuf-là toutes ensemble, est de n'y en avoir pas aperçu un bien plus grand nombre.

Pour en finir avec la *Bella Mano ,* je dois dire que le volume se termine par un cahier K , de quatre feuillets non chiffrés, dont la dernière page est ornée d'un fleuron ou vignette (fleur-de-lis entourée) fort bien gravé en taille-douce , avec une épigraphe en grec.

Quelquefois ce dernier cahier manque, ou bien la vignette n'y est pas imprimée.

2. REGRETS sur la France composés par Simon Poncet Melunois; avec un colloque chrestien. — *Paris*, chez *Mamert Patisson*. M. D. LXXXIX. In-8.

Les malheurs publics auront empêché Patisson de tenir en activité son atelier d'Imprimerie ; car avec le petit volume *la Bella mano*, dont les divers changements de date attestent le difficile débit, on ne voit, dans l'année 1589, que cette *Lamentation* de peu de pages, et rien ensuite jusqu'à l'année 1594 , où le rétablissement de la paix vint faire espérer à la France que ses profondes blessures pourroient se cicatriser.

M. D. XCIV.

1. ADVIS sur la clause de fournir ou faire valoir une debte ou rente.— *Paris , Mamert Patisson.* M. D. XCIV. In-8.

2. EXTRAICT du Traitté de la Grandeur , Droits et Prééminence des Rois et du Royaume de France. — *Paris , M. Patisson.* M. D. XCIV. In-8.
On n'a plus le Traité dont ceci est un extrait. L'auteur est le savant François Pithou.

3. LETTRE d'un François (François Pithou) sur un certain Discours fait nagueres pour la préséance du Roy d'Espagne , le 16 février 1586. —*Paris , Patisson.* M. D. XCIV. In-8.
Cette pièce avoit déjà été imprimée à Paris en 1586 et 1587. Elle est aussi dans le tome cinquième des Mémoires de la Ligue.

4. NEUTRALITAS Ecclesiæ Gallicanæ ex Annalibus Francorum , circa annum 1408. — *Parisiis , Patisson.* M. D. XCIV. In-8.
Cette pièce se trouve aussi dans le volume suivant. Elle est de Pierre Pithou.

5. ECCLESIÆ Gallicanæ in Schismate Status ex actis publicis. Estat de l'Eglise Gallicane durant le schisme. Extraits des Registres et Actes publics. — Ibid. M. D. XCIV. In-8.
C'est un recueil , aussi de Pierre Pithou, contenant trente pièces , de 1408 à 1551. Il a été réimprimé dans plusieurs grands recueils , avec des augmentations , mais aussi avec le retranchement de plusieurs pièces.

6. LES Libertés de l'Eglise Gallicane, par Pierre Pithou, dédiées au Roy Henry IV. — *Paris, Patisson.* M. D. XCIV. In-8.
Le privilège est du 3 septembre , pour trois ans.

7. MEMOIRE et Advis de Jean du Tillet , Protonotaire et Secrétaire du Roy , et Greffier en sa Cour de Parlement , fait en 1551 sur les libertés de l'Eglise Gallicane. — *Paris , Patisson.* M. D. XCIV. In-8.

8. EXTRAICT des Registres des Estats ou des Députés du Clergé de France , pour les Estats-Généraux tenus à Blois (en 1576) sur la réception du Concile de Trente au Royaume de France; avec la traduction italienne à côté. — *Paris , Patisson.* M. D. XCIV. In-8.

9. PLAYDOYE de M. Antoine Arnaud, Avocat en Parlement , pour l'Université de Paris contre les Jésuites , en 1594. Délibération de l'Université du 18 avril 1594 , pour demander que les Jésuites soient chassés, avec la Requeste auxdictes fins. — *Paris , Patisson.* M. D. XCIV. In-8.

10. DEFENSES de ceux du Collège de Clermont contre les Requestes et

Playdoyés contre eux, et particu-lierement celui de M. Arnaud : Ensemble les Lettres-Patentes du Roy Henry III (de 1580), avec les Requestes du Cardinal de Bourbon, du Duc de Nevers, de l'Evesque de Clermont, &c. — *Paris, Patisson.* M. D. XCIV. In—8.

Voilà ce qui s'appelle servir chacun pour son argent. Ce très obligeant typographe imprimoit et l'attaque et la défense. C'est au reste sur la seule autorité de Maittaire (Vitæ Steph.) que je mets ce volume au nom de Patisson. Dans les Ann., III, 807, il est sans nom d'Imprimeur, ainsi que dans la Bibl. de la France, n° 44,641.

11. PANEGYRIQUE au Roy Henry IV, par Guy Joly. —Ibid. M.D.XCIV. In—8.

12. CHRONICON Prosperi Tironis. — Ibid. M. D. XCIV. In—8.

13. PONTI Tyardæi Bissiani (Cabilonensis)episcopi tractatus de genealogia Hugonis Capeti & postremorum successorum prosapiæ Caroli Magni in Francia. — *Parisiis*, ex officina *Mamerti Patissonii.* M.D.XCIV. In—8.

14. EXTRAICT de la généalogie de Hughes surnommé Capet, Roy de France, et des derniers successeurs de la race de Charles Magne en France (par Pontus de Tyard, Evêque de Châlons). —*Paris, Patisson.* M. D. XCIV. In—8.

Selon la Bibl. de la France, n° 24,906, le latin ne parut qu'en 1596, deux ans après la traduction françoise. Maittaire, Ann. III, 807, les met tous deux à la même année 1594. Ou il y a erreur de l'une ou l'autre part, ou le latin aura été imprimé d'abord en 1594, et une seconde fois en 1596.

15. DE Justa et canonica Absolutione Henrici IV. Regis ; auctore Petro Pithœo. — Ibid. M. D. XCIV. In—8.

Ce livre fut imprimé en françois, comme traduit de l'italien, d'abord en 1593, avant l'édition latine, et une seconde fois en 1595. Les Ultramontains répondirent en 1595, à Rome, et s'évertuèrent à établir et démontrer que nul des prélats de France ne pouvoit relever Henri de l'excommunication lancée par le Pape, qui seul avoit le droit de la retirer.

Je n'ai pas vu les deux pièces françoises de Pithou, mais je les présume imprimées par Patisson, comme le fut la version latine.

M. D. XCV.

1. TRAICTÉ de la dissolution du mariage par l'impuissance et froideur de l'homme ou de la femme. (par Antoine Hotman, conseiller au Parlement de Paris.) — *Paris, Mamert Patisson,* Imprimeur du Roy, chez Robert Estienne. M.D.XCV. In—8.

2. TRAICTE de Guillaume du Vair, en trois livres, de la constance & consolation és calamitez publiques : seconde édition, reveue et corrigée. — Ibid. M. D. XCV. In—16.

Je ne connois pas la première édition. La préface de celle-ci, au duc de Montpensier, est du 1er juillet 1594, et le privilège en faveur de Patisson et d'Abel l'Angelier est du seize.

3. PARABATA vinctus, sive Triumphus Christi, tragœdia (Jac. Aug. Thuani). — *Lutetiae*, apud *Mamertum Patissonium*, Typographum Regium, in officina Roberti Stephani. M. D. XCV. In—8.

4. (Ejusdem) VATICINIA Joelis, Amosi, Abdiæ, Jonæ, Habaccuci, Haggæi, poetica metaphrasi illustrata. — Ibid. M. D. XCV. In—8.

5. TRAGEDIES Saintes, par Loys Des Masures : David combattant, David triomphant, et David fugitif. Jephthé ou le Vœu, tragédie, traduite du latin de G. Buchanan, par Fl. Chrestien. — *Paris, Mamert Patisson.* M. D. XCV. In—12.

6. J. Passeratii Præfatiuncula in disputationem de Ridiculis, quæ est apud Ciceronem in libro secundo de Oratore. — *Parisiis*, apud *Mamertum Patissonium*. M. D. XCV. In-8.

Il y a des exemplaires datés de 1594. A la suite de la préface sont quelques vers latins d'Adr. Turnèbe contre les Jésuites, qu'il nomme *novam sectam surrepentem*, *quæ mentitur Jesum.*

7 Genealogie de la maison de Montmorency comprise en la presentation des lettres de l'Office de M. le Connestable faite en Parlement le 29 de novembre l'an 1595. — *Paris*, *M. Patisson*, Imprimeur du Roy. M. D. XCV. In-8.

M. D. XCVI.

1. P. Picherellus in Matthæi caput XXVI, *Cœnantibus*, &c. — *Parisiis*, *Mam. Patisson.* M. D. XCVI. In-8.

2. Edict du Roy sur les articles accordez au duc de Mayenne pour la paix en ce Royaume. — *Paris*, *Mamert Patisson*, Imprimeur ordinaire du Roy. M. D. XCVI. In-8.

3. De Genealogia Hugonis, cognomento Capeti, Francorum regis, et postremorum successorum prosapiæ Caroli Magni in Francia, Tractatus. — *Parisiis, Patisson.* M.D.XCVI. In-8.

Voyez la page en face, année 1594, la traduction françoise de cet ouvrage de Pontus de Tyard.

M. D. XCVII.

1. Replique de Jean Davy du Perron, Evesque d'Evreux à la remons-trance de quelques Ministres sur un certain escript touchant leur vocation, nouvellement adressé à eux par un des leurs revenant à l'Eglise catholique. — *Paris*, *Mamert Patisson*, Imprimeur du Roy. M. D. XCVII. In-8.

3. Johan. Passeratii Eloquentiæ Professoris et interpretis Regii Kalendæ Januariæ. — Ibid. M. D. XCVII. In-4.

2. Johan. Passeratii de cæcitate Oratio. — Ibid. M. D. XCVII. In-8.

4. Abelii Sammarthani Scævolæ fil. Poemata. — *Lutetiae*, apud *Mamertum Patissonium*, Typographum Regium, ex officina Rob. Stephani. M. D. XCVII. In-8.

5. Les Mimes, enseignemens et proverbes de Jan Antoine de Baïf, en quatre livres reveus et augmentez en ceste derniere edition. — *Paris*, *Mamert Patisson.* M. D. XCVII. In-12.

Une précédente édition, Paris, Lucas Breyer, 1575, in-12, contenant le *Manuel d'Epictète*, il doit aussi se trouver dans celle-ci, qui est annoncée comme *augmentée.* Je n'ai pas vu ce volume.

6. Petri Pithœi J. C. Elogium, Papirio Massono authore. — *Lutetiae*, apud *Mamertum Patissonium*, Typographum Regium, ex officina Roberti Stephani. M. D. XCVII. In-4.

M. D. XCVIII.

1. Cent Pseaumes mis en vers Francois, avec quelques Cantiques de la Bible, Poesies Chrestiennes, Prieres et Meditations Chretiennes, par Philippes Des Portes, abbé de Thiron. — *Paris*, *Mamert Patisson*,

Imprimeur du Roy. M. D. XCVIII. In-8.

Les Poésies et les Prières ont leurs titres séparés.

M. D. XCIX.

1. HIPPOSTOLOGIE, ou Discours des os du cheval, par Jean Heroard, conseiller, medecin ordinaire et secretaire du Roy. — *Paris, Mamert Patisson*. M. D. XCIX. In-4.

2. DISCOURS véritable sur le fait de Marthe Brossier de Romorantin, prétendue démoniaque ; par Michel Marescot (ou Simon Pietre, son gendre, tous deux médecins à Paris), avec l'arrest du Parlement de Paris. — *Paris, Mamert Patisson*. M. D. XCIX. In-8.

L'arrêt du Parlement de Paris fut rendu contre la jonglerie de cette prétendue possession.

Le même livre fut réimprimé dans la même année : *Jouxte l'exemplaire imprimé à Paris par Mam. Patisson*, 1599, in-8°.

3. JACOBI Augusti Thuani Poemata sacra. — *Lutetiae*, apud *Mamertum Patissonium*, Typographum Regium. 1599. In-12.

Ce recueil se compose de pièces déjà imprimées, excepté quelques-unes des *Carmina sacra* : Johus, Ecclesiastes, Threni, Vaticinia Joelis, Amosi, Abdiæ, Jonæ, Habaccuci, Haggæi, Parabata vinctus, & sacrorum carminum libellus.

Dédié au premier président Achille de Harlay.

4. EDIT du Roy, et Déclaration sur les précédents édits de pacification, publié au Parlement le 25 de février 1599. — A *Paris*, par les Imprimeurs et libraires ordinaires du Roy. M. D. IC. In-8.

Le privilège du Roi est accordé à Frédéric Morel, Jamet Mettayer, Pierre l'Huillier, et Mamert Patisson, ses Imprimeurs.

M. DC.

1. LES premieres OEuvres de Philippes Des Portes (abbé de Thiron). Derniere édition, reveüe & augmentée. — *Paris*, par *Mamert Patisson*, Imprimeur du Roy. M. DC. In-8.

L'extrait du privilège, imprimé à la dernière page, est du 21 juin 1597.

En 1600, suivant *Bibl. Cordesiana*, un Robert Patisson. Il y a là probablement une erreur typographique.

M. DCI.

1. POESIES chrestiennes. Par Philippes Des Portes, abbé de Thiron. — *Paris, Mamert Patisson*. M. DCI. In-12.

Seulement 16 feuillets, et 28 pour le suivant. Ces cahiers se relient à la fin des Psaumes.

2. QUELQUES Prieres et Méditations chrestiennes. Par Philippes Des Portes, abbé de Thiron. — Ibid. M. D. CI. In-12.

3. RECUEIL des OEuvres poetiques de J. Bertaut abbé d'Aunay, conseiller du Roy, & premier aumosnier de la Royne. — Ibid. M. DCI. In-8.

VIDUA MAMERTI PATISSONII.

M. DC. II—M. DCIV.

1. LE premier livre des Poemes de Jean Passerat , reveus et augmentez par l'autheur en ceste derniere édi-tion. — *Paris*, par la veufve *Mamert Patisson* , Imprimeur ordinaire du Roy. M. DC. II. In-8.

Ce volume se relie ordinairement avec le suivant.

2. RECUEIL de quelques vers amou-reux et Stances (de **J**. Bertaut). — Ibid. M. DC. II. In-8.

La Caille, pag. 202, met ce livre de 1606, in-8°, par Philippe Patisson. Il aura donc été imprimé deux fois : par la veuve, en 1602, et par le fils, en 1606. C'est la seule édition que l'on cite de ce Philippe.

3. JOANNIS Passeratii Calendæ Ja-nuariæ et varia quædam Poematia. — *Lutetiae*, apud viduam *Mamerti Patissonii*. M. DC. III. In-8.

4. LES CL Pseaumes de David, mis en vers françois par Philippes Des Portes , abbé de Thiron. — *Pa-ris*, vefue *Mamert Patisson* , Impri-meur du Roy. M. DC. III. In-12.

A la suite des Psaumes qu'annonce le ti-tre , sont des Cantiques et Hymnes, etc. Les poésies et prières qui suivent appar-

tiennent aussi à ce volume, et sont men-tionnées sur son titre.

5. POESIES chrestiennes. Par Phi-lippes Des Portes abbé de Thiron. — Ibidem. M. DC. III. In-12.

6. QUELQUES prieres et médita-tions chrestiennes , par le même — Ibidem. M. DC. III. In-12.

7. TROIS Discours de S. Ambroise, des Vierges, à sa sœur Marcelline , avec une reprimande à une reli-gieuse, traduits par J. Bertaut. — Ibid. M. DC. IIII. In-16.

8. LA nourriture de la Noblesse où sont représentées les plus belles vertus d'un jeune gentilhomme , à Monsieur le Duc de Vendosme. — Ibid. M. DC. IIII. In-8.

9. LES CL Pseaumes de David, mis en vers Francois , par Philippes Des Portes abbé de Thiron. Avec quelques Cantiques de la Bible, Hymnes et autres œuvres et Prieres chrestiennes. Le tout reveu & aug-menté par le mesme autheur. — Ibid. M. DCIIII. In-12.

Les Cantiques sont de l'édition de 1603.

10. INSTITUTION d'un prince , à Monsieur le Duc de Vendosme, par le Sieur des Yveteaux. — *Paris*, chez

(la veufve) *Patisson.* M. DC. IIII. In-4.

Ce sieur des Yveteaux se nommoit Nicolas Vauquelin. Y a–t-il quelque rapport entre son poème et une *Institutio principis* que l'on verra à l'année 1617 , et annoncée comme trad. du françois *Joannis Heroardi ?*

11. JACOBI Augusti Thuani, in suprema Regni Gallici Curia Præsidis infulati Historiarum sui temporis lib. XVIII. usque ad annum 1560 (seu pars prima). — *Parisiis,* vidua *Mamerti Patissonii ,* Typographi Regij. In officina Roberti Stephani. M. DC. IIII. In-fol.

Le titre porte aussi les noms des libraires Sonnius et Drouart. Apres ce titre , qui est quelquefois retranché , il en vient un second , ainsi énoncé.

JAC. Augusti Thuani Historiarum sui temporis pars prima.—*Parisiis ,* apud viduam *Mamerti Patissonii ,* &c. M. DC. IIII.

En grand papier à la Bibl. Royale.

12. Iidem libri XVIII. — Ibidem. M. DC. IIII. 2 vol. in-8.

J'ai de ce livre l'exemplaire en grand papier qui a appartenu à son illustre auteur. Il est avec ses armes , et d'une reliure en mar. r. très remarquable.

Ces deux éditions , qui ne sont pas tout-à-fait semblables , contiennent quelques passages changés ou supprimés dans les réimpressions qui suivirent , excepté dans la belle et savante édition de Londres, 1733, 7 vol. in-fol. , où ils ont été indiqués et rétablis.

Les fautes de l'in-fol. , notées par l'auteur à la fin de son épitre dédicatoire sont corrigées dans cette réimpression.

Il paroît que l'édition de ces deux volumes aura été en partie vendue à Drouart, car on en trouve des exemplaires avec les titres réimprimés à son nom.

______

A quelques exceptions près , les petits volumes de Patisson ne sont plus des in-16 ; leur format est un peu plus allongé , et chaque cahier a 12 feuillets , 24 pages : ce sont en conséquence des in-12 , format qui paroît avoir été adopté vers ce temps-là par l'Imprimerie parisienne. Paul Estienne , à Genève , a continué de faire des volumes in-16.

PAULUS STEPHANUS.

M. D. XCIX.—M. DC. XXVI.

1. PAULI Stephani versiones Epigrammatum Græcorum Anthologiæ Latinis versibus. Ejusdem juvenilia. — *Genevae* , 1593. In-8.

Ce premier volume des Ouvrages et éditions de Paul Estienne a été imprimé, non par son père Henri, mais par François Le Preux, autre Imprimeur françois qui s'étoit retiré en Suisse pour cause de religion, et y avoit continué sa profession.

Maittaire, Ann. Typ. , III, 834 , dit de ce volume: « Ad meas manus pervenerunt, excusa Lugduni, apud Franciscum Le Preux. M. D. XCIII. In-8º. Il y a peut-être des exemplaires datés de Lyon, et d'autres de Genève.

Il est dédié par le jeune auteur à Henri son père.

2. PINDARI Olympia , Nemea , Pythia , Isthmia , (gr. cum Scholiis.) Adjuncta est interpretatio Latina ad verbum. Cum Indicibus necessariis. — *Oliva P. Stephani. A la fin :* Excudebat *Paulus Stephanus.* M.D.XCIX. *Genevae* mense augusti. x. Cal. Sept. In-4.

3. PUBLII Virgilii Maronis Poemata Henrici Stephani scholiis illustrata , &c. Cætera quæ hæc tertia editio exhibet, pagina sequente recensentur. — Excudebat *Paulus Stephanus.* M. D. XCIX. In-8.

Troisième édition. Les deux précédentes sont de Henri, 1577 et 1583.

Dans la Bibl. Latina, 1 , page 354 , est aussi mentionnée une édition de 1597. Je ne la connois pas, et je ne vois là qu'une erreur de chiffre, 1597 pour 1577.

4. C. PLINII Cæc. Secundi Epistolæ et Panegyricus , cum aliis diversorum Panegyricis , et Is. Casauboni notis in Epistolis. Variæ lectiones ultra præcedentes in hac posteriori editione margini accesserunt. — M. D. XCIX. In-16. Sans nom , avec la marque des Estienne.

Copie de l'édition de Henri Estienne, 1591, in-16, avec quelques variantes de plus.

5. CONCORDANTIÆ Græco-Latinæ Testamenti Novi , nunc primùm plenæ editæ : et diu multumque desideratæ , ut optimæ duces ad veram vocum illius interpretationem futuræ. Accessit huic editioni supplementum eorum omnium quæ hactenus desiderabantur, tam eorum quæ ad calcem libri rejecta , quam quæ omissa desiderari poterant. In his quid præstitum sit, præfixa ad lectorem Epistola docet. — Oliva *Pauli Stephani.* M. DC. Infol.

6. ALPHABETUM Græcum et Hebraicum. — Excudebat *Paulus Stephanus.* M. DC. In-8.

7. PINDARI et cæterorum octo Lyricorum Carmina. Editio IIII græco-latina, Henr. Stephani recognitione quorundam interpretationis locorum , & accessione lyricorum carminum locupletata. — Excudebat *Paulus Stephanus*. M. DC. In-16.

8. QUINTI Horatii Flacci poemata, scholiis et argumentis ab Henrico Stephano illustrata , &c. Editio tertia , quæ, præter scholiorum locupletationem, aliquot insuper diatribas et quasdam in Veri Porphyrionis commentarios emendationes , nec non quasdam ad eos accessiones habet. — Ibid. M. DC. In-8.

Ces augmentations sont aussi dans l'*Editio Secunda* de 1588 , dont cette *Editio Tertia* est la copie.

9. C. PLINII Cæcilii Secundi Novocomensis Epistolarum libri X. Ejusdem Panegyricus Trajano dictus , cum Commentariis Joannis Mariæ Catanæi , viri doctissimi ; multis Epistolis cum illarum interpretatione adjectis. Adjuncti sunt alli , ad alios Cæsares , Panegyrici, ad fidem vetusti exemplaris emendati. — Excudebat *Paulus Stephanus*, M. DC. In-4.

Quelques exemplaires sont datés de 1601, avec les mots *Coloniæ Allobrogum* , imprimés en petites lettres au-dessous des lignes de date.

J'y ai vu aussi, sur deux feuillets à la suite du titre, deux préfaces *Justo Rubero Paulus Stephanus*, xv. Cal. Sept. 1600, et *Typographus Lectori* , qui n'étoient point dans l'exemplaire daté de 1600.

10. LYCOPHRONIS Alexandra, græce , cum eruditissimis Isacii Tzetzis commentariis , ex fide manuscripti emendatioribus factis. Adjuncta est interpretatio versuum Latina , ad verbum , per Gulielmum Canterum. Additæ sunt & ejus-

dem G. Canteri annotationes ; necnon Epitome Cassandræ græco-latina , carmine Anacreontio. — Excudebat *Paulus Stephanus*. M.DCI. In-4.

11. EURIPIDIS Tragœdiæ quæ extant. Cum latina Gulielmi Canteri interpretatione (ab Æmilio Porto emendata). Scholia græca doctorum virorum in septem Euripidis Tragœdias , ex antiquis exemplaribus ab Arsenio Monembasiæ archiepiscopo collecta. Accesserunt in undecim proximas doctæ J. Brodæi , necnon Guil. Canteri , Æm. Porti , et Gasparis Stiblini annotationes. Cum Indicibus necessariis. — Excudebat *Paulus Stephanus*. M. DC. II. 2 tomes qui se relient en un vol. in-4.

12. SOPHOCLIS Tragœdiæ septem. Una cum omnibus græcis scholiis , et latina Viti Winsemij ad verbum interpretatione. Quibus accesserunt Ioachimi Camerarij , necnon & Henrici Stephani annotationes. Una cum Indice sententiarum Sophoclearum. — Excudebat *Paulus Stephanus*. M. DC. III. In-4.

13. NOVUM Testamentum gr. cum interpretatione Henrici Stephani. Editio tertia. — M. DC. IV. In-16. Avec la marque des Estienne.

Réimpression de l'édition de Henri, 1587.

14. ISOCRATIS Orationes et Epistolæ cum Latina interpretatione Hieronymi Wolfii, ad ipso postremum recognita. Editio secunda. = Excudebat *Paulus Stephanus*. M. DC. IV. In-8.

Cette édition , estimée surtout pour son Index, est faite sur celle de Henri Estienne, 1593 , in-fol. ; mais elle ne contient que l'Isocrate; on n'y trouve pas non plus les dissertations (*Diatribæ Septem*) de Henri.

Maittaire , Ann. III, 845 , note que l'épigraphe de la marque des Estienne varie dans les exemplaires, dont les uns portent : Noli altum sapere, et d'autres : Defracti sunt rami, ut ego insererer.

15. AELII Aristidis Adrianensis Oratoris clarissimi Orationum tomi tres, gr. et lat. interprete Gulielmo Cantero Ultrajectino. Adjunximus varias ejusdem Gulielmi Canteri & aliorum lectiones, lectoris judicio examinandas. Una cum indice duplici : altero gnomologiarum : altero rerum & verborum, eoque locupletissimo. — Oliva *Pauli Stephani*. M. DC. IIII. 3 vol. in-8.

Edition très estimée, et remarquable par son excellent Index.

Le papier est très mauvais, ce qui est le défaut de la plupart de ces éditions suisses.

16. HOMERI Poemata duo, Ilias et Odyssea sive Ulyssea. Ejusdem Batrachomyomachia, Hymni et Epigrammata. Cum Latina interpretatione ad verbum. Adjecta sunt etiam, Coluthi de raptu Helenæ : et Tryphiodori de Ilii excidio, Poemata. Cum Indicibus necessariis. — Excudebat *Paulus Stephanus*. M. DC. IIII. 2 vol. in-16.

Réimpression de l'édition de H. Est., 1588, avec cette différence qu'on en a retranché les *Centones*, qui y sont remplacés par Coluthus et Tryphiodorus. On y a aussi ajouté des tables.

17. PLINII Epistolæ, et Panegyricus, cum notis Isaaci Casauboni, et alii Panegyrici veteres, ex edit. Henrici Stephani.—Ex typographia *Stephaniana*. MDC V In-16.

18. PLINII Epistolæ et Panegyrici. — M. DC. XI. In-16.

Indubitablement ce sont des copies de l'édition de 1599.

19. ARISTIDIS Orationes, græce et latine, Guil. Cantero interprete. — M. DC. XI. 3 vol. in-8.

Réimpression de l'édition de 1604. Il faudroit comparer les deux pour savoir jusqu'à quel point elles sont conformes, et même si les exemplaires de 1611 ne sont pas simplement rajeunis par de nouveaux titres.

20. PHOTII Bibliotheca, gr. et lat. Andr. Schotto interprete, cum Davidis Hœschelii, & Andreæ Schotti scholiis. — Oliva *Pauli Stephani*. M. DC. XI. In-fol.

La première édition avoit été donnée à Augsbourg, 1601, in-fol., par David Hœschelius, en grec seulement. En 1606, André Schott donna, dans la même ville, une version latine. Cette édition de Paul Estienne contient le grec, le latin, les notes d'Hœschelius et celles que le traducteur avoit jointes à sa version.

21. PINDARUS et cæterorum octo Lyricorum Carmina. Editio V. græco-latina Henr. Stephani. — Oliva *Pauli Stephani*. M. DC. XII. In-16.

22. EUNAPIUS Sardianus de vitis Philosophorum et Sophistarum, gr. et lat. Hadriano Junio interprete ; græca cum mss. Palatinis comparata, aucta & emendata Hier. Commelini opera : nunc recens accedunt ejusdem auctoris Legationes e Bibliotheca Andreæ Schotti, græce, ed. Hieronymo Commelino.— *Genevæ*, Oliva *Pauli Stephani*. M. DC. XII. In-8.

Il y a des exemplaires *apud Samuelem Crispinum*.

23. DIOGENES Laertius et Hesychius Ill. de vitis philosophorum, græcè et latinè, cum fragmentis Pythagor. & notis Isaaci Casauboni, & Henr. Stephani, ex editione postremi (anni 1594).— *Genevæ*, Oliva *Pauli Stephani*. M. DC. XVI. In-8.

24. NOVUM Testamentum Græcum, cum notis Isaaci Casauboni ad finem, & Henrici Stephani ad marginem adscriptis, editio postrema. — *Genevae*, Oliva *Pauli Stephani* Sumptibus Samuelis Crispini. M. DC. XVII. In-16.

25. HERODOTI Halicarnassei Historiarum libri IX, ejusdem Narratio de Vita Homeri. Excerpta ex Ctesia, ex editione Henr. Stephani, cum notis Federici Sylburgii, gr. lat.; cum iconibus structurarum : editio adornata opera Gothofredi Jungermanni. — Oliva *Pauli Stephani*. M. DC. XVIII. In-fol.

Après les deux estimables éditions données par son père, en 1570 et 1592, et celle de Jungermann, Francfort, 1608, qui leur étoit supérieure, Paul ne faisant presque que reproduire cette dernière avec ses utiles augmentations, a réussi à rendre la sienne de beaucoup préférable à ces trois éditions précédentes.

26. PINDARI et cæterorum octo Lyricorum Carmina. Editio V. græco-latina H. Stephani. — *Genevae*, Oliva *Pauli Stephani*. M. DC. XXVI. In-16.

Quoique marquée sur le titre *Editio* V, celle-ci est la sixième des Estienne, 1560, 1566, 1586, 1600, 1612, 1626.

ROBERTUS STEPHANUS TERTIUS.

M. DC. VI-VII.

1. D. Gregorii Nysseni ad Eustathiam, Ambrosiam, Basilissam Epistola, gr. Isaacus Casaubonus nunc
primùm publicavit, Latinè vertit, et
notis illustravit. — *Lutetiae*, ex typographia *Roberti Stephani*. M.DC. VI.
In-8.

Le volume in-fol. Mercerus in Genesim,
et quinque priores Prophetas minores. *Genevæ* 1598, attribué à Robert III par Maittaire dans ses Catalogues de la vie des Estienne
d'après Almeloveen et La Caille, ne peut
être de cet Imprimeur qui n'a point eu d'établissement à Genève. L'erreur est relevée
par Maittaire lui-même. Ann. typ. III, 829.

2. D. Gregorii Nysseni Epistola
de iis qui adeunt Jerosolyma, Græce
& Latine, juxta editionem Morellianam. — *Lutetiæ*, ex typographia
Roberti Stephani. M. DC. VI.

In eodem volumine : Eadem Epistola, latine versa et notis illustrata
a Petro Molineo, cum ejusdem Molinei de peregrinationibus tractatus.
— Ibid. M. DC. VI. In-8°.

Ainsi donc la version latine est double,
et, dans son avis au Lecteur, Robert explique pourquoi il a réimprimé celle de la
première édition (G. Morel, 1551, in-
8°). « Non quod eam judicaremus saltem tolerabilem, sed ut pudorem incuterem cuidam homini levissimo.... »

Robert dit aussi avoir traduit ce même
Opuscule en françois; mais je crois que sa
traduction n'a pas été imprimée : ni Maittaire, ni moi, ne l'avons jamais vue. *Pupugit Jesuitas libellus*, écrit *Molineus* (P. Du
Moulin) à J. Scaliger, parce que ces pèlerinages y sont déclarés inutiles, nuisibles même
et dangereux, *noxias & periculosas*. Le *levissimus homo*, dont il est ici question, est
un jésuite nommé Richeome : *Is Stephano
mirum quàm ineptè insultat*. Ces insultes ont-
elles été imprimées, c'est ce que j'ignore entièrement.

3. Les Larmes de S. Pierre, & autres vers sur la Passion, & quelques
paraphrases sur les hymnes de l'année (dédié par l'auteur R. E. Robert
Estienne) à monsieur Phelypeaux.—
Paris, de l'Imprimerie de *Robert Estienne*. M. DC. VI. In-8.

4. Florilegium epigrammatum
Martialis Josephus Scaliger Jul. Cæsaris F. vertit Græce, ad Isaacium
Casaubonum. — *Lutetiae*, ex typograph. *Roberti Stephani*. M. DC. VII.
In-8.

Et à la fin : Excudebat Joannes
Janonus in Typographia *Rob. Stephani*. Anno M. DC. VII.

Dans la Biblioth. Latina, cette version
grecque de Scaliger est qualifiée *felicissima*.

Ce Janon fut ensuite Imprimeur à Sédan,
où il imprima plusieurs livres pour la religion réformée. Il est surtout connu par ses

petites éditions du Nouv. Test. Grec, 1628;
Virgilius, 1625, Horatius, 1627.

J'ai de ce *Florilegium* un exemplaire en
grand papier à la reliure de J. A. De Thou,
pour lequel il fut peut-être tiré exprès.

5. CLAUDII Puteani Tumulus.—*Parisiis*, M. DC. VII. In-4.

Sans nom d'Imprimeur ; mais, à cause
de la beauté de l'impression, attribué avec
raison par Maittaire, Ann. III, 851, à
Morel ou à Rob. Estienne. Dans ce recueil
sont des vers grecs et latins de l'un et de
l'autre. Cl. Du Puy étoit mort en Déc. 1594,
âgé de 49 ans.

M. DC. VIII—IX.

1. EPIGRAMMATA ex libris græcæ
Anthologiæ a Q. Septimio Florente
Christiano selecta, et latine versa,
sive Florilegium latinum ex græco
Florilegio. Accessit Musæi Poematium, versibus latinis ab eodem expressum. — *Lutetiæ*, ex typographia
Roberti Stephani. M. DC. IIX. In-8.

2. SIX Oraisons de Ciceron (pro
Cœlio, Milone, Marcello, première
Catilinaire, I et II des Philippiques)
avec une sommaire exposition du suject de chacune d'icelles, par François Joulet, sieur de Chastillon. —
Paris, de l'Imprimerie de *Robert
Estienne*, en la rue S. Jean de Beauvais. M. DC. IX. In-8.

3. CRAMBE, Ion, sive Viola, Lilium,
(Aletheia, auctore Jacobo Augusto
Thuano ad amplissimum Virum
Achillem Harlæum Equitem, Regni
curiæ præsidem primarium). — *Parisiis*, ex typographia *Roberti Stephani*. M. DC. IX. Petit in-fol.

4. SIDERE. Pastorelle par (Réné
Bouchet) sieur d'Ambillou. — *Paris,*
Robert Estienne. M. DC. IX. In-8.

Pièce en cinq actes dont on voit l'extrait
dans la Bibl. du Théâtre François, 1,432.

M. DC. X—XI.

10. DIX sermons de Theodoret,
evesque de Cyr, de la providence de
Dieu, contre les athées et épicuriens;
traduicts par Seb. Hardy, receveur
des tailles & aydes au Mans. — *Paris*, de l'Imprimerie de *Robert Estienne*. M. DC. X. In-8.

2. JACOBI Cujacii J. C. Oratio in
funere Nobiliss. Præstantissimique
viri GasparisChastreiNancæiRegior.
Stipatorum præfecti, habita in æde
sacra Nancæi in Biturigib. Cubis.
XV. Cal. Febr. 1577 (a Nicolao Rigaltio ex Gallico in Latinum versa). —
Parisiis, Oliva *Roberti Stephani*.
M. DC. X. Petit in-fol.

On lit dans la Bibl. Fr., t. III, n° 31,908,
que cette Oraison funèbre étoit écrite en un
si mauvais françois, que M. Rigault, qui
a voulu la conserver à la postérité, l'a traduite en bon latin. Rigault le dit aussi,
mais très courtoisement, dans sa préface
latine.

Le latin avoit été imprimé à Paris, 1578,
In-8°.

3. EXPOSITION des sept Pseaumes
penitenciels ; cum textu Latino; per
R. E. (Robert Estienne.) — *Paris,*
Jean Sara, Imprimeur en la rue
S. Jean de Beauvais, devant les Escholes de decret. M. DC. XI. In-16.

4. LES Oraisons et Discours funebres de divers autheurs, sur le
trespas de Henry le Grand, par G. du
Peyrat, aumosnier du Roy. — *Paris,*
Robert Estienne. M. DC. XI In-8.

5. PARTIE du premier et quatriesme livre de l'Ænéide de Virgile, tr. en vers françois par le card. du Perron. — *Paris, Robert Estienne.* M. DC. XI. In-8.

6. J. Augusti Thuani Crambe, Viola, Lilium, Phlogis, Terpsinoe. — *Parisiis.* M. DC. XI. In-4.

Sans nom d'Imprimeur, mais indubitablement de Robert Estienne, qui avoit imprimé, en 1609, les trois premiers de ces cinq petits poèmes.

7. Recueil de diverses poesies sur le trespas de Henry le Grand, et sur le sacre et couronnement de Louis XIII, dedié à la royne mere regente, par G. Du Peyrat, aumosnier servant du Roy. — *Paris, Robert Estienne,* rue S. Jean de Beauvais, et Pierre Chevalier, au mont S. Hilaire. M. DC. XI. In-8.

Il y a dans ce recueil une Ode françoise de Robert, adressée au Roi, et datée du 21 mai 1610.

8. Inauguratio Ludovici XIII. Galliarum et Navarræ Regis. Ad illustriss. Cardinalem D. D. Jacobum Davy du Perron Senonum archiepiscopum, Galliæ et Germaniæ Primatem, magnum Franciæ Eleemosynarium, Nicolao Borbonio authore. *Lutetiae,* ex Typographia *Roberti Stephani.* M. DC. XI. In-8.

Cette pièce se relie à la fin du recueil françois qui précède.

9. Quarenta Enigmas Españolas, por El Curioso. — En *Paris Rob. Estevan,* en la calle de S. Juan de Beauvais. M. DC. XI. In-12.

10. Primera parte de Diana enamorada; cinquo libros, compuestos por Gaspar Gil Polo (que prosequen los VII de Jorge de Montemayor). — En *Paris,* en casa de *Rob. Estevan,* en M. DC. XI. In-16.

Le roman latin de Gasp. Barthius, *Erotodidascalus,* est en partie imité de celui-ci.

M. DC. XII—XIV.

1. Sparte ad V. illustriss. Henricum Turrium Bullionii Ducem, (authore Jac. Aug. Thuano). — *Lutetiae,* ex typographia *Rob. Stephani.* M. DC. XII. Petit in-fol.

C'est un petit poème dans le genre de Crambe, Ion, etc.

2. Menandri et Philistionis Sententiæ comparatæ, græce, ex Bibliotheca regia; cum notis : cura Nic. Rigaltii. — *Lutetiae,* excudebat *Robertus Stephanus.* M. DC. XIII. In-8.

En 1614, Fed. Morel a imprimé, aussi in-8°, une traduction de ces Sentences, en vers latins, par Nic. Morel, fils de Claude.

3. Quintus Horatius Flaccus, cum notis Iani Rutgersii. — *Lutetiae* ex officina *Roberti Stephani.* — M. DC. XIII. In-12.

De ce volume, du Perse et du Juvénal, on voit quelques exemplaires en grand papier.

4. Georgii Flori, Mediolanensis Jurisconsulti, de Bello Italico et de rebus Gallorum præclare gestis temporibus Caroli VIII et Ludovici XII Regum Franciæ, libri sex : ex Bibliotheca Hugonis Picardeti, in supremo Burgundiæ Senatu Procuratoris. — *Parisiis Rob. Stephanus.* M. DC. XIII. In-4.

Selon Picardet, qui a donné le manuscrit pour l'impression, on trouve dans ce livre bien des vérités qui peuvent servir à réfuter les mensonges et les railleries de Guichardin et des autres historiens contraires aux François.

5. Aulus Persius Flaccus. — *Lutetiae,* ex officina *Roberti Stephani.* M. DC. XIV. In-12.

M. DC. XVI.

1. D. JUNII Juvenalis Satyrarum libri V. Sulpiciæ Satyra. Cura Nicolai Rigaltii cujus accedit de Satyra Juvenalis Dissertatio. — *Lutetiae*, ex officina *Roberti Stephani*. M.DC.XVI. In-12.

Le Juvénal et le Perse se trouvent toujours reliés ensemble, et souvent même avec l'Horace.

2. UNIVERSITATIS Parisiensis Lachrymæ; per Jo. Ruault, Rectorem suum, Tumulo D. Achillis Harlæi Principis Senatûs, effusæ. — *Parisiis, Robertus Stephanus*. M. DC. XVI. In-4°. 50 pages.

Bibl. de la France, n° 32,907.

Je n'ai pu vérifier si cette pièce est au nom d'Antoine ou de Robert; mais celui-ci, imprimant plus d'ouvrages de littérature, a dû être employé de préférence par l'Université.

3. FRANCISCI Parentii Conjectatanea ex vetustissimis monumentis excerpta de annis Ægyptiorum; gr. et lat. Addita ejusdem authoris Oratione de annis diversis. — *Parisiis, Robertus Stephanus*. M. DC. XVI. In-8.

Pinelli, n° 5725.

4. LE TIBERE françois de C. Cornelius Tacitus, ou les six premiers livres de Tacitus, de la traduction de Rodolphe Le Maistre, médecin. Seconde édit. augmentée. M. DC. XVI. In-8.

La première édition, de 1615, in-16, est probablement du même Robert Estienne. Dans celle-ci, on a essayé de rétablir en supplément ce qui est perdu de la narration de Tacite sur les dernières actions de Séjan, et sa fin tragique.

Almeloveen, copiant inexactement le Catal. de De Thou, 1,190, a mal-à-propos attribué à ce François une traduction espagnole de Tacite (Tacito Español).

M. DC. XVII.

1. DE Institutione Principis Liber singularis ex Gallico Johannis Heroardi Ludovici XIII. Filii Henrici Magni, et Galliarum Regis Consiliarii et Archiatri. In latinum vertit Joannes Degorris Consiliarius et medicus Regius. — *Parisiis*, apud *Robertum Stephanum*. M. DC. XVII. In-4.

2. LES estranges Advantures d'un grand Prince. Où l'on pourra voir que la vertu, quelque part qu'elle se trouve, ne demeure jamais dépourveue. Traduction du I livre de l'Eneide. Par le sieur de La Mothe Dutertre. — *Paris*, de l'Imprimerie de *Robert Estienne*, pour Toussainct du Bray. M. DC. XVII. In-12.

3. L'AMOUR et la mort d'une Royne. Traduction du IV livre de l'Eneide, par le même. — Ibid. M. DC. XVII. In-12.

4. PHÆDRI Aug. Liberti Fabularum Aesopiarum libri quinque. Nova editio ad fidem Pithœani codicis et alterius ex Remensi Bibliotheca vetustissimi recognita à Nic. Rigaltio, cum ejus notis. — Oliva *Rob. Stephani*. M. DC. XVII. In-4.

Imprimé en rouge et noir. Il y a deux éditions sous la même date, mais elles sont semblables, et le choix en est indifférent.

M. DC. XVIII.

1. MALACHIAS cum commentariis R. David Kimhi a Francisco Vatablo Hebraicarum literarum regio professore summa cura & diligentia recognitis, Hebraicè. — *Pa-*

risiis, ex officina *Roberti Stephani* typographi Regii. M. DC. XVIII. In-4°.

Selon Maittaire, ce premier volume n'est autre chose que ce qui est dans la Bible hébraïque in-4° de Robert Ier, où les Prophéties de Malachias sont datées de mars 1540; et ces cahiers ne seroient qu'un débris de cette même édition. Du volume suivant 18 pages seroient encore de cette ancienne impression, et suivies d'un commentaire hébreu de 4 pages de Sal. Iarhi : l'interprétation latine, par Sam. de Muis, forme le volume qui vient après. Il n'est pas du tout étonnant que des fragments de Bible hébraïque, destinés à se débiter par petites portions séparées, aient dormi pendant 80 ans dans les magasins, en nombre suffisant pour induire à de nouvelles annonces, et à un simulacre d'édition nouvelle.

2. MALACHIAS cum commentariis R. David Kimhi. Commentarius R. Salomonis Iarhi in Malachiam : Hebraicè. Accedet Latina interpretatio per S. M. de Muis, regium Linguæ Sanctæ Professorem. — Ibid. M. DC. XVIII. In-4.

La version latine *quæ accedet* est le volume suivant.

3. COMMENTARII R. Davidis Kimhi Hispani, & R. Salomonis Iarhi Galli, in Malachiam; Latine, interprete S. M. de Muis Aurelio.—Ibid. M. DC. XVIII. In-4.

4. PSALMUS CXII. cum commentario R. D. Kimhi, Hebraïcè; uterque Latinè redditus juxta Hebræam phrasim, opera S. M. de Muis. — Ib. M. DC. XVIII. In-4.

5. DICTYS Cretensis de Bello Trojano, et Dares Phrygius de excidio Trojæ. Ex veteribus libris emendati. Additæ sunt ad Dictym notæ. (edente Josia Mercero).—Ex officina *Roberti Stephani*. M. DC. XVIII. In-16.

La préface ou épitre de l'éditeur *ad Hier. Groslotium Lislæum, Kal. Maii* 1617, fait savoir que le texte a été corrigé à l'aide de deux manuscrits de la Bibliothèque de S. Victor.

6. JACOBI Augusti Thuani præsidis Historiarum sui temporis libri LXXX. Editio quarta, auctior et castigatior. Tomus primus. — *Parisiis, Robertus Stephanus.* M. DC. XVIII. In-fol.

En grand papier dans le Cat. de De Thou, t. 1, p. 354, additions manuscrites.

Cette quatrième édition, commencée du vivant de l'auteur, fut arrêtée par sa mort, arrivée en 1617, et ce volume ne contient que 26 Livres, bien que 80 soient annoncés sur le titre.

La première, en un volume in-fol., contenant 18 Livres, avoit paru en 1604, ainsi qu'une réimpression en 2 vol. in-8°, sur lesquels voyez ci-dessus, pag. 188.

Dans ces mêmes temps, il fut fait à Paris trois éditions in-8° et in-12, mais il ne paroît pas que l'un des Estienne y ait participé, à moins que les deux tomes de 1604 ne fassent partie de l'édition suivante in-8° portant le nom de Drouart.

1604-06-08, contenant 57 livres, des années 1544 à 1574, Drouart; 9 volumes in-8°.

1609-14, 80 Livres, jusqu'en 1584, onze vol. in-12.

Le même Drouart donna de ces 80 Livres une édition en 1606-07-09, 4 vol. in-fol., dont un exemplaire en grand papier fut mis dans la Bibliothèque de l'auteur. Catal. de De Thou, t. 1, page 354, additions manuscrites.

En 1619, une autre édition en dix vol. in-12, allant de même jusqu'à l'année 1584. Les 58 Livres suivant le 80° parurent pour la première fois dans l'édition complète de Genève, *De La Roviere*, 1620, 5 volumes in-fol.

Il n'est pas dans mon sujet de donner ici note des réimpressions faites dans le XVIIe siècle, et toutes hors de la France. Elles furent d'ailleurs éclipsées par la très estimable édition de Londres, 1733, 7 vol. in-fol.

M. DC. XIX—XXI.

40. L'EMPIRE de la Fortune, ou la Traduction du II° livre de l'Eneide, en prose, par le sieur de La Motte Dutertre. — *Paris*, de l'Imprimerie de *Robert Estienne*, pour Toussainct Du Bray. M. DC. XIX. In-12.

2. EXHORTATIONS chrestiennes imitées des anciens Peres grecs et latins. — *Paris*, *Robert Estienne*. M. DC. XX. In-12.

Addition manuscrite dans Cat. Bib. Th., I, p. 79.

3. SENTENZE & Parabole d'i Rabbini, in Lingua Ebrea esposite con la tradottione Italiana di Philippo d'Aquin. — *Parigi*, *Roberto Stefano*. M. DC. XX. In-16.

4. FRANCISCI Titelmani Dialectica, puriori sermone donata, opera Michaelis Marescotii Lexoviensis. — *Parisiis*, ex officina *Roberti Stephani*. M. DC. XXI. In-8.

Dans le Cat. Bigot, part. II, p. 117, on voit le titre d'une autre édition de Robert Est. 1611. N'est-ce pas une faute, 1611, pour 1621 ?

5. PANEGYRICUS Ludovico XIII inscriptus, authore Abelio Sammarthano Scævolæ filio ; avec la version francoise par Du Four. — *Lutetiae*, ex officina *Roberti Stephani*. M. DC. XXI. In-4.

6. IDEM Panegyricus, græcè a Gulielmo Pattæo redditus. — Ibid. M. DC. XXI. In-4.

7. HUGONIS Grotii Sylva ad Franc. Aug. Thuanum, Jacobi Augusti filium. — *Parisiis*, Typis *Roberti Stephani*. M. DC. XXI. In-4.

C'est celui qui périt, avec Cinq-Mars, victime de la cruelle politique du cardinal de Richelieu.

M DC. XXIII.

1. DIVINUM Psalterium Davidis, latine, et accurate ad Hebræam fidem per Rodolphum Magistrum. — *Parisiis*, ex Typographia *Rob. Stephani*, apud Guielmum Loyson, in porticu reorum palatii. M.DC.XXIII. In-16.

2. MOYENS légitimes pour parvenir à la faveur et pour s'y maintenir, ou le Reveille-matin des courtisans, trad. de l'espagnol de Ant. de Guevarre, par Seb. Hardy. — *Paris*, de l'Imprimerie de *Robert Estienne*, pour Henry Sara, à l'enseigne de l'Alde. M. DC. XXIII. In-8.

Cette enseigne étoit celle du libraire H. Sara. Le volume n'a point l'aucre aldine. Le même H. Sara publia, en 1625, un autre in-8° que je n'ai point vu, et qui pourroit bien être aussi de l'Imprimerie de Robert Estienne : Le Pacifique, à Messieurs les Evesques et Curez, 1625,in-8°.

Je ne puis me dispenser de noter ici que, dans la Vie de Robert , p. 545, ainsi que dans le Catalogue , p. 65, et dans les Ann. , t. III , p. 882 , Maittaire, copiant La Caille, p. 187, annonce ce livre de la manière suivante :

3. MOYENS legitimes pour parvenir à traduire d'Espagnol en François , par le Sr Hardy. 1623. In-8.

4. REFUTATION de l'Astrologie judiciaire, par Françoys de Cauvigny, Seigneur de Coulomby. — M.DC.XXIII. In-8.

5. ABELII Sammarthani Panegyricus Ludovico Justo inscriptus ; editio secunda. — *Lutetiæ*, ex officina *Roberti Stephani*. M. DC. XXIII. In-8.

6. EJUSDEM Abelii Alter Panegyricus eidem ; editio secunda. — Ibid. M. DC. XXIII. In-8.

Je ne connois pas la première édition de cet *autre* panégyrique.

M. DC. XXIV—XXV.

1. LA Rhétorique d'Aristote, traduicte en François par le Sieur Rob.
Estienne, Interprete du Roy és langues Grecque & Latine. — A *Paris*,
de l'Imprimerie de *Rob. Estienne*,
rue S. Jean de Beauvais. M.DC.XXIV.
In-8.

Dans une courte préface, Robert expose
les raisons qui l'ont déterminé à ne donner
que les deux premiers livres.

« .... Quant au troisiesme livre, l'autheur s'est abstenu de le traduire, d'autant
qu'il contient divers préceptes d'éloquence
et observations illustres d'exemples recueillis
de divers orateurs et poètes, dont la grace
consiste en la diction grecque, et y est tellement attachée, qu'elle ne passe point en
quelque langue qne ce soit, moins encore
en la nostre qu'en la latine. »

L'avocat Robert, son neveu, n'en jugea
pas de même, et compléta cette traduction,
ainsi qu'on le verra à l'année 1630.

2. PETRI Bertrandi Merigoni Linguarum Hebraicæ & Græcæ Professoris, Oratio in Collegio Plessæo V.
Cal. Feb. Lutetiæ habita : de regis
Ludovici XIII erga literas et litera-
tos munificentia. — *Parisiis*, ex
Typographia *Roberti Stephani;* pro-
stant exemplaria cum aliis authoris
operibus, apud Petrum Vinè biblio-
polam & religatorem, in vico Car-
reterio (rue Chartiere) supra pu-
teum certum. M. DC. XXIV. In-8.

3. PETRI Bertrandi Merigoni tres
in Ludovicum Justum regem Panegyrici, Græce, cum analysi Latina; Primus de ejus in Deum &
matrem augustissimam pietate, habitus in collegio Becodiano (1) VII.
Cal. Mart. Secundus & Tertius de

ejus in Galliam pietate, ille die
secunda Martii, hic sexta Aprilis
habitus; trium illorum singuli
seorsim excusi. — *Lutetiæ*, ex Typographia *Roberti Stephani*; pro-
stant exemplaria cum aliis authoris
operibus, apud Joann. Libert bi-
bliopolam, e regione collegii Ca-
meracensis via D. Joann. Later.
*Ceci à la fin des deux premiers :
à la fin du troisième :* Apud Laurentium Saunerium, via Jacobæa, ad
insigne solis aurei. M. DC. XXV.
In-8°.

Voilà grand étalage de mots pour bien
peu de chose, et c'est ce qui souvent ar-
rive dans les affaires de ce monde. Avec
moins de paroles on annonceroit vingt des
plus celèbres écrivains anciens ou modernes.

4. LES Regrets d'Ovide, traduicts
en prose Françoise, par J. Binard.
— *Paris*, de l'Imprimerie de *Robert
Estienne*; chez Henry Sara, rue S.
Jean de Beauvais, en sa boutique
au Palais, en la gallerie des Prison-
niers, proche la Chancellerie.
M. DC. XXV. In-8.

5. APULEII liber de Deo Socratis,
Josia Mercero è libris manuscriptis
recensente, et notas adjiciente. —
Lutetiae, ex officina *Roberti Stephani*. M. DC. XXV. In-16.

Fabricius, et, avant lui, le Catal. de De
Thou, II, p. 259, mettent cette petite
édition à l'année 1624, mais, dans ce même Catalogue, la date, imprimée 1624, est
à la main corrigée en 1625.

M. DC. XXVI—XXVII.

1. DIX Sermons de Théodoret,
Evesque de Cyr, de la providence
de Dieu : traduicts par Seb. Hardy.
— *Paris*, de l'Imprimerie de *Robert
Estienne*. M. DC. XXVI. In-8.

Réimpression de l'édition de 1610.

---

(1) Collège de Boncourt, ou Bécourt, du
nom de P. Becod ou Becond, chevalier flamand, qui le fonda en 1353.

2. Authorum quorundam Mathematicorum Opera, latinè, a Marino Mersenno, Ordinis minimorum collecta. — *Lutetiae,* ex officina *Roberti Stephani.* M. DC. XXVI. In-18.

Ce volume, qui se compose de quatre parties, n'est pas toujours complet, et quoique rare, il n'est pas d'un grand prix. La première partie contient des ouvrages d'Archimède ; la deuxième trois livres *Mechanicorum ;* dans la troisième sont *Apollonii Pergœi Conica, et Serenus de Sectione cylindri ;* la quatrième contient un recueil, *Synopsis Mathematica.*

3. Apolloni Pergæi Conica, latine versa. — M. DC. XXVI. In-18.

Cette troisième partie du Recueil de Mersenne se trouve quelquefois séparément, ainsi que les trois autres.

4. Petri Valentis votum Deo Opt. Max. pro salute Ludovici XIII. — *Parisiis,* ex officina *Roberti Stephani.* M. DC. XXVII. In-8.

5. Lusus regis venatorius, authore Abelio Sammarthano, & ejusdem versio Gallica. — Ibid. M. DC. XXVII. In-4.

6. Les OEuvres de Balzac. Première partie qui contient quatre livres de ses Lettres : sixième édition, reveüe, corrigée et augmentée de la moitié. — *Paris,* de l'Imprimerie de *Robert Estienne,* chez Toussainct du Bray. M. DC. XXVII. In-8.

M. DC. XXVIII.

1. Q. Sept. Flor. Tertulliani Libri IX (scilicet De Oratione, ad uxorem Libri II. De Cultu feminarum Libri II. De exhortatione Castitatis, De Corona, De Præscriptionibus Hæreticorum, De Scorpiace). Locis quamplurimis emendati, ex Bibliotheca Regia. — *Lutetiae,* typis *Roberti Stephani,* apud viduam Olivarii Varennæi, via Jacobæa, sub signo Victoriæ. M. DC. XXVIII. In-8.

2. Nicolai Rigaltii Observationes ad Tertulliani libros IX. — Ibid. M. DC. XXVIII. In-8.

Ces deux parties se relient ensemble.
A la Bibliothèque du Roi est un exemplaire en grand papier venant des frères Du Puy.

3. Expeditio Valtelinæa auspiciis Ludovici Justi Regis invictissimi et Christianissimi suscepta. (ab Abelio Sammarthano narrata) — *Parisiis, Rob. Stephanus.* M. D. XXVII. In-8.

4. Joannis Chappot Cabilonensis Burgundi, Ord. Minimorum, Defensio contra epistolam Apologeticam Patris Claudii du Vivier ; quâ S. Franciscum de Paula sacri ordinis Minimorum Patriarcham, sororem habuisse probatur et nepotes, et rationes in oppositum refutantur. In favorem Nepotum prænominati Sancti. — *Parisiis,* ex officina *Roberti Stephani.* M. DC. XXVIII. In-4.

5. De sacro ritu præferendi Crucem majoribus Prælatis Ecclesiæ. Libellus apologeticus pro archiepiscopo Parisiensi contra novum conatum archiantistitis Lugdunensis : authore Andræa du Saussay Parisino, Protonotario Apostolico, concionatore regio, necnon ecclesiæ SS. Lupi & Ægidii Lutetiæ pastore. — — *Parisiis,* in officina *Roberti Stephani,* via S. Joannis Bellovaci. M. DC. XXVIII. In-4.

6. Les OEuvres de Balzac ou quatre livres de ses Epistres, septiesme édition. — *Paris,* de l'Imprimerie de *Robert Estienne,* chez Toussainct du Bray. M. DC. XXVIII. In-8.

M. DC. XXIX—XXX.

1. **Auguste** Galland, Contre le Franc-alleu sans titre, prétendu par quelques provinces du Droit Ecrit, au préjudice du Roy; avec le texte des lois données au païs des Albigeois, et autres, par Simon Comte de Montfort en 1212. — *Paris, Robert Estienne.* M. DC. XXIX. In-4.

2. **Le** même Livre. — Ibid. M. DC. XXIX. In-8.

Une édition in-4° augmentée d'un tiers, a été faite en 1637, chez Estienne Richer.

3. **Petri** Fonteii Jus Pontificium Gallicanum. — *Parisiis*, apud *Robertum Stephanum.* M. DC. XXIX. In- 8°.

4. **Les** OEuvres poetiques de Marc Antoine de Girard, Sieur de Saint-Amand. — *Paris*, de l'Imprimerie de *Robert Estienne*, pour François Pomeray & Toussainct Quinet, au Palais, en la grande et petite Galerie. M. DC. XXIX. In-4.

5. **Elogia** æternæ Memoriæ Ludovici XIII. perduellium victoris, &c. Petrus Valens consecrat ob captam Rupellam. — *Parisiis*, apud *Robertum Stephanum.* M. DC. XXIX. In-8°.

6. **La** Rhetorique d'Aristote : les deux premiers livres traduits du Grec en François par le feu Sieur Robert Estienne, poete et interprete du Roy es langues grecque et latine. Et le troisiesme par Robert Estienne son nepveu, Advocat en Parliament. — *Paris*, de l'Imprimerie de *Robert Estienne*, rue S. Jean de Beauvais. M. DC. XXX. In-8.

L'édition est dédiée par Robert à J. Fr. de Gondy, qui fut le premier archevêque de Paris. « J'ai creu, dit-il, estre obligé de faire choix d'une personne qui pust, en ce premier essay de mes estudes, m'empescher de faire naufrage, &c. Aristote a changé de guide, & feu Robert Estienne, son premier truchement, fut obligé de l'abandonner, n'ayant traduit que ses deux premiers livres. . . . . »

Robert Estienne, traducteur des deux premiers livres, mort avant 1630, et sur cet intitulé nommé *poète* ; Robert, avocat en Parlement, neveu du précédent, et traducteur du troisième livre ; et enfin Robert qui l'a imprimé, sont trois personnes diverses, bien que de mêmes noms et de la même famille,

Je crois que ce volume est l'édition de 1624, à laquelle on aura ajouté le troisième livre.

M. DC. XXXI.

1. **Les** Divertissemens poetiques de Guillaume Colletet Parisien. — *Paris*, de l'Imprimerie de *Robert Estienne*, rue S. Jean de Beauvais, à l'Olivier. M. DC. XXXI. In-8.

Parmi ces vers d'un mauvais poète, père de ce Colletet, poëte plus mauvais encore, qui fut si impitoyablement ridiculisé par Boileau, on trouve, page 99, Hymne de l'Imprimerie pour l'an 1627, au Roy; et, page 103, Vœux de l'Imprimerie durant le siège de La Rochelle, pour l'an 1628, au Roy.

ÉDITIONS SANS DATE.

1. **Loys** de Pas : Histoire de Virginie. — *Paris, Robert Estienne.* In-8.

2. **Guillaume** Bouchetel : La fable de Caunus et Biblis, et autres Opuscules poetiques. — *Paris, Robert Estienne.* In-8.

On ne voit aucune impression de Robert après celle-ci, de l'année 1631 : plusieurs autres livres sont cependant décorés de l'Olivier des Estienne ; la plupart appartiennent à Jacques Dugast, qui, Imprimeur et libraire depuis 1626, paroît avoir succédé à Robert dans son établissement d'Imprimerie : mais il n'est pas le seul qui ait cherché à recommander ses livres par cet honorable emblème. Voici la note de quelques-uns de ces volumes, dont je n'ai pas cependant cru nécessaire de pousser fort loin la recherche; et je ne les fais pas figurer dans la liste des éditions des Estienne réunies et rangées par ordre de matières.

1. LIBANII Antiocheni pro templis Gentilium non exscindendis, ad Theodosium M. Imp. Oratio : ante M. CCC. ferme annos conscripta : nunc primum edita a Jac. Gothofredo, gr. lat. notisq; illustrata. — M. DC. XXXIV. — De Cenotaphio. M. DC. XXXIV. — Jac. Cothofredi Orationes politicæ tres : puta Ulpianus, Julianus, Achaica. M.DC.XXXIV. In-4°.

Pièces fort rares, et qui, surtout en Angleterre, se sont quelquefois vendues à de très hauts prix. Sur la première est l'Olivier des Estienne, la dernière porte l'ancre Aldine.

2. JOANNIS Dartis in Universitate Parisiensi antecessoris & professoris regii de statu Ecclesiæ tempore Apostolorum liber. — *Parisiis*, ex officinâ *Jacobi Dugast*, viâ S. Joannis Bellovacensis, ad olivam *Roberti Stephani*; & in sua librariâ officinâ, ad palatii telonium. M. DC. XXXIIII. In-8.

3. NEUF livres de François Bacon sur l'accroissement des sciences, (*de augmentis scientiarum*) traduits

par Gilbert de Golefer, conseiller et Historiograhe du Roy. — *Paris*, *J. Dugast*. M. DC. XXXII. In-8.

Une seconde et semblable édition fut faite par le même en 1634.

4. LA théorie des planetes, par J. Hume. — Ibid. M. DC. XXXVII. In-8.

5. ESSAY des Merveilles de nature & des plus nobles artifices, par Réné François, prédicateur du Roy; dixiesme edition, reveue, corrigée & augmentée de nouveau. — Ibid. M. DC. XXXVIII. In-8.

Le chap. XXXVIII traite de la typographie, de ses ustensiles et procédés.

6. ABELII Sammarthani pro partu regio Votum Latinis Heroicis, à G. Colletetio Gallice redditum. — Ibid. M. DC. XXXVIII. In-4.

7. DAVIDIS sancti & Ludovici justi Parallela, soluta oratione, authore Abelio Sammarthano. — Ibid. M. DC. XXXX. In-4.

8. GREGORII Episcopi Turonici operum priorum pars prima et secunda, studio Joh. Balesdens. — Ibid. M. DC. XXXX. In-12.

9. L'HISTOIRE Mahométane, traduite d'Arabe en François, par Pierre Vattier, conseiller et médecin du duc d'Orléans. — *Paris, Remy Soubret*. M. DC. LVII.. In-4.

10. L'HISTOIRE du grand Tamerlan, traduite d'Arabe par Pierre Vattier. — Ibid. M. DC. LVIII. In-4.

Note pour la page 198, dernière ligne.

De ce *Panegyricus alter*, il n'y a point d'*editio secunda*. Il est de 1623, ce que prouve la date du 12 janv. 1623, de son épitre dédicatoire. Sur le titre on a imprimé par erreur M. DC. XXI. Deux I (II) mis à la main ont corrigé cette faute sur plus ou moins d'exemplaires, ce qui a fait croire à Maittaire qu'il y avoit deux éditions. J'ai vraiment regret d'avoir à en faire lire si long pour si peu de chose.

Page 200. *Expeditio Valtelinœa.* 1627. In-8 ; porté par mégarde dans l'année 1628.

Ce livre a été imprimé en 1625, in-4° et in-8°, j'ignore par qui, ensuite en 1626, in-4°, *editio secunda*, chez Robert, et enfin, par le même, en 1627, in-8°.

ANTONIUS STEPHANUS.

1. Les diverses OEuvres de M. le cardinal du Perron, contenant plusieurs livres, conférences, discours, harangues, lettres, &c. — *Paris, Antoine Estienne.* M. DC. v. In-fol.

Je crois, avec Maittaire, qu'il y a erreur dans la date de cette édition. Il ne la mentionne que sur la foi de Bibl. Telleriana, et je pense que plusieurs des ouvrages qu'elle contient n'existoient pas encore en 1605.

2. Sancti Joannis Chrysostomi Opera omnia, Græce et Latine, ex recensione et cum notis Frontonis Ducæi, S. J. — *Parisiis*, M. DC. IX-XXXIII. 12 vol. in-fol. qui ordinairement se relient en onze.

Les deux premiers volumes de cette importante et très estimable édition parurent en 1609, de l'Imprimerie de Claude Morel. Leur date fut changée en celle de 1614, année de la publication des deux suivants, l'un desquels, *Homiliæ in Genesim*, fut imprimé par Antoine Estienne, de même que le cinquième, de 1616, *De novi Testamenti locis.* Il paroît qu'en 1621 Sébastien Cramoisy vint prendre part à cette entreprise, car on trouve des exemplaires de ces cinq premiers volumes avec de nouveaux titres, redatés de 1621, et portant la marque de Sébastien Cramoisy réunie à celle d'Antoine Estienne, que l'on voit aussi sur le sixième volume, qui est de 1624. En 1633 parurent ensemble les six derniers volumes au nom de Charles Morel qui, en 1636, de concert avec Sébastien Cramoisy, donna une réimpression des six premiers. Refit-on alors des titres de 1636 pour les six tomes de 1633, et dans la réimpression des six premiers fit-on emploi de quelques parties de l'édition première, c'est ce que je n'avois point à vérifier.

J'aurois pu me borner à indiquer la part qu'eut Antoine Estienne dans l'impression de ce grand ouvrage; mais ces titres faits et refaits, ces noms divers de co-participants à une publication qui n'employa pas moins de vingt sept années, ont introduit une sorte de confusion que j'ai cherché à faire disparoître, au risque de faire moi-même quelque erreur.

Cette édition, ouvrage d'un habile éditeur dont les notes et les traductions sont fort estimées, seroit encore la meilleure de ce livre, si elle n'eût été suivie de celle de Montfaucon, 1698-38, 13 vol. in-fol. qui l'a rendue presque hors d'usage.

Le Catalogue de De Thou, t. 1er, p. 50, l'enregistre ainsi : Paris, Morel, 1609, 6 vol. in-fol. Mais, à la main, le 6 a été changé en xi, et on a ajouté R. maroq. Gr. pap., ce qui constate l'existence d'exemplaires en papier supérieur. Le même exemplaire parut à la vente Soubise, où il n'obtint que le prix modique de 84 fr., le libraire Leclerc ne l'ayant pas jugé digne d'être mentionné dans le Catalogue.

Dans la Bibliothèque d'Abbeville, n° 228 du Catalogue, se trouve un volume in-8°, *Collectiones Sacræ*, dont l'auteur est un Minime nommé Antoine Estienne, *Antonius Stephanus.* Le titre en a été arraché; mais un second intitulé mis en tête des notes,

Notationes sacræ, porte : Parisiis , apud Thomam Blazium , 1609. Ces *Collectiones sacræ* (de Eucharistia), mauvaise compilation mystique que rien ne recommande , ne sont citées ici que pour la singularité de cette ressemblance de noms avec l'Imprimeur Antoine Estienne, et dans les mêmes temps ; mais je ne pense pas qu'il y ait à chercher là quelque parent de cette famille , proche ou éloigné , ces deux noms ne devant être que les nouveaux noms de saints que le Minime aura pris en entrant en religion , suivant l'usage que lui-même rappelle dans sa longue dédicace à un autre Minime« .... , tempore quo fratrum Minimorum albo adscriptus fuisti ; & nomen novum Hieronymi assumpsisti, nominique Honorati.... nuntium remisisti. «

3. TRADUCTION de quelque partie du premier livre des Annales de Tacite, avec des observations politiques, topographiques et historiques, par François de Cauvigny , Sʳ de Coulomby.—*Paris* , de l'Imprimerie d'*Antoine Estienne*. M. DC. XIII. In-8.

4. TROIS Epistres de S. Jerome ; à Héliodore Julien, et contre Vigilantius : avecdeux autres de J. Pic de la Mirande, à Jean François son neveu, traduittes par Jean Davy du Perron. — *Paris , Antoine Estienne.* M. DC. XIII. In-8°.

5. HIPPOCRATIS Aphorismi , nova methodo exornati, & ejusd. arcana judicia, gr. lat. interprete Rod. Magistro Regis consiliario & regiorum Franciæ liberorum archiatro ; qui addidit leges medicinæ, limites humani partûs, & patrocinium. — *Lutetiæ*, ex typographia *Antonii Stephani*. M. DC. XIII. In-12.

6. APOLOGIE pour les PP. Jesuites, au sujet du livre de Suarez, par le S. DuPerron.—*Paris, Antoine Estienne.* M. DC. XIV. In-8.

Ce n'est pas le Cardinal mais Jean Davy Du Perron , son frère.

L'année d'après a été imprimée une traduction latine , Paris , S. Cramoisy, in-8°.

7. LETTRE de Monseigneur le cardinal Du Perron à Monseigneur le Prince, du 3 mars 1614. — *Paris ; Antoine Estienne.* M. DC. XIV. In-8.

M. DC. XV.

1. HARANGUE faite de la part de la Chambre Ecclésiastique et de celle du tiers Estat, de l'an 1615, sur l'article du Serment, par le cardinal du Perron. — *Paris, Antoine Estienne.* M. DC. XV. In-8.

Le Cardinal, dans ce discours, comme dans ses autres écrits, se fait l'avocat du pouvoir sacerdotal et de son droit de prééminence sur le pouvoir temporel ; et il n'y a pas à s'étonner de le voir ici se servir d'arguments dont peut-être aujourd'hui à Rome même on ne croiroit plus pouvoir utilement faire emploi. Aussi son discours trouva-t-il beaucoup de contradicteurs , et, tant en France qu'au dehors, donna aussitôt naissance à une multitude d'écrits , qui, sous diverses formes, attaquoient ce pouvoir sans limites, ce bon plaisir, décoré du nom de Droit divin, en vertu duquel la Cour de Rome et sa nombreuse milice maitrisoient le monde chrétien. Le Cardinal fut même désapprouvé par le Clergé de France, dont on voit quelques années plus tard le désaveu en tête de la réimpression de ce Discours insérée aux Mémoires du Clergé, t. XIII , col. 310. «Plut à Dieu, Messeigneurs , que cette pièce, qui ne corrompra jamais la pureté de votre doctrine , mais qui la contredit, ne parût plus dans vos Mémoires.... Le Clergé ne lui avoit pas donné charge de s'exprimer de la manière qu'il fit..... » Cette controverse , qui déjà datoit de plus d'un siècle , et qui même aujourd'hui n'est pas encore silencieuse, ne pouvoit manquer de porter ses fruits , et d'amener enfin à établir nettement dans les esprits la séparation de ces deux pouvoirs , dont l'un , tout spirituel, ne devroit jamais se compromettre et s'abaisser à la discussion, au débat d'intérêts terrestres et temporels que l'autre est appelé à régler.

2. BRIEF Discours sur quelques poincts concernant la police de l'Eglise et de l'Estat. Particulierement sur la reception du Concile de Trente et sur la vénalité des offices. — *Paris, Antoine Estienne*, Imprimeur du Roy, rue S. Jacques, devant le collège du Plessis. M. DC. XV. In-8.

Ce Discours est signé D. P., Conseiller d'Estat (Le Cardinal du Perron), qui étoit entièrement d'avis d'admettre respectueusement toutes les décisions et décrets de ce Concile.

3. LE Mercure des Arts et sciences avec un brief discours de la Dignité Royale, et petit Recueil de ses noms plus exquis : dédié au Roy par Pierre Valens, Professeur en l'Université de Paris. — *Paris , Antoine Estienne*, Imprimeur du Roy. M. DC. XV. In-8.

M. DC. XVII.–XVIII.

1. DIVERS Traittés et Discours des controverses de ce temps, par messire Jean Davy, sieur du Perron et de la Guette. Ou traditions apostoliques, Satisfactions , Purgatoire, l'Invocation des Saincts, l'Eglise et l'Eucharistie. — *Paris, Antoine Estienne*, Imprimeur du Roy, rue S. Jacques , à l'image S. Martin , près le collège de Marmoutier. M. DC. XVII. In-4.

2. HIPPOCRATIS de pharmacis purgantibus libellus, Græcè, ex Cujacino cod. a R. P. § I. (aut, ut pag. 4 Codicis, R. P. D. P.) exscriptus, hactenus in plerisque Hippocratis editionibus desideratus, & Galeni Corollarium, quod animi mores cor-

poris temperamenta sequantur , Græcè, e Bibliotheca regia , hactenus ineditum ; cum Latina utriusque versione & notis , novarumque ad Theophilum περὶ οὔρων curarum accessione, per Fed. Morellum. — *Lutetiae*, apud *Antonium Stephanum*. M. DC. XVII. In-12.

3. ISAACI Casauboni ad Polybii Historiarum librum primum Commentarii (posthumi), ad Jacobum I Magnæ Britanniæ Regem Serenissimum. — *Parisiis , Antonius Stephanus , typographus Regius.* M. DC. XVII. In-8.

Ce Commentaire d'Is. Casaubon , destiné au Polybe de Drouart, 1609, in-fol., ne s'y trouve pas, bien qu'il soit annoncé sur le titre (*Commentariis illustrati ab Is. Casaubono*), et, s'il n'y est pas employé, c'est peut-être pour la même envie de se hâter qui induisit le libraire et son éditeur à s'accommoder d'un Index assez défectueux, de préférence à un autre qu'ils avouent lui être bien supérieur (*accuratius elaboratum*), mais qui n'avoit pu être imprimé assez tôt pour la foire (sans doute celle de Francfort. *Propter imminentes nundinas edere nunc non potuimus.*)

Maittaire , Ann. Typ. , III , pag. 871 , prend de là occasion pour faire une rude sortie contre les libraires... « mercenaria istorum hominum turpilucricupidorum aviditas.... sordidi bibliopoli ... » sont une partie des gracieusetés qu'il leur adresse.

Il est probable que si ce Commentaire eût été introduit dans le Polybe, Casaubon n'en seroit pas resté au premier livre. L'édition posthume de ce commencement de travail fut donnée par son gendre J. De Gravelle Du Pin , qui , au nom de la veuve , sa belle-mère , la dédia à Jacques , Roi d'Angleterre.

4. L'HEUREUSE conversion de Madame de Frontenac à la Religion catholique, apostolique et romaine sur l'instruction du révérend Père Arnoux, Confesseur et Predicateur ordinaire du Roy. — *Paris, Antoine Estienne.* M. DC. XVIII. In-8. 36 pag.

5. LÆLIUS de Ciceron, traduit en françois, par le cardinal du Perron. — *Paris*, chez *Antoine Estienne*. M. DC. XVIII. In-8.

M. DC. XX.

1. REPLIQUE à la Response du Serenissime Roy de la Grand'Bretagne, par l'illustrissime, &c. cardinal du Perron. — *Paris, Antoine Estienne*, Imprimeur ordinaire du Roy, rue S. Jacques, près Saint Yves. M. DC. XX. In-fol.

1120 pages sans les commencements et fin.

Le Roi d'Angleterre, Jacques Ier, avoit cru devoir donner une *Déclaration* contre l'étrange discours du Cardinal sur le serment, (1615) et c'est à cet écrit royal que celui-ci réplique,

Au dos du titre est imprimé un grand portrait du Cardinal, assez bien gravé.

2. MAFFÆI Cardinalis Barberini, postea Urbani VIII. P. M. Poemata. — *Lutetiæ , Antonius Stephanus.* M. DC. XX. In-4.

3. STRABONIS rerum Geographicarum libri XVII. Isaacus Casaubonus recensuit, summoque studio ac diligentia, ope etiam veterum codicum emendavit, ac commentariis illustravit , et secundis curis cumulatè exornavit, quæ nunc primùm prodeunt. Ajuncta est etiam Gulielmi Xylandri Augustani Latina versio ab eodem Casaubono recognita. Accessere Fed. Morelli Professorum Reg. Decani observatiunculæ. Additus est rerum locuples Index , necnon alius ad Is. Casauboni commentarios. — *Lutetiæ Parisiorum.* Typis Regiis. M. DC. XX. In-fol.

Ce livre ne porte pas le nom d'Antoine Estienne , mais il n'en est pas moins certainement sorti de ses presses, pour la Société des Editions Grecques , qui l'employoit alors , et dont il faisoit partie.

M. DC. XXI.

1. TRAITÉ sur le sujet de la conversion à la Religion Catholique, Apostolique et Romaine, de Maistre Jean Estienne , secretaire de la Chambre du Roy. Et sa réception en la Saincte Eglise, par le R. Pere Athanase , predicateur de l'ordre des Capucins, &c. — *Paris, Antoine Estienne.* M. DC. XXI. In-8.

Epître dédicatoire du converti au Roi.

2. STATUTA Synodalia diœcesis Sylvanectensis. — *Parisiis*, apud *Antonium Stephanum*. M. DC. XXI. In-8.

3. PETRI Valentis Græcarum literarum Professoris Regii de laudibus Homeri Oratio : habita in Regio Cameracensi Auditorio. — *Parisiis,* apud *Antonium Stephanum* typographum Regium. M. DC. XXI. In-8.

4. LES Bucoliques de Virgile, tr. en vers françois, par Pierre de Marcassus. — *Paris , Antoine Estienne.* M. DC. XXI. In-4.

M. DC. XXII.

1. LES diverses OEuvres du cardinal du Perron r'imprimez sur ses exemplaires laissez, reveus, corrigez et augmentez de sa main. — *Paris, Antoine Estienne*, Imprimeur ordinaire du Roy, rue S. Jacques, à l'Olivier de Robert Estienne. M. DC. XXII. In-fol.

Je ne crois pas à trois éditions de cet

énorme recueil, en 1622, 1623 et 1629. J'ai vu cette dernière ; elle est qualifiée seconde. Je pense que des deux de 1622 et 23, il n'en existe effectivement qu'une ; et, quant à celle de 1605, c'est une fausse annonce ou une première édition fort incomplète.

2. TRAITÉ du Sainct Sacrement de l'Eucharistie, divisé en trois livres. Contenant la Refutation du livre du sieur du Plessis Mornay contre la Messe, et d'autres adversaires de l'Eglise, &c. Par l'Illustrissime et Reverendissime cardinal Du Perron, Archevesque de Sens, Primat des Gaules & de Germanie, & grand Aumosnier de France.—*Paris, Antoine Estienne.* M. DC. XXII. In-fol.

Mille et vingt-quatre pages, sans les tables.

3. REPLIQUE du Cardinal du Perron a la response du Roy de la Grand'Bretagne. Seconde edition enrichie de tables très amples.—*Paris, Antoine Estienne,* Imprimeur ordinaire du Roy, rue S. Jacques, à l'Olivier de Rob. Estienne. M. DG. XXII. In-fol.

4. RESPONSE à un libelle diffamatoire contre la lettre de M. l'Evesque de Nantes, à M. le cardinal Bentivogli, par Louis de Morainvilliers. — *Paris, Antoine Estienne.* M. DC. XXII. In-8.

5. MARIAGE de la vertu avec la religion, sur cette question, sçavoir si la Preud'hommie est estimable hors la Religion ? Par le P. Boucher, Predicateur. — *Paris,* par *Antoine Estienne,* à l'enseigne de l'Amandier. M. DC. XXII. In-8.

6. ORATIO solennis, habita in Collegio Regio Cameracensi, quo die pedem in Regiæ Cathedræ Græcæ possessionem posuit Petrus Valens, Regius Græcarum literarum Professor. Anno M. DC. XIX. mense Aprili. — *Parisiis,* apud *Ant. Stephanum* Typographum Regium, viâ Jacobæâ. M. DC. XXII. In-8.

7. PHILIPPI Cospeani, Nannettensium Episcopi, pro Patre Berullio Epistola apologetica. — *Parisiis, Ant. Stephanus.* M. DC. XXII. In-8.

8. P. BERTII Ode, ad Christianissimum Franciæ et Navarræ Regem Ludovicum XIII. Lutetiam redeuntem. — Ibid. M. DC. XXII. In-4.

M. DC. XXIII.

1. DE POENITENTIÆ Ritu in Vetere Ecclesia, Disputatiunculæ Maturini Simonii. — *Parisiis,* apud *Antonium Stephanum.* M. DC. XXIII. In-8.

2. LACHRYMARUM Heracliti et risûs Democriti Scena : Petri Valentis præfatio, cum Euripidis Hecubam in Regia schola incepturus esset. — *Lutetiæ Parisiorum,* apud *Antonium Stephanum* Typographum Regium, via Jacobæa, ad Insigne Olivæ Roberti Stephani. M. DC. XXIII. In-8.

Il est probable qu'une bonne partie des nombreux opuscules de ce savant professeur aura été imprimée chez le même Antoine.

3. CARDINALIS Barberini, nunc Urbani VIII Poemata : Editio secunda. — *Lutetiae* apud *Ant. Stephanum.* M. DC. XXIII. In-4.

4. FRANCISCI Harlæi archiepiscopi Rothomagensis ad Urbanum VIII gratulatorium Carmen. — *Lutetiæ,* apud *Antonium Stephanum* M. DC. XXIII. In-4.

5. OEUVRES diverses du cardinal du Perron. — *Paris, Antoine Estienne.* M. DC. XXIII. 3 parties in-fol. se reliant en un gros volume.

6. Les Ambassades du cardinal du Perron, archesveque de Sens, depuis l'an 1590 jusqu'en 1618 , avec les plus belles et eloquentes Lettres tant d'Estat et de doctrine , que familieres, qu'il a écrites sur toutes sortes de sujets aux Princes , Princesses et Seigneurs, et celles qui lui ont été adressées de leur part. — *Paris, Ant. Estienne.* M. DC. XXIII. In-fol.

Le Cardinal Du Perron avoit du savoir , mais beaucoup plus de vanité. Ses nombreux ouvrages sont peu estimés; la différence de ses *Belles Lettres* d'ambassade avec celles du Cardinal d'Ossat, fait que les spirituelles missives de celui-ci ont encore des lecteurs , tandis que tout ce qu'a écrit le Cardinal Du Perron, maintenaut oublié, n'est plus remémoré que dans quelques Catalogues.

Ce volume étoit en grand papier chez De Thou. Catal. de 1679, t. 1, pag. 364, addition manuscrite.

7. Discours de l'heureux succès des armes du Roy contre la rebellion par M. le Duc de Lesdiguieres. — Ibid. M. DC. XXIII. In-8.

8. Replique à la response du sieur Bugnet, par J. de Hollandre. — Ibid. M. DC. XXIII. In-8.

M. DC. XXIV.

1. Refutation des objections tirées des passages de Saint Augustin, par le Cardinal du Perron. — *Paris, Antoine Estienne.* M. DC. XXIV. In-fol.

2. Plutarchi Chæronensis omnium, quæ exstant, Operum tomus primus, continens vitas parallelas, cum Latina Interpretatione Cruserii et Xylandri : Et Doctorum Virorum notis : Et libellis variantium Lectionum ex Mss. Codd. diligenter collectarum : Et Indicibus accuratiss. Ejusdem Plutarchi Liber de Fluviorum Montiumque nominibus ante hac non editus : cum versione et notis Maussaci. Accedit nunc primùm Plutarchi Vita, ex ipso, & aliis utriusque linguæ Scriptoribus , a Joanne Rualdo collecta digestaque. Ejusdem Rualdi animadversiones ad iusignia Plutarchi σφάλματα , sive lapsiones II. & LXX. — *Lutetiæ Parisiorum* , apud *Antonium Stephanum* , Typographum Regium, Via Jacobæa , ad insigne Olivæ Rob. Steph. M. DC. XXIV. — *à la fin :* ex typographia *Antonii Stephani* Typographi Regii. M. DC. XXIV. In-fol.

Tomus secundus continens Moralia, Gulielmo Xylandro interprete — Ibid. M. DC. XXIV. In-fol.

Edition bien imprimée, et qui seroit en très grande estime, si elle étoit plus correcte.

Il en a été tiré des exemplaires en grand papier : ils sont rares et d'assez haut prix.

Une lacune dans les chiffres, vers la fin du second volume, a pu quelquefois faire croire à une imperfection qui n'existe pas. Un recueil de Variantes et de Corrections est coté de 13 à 80 ; mais sur plusieurs exemplaires en grand papier et en papier ordinaire, j'ai vérifié que les pages 1 à 12 n'y sont pas , et n'y paroissent point nécessaires : ou bien c'est une simple erreur de chiffres , ou c'est quelque suppression volontairement faite pendant l'impression du livre.

Selon Harles, Bibl. Græca, v , page 207, ce Plutarque de 1624 ne seroit autre chose qu'une édition de Paris, 1620, avec de nouveaux titres, et l'édition de Paris, 1620 , ne seroit elle-même que la copie, page pour page, de celle de Francfort, 1620, *ita ut versus et paginæ responderent.* Ceci est tout au moins hasardé. L'édition de Paris représente, si l'on veut, celle de Francfort, qui lui a servi de base, mais avec diverses additions et autres témoignages non équivoques des soins du nouvel éditeur. Quant à l'existence d'exemplaires datés de Paris, 1620, je n'en ai jamais vu un seul, ni traces d'un seul, autre part que dans cette allégation de Harles.

Au premier volume est une longue dédicace d'Antoine au Roi Louis XIII, et au second une autre, du même, au Chancelier Nic. Brulart de Sillery.

M. DC. XXV.

1. CARDINALIUM, Archiepiscoporum, Episcoporum, ceterorumque qui ex universis Regni Provinciis, Ecclesiasticis Comitiis interfuerunt, de Anonymis quibusdam et famosis libellis Sententia.—*Parisiis, Antonius Stephanus.* M. DC. XXV. In-4.

Dans le Cat. de De Thou, 1679, t. 1, p. 117, additions manuscrites, ce livre est inscrit avec date de 1626, et in-8°.

2. FRANCISCI Harlæi Archiepiscopi Rothomagensis Normaniæ Primatis Apologia Evangelii pro Catholicis, ad Jacobum majoris Britanniæ Regem. — *Lutetiæ* Parisiorum. Apud *Antonium Stephanum,* Typographum Regium, via Jacobæa ad insigne Olivæ Roberti Stephani. M. DC. XXV. In-fol. 988 pages.

En grand papier à la Bibl. Royale, et en mar. r. couvert de fleurs-de-lis.

3. RESPONSE au Livre de P. Du Moulin, intitulé, Oppositions de la Parole de Dieu à la Doctrine de l'Eglise Romaine. Par L. Du Laurens, cy-devant Ministre au Bas Languedoc. — *Paris, Antoine Estienne,* Imprimeur ordinaire du Roy, rue S. Jacques, à l'Olivier de Rob. Estienne. M. DC. XXV. In-8.

Depuis 1615 Antoine prend la qualité d'Imprimeur du Roi; en 1641-42 on le verra *Architypographus Regius,* premier Imprimeur du Roi, et son libraire ordinaire.

4. PROCES verbàl de l'Assemblée générale du Clergé tenue à Paris en 1625, les sieurs Pierre de Peyressac, et Richard, prieur de Lanssac, secrétaires. — *Paris, Ant. Estienne.* M. DC. XXV. In-4.

Le Clergé fit supprimer ce volume avant l'achèvement de son impression; aussi ne contient-il que 448 pages faisant environ la moitié du procès-verbal dont l'entier manuscrit se trouve en double à la Bibliothèque du Roi et dans celle du Panthéon.

Cet in-4°, commencement de la collection imprimée des procès-verbaux et des Mémoires des Assemblées du Clergé de France, est, par cette suppression, devenu très rare, ainsi que le suivant, pareillement supprimé.

5. AVIS de l'Assemblée générale du Clergé de France à Messieurs les Archevesques et Evesques de ce Royaume. — *Paris, Ant. Estienne.* M. D. XXV. In-4.

6. DECLARATION de l'Assemblée du Clergé sur les entreprises des Réguliers contre l'authorité Episcopale. — *Paris, Antoine Estienne.* M. D. XXV. In-4.

7. RECUEIL des Remontrances, Edits, Reglemens, Arrests, Contrats, Departemens et autres choses concernant les affaires du Clergé de France; illustré d'une Conférence sur chaque article des Edits concernant les Immunités et Privileges du Clergé; seconde édition, augmentée jusqu'au 15 mai 1625.— *Paris, Ant. Estienne.* M. DC. XXV. 3 vol. in-8.

Ce Recueil a pour auteur Pierre Peyressac ou Peyrissac, l'un des agents du Clergé. La première édition est de 1615, 3 vol. in-8°, chez Richer, qui, en 1616, avoit déjà publié un semblable recueil en un volume in-8°, allant de 1567 à 1606, et peut-être du même Peyressac.

Il est probable que plusieurs autres volumes sur les affaires du Clergé, imprimés en 1625, l'ont été par le même Antoine.

8. EPISTOLA Archiepiscoporum pro convocatione Conciliorum Provincialium : ex consilio et deliberatione Totius Cleri Gallicani, Lutetiæ Comitia habentis. — *Lutetiæ Parisiorum, Antonius Stephanus.* M. DC. XXV. In-4.

9. DECRETA Synodi Provincialis Burdigal. habitæ a Francisco Cardinali de Sourdis Archiep. anno 1624. —Ibid. M.DC.XXV. In-8.

10. PETRI Bertii Cosmographi et Professoris Regii, Ode ad Christianissimum Regem Ludovicum XIII. post reportatam navali et terrestri prælio è perduellionibus·victoriam, in sinu Aquitanico, anno 1625, 15, 16 et 17 Sept. —*Lutetiæ, Antonius Stephanus.* M. DC; XXV. In-4.

Par une faute typographique assez étrange, le titre de cette pièce donne la victoire à ceux qui furent vaincus ; il porte, non pas è, mais *à perduellionibus.* (Voir l'ex. de la Bibl. Mazarine.)

La Caille, page 218, fait Antoine auteur du Supplément au Nouveau Théâtre du Monde de Davity, in-fol., par lui imprimé.

Maittaire, pag. 556, dit de cet ouvrage : *Quod nondum vidi.*

Je n'ai jamais vu ni l'édition première de ce livre, ni aucune des suivantes qu'aura pu supplémenter Antoine, ni la dernière donnée par Rocoles, à Paris, 1660, et qui n'a pas moins de 6 volumes in-fol. Ces éditions diverses d'un ouvrage fort peu estimé auront subi la destruction qui attend les livres reconnus inutiles, surtout quand ils sont volumineux.

11. XENOPHONTIS Philosophi et Imperatoris clarissimi quæ exstant Opera in duos tomos divisa. Græce multo quam ante castigatius edita, adjecta etiam ad marginem scripturæ discrepantia. Latine tertia nunc cura elucubrata, ut nova pene toga prodeant. Nova insuper appendice sic illustrata, ut quam pla-

nissima deinceps enim lectio sit futura. Opera Joannis Leunclavii Amelburni. Accesserunt Æmilii Porti, Fr. Porti Notæ ; et Index Græcus verborum phrasiumque observatu dignarum. Additus item in calce alius Index rerum et verborum memorabilium. — *Parisiis*, Typis Regiis, apud Societatem Græcarum Editionum. — *Et à la fin :* Excudebat *Antonius Stephanus*, Typographus Regius. M. DC. XXV. 2 tomes en 1 vol. in-fol.

Edition fort belle et faite avec soin. Il en existe des exemplaires en grand papier qui sont rares et se sont quelquefois vendus fort cher.

M. DC. XXVI-XXVIII.

1. EDICT du Roy sur la paix. — *Paris, Claude Morel, P. Mettayer, et Antoine Estienne.* M. DC. XXVI. In-8.

2. EDICT portant attribution de deux deniers pour livre aux receveurs et payeurs des rentes ; &c. — Ibid. M. DC. XXVI. In-8.

3. RELATION des Agens-Généraux du Clergé de France aux Archevesques & Evesques du Royaume, sur tout ce qui s'est passé en l'Assemblée du Clergé tenue en 1625 et 1626, avec plusieurs autres pièces concernant les affaires du Clergé pendant ledit temps. — *Paris, Ant. Estienne.* M. DC. XXVI. In-8.

4. JOANNIS Morini Blesensis, Congregationis Oratorii Jesu Christi presbyteri, Exercitationum Ecclesiasticarum libri duo : de Patriarcharum & Primatum origine, de primis ecclesiasticis divisionibus, & primigenia Censurarum in Clericos

natura & praxi. — *Lutetiæ* , apud *Ant. Stephanum.* M. DC. XXVI. In-4.

Almeloveen mentionne séparément le dernier traité ; mais le tout doit être réuni , et ne forme qu'un volume.

5. APOLOGIE du Sieur de la Peyre (d'Auzoles). — *Paris* , *Antoine Estienne.* M. DC. XXVI. In-8.

6. EDICT général sur le reglement de la justice. — *Paris* , *Ant. Estienne, P. Mettayer et Cl. Prevost,* Imprimeurs ordinaires du Roy. M. DC. XXVII. In-8.

7. VETUS Testamentum gr. secundum LXX cum scholiis Romanæ editionis et Latina translatione. Studio R. Patris Morini congregationis Oratorii Jesu Christi Presbyteri. Novum Testamentum gr. cum versione Vulgata. — M. DC. XXVIII. 3 vol. In-fol.

Le N. Test. forme le troisième volume.

Il y a des exemplaires dont les trois volumes portent sur leurs titres : Apud Nicolaum Buon, via Jacobæa sub signis S. Claudii & Hominis Sylvestris; d'autres ont : Apud Claudium Sonnium, via Iacobæa sub scuto Basiliensi et Navi aurea. Il s'en trouve au nom de Seb. Chappelet et à celui d'Ant. Estienne. On a vu aussi quelques titres du tome second portant Apud Claudium Sonnium et Petrum Baillet; mais le nom de P. Baillet étoit biffé à la plume. A la fin de chacun des trois volumes on lit : Parisiis , apud Nicolaum Buon, Sebastianum Chappelet, Antonium Stephanum Typographum Regium, et Claudium Sonnium.

Cet énoncé semble prouver que l'édition a été imprimée chez Antoine Estienne.

On trouve aussi des frontispices refaits au nom de Siméon Piget, Parisiis , 1641.

Sans avoir acquis une grande valeur pécuniaire, cette édition est estimée, et il y a des exemplaires en grand papier. Son texte grec a été adopté par Walton pour la Polyglotte de 1657.

Clément, et après lui M. Dibdin, ont qualifié *tricherie* de libraire la réimpression des titres au nom de Piget, auquel très légèrement ils supposent l'intention de tromper le public et de faire croire à l'existence d'une nouvelle édition. Cette accusation , souvent formulée , est presque toujours une injustice. Ce très honnête et savant libraire avoit acheté beaucoup d'exemplaires de ce livre : ne falloit-il pas qu'il mît *écriteau sur sa marchandise.* Un simple changement de nom est une opération de librairie souvent nécessaire , et qui n'a rien de répréhensible quand elle n'est pas accompagnée de quelque mensongère annonce, comme : *editio nova* , *accuratior* , &c., &c.

M. DC. XXIX.

1. TRAITTÉ de l'Eucharistie, par le Cardinal Du Perron. — *Paris* , *Antoine Estienne.* M. DC. XXIX. In-fol.

2. L'ANCIENNE police de l'Eglise sur l'administration de l'Eucharistie , par Messire Gabriel de l'Aubespine , Evesque d'Orléans. — *Paris* , *Antoine Estienne.* M. DC. XXIX. In-8.

3. ACTA Rothomagensis Ecclesiæ a Francisco (Harlæo) Archiepiscopo publicata. — Ibid. M. DC. XXIX. In-8.

4. FRANCISCI (Harlæi) Rothomagensis archiepiscopi ad Urbanum VIII. Epistola. — *Parisiis* , apud *Antonium Stephanum.* M. DC. XXIX. In-4.

A la fin est ajouté un abrégé (*Summa*) du privilège accordé à Antoine Estienne le 4 septembre 1625 , pour l'impression de tous les édits et ordonnances , et de tout ce qui concernoit le Clergé de France.

5. ARISTOTELIS Operum tomi duo, græcè et latinè : veterum ac recentiorum interpretum , ut Adr. Turnebi, Is. Casauboni , Julii Pacii, studio emendatissimi ; Cura Gulielmi Du Val, Pontesiani, Philosophiæ Græcæ & Latinæ in Paris. Academia professoris Regii , & Doctoris Medici, qui addidit analyticam doctri-

næ Peripateticæ doctrinæ synopsin, cum multis aliis. — *Lutetiæ* , Typis Regiis , apud Societatem Græcarum editionum. M. DC. XXIX. *Et à la fin :* Ex Typographia *Antonii Stephani,* Typographi Regii. 2 vol. In-fol.

Copie d'une précédente édition de 1619, de même en deux vol. in-fol. , faite comme celle-ci pour la Société des Éditions Grecques, ainsi qu'une troisième de 1639. De chacune il y a des exemplaires en grand papier. Je ne vois le nom d'Antoine qu'à celle-ci , mais il est probable qu'il n'a pas été tout-à-fait étranger à l'impression des deux éditions de 1619 et 1639.

6. LES diverses OEuvres de l'Illustrissime, &c. Cardinal du Perron , contenant plusieurs Livres , Conférences , Discours , Harangues , Lettres d'Estat et autres , Traductions, Poesies , et Traittez , tant d'Eloquence , Philosophie , que Théologie , non encor veus hy publiez. Ensemble tous ses escrits mis au jour de son vivant, et maintenant réimprimez sur ses exemplaires laissez reveus , corrigez & augmentez de sa main. Seconde édition augmentée.—*Paris, Antoine Estienne,* Imprimeur ordinaire du Roy, à l'Olivier de Robert Estienne. M.DC.XXIX. In-fol.

Dans ces *Diverses OEuvres* ne sont point comprises les 1024 pages du Traité sur l'Eucharistie.

La grande réputation d'homme d'état dont le Cardinal Du Perron a joui tant qu'il a vécu , aura fait regarder ce Recueil comme nécessaire à toute grande Bibliothèque , et promptement amené le besoin d'une réimpression. Je pense qu'aujourd'hui les boutiques d'épicier ont vu mourir la plupart de ces exemplaires.

7. LA Saincte Geographie , par Jacques d'Auzoles La Peyre. —*Paris,* par *Antoine Estienne ,* Imprimeur ordinaire du Roy , à l'Olivier de Robert Estienne. M. DC. XXIX. In-fol.

8. LES Ambassades et négociations de l'Illustrissime, &c. Cardinal Du Perron. Troisieme édition augmentée. — Ibid. M. DC. XXIX. In-fol.

La première est de 1623, in-fol. Il y en a une de 1633 , 2 vol. in-8° , et enfin une in-4° , Paris, Henault , aussi de 1633. Je ne connois pas d'édition postérieure à celle de 1623 , et qui seroit la seconde.

9. ORDONNANCE du Roy Louis XIII du 15 Janvier 1629 , touchant les plaintes faites sur plusieurs abus par les Deputez des Estats. — *Paris, Antoine Estienne.* M. DC. XXIX. In-8.

L'article 52 de cette Ordonnance donne pouvoir au Chancelier ou Garde des Sceaux de commettre telles personnes qu'il leur conviendra pour lire , examiner , censurer ou approuver les manuscrits à imprimer.

M. DC. XXX-XXXIV.

1. GABRIELIS Albaspinæi Responsio ad Nic. Rigaltii Epistolam. — *Lutetiae,* apud *Antonium Stephanum.* M. DC. XXX. In-8.

2. AMBASSADES du Cardinal Du Perron. — *Paris , Ant. Estienne.* M. DC. XXXIII. 2 vol. in-8.

3. ARREST pour la cassation des jugemens des Esleus à l'encontre des Nobles. —*Paris , P. Mettayer et A. Estienne,* Imprimeurs ordinaires du Roy. M. DC. XXXIV. In-8.

4. EDICT du Roy portant suppression de tous les droicts alienez, tant sur les Tailles que Gabelles. — Ibid. M. DC. XXXIIII. In-12.

5. DECLARATION du Roy, du 16 Janvier 1634, sur les affaires du temps. —Ibid. M. DC. XXXIV. In-8.

6. DECLARATION du Roy, publiée en Parlement, Sa Majesté y étant, sur la nouvelle sortie de France de Monsieur, et sa retraite en Lorraine, du 28 Janvier 1634. — In-8.

Il est probable que cette pièce, et plusieurs autres de même nature, imprimées en cette même année 1634, sont aussi de l'Imprimerie de Ant. Estienne. Je ne les note pas ici, vu leur peu d'importance, et parce que je n'en connois que les titres.

7. DISCOURS d'Estat, touchant les saintes intentions qu'a le Roy de soulager ses peuples, et de faire vivre les gens de guerre avec ordre, et sans la foule de leurs hostes : par le Sieur Pelletier. — *Paris, Ant. Estienne.* M. DC. XXXIV. In-8.

8. DISCOURS pacifique, ou Response à la Lettre du Sieur D'Aille, ministre à Charenton, par Jean de Chaumont; Conseiller du Roy en son Conseil d'Estat, et Garde des Livres du Cabinet de Sa Majesté. — *Paris, Ant. Estienne.* M. DC. XXXIV. In-8.

M. DC. XXXV-XXXIX.

1. LETTRES pour assembler la Noblesse du ban & arriere-ban près de Chaalons. — *Paris, P. Mettayer, Ant. Estienne et P. Rocolet*, Imprimeurs ordinaires du Roy. M.DC.XXXV. In-8.

2. DÉCLARATION pour establir la Reyne gouvernante de Paris. — Ibid. M. DC. XXXVI. In-8.

3. DECLARATION du Roy pour le payement du fonds des gages anciens et de nouvelle augmentation des quatre Compagnies souveraines. — Ibid. M. DC. XXXVII. In-8.

4. DECLARATION du Roy, contenant la continuation de la Dispense des Quarante jours accordée par Sa Majesté pour neuf années, à tous les officiers qui entrent en ses parties casuelles, &c. — Ibid. M.DC.XXXVIII. In-12.

5. REGLEMENT que le Roy veut estre observé pour la subsistance de ses armées. — Ibid. M. DC. XXXVIII. In-4.

6. DECLARATION du Roy, contenant Réglement pour le paiement des Rentes constituées à l'Hostel de Ville de Paris.—Ibid. M. DC. XXXVIII. In-4.

7. ARREST du Parlement sur les informations de vie et mœurs de ceux qui seront nommez aux Archeveschez, Eveschez, &c.— *Paris, Ant. Estienne*, Imprimeur & libraire ordinaire du Roy. M. DC. XXXIX. In-8.

8. DECLARATION portant réformation des habits. — *Paris, P. Rocolet et Ant. Estienne.* M. DC. XXXIX. In-8.

9. ORDONNANCE portant injonction à tous maistres de camp, &c. de se rendre aux quartiers, &c. — *Paris, Seb. Cramoisy, Ant. Estienne, P. Rocolet, S. Chappellet et Ant. Vitré*, Imprimeurs ordinaires du Roy. M. DC. XXXIX. In-8.

M. DC. XLI-XLIV.

1. HORTULUS retrogradorum carminum & anagrammatum Bernardi de La Fourcade, Agennensis, nuperrimè ducatùs Aculensis vice-judicis, in sex libros divisus. — *Lutetiae*, apud *Antonium Stephanum*, archi-typographum regium, via Jacobæa, in novo Franciæ Collegio. M.DC.XLI. In-4.

2. LA Visite du S. Sacrement de l'Autel, Saincte Pratique de l'Ame dévote, représentée sous l'emblème du vol de l'Aigle, Par le R. P. Paulin de Beauvais, Prédicateur Capucin. — *Paris*, par *A. Estienne*, premier Imprimeur & libraire ordinaire du Roy, rue S. Jacques, au College Royal, devant Sainct Benoist. M.DC.XLII. In-8.

3. LE Pourtraict raccourcy du Cardinal de Grimaldi, par Olivier de La Trau, sieur de La Terrade, grand maistre de l'ordre hospitalier du S. Esprit, sous la regle de S. Augustin, & archihospitalier de toute la chrestienté : en vers Francois. — *Paris, Antoine Estienne*, premier Imprimeur et libraire ordinaire du Roy, rue S. Jacques, au College Royal, devant S. Benoist. M.DC.XLIII. In-8.

4. DECLARATION du Roy sur la Regence de la Reine, vérifiée en Parlement le 21 avril 1643. — *Paris, Antoine Estienne et P. Rocolet.* M.DC.XLII. In-8.

5. S. DIONYSII Areopagitæ Opera omnia, cum scholiis S. Maximi, et Paraphrasi Pachymeræ, cura Balthassaris Corderii : gr. et lat. — *Parisiis, Ant. Stephanus.* M.DC.XLIV. 2 vol. in-fol.

En société avec Denis Bechet.

6. LES OEuvres de Pierre, Cardinal de Berulle, instituteur & premier supérieur général de la Congrégation de l'Oratoire de Jesus-Christ ; par les soins de Francois Bourgoing, supérieur général de la même congregation. — *Paris, Ant. Estienne*, premier Imprimeur & libraire ordinaire du Roy, et Sebastien Huré, marchand libraire, rue S. Jacques, à l'enseigne du Cœur bon. M.DC.XLIV. In-fol.

Huré tenoit cette enseigne de Corbon, dont il avoit épousé la fille. C'étoit un cœur au milieu duquel étoit l'image de l'Enfant-Jésus, avec les mots *Ego dormio, et cor meum vigilat, Cant. 5, 2.*

En août 1662, il devint Imprimeur ordinaire du Roi, par la démission de Henri, fils d'Antoine.

7. EDICT du Roy sur la pacification des troubles de ce Royaume, donné à Nantes au mois d'avril 1598. Vérifié en Parlement le 25 Février 1599. Avec les articles particuliers. Ensemble autres Edicts et Declarations des Roys Henri IV, Louis XIII et Louis XIV, à présent regnant, donnés en conséquence d'iceluy. — *Paris*, par *Ant. Estienne*, premier Imprimeur et libraire ordinaire du Roy. Se vendent chez Olivier des Varennes, rue S. Jacques, au Vase d'Or. M.DC.XLIV. In-8.

M. DC. XLV.-XLVII.

1. DECLARATION du Roy, que Testaments sont insinués. M.DC.XLV. In-4.

2. EDICT du Roy, portant création des offices quatriennaux. — M.DC.XLV. In-4.

3. PHILIPPI Cattierii Exercitationes quatuor. Desumptæ ex pluribus aliis, quas dixit spectante nobili cœtu, ab anno 1641. ad annum 1644. In eis autem Academicè disputatur super argumentis, quæ versa pagella indicabit ; ex quibus discere est quo pacto Bibliotheca Græca instituenda sit, et studia literarum dirigenda. — *Parisiis*, apud *Anto-*

nium Stephanum. M. DC. XLVII. In-4.

4. EPICHARMATA Musarum in Carolum Principem. — *Parisiis,* apud *Antonium Stephanum* Archi-typographum Regium. M. DC. XLVII. In-fol.

5. LE vray Trésor de l'Histoire Saincte, sur le transport miracu-leux de l'image de Nostre-Dame de Liesse. Nouvellement composé par quatre Pelerins faisant ce sainct voyage en l'année 1644. En vers françois par Monsieur de S. Peres, Tresorier de la Gendarmerie Royale. Ensemble une Instruction très sa-lutaire aux voyageurs avec une des-cription particuliere de tous les lieux de leur voyage : enrichy de plusieurs belles figures en taille-douce. — *Paris, Antoine Estienne,* Imprimeur & libraire ordinaire du Roy, au College Royal : et se ven-dent chez la veufve Denis Moreau, & chez la veufve Jean Le Bouc. Ache-vé d'imprimer pour la premiere fois le dernier jour de Febvrier. M. DC. XLVII. In-8.

M. DC. XLVIII-XLIX.

1. RECUEIL de divers portraicts des principales Dames de la Porte du Grand Turc, par George de la Chappelle, peintre de la ville de Caen. — *Paris, Antoine Estienne.* M. DC. XLVIII. In-fol.

2. DECLARATION du Roy, en fa-veur de tous les officiers de finance, pour les parties casuelles. — *Paris, Antoine Estienne.* M. DC. XLVIII. In-4.

3. MANASSES. Tragedie de P. Gef-frier, dédiée à Monseigneur le Prince de Conty. — A *Paris,* par *Ant. Estienne,* premier Imprimeur et libraire ordinaire du Roy au Col-lege Royal, devant l'Eglise de S. Be-noist. M. DC. XLIX. In-fol.

Ni la Bibl. du Théâtre François, ni le Dictionnaire des Anonymes, ne donnent à connoître le nom de l'auteur de cette Tra-gédie.

4. LES Triomphes de Louis le Juste, XIII du nom, Roy de France et de Navarre. Contenant les plus grandes actions où Sa Majesté s'est trouvée en personne, représentées en Figures Ænigmatiques exposées par un Poëme Heroïque (latin) de Charles Beys, & accompagné de vers François sous chaque Figure, composez par P. de Corneille, avec les portraicts des Rois, princes et Généraux d'armées qui ont assisté ou servi ce belliqueux Louis le Juste combattant ; et leurs Devises ou Ex-positions en forme d'Eloges, par Henry Estienne, Ecuyer, Sieur des Fossez, Poete et Interprete du Roy és Langues Grecque et Latine. En-semble le Plan des Villes, Sieges et Batailles ; avec un Abrégé de la vie de ce grand Monarque ; par René Barry, Conseiller du Roy, & Histo-riographe de Sa Majesté. Le tout traduit par le R. P. Nicolai, Doc-teur en Sorbonne de la Faculté de Paris, et premier Regent du grand Couvent des Jacobins. Ouvrage en-trepris et fini par Jean Valdor, Liegeois, Calcographe du Roy. Le tout par commandement de leurs Majestez. — A *Paris,* en l'Imprimerie Royale, par *Antoine Estienne,* premier Imprimeur et li-braire ordinaire du Roy. M. DC. XLIX. In-fol. fig.

Après ce titre en françois vient, sur le

feuillet suivant , cet autre titre en latin, non moins emphatique et diffus.

LUDOVICI Justi tertii decimi nuncupati , Galliæ simul et Navarræ Christianissimi Regis , Triumphalia Monumenta. Quibus egregia maxime quæ per seipsam tam Augusta Majestas facinora peregit , continentur. Ænigmaticis , Iconibus ac figuris expressa , quas Heroico Carmine Carolus Beys explicavit , & Gallicis quoque versibus ad singulas figuras Iconasque (sic) affixis P. Cornelius seorsim exornavit. Cum Iconibus etiam Regum , Principum, Strategorum , qui bellicoso illi Regi Ludovico Justo pugnanti , vel obsequium , vel auxilium præstiterunt ; Adjectis ad has eorum effigies ac stemmata , singulorum Symbolis & Elogiis per Henricum Stephanum, Equitem , Fossarum Dominum , Græcarum Latinarumque literarum Interpretem, ac Poetam Regium, explicatis. Accessit et Urbium, obsidionum ac præliorum, tam Augusti monarchæ Regno gestorum, cum compendiariâ vitæ illius narratione, descriptio ; quam historico stylo Renatus Barry , Consiliarius & Historiographus Regius, delineavit ac expressit : Omnia porrò ex Gallico Idiomate in latinum convertit F. Joannes Nicolai Sacræ Theologiæ in facultate Parisiensi Doctor , & apud Fratres prædicatores in Conventu S. Jacobi primarius Professor. Opus, cura Joannis Valdorii Leodiensis propalatum , susceptum ac perfectum ; accedente ad præfata omnia elaboranda Regio jussu. — *Lutetiæ,* Parisiorum, in Regiâ ipsâ Typographiâ per *Antonium Stephanum,* Proto - Typographum Regium , & Christianissimi Regis Bibliocômum ordinarium. M. DC. XLIX. Grand infol. Fig.

Je n'ai jamais vu ailleurs ce mot *Bibliocômus :* il n'est point dans Ducange.

Ἱπποκώμος *qui curat equos* (palefrenier) Antoine aura cru pouvoir très convenablement forger par analogie le mot *Bibliocômus, qui curat libros* , pour dire plus scientifiquement Libraire , mais il ne paroit pas que l'invention ait été trouvée heureuse , car nul ne l'a adoptée , et lui–même, dans sa plus prochaine édition, s'est tout simplement qualifié *Libraire ordinaire du Roy.*

5. DECLARATION du Roy pour faire cesser les mouvemens , et restablir le repos et la tranquillité en son Royaume.—*Paris, Antoine Estienne, Sebastien Cramoisy , Pierre Rocolet , Ant. Vitré, Jaques Dugast, Pierre le Petit.* M. DC. XLIX. In-8.

6. La même. — Ibid. M. DC. XLIX. In-4.

7. PROCES Verbaux des deux conférences. I. A Ruel , Février le dernier. II. A S. Germain, 16 de Mars. Entre les Deputez du Roy et les Deputez du Parlement et des autres Compagnies. — *Paris,* chez les mêmes. M. DC. XLIX. In-8.

M. DC. LI.–LXIV.

1. REMONSTRANCE de Francois Paumier , faitte au Roy , sur le pouvoir et authorité que Sa Majesté a sur le temporel de l'Estat ecclésiastique , pour le soulagement de tous ses autres subjets , tant nobles que du Tiers-Estat. — *Paris , Ant. Estienne,* premier Imprimeur et libraire ordinaire du Roy. M. DC. LI. In-4.

Je prends ce titre sur un exemplaire qui est entre mes mains, et qui ne fait point mention de la Réponse , imprimée plus tard et séparément. Maittaire, Ann. III, 913 , d'après Le Long et le Catal. Le Tellier, réunit les deux pièces sous un seul intitulé, ce qui ne peut être exact que s'il a été fait de ces deux ensemble, et dans cette même année, une réimpression qui n'est guère probable.

2. RESPONSE de Francois Paumier à la Lettre circulaire et Censure de MM. de la derniere assemblée générale du Clergé de France, pour la juste défense des droits du Roy, et de la Remonstrance faicte par ledict Paumier à Sa Majesté, &c. — *Paris. Ant. Estienne.* M. DC. LI. In-4.

3. DECLARATION du Roy, portant diminution des droicts attribuez aux Receveurs des Consignations, et Reglement pour la fonction de leurs charges. Avec l'arrest de vérification. — *Paris, Ant. Estienne.* M. DC. LII. In-4.

4. RECUEIL des Edicts et Declarations des Roys Henry IV, Louis XIII et Louis XIV sur la pacification des troubles de ce Royaume. — Ibid. M. DC. LIX. In-8.

5. DECISIONS Royales sur les principales difficultés de l'Edict de Nantes. — Ibid. M. DC. LIX. In-8.

6. TRAITTÉ de paix entre les couronnes de France et d'Espagne, conclu et signé par Monseigneur le Cardinal Mazarin, et le Seigneur Don Louis Mendez de Haro, Plénipotentiaires de leurs Majestés Très-Chrestienne et Catholique, en l'Isle dite des Faisans, en la rivière de Bidassoa, aux confins des Pyrénées, le septiesme novembre 1659. — A Paris, par les Imprimeurs et libraires ordinaires du Roy. M. DC. LX. In-fol., in-4 et in-12.

Le privilège indique les noms de ces Imprimeurs : A. Estienne, S. Cramoisy, P. Rocolet, P. Le Petit et J. Langlois.

Le même traité a été imprimé en latin à Paris, en cette année 1660, sans doute par les mêmes Imprimeurs du Roi, du nombre desquels étoit Antoine.

7. DECLARATION du marquis de la Fuente à Sa Majesté, de la part du Roy Catholique, &c. — *Paris, Ant. Estienne*, premier Imprimeur du Roy. M. DC. LXII. In-4.

8. HISTOIRE romaine, depuis le commencement de l'empire d'Auguste, jusques à celuy de Constantin le Grand; avec l'Epitome de Florus, depuis la fondation de Rome jusques à la fin de l'empire d'Auguste; par le R. P. en Dieu F. N. Coeffeteau, E. de Dardanie, nommé à l'Evesché de Marseille. Dernière édition, reveuë, corrigée et augmentée avant la mort de l'Auteur. — *Paris, Ant. Estienne*, premier imprimeur et libraire ordinaire de Sa Majesté. M. DC. LXIII. In-fol.

9. ARREST du Conseil d'Estat du Roy, au sujet de la réception de ses sujets de la religion prétendue réformée aux Arts et Mestiers, extrait des Registres du Conseil d'Estat. 21e de Juillet. — *Paris*, chez *Ant. Estienne*, premier Imprimeur du Roy. M. DC. LXIV. In-4.

HENRICUS STEPHANUS TERTIUS.

1. Catechisme des Controverses, par François de Harlay, Archevesque de Rouen. — Au Chasteau Archi - épiscopal de Pontoise , par *Henry Estienne*, Imprimeur ordinaire de mondit Seigneur. Et se vend à *Paris*, par *Ant. Estienne*, Imprimeur et libraire ordinaire du Roy. Rue St. Jacques , au collège royal , devant St. Benoist. (Achevé d'imprimer le 26 septembre M. DC. XXXIX. In-4.

2. Le même Catéchisme. Seconde édition. — A *Gaillon*, par *Henry Estienne*, Imprimeur ordinaire de mondit Seigneur. M. DC. XLI. In-8.

Réimpression conforme à l'in-4° de 1639.

3. Les Essais de Michel Seigneur de Montagne. — *Paris*, M. DC. LII. In-fol.

4. Les Essais de Michel Seigneur de Montagne. — Chez *Jaques Langlois*, Imprimeur du Roy, et *Emmanuel Langlois. Paris*, rue St. Jacques. 1er Octobre. M. DC. LVII. In-fol.

Henri Estienne ayant, en 1651 , obtenu privilège pour ce livre, fit ces deux éditions, dont la première est au Cat. de De Thou , t. II, pag. 405 , in-fol. , sans date indiquée; mais au-dessous, et de la main qui a fait la plupart des additions, est écrit 1652. Au Catal. Soubise, que je conserve, rempli d'additions , on lit , après le n° 2895. Les mêmes Essais de Montaigne. Paris : 1652. fol. m. r. gr. Pap. Il fut vendu 12 fr.

Les deux éditions ont sur leur titre l'Olivier des Estienne. La première fut faite en société avec les libraires P. le Petit et Huré.

Dans la préface, ce Henri, qui prend le titre d'Imprimeur du Roi, dit avoir purgé son édition d'une infinité de fautes qui déshonoroient les éditions précédentes, et avoir ajouté la traduction françoise des passages grecs, latins et italiens.

L'Art de faire des Devises, où il est traicté des Hieroglyphes, Symboles, Emblemes, Ænigmes, Sentences, Paraboles, Revers de Médailles, Armes, Blasons, Cimiers, Chiffres et Rébus ; avec un traicté des rencontres ou mots plaisants ; dedié au Cardinal Mazarin par Henry Estienne escuyer, sieur des Fossez, interprete du Roy es langues grecques et latines. — A Paris, chez *Jean Paslé*, au Palais, à l'entrée de la salle Dauphine, à la Pomme d'Or. Achevé pour la première fois le 10 Mars M. DC. XXXXV. In-8.

C'est ce même Henri qui a travaillé à l'in-folio de 1649, *Triomphes de Louis le Juste.*

CATALOGUE

DES LIVRES IMPRIMÉS

PAR LA FAMILLE DES ESTIENNE,

RANGÉS PAR ORDRE DES MATIÈRES.

THÉOLOGIE.

R. S. 1539-40-41-43-44. Biblia Hebraica. 4 vol. In-4.

R. S. 1544-45-46. Eadem. 8 vol. In-16.

R. S. 1541. Libri Moysis quinque, cum notis Hebraicis. In-4.

C. S. 1556. Pentateuchus, Hebraice. In-4.

R. S. 1565. Psalterium Hebraicum. In-16.

C. S. 1555. Canticum Canticorum, Ruth, Lamentationes Jeremiæ, Ecclesiastes, Esther, Hebraice. In-4.

R. S. 1563. Libellus Ruth, Hebraice, cum notis. In-4.

A. S. 1628. Vetus et Novum Testamentum, gr. et lat. cum scholiis. 3 vol. in-fol.

H. S. 1569. Novum Testamentum

H. S. signifie l'un des trois Henri.
R. S. l'un des trois Robert.
F. S. l'un des deux François.
C. S. Charles Estienne.
P. S. Paul Estienne.
A. S. Antoine Estienne.
M. P. Mamert Patisson.
V. P. — Sa Veuve.

Græc. et Syr. cum utriusque Latina versione. In-fol.

F. S. 1543. Psalterium Davidis, græce. In-16.

H. S. 1575. Psalmorum aliquot Davidis J. Serrani Metaphrasis græca. In-16.

R. S. 1546. Novum Testamentum græcum. In-16.

R. S. 1549. Idem. In-16.

R. S. 1550. Idem. In-fol.

C. S. 1553. Idem. In-8.

R. S. 1568-69. Idem. In-16.

H. S. 1576. Idem. In-16.

P. S. 1604. Novum Testamentum gr. Henr. Stephani. In-16.

P. S. 1617. Idem. In-16.

H. S. 1587. Novum Testamentum gr. cum interpr. Henr. Stephani. In-16.

R. S. 1551. Novum Testamentum græcum, cum duplici lat. interpr. In-8.

H. S. 1565. J. C. Novum Testamentum gr. cum duplici lat. interpret. In-fol.

H. S. 1567. Idem. In-8.

H. S. 1580. Idem. In-8. (à 5 colonnes.)

H. S. 1582. Idem. In-fol.

H. S. 1589. Idem. In-fol.

H. S. *seu* P. S. 1598. Idem. In-fol.

R. S. 1527-28. Biblia Sacra Latina. In-fol.

R. S. 1532. Biblia (Latina) cum notis et commentariis. — Hebraica, Chaldea, Græca et Latina nomina ex Bibliis. In-fol.

R. S. 1534. Biblia (Latina) cum brevibus annot. In-8.

R. S. 1538-39-40. Biblia sacra latina. Propria nomina, Index. Grand In-fol.

R. S. 1545. Eadem, cum notis marginalibus. 2 vol. in-8.

R. S. 1546. Biblia sacra latina. In-fol.

R. S. 1555. Bibliorum Vulgata editio. In-8.

R. S. 1556-57. Biblia sacra latina, Tralatione duplici, cum notis. Hebræa, &c. nomina. 3 parties in-fol.

R. S. 1565. Biblia sacra latina. 2 vol. in-8.

F. S. 1567. Eadem. In-8.

R. S. 1577. Biblia sacra, c. notis Fr. Vatabli et S. Pagnini. 2 vol. in-fol. *Editio dubia.*

R. S. 1528. Psalmi, Proverbia Salomonis, Ecclesiastes, Canticum Canticorum, latine. In-4.

R. S. 1546. Liber Psalmorum ; Cantica. In-8.

R. S. 1556-57. Liber Psalmorum. Tralatio duplex , cum Comm. In-8.

R. S. 1623. Divinum Psalterium Davidis , latine. In-12.

R. S. 1541. Novum Testamentum latinum, cum brevibus notis. In-8.

R. S. 1543. Idem. In-16.

R. S. 1545. Idem. In-16.

C. S. 1553. Novum Testamentum latinum. In-16.

H. S. 1565. Idem, ex Th. Bezæ versione. In-8.

F. S. 1567. Idem. In-8.

H. S. 1507. Epistolæ Apostolorum et Apocalypsis. In-8.

H. S. 1512. S. Pauli Epistolæ , cum Comm. J. Fabri. In-fol.

H. S. 1515. Eædem. In-fol.

R. S. 1540. Decem Præcepta , et Scripturæ Summa. In-8.

R. S. 1541. Eadem. In-8.

R. S. 1542. Eadem. In-8.

R. S. Les mêmes, en 2 placards in-fol.

R. S. 1553. La Bible. In-fol.

H. S. 1565. La même. In-fol.

F. S. 1567. La même. In-8.

R. S. 1552. Proverbes, Ecclesiaste, Cantique, Sapience, Ecclésiastique, In-8.

R. S. 1552. Le Nouveau Testament, tant en latin qu'en françois ; Claire déclaration du contenu, &c. In-8.

R. S. 1560. Le Nouveau Testament reveu sur le grec. In-12.

F. S. 1567. Le Nouveau Testament. In-8.

F. S. 1568. Le même. In-16.

R. S. 1566. Decalogus, hebraice, cum paraphr. Chaldaïca. In-4.

R. S. 1568. Idem, latine. In-4.

R. S. 1556. Hosea, Joel, Amos, Abdias & Jonas, Hebr. c. paraphr. Chald. & Comm. In-4.

C. S. 1556-58-59. Prophetæ duodecim minores , hebr. c. Chaldaïca parap. & Comm. 3 vol. In-4.

C. S. 1557. Joel, hebraïcè, c. Dav. Kimhi Comm. In-4.

R. S. 1618. Malachias, cum comm. D. Kimhi, hebraice. In-4.

R. S. 1618. Idem, et commeut. Sal. Iarhi, hebraice. In-4.

R. S. 1618. Idem , latine vers. per S. M. de Muis. In-4.

R. S. 1618. Psalmus cxii cum comm. Kimhi, hebraice, et versio lat. In-4.

C. S. 1556. Rab. Iuda de accentibus Scripturæ, Hebraice. in-4.

R. S. 1565-66. Idem liber. In-4.

M. P. 1579. P. Picherellus in Genesim. In-4.

H. S. 1509. Quincuplex Psalterium, cum præf. J. Fabri. In-fol.

H. S. 1513. Quincuplex Psalterium, secunda emissio. In-fol.

R. S. 1554. Psalmorum Libri ad Hebraicam veritatem traducti, et a Mart. Bucero enarrati. Ejusdem Comment. in Judic. et Sophoniam. In-fol.

R. S. 1552. Pseaumes de David, en latin et fr. In-8.

R. S. 1546. M. A. Flaminii Paraphrasis in triginta Psalmos. In-8.

C. S. 1532. Eadem. In-8.

R. S. *Sans date.* G. Buchanani Psalmorum poetica Paraphrasis. In-8.

R. S. 1566. Eadem. In-16.

R. S. 1575. Eadem. In-16.

R. S. 1580. Eadem. In-16.

H. S. 1568. Psalmi Davidis aliquot, metro anacreontico et sapphico, gr. In-32.

F. S. 1568. Les Pseaumes mis en rime par Clement Marot et Theodore de Beze. In-16.

H. S. 1556. Davidis Psalmi aliquot, a quatuor illustr. poetis carmine expressi. In-4.

H. S. 1566. Iidem. In-4.

R. S. 1611. Exposition des sept Pseaumes penitentiels, avec le latin. In-8.

H. S. 1512. Vetus editio Ecclesiastæ. Olympiodorus in Ecclesiasten, &c. In-4.

H. S. 1583. Mercerus in quinque priores minores Prophetas. In-fol.

R. S. 1564. J. Merceri Syriaca Paraphrasis libri Ruth. In-4.

R. S. 1567. Jonas, hebraïce, cum Comment. Dav. Kimhi. In-4.

M. P. 1596. P. Picherellus in Matthæi caput xxvi. In-8.

R. S. 1552. Sommaires et brefs recueils en forme d'exposition du contenu des Pseaumes In-8.

R. S. 1553. M. Buceri Enarrationes in Evangelistas. In-fol.

R. S. 1553. In Mathæum, Marcum et Rob. Lucam Commentarii, a Steph. Rob. collecti. In-fol.

R. S. 1553. J. Calvinus in Joannem. In-fol.

R. S. 1559. Glossæ in tres Evangelistas, cum J. Calvini Comment. adjecto seorsim Johanne. In-fol.

R. S. 1554. Les Quatre Evangelistes, avec une exposition continuelle et familiere. In-fol.

H. S. 1562. Genesis, Latine, cum Catholica expositione Ecclesiastica Lutheri, Calvini, &c. In-fol.

H. S. 1562. Psalmi, Davidis, et Cantica, cum Catholica expositione Ecclesiastica. In-fol.

H. S. 1564. Esaias, cum Catholica expositione Ecclesiastica. In-fol.

H. S. 1562. Novi Testamenti Catholica Expositio Ecclesiastica. In-fol.

H. S. 1564. Eadem. In-fol.

H. S. 1570. Eadem. In-fol.

H. S. 1562. Catena recentiorum Theologorum Protestant. in Psalmos et Cantica. In-fol.

H. S. 1561. Catena in N. T. ex Theologis Protestantibus. 2 vol. in-fol.

R. S. 1554. J. Calvini Commentarius in Genesim. In-fol.

R. S. 1559. J. Calvinus in v Libros Mosis. In-fol.

H. S. 1563. Idem. In-fol.

F. S. 1563. Commentaire de J. Calvin sur les cinq livres de Moyse. In-fol.

F. S. 1562. Sermons de J. Calvin sur le Décalogue. In-8.

F. S. 1562. — sur le cxix Pseaume. In-8.

F. S. 1562. — sur le Cantique d'Ezechias. In-8.

R. S. 1557. Psalmi, lat. cum J. Calvini Commentario. In-fol.

R. S. 1555. J. Calvinus in Acta Apostolorum. In-fol.

R. S. 1556. J. Calvini Comment. in omnes Epistolas. In-fol.

R. S. 1557. Idem. In-fol.
Editio dubia.

R. S. 1545. Osiandri Harmoniæ Evangelicæ. In-16.

R. S. 1555. J. Calvini Harmonia ex Evangelistis composita. In-fol.

R. S. 1560. Eadem; adjuncto seorsim Johanne. In-fol.

R. S. 1555. Concordantiæ Bibliorum utriusque Testamenti. In-fol.

H. S. 1594. Concordantiæ græcolatinæ Novi Testamenti. In-fol.

P. S. 1600. Eædem, cum supplemento. In-fol.

R. S. 1537. Hebræa, Chaldæa, Græca & Latina nomina propria quæ in Bibliis leguntur. In-8.

R. S. 1549. Eadem. In-4.

R. S. Eadem. In-fol. Cum Bibliis Latinis.

H. S. 1503. Officiarium curatorum, seu Manuale Eduensis Diœc. In-4. Goth.

H. S. 1505. Missale Eduense. In-4. Goth.

H. S. 1515. Officium diurnum Sanctimonialium, juxta usum Fontis-Ebraldi. In-4.

H. S. 1518. Horæ Canonicæ. In-8. Goth.

F. S. 1543. Horæ in laudem B. M. Virginis, græce. In-16.

H. S. 1516. J. Clichtovei Elucidatorium Ecclesiasticum. In-fol.

H. S. *et ej. Successor* S. Col. 1521. Idem. In-fol.

C. S. 1554. Philo de decem Oraculis, lat. In-8.

R. S. 1551. S. Justini Opera, gr. Infol.

H. S. 1592. S. Justini Epistola et Oratio : gr. et lat. In-4.

H. S. 1595. Eædem. In-8.

H. S. 1557. Athenagoræ Apologia, et de resurrectione mortuorum. gr. et lat. In-8.

R. S. 1544-45-46. Eusebii Evangelicæ Præparatio, et Evangelica Demonstratio, græce. 2 vol. in-fol.

H. S. 1570. Athanasii Dial. de Trinitate. Basil. adversus Eunomium. Anat. et Cyrill. Explic. fidei, gr. lat. Fœbadius contra Arianos, lat. In-8.

R. S. 1606. Gregorii Nysseni Epistola ad Eustathiam, &c. gr. et lat. In-8.

R. S. 1606. Ejusdem, de iis qui adeunt Hierosolyma, gr. et lat. In-8.

A. S. 1609-33. S. Joannis Chrisostomi Opera omnia, gr. et lat. 12 vol. in-fol.

H. S. 1515. Theologia vivificans. Dionysii Areopagitæ Opera, lat. Ignatii et Polycarpi Epistolæ. In-fol.

A. S. 1644. Dionysii Areopagitæ Opera omnia, gr. et lat. 2 vol. in-fol.

R. S. 1547. Mich. Syngelus de laudibus Divi Dionysii, græce. In-4.

H. S. 1507. Theologia Joannis Damasceni, J. Fabro interprete. In-4.

H. S. 1512. Eadem, cum commentario. In-fol.

H. S. 1519. Eadem. In-fol.

H. S. 1519. Theodoritus Cyrensis Episc. de curatione græcarum affectionum; latine. In-fol.

R. S. 1610. Dix Sermons de Theodoret, trad. par Seb. Hardy. In-8.

R. S. 1626. Les mêmes. In-8.

R. S. 1628. Tertulliani Libri ix. cum notis N. Rigaltii. In-8.

A. S. 1613. Trois Epistres de S. Jerome, trad. par Jean Davy du Perron. In-8.

V. de M. P. 1604. Trois Discours de S. Ambroise; tr. par J. Bertaut. In-16.

H. S. 1510. Joannes Major in primum Sententiarum. In-fol.

H. S. 1510. Patris Richardi opus Theologicum de Trinitate. In-4.

H. S. 1515. Alani Varenii Montalbani Homiliæ in Canticum Canticorum, in Psalmos Sermones. In-4.

H. S. 1510. Bernonis Abbatis Libellus de officio Missæ. In-4.

H. S. 1518. Idem Libellus. In-4.

H. S. 1517. Stephanus Eduensis Episcopus de Sacramento Altaris. In-4.

A. S. 1642. Paulin, Visite du S. Sacrement de l'Autel. In-8.

R. S. 1532. De liquidorum leguminumque Mensuris ex Sacræ scripturæ et aliorum authorum locis. In-4.

R. S. 1535. G. Budæus de transitu Hellenismi ad Christianismum. In-fol.

M. P. 1579. Picherellus in Cosmopœiam divinam. In-4.

A. S. 1623. Mat. Simonius de Pœnitentiæ ritu in vetere Ecclesia. In-8.

M. P. 1585. Homilies de Pontus de Tyard sur l'Oraison Dominicale. In-16.

M. P. 1586. Les mêmes. In-4.

M. P. 1586. Homilies du même sur la Passion. In-16.

A. S. 1625. Francisci Archiepiscopi Rothomagensis Apologia Evangelii, pro Catholicis. In-fol.

A. S. 1625. Du Laurens, Response au livre de P. Du Moulin. In-8.

A. S. 1622. Traitté de l'Eucharistie, par le Card. Du Perron. In-fol.

A. S. 1629. Le même. In-fol.

R. S. 1628. De sacro ritu præferendi Crucem majoribus Prælatis. In-8.

A. S. 1629. Gabr. de l'Aubespine, Ancienne police de l'Eglise sur l'administration de l'Eucharistie. In-8.

A. S. 1630. Gabr. Albaspinæi Responsio ad Rigaltii Epistolam. In - 8.

H. S. 1639. Catechisme des Controverses. In-4.

H. S. 1640. Le même. In-8.

H. S. 1517. J. Fabri de Maria Magdalena Disceptatio. In-4.

H. S. 1518. Eadem. In-4.

H. S. 1519. Eadem. In-8.

H. S. 1519. J. Clichtoveus de necessitate peccati Adæ & felicitate culpæ ejusdem. In-4.

H. S. 1519. De dignitate & excellentia Annunciationis B. Mariæ V. In-4.

H. S. 1513. De puritate Conceptionis B. Mariæ V. In-4.

H. S. 1517. Idem. In-4.

H. S. 1519. Disceptationis de Magdalena Defensio. In-8.

H. S. 1516. De laudibus S. Ludovici, & Sanctæ Cæciliæ martyris. In-4.

H. S. 1513. De mystica numerorum significatione. In-4.

H. S. 1519. De Vita & moribus Sacerdotum. In-8.

H. S. 1513. De laude monasticæ religionis. In-4.

H. S. 1512. De vera nobilitate. In-4.

H. S. 1519. De Regis officio. In-4.

H. S. 1506. Hugonis de sancto Victore Opera. In-4.

H. S. 1517. Allegoriæ in utrumque Testamentum. In-4.

H. S. 1507. Guilhelmus Parisiensis & Hug. de S. Victore de Claustro animæ. In-4.

H. S. 1512. J. Rusberus de ornatu spiritualium nuptiarum. In-4.

H. S. 1505. Liber eruditionis Religiosorum a Mag. Humberto de Romanis quondam editus. In-8.

H. S. 1513. Liber trium Virorum & trium spiritualium Virginum. In-fol.

H. S. 1519. Contemplationes Idiotæ de amore divino, &c. In-4.

H. S. 1518. Fr. Malachiæ Libellus septem peccatorum mortalium. In-4.

H. S. 1520. Sermo Synodalis Guilelmi Meldensis Episcopi, Meldis
habitus. In-4.

\ H. S. *Sans date.* Lavacrum Conscientiæ. In-8. Goth.

F. S. 1542. Cl. Viexmontii Methodus
confessionis compendiaria. In-4.

F. S. 1548. Ejusdem Methodus confessionis. In-4.

F. S. 1579. Traicté des dances, par
Lamb. Daneau. In-8.

R. S. 1620. Exhortations chrestiennes. In-12.

A. S. 1644. OEuvres du Card. de
Berulle. In-fol.

A. S. 1622. Mariage de la vertu avec
la religion, par le P. Boucher. In-8.

A. S. 1618. Conversion de Mad. de
Frontenac. In-8.

A. S. 1621. — de Maistre Jean Estienne. In-8.

R. S. 1553. La forme des prières ecclésiastiques. In-8.

R. S. 1553. J. Calvini Institutio christianæ Religionis. In-fol.

R. S. 1559. Eadem. In-fol.

R. S. 1553. Catéchisme, par Jean
Calvin. In-8.

R. S. 1554. (J. Calvini.) Rudimenta
fidei christianæ Hebr. ab Imm.
Tremellio versa. In-16.

R. S. 1554. Eadem, græce. In-8.

H. S. 1563. Eadem Rudimenta, &c.
gr. & lat. In-16.

H. S. 1565. Eadem. In-16.

H. S. 1575. Eadem. In-16.

H. S. 1580. Eadem. In-16.

R. S. 1553. De vero Verbi Dei, &c.
auct. P. Vireto. In-fol.

R. S. 1554. P. Viretus de origine, usu,
authoritate Ministerii Verbi Dei.
In-fol.

R. S. 1552. Ad Censuras Theologorum Parisiensium Roberti Stephani Responsio. In-8.

R. S. 1552. La même, en françois.
In-8.

R. S. 1554. J. Calvini Defensio Or-

thodoxæ fidei de sacra Trinitate
contra Serveti errores. In-8.

R. S. 1554. Theod. Beza, de hæreticis
a civili magistratu puniendis. In-8.

R. S. 1559. Theod. Beza de Cœna
Domini. In-8.

H. S. 1563. Theod. Bezæ Responsio
ad Seb. Castellionem. In-8.

A. S. 1634. Response de J. de Chaumont au S. D'Aille, ministre. In-8.

JURISPRUDENCE.

R. S. 1573. Fragmenta veterum juris
Authorum cum legibus Moysis collata. In-4.

H. S. 1520. J. Montholonii Promptuarium Divini Juris et utriusque humani.

C. S. 1552. De diversis regulis juris
antiqui. In-8.

C. S. 1557. Idem liber. In-8.

H. S. 1580. Juris civilis fontes et rivi.
Henr. Stephani Collatio legum Mosaicarum et Romanarum. In-8.

R. S. 1567. Romanorum Leges à L.
Charunda restitutæ. In-4.

R. S. 1528. Justiniani Institutiones.
In-8.

R. S. 1534. Eædem. In-8.

R. S. 1527—28. Digestorum, seu Pandectarum Juris civilis volumina
quinque. 5 vol. in-8.

R. S. 1535. G. Budæi Annotationes
in libros Pandectarum. In-fol.

R. S. 1535. Altera editio ejusdem anni.
In-fol.

R. S. 1542—43. Eædem. In-fol.

H. S. 1558. Impp. Justiniani, Justini,
Leonis Novellæ Constitutiones, gr.
In-fol.

H. S. 1560. Eædem, Latine versæ.
In-8.

R. S. 1571. Imp. Theodosii, Valentiniani, &c. Novellæ Constitutiones.
In-4.

H. S. 1573. Juris Orientalis libri, ab

Edmundo Bonefidio digesti, gr. et lat. In-8.

R. S. 1528. Phil. Melanchthonis Oratio de legibus et de gradibus. In-8.

R. S. 1534. Eadem. In-8.

R. S. 1532. Christ. Hegendorphini Dialecticæ legalis libri V. In-8.

R. S. 1535. Iidem. In-8.

R. S. 1544. G. Budæi Forensia. In-fol.

R. S. 1540. Eadem. In-fol.

R, S. 1545. Forensium verborum Interpretatio et Index. In-fol.

R. S. 1548. Idem liber. In-fol.

C. S. 1553. Placitorum Summæ apud Gallos Curiæ Lib. XII. per J. Lucium. In-fol.

C. S. 1556. Idem liber. In-fol.

C. S. 1559. Idem. In-fol.

A. S. 1634. Arrest pour la cassation des jugemens des Esleus contre des Nobles. In-8.

C. S. 1554. Ch. Estienne, Paradoxes en forme de réclamations forenses. In-8.

C. S. 1554. Paradoxe que le plaider est chose utile et nécessaire à l'homme. In-8.

M. P. 1581. Ant. Hotman, de la dissolution du mariage. In-8.

M. P. 1595. Le même livre. In-8.

M. P. 1594. Advis sur la clause de fournir ou faire valoir une debte ou rente. In-8.

M. P. 1594. Lettres pour la préséance du Roy de France sur le Roy d'Espagne. In-8.

R. S. 1629. Galland, contre le Franc-alleu sans titre. In-4.

R. S. 1629. Le même. In-12.

H. S. 1566. Confirmation de la discipline ecclesiastique des Eglises réformées. In-8.

R. S. 1628. J. Chapot Defensio pro nepotibus Francisci de Paula. In-4.

H. S. 1506. Guillermi Mandagoti Practica Electionum et Postulationum. In-4.

R. S. 1571. Fr. Grimaudet, Paraphrase du droict des dismes ecclésiastiques et inféodées. In-8.

R. S. 1574. La même. In-8.

A. S. 1626. Morini Exercitationes Ecclesiasticæ. De Patriarcharum origine. In-4.

R. S. 1565. Ordonnance sur la police pour le temps du Caresme. In-8.

A. S. 1615. Brief Discours sur la police de l'Eglise et de l'Estat, (par le Card. du Perron). In-8.

M. P. 1594. Pierre Pithou, Libertés de l'Eglise Gallicane. In-8.

M. P. 1594. Mémoire et avis de Jean du Tillet sur les libertés de l'Eglise Gallicane. In-8.

R. S. 1629. P. Fonteii Jus Pontificium Gallicanum. In-8.

M. P. 1594. Extraict des registres des Estats sur la reception du concile de Trente. In-8.

A. S. 1621. Statuta Synodalia Diœcesis Sylvanectensis. In-8.

A. S. 1625. Decreta Synodi Burdigal. anno 1624 habitæ. In-8.

A. S. 1625. Recueil des choses concernant le Clergé de France, par Pierre Peyressac. 3 vol. In-8.

A. S. 1625. Procès-verbal de l'assemblée générale du Clergé, en 1625. In-4.

C. S. 1625. Déclaration de l'assemblée du Clergé sur les entreprises des Reguliers. In-4.

A. S. 1525. Avis de l'assemblée générale du Clergé aux Archevêques et Evesques. In-4.

A. S. 1625. Epistola pro convocatione Conciliorum Provincialium. In-4.

A. S. 1626. Relations des agens du Clergé sur les affaires de 1625 et 1626. In-8.

A. S. 1629. Acta Rothomagensis Ecclesiæ. In-8.

M. P. 1597. J. du Perron, Replique à la remonstrance de quelques Ministres. In-8.

A. S. 1622. L. de Morainvilliers, Response à un libelle contre l'Evesque de Nantes. In-8.

A. S. 1625. Cardinalium , &c. Sententia de anonymis et famosis quibusdam libellis. In-4.

M. P. 1594. Playdoyé de M. Ant. Arnaud contre les Jésuites. In-8.

M. P. 1594. Défenses de ceux du Collège de Clermont. In-8.

A. S. 1614. J. du Perron, Apologie pour les PP. Jésuites. In-8.

A. S. 1605. Diverses OEuvres du Card. du Perron. In-fol.

A. S. 1622. Les mêmes. In-fol.

A. S. 1623. Les mêmes. In-fol.

A. S. 1629. Les mêmes. In-fol.

A. S. 1617. Divers Traités et Discours des controverses de ce temps, par J. B. du Perron. In-4.

A. S. 1639. Arrest du Parlement sur les informations de vie et mœurs de ceux qui seront nommez, aux eveschez, &c. In-8.

A. S. 1651. Remonstrance de Fr. Paumier au Roy sur le pouvoir que S. M. a sur le temporel de l'estat ecclesiastique, &c. In-4.

A. S. 1651. Response à la Censure du Clergé sur cette Remonstrance. In-4.

SCIENCES ET ARTS.

H. S. 1505. Pimander. Mercurii Trismegisti liber. Asclepius, &c. In-4.

H. S. 1578. Platonis Opera, gr. et lat. 3 vol. in-fol.

H. S. 1557. Maximi Tyrii Disputationes, gr. et lat. In-8.

A. S. 1629. Aristotelis Opera, gr. et lat. 2 vol. in-fol.

H. S. 1557. Aristotelis et Theophrasti scripta quædam, gr. In-8.

H. S. 1515. Aristotelis et Theophrasti Metaphys. latine. In-fol.

H. S. 1502. Jac. Fabri artificialis Introductio in libros Ethicorum Aristotelis. In-fol.

H. S. 1506. Eadem. In-fol.

H. S. 1512. Eadem. In-fol.

H. S. 1504. Aristotelis ethica, interpr. Leonardo Aretino. In-fol.

H. S. 1511. Eadem. In-fol.

H. S. 1505. Aristotelis moralium tres conversiones, &c. &c. In-fol.

H. S. 1510. Eædem. In-fol.

H. S. 1514. Eædem. In-8.

H. S. 1516. Eædem. In-fol.

H. S. 1508. J. Fabri Introductiuncula in Polit. Arist. Xenophontis Oeconomic. lat. In-fol.

H. S. 1512. Eadem. In-fol.

H. S. 1516. Eadem. In-fol.

H. S. 1506. Aristotelis Politica, OEconom. &c. Leonardo Aretino interprete. In-fol.

H. S. 1511. Eadem. In-fol.

H. S. 1515. Eadem. In-8.

H. S. 1517. Eadem. In-fol.

H. S. 1503. Libri Logicorum (Aristotelis) lat. cum commentariis. In-fol.

H. S. 1510. Iidem. In-fol.

H. S. 1520. Iidem. In-fol.

H. S. 1504. J. Fabri Paraphrases in Aristot. Physica, &c. — J. Fabri Introductorii Dialogi, &c. In-fol.

H. S. 1510. Eædem. In-fol.

H. S. 1504. Textus abbreviatus Aristotelis super libros Physicorum, a Th. Bricot. In-fol.

H. S. 1518. Ex Physiologia Aristotelis libri xxviii. Lat. In-fol.

C. S. 1553. P. Ramus in Aristot. posteriora analytica. In-8.

H. S. 1562. Sexti Philosophi Pyrrhoniarum Hypotypuseon Libri ; latine. In-8.

H. S. 1511. Logices Adminicula, ex Ammonio , Boetio et Themistio, &c. In-fol.

R. S. 153o. A. M. Boetius de differentiis topicis. In-8.

R. S. 1534. Idem. In-8.

R. S. 1537. Idem. In-8.

R. S. Sans date. Idem. In-8. *Editio dubia.*

R. S. 1528. Phil. Melanchthonis Dialectica. In-8.

F. S. 1542. Epitome Comment. Dialecticæ Inventionis Rod. Agricolæ. In-8.

R. S. 1621. Fr. Titelmani Dialectica. In-8.

H. S. 1505. J. Clichtovei Introductio in terminorum cognitionem. In-4.

H. S. 1513. J. Clichtovei Introductiones logicæ. In-4.

H. S. 1520. Eædem. In-4.

H. S. 1510. Car. Bovilli Tractatus varii , philosophici et Mathem. In-fol.

H. S. *Sans date.* Alani Varennii Dialogi de Luce, Amore, Harmonia, &c. &c. In-4.

H. S. 1510. Jacobi Almaini Moralia. In-4.

H. S. 1516. Eadem. In-4.

H. S. 1513. Peri Archon Scientiarum , Opusculum J. Pelletarii. In-4.

F. S. 1537. Hieronymi Rup. Metinensis Castellani Comment. Philosophiæ moralis. In-8.

A. S. 1615. Pierre Valens, Le Mercure des Arts et Sciences. In-8.

M. P. 1578. Pontus de Tyard, Deux Discours curieux de la nature du Monde , &c. In-4.

R. S. 1565. De l'utilité et repos d'esprit en l'agriculture et vie solitaire. In-8.

M. P. 1595. Guillaume du Vair , de la constance & consolation és calamitez publiques. In-16.

R. S. 1527. Othonis Brunsfelsii de disciplina et Institutione puerorum Paraenesis. In-8.

R. S. 1529. Eadem. In-8.

R. S. 1526. Christiani Theodidacti Praeceptiones quo pacto ingenui adolescentes formandi sint. In-8.

R. S. 1529. Eædem. In-8.

R. S. 1527. Christ. Hegendorphini Christiana Institutio. In-8.

R. S. 1531. Eadem, et Oth. Brunsfelsii de institutione puerorum Paraenesis. In-8.

R. S. 1637. Eædem. In-8.

R. S. 1541. Eædem. In-8.

R. S. 1545. Eædem. In-8.

R. S. 1549. Eædem. In-8.

R. S. 1529. Christ. Hegendorphini Paraeneses de instituenda vita juventutis. In-8.

R. S. 1532. Eædem. In-8.

R. S. 1536. Eædem. In-8.

A. S. 1545. Eædem. In-8.

C. S. 1553. Le Prince de N. Machiavel , tr. par G. Cappel. In-4.

R. S. 1566. Rol. Pietre, Considerations politiques. In-8.

R. S. 1568. Les mêmes. In-8.

(F. S.) 1581. De la puissance legitime du prince, &c. In-8.

R. S. 1617. J. Heroard de Institutione Principis. In-4.

R. S. 1623. Ant. de Guevarre, le Reveille-matin des Courtisans. In-8.

R. S. 1543. Libri de Re rustica : Cato , Ter. Varro, &c. In-8.

F. S. 1537. Car. Steph. Vinetum. In-8.

R. S. 1536. Car. Steph. Seminarium. In-8.

R. S. 1540. Car. Stephani Seminarium et Plantarium. In-4.

R. S. 1543. Eadem. In-8.

F. S. 1538. Car. Steph. Sylva, Frutetum, Collis. In-8.

F. S. 1538. Car. Steph. Arbustum, Fonticulus. Spinetum. In–8.

F. S. 1542. Eadem. In–8.

F. S. 1543. Pratum, Lacus, Arundinetum. In–8.

R. S. 1535. C. Stephanus de re Hortensi. In–8.

R. 1536. Idem. In–8.

R. S. 1539. Car. Stephanus de re Hortensi; de cultu et satione hortorum. In–8.

F. S. 1543. De re herbaria et hortensi. In–8.

R. S. 1545. Idem. In–8.

R. S. 1550. Car. Steph. de nutrimentis. In–8.

R. S. 1560. Idem. In–8.

C. S. 1554. Caroli Stephani Prædium rusticum. In–8.

R. S. 1536. Car. Steph. de latinis et græcis nominibus arborum, fruticum, &c. In–8.

R. S. 1544. Idem. In–8.

R. S. 1545. Idem. In–8.

R. S. 1547. Idem. In–8.

C. S. 1554. Idem. In–8.

C. S. 1559. Idem. In–8.

C. S. 1553. Petrus Bellonius de aquatilibus. In–8. obl. Fig.

C. S. 1555. P. Belon, de la nature et diversité des poissons. In–8. obl. Fig.

H. S. 1564. Dictionarium medicum. In–8.

H. S. 1512. Hippocrates de præsagiis in morbis acutis, lat. In–4.

H. S. 1516. Hippocratis Prognostica, lat. cum Galeni Comment. In–fol.

M. P. 1575. Hippocratis prognost. Latina Ecphrasis. In–4.

M. P. 1578. Hippocrates de capitis vulneribus, gr. et lat. In–8.

A. S. 1613. Hippocratis Aphorismi, gr. et lat. In–12.

A. S. 1617. Hippocrates de pharmacis purgantibus, gr. et lat. In–12.

H. S. 1512. Galenus de differentiis febrium, lat. In–4.

H. S. 1513. Galeni de affectorum locorum notitia, lat. In–4.

H. S. Sans date. Eadem. In–4. Editio dubia.

H. S. 1514. Galeni opuscula, Nic. Leoniceno interprete. In–4.

H. S. 1518. Galenus de sectis Medicorum, Alex. Aphrodis. de febribus. Hippocrates de natura humana, lat. In–4.

H. S. 1567. Medicæ artis principes græci, post Hippocratem et Galenum, latinitate donati. In–fol.

H. S. 1516. Dioscorides de materia medica, lat. In–fol.

H. S. 1510. Pauli Æginetæ Præcepta salubria, latine versa. In–4.

H. S. 1512. Eadem. In–4.

R. S. 1548. Alexander Trallianus: Rhaza de pestilentia, gr. In–fol.

H. S. 1512. Celsus de Medicina. In–4.

C. S. 1554. J. Bachanellus de consensu Medicorum in curandis morbis. In–12.

C. S. 1554. Idem, de consensu med. in cognoscendis simplicibus. In–12.

M. P. 1578. Fr. Ulmi de liene libellus. In–8.

C. S. 1552. J. Valverdus de animi et corporis sanitate tuenda. In–8.

R. S. 1564. I. Sulpitius, de moribus in mensa servandis. In–8.

R. S. 1574. Idem. In–8.

R. S. 1542. De puella quæ sine cibo et potu vitam transigit. In–8.

H. S. 1514. Alexandri Benedicti Anatomia, et Aphorismi. In–4.

R. S. 1536. Car. Stephani Anatomia. In–8.

1545. Car. Steph. De Dissectione corporis humani. *Apud Simonem Colinæum.* In–fol. Fig.

1546. Ch. Estienne, La Dissection du corps humain. *Sim. de Colines.* In–fol. Fig.

M. P. 1599. I. Heroard, Hippostologie, ou Discours des os du cheval. In-4.

R. S. 1626. Veterum Mathematicorum Opera, lat. In-16. 4 parties, dont *Apollonii Pergæi Conica, et M. Mersennii Synopsis Mathematica.*

H. S. 1516. Euclidis geometrica elementa. In-fol.

R. S. 1567. J. Stenii Disquisitio pro dignitate Philos. Euclideæ. In-4.

H. S. 1503. Introductio in Arithmet. Boetii. J. Clichtovei Praxis numerandi. Bovilli Introduct. in Geometr. J. Fabri Astronomicon. In-fol.

H. S. 1510. J. Fabri Epitome Arithmet. Boetii. In-fol.

H. S. 1514. Eadem. In-fol.

H. S. 1507. Textus de Sphera Johannis de Sacro Bosco, et Geometria Euclidis. In-fol.

H. S. 1511. Idem liber. In-fol.

H. S. 1516. Idem. In-fol.

R. S. 1529. Cutheberti Tonstalli de Arte supputandi Libri. In-4.

R. S. 1535. Iidem. In-4.

R. S. 1538. Iidem. In-4.

H. S. 1514. Charles Boville, l'art et science de Geometrie. In-4.

H. S. 1517. J. Fabri Introductorium Astronomicum. In-fol.

H. S. Mart. Poblacion de usu Astrolabii. In-4.

H. S. 1518-19. Alberti Pighii adversus prognosticatorum vulgus Astrologiæ Defensio. In-4.

R. S. 1623. Fr. de Cauvigny. Réfutation de l'Astrologie judiciaire. In-8.

M. P. 1599. Discours sur le fait de Marthe Brossier, prétendue démoniaque. In-8.

M. P. 1576. Leçons de perspective, par J. Androuet du Cerceau. In-fol. fig.

BELLES-LETTRES.

R. S.   A. B. C.

R. S. 1544. Alphabetum Hebraicum. In-8.

R. S. 1550. Idem. In-8.

R. S. 1554. Idem. In-8.

R. S. *Sans date.* Idem. In-8.

C. S. 1559. Idem. In-8.

H. S. 1566. Idem. In-8.

R. S. 1566. Idem. In-8.

R. S. 1539. Alphabetum Græcum & Hebraicum. In-8.

P. S. 1600. Idem. In-8.

H. S. 1567. Rodolphi Cevallerii Rudimenta Hebraicæ linguæ. In-4.

R. S. 1549. S. Pagnini Institutiones Hebraicæ. In-4.

R. S. 1546. Earum Abbreviatio. In-8.

C. S. 1556. Eadem. In-4.

R. S. 1546. S. Pagnini Observationes in linguam Hebræam. In-8.

R. S. 1548. Pagnini Thesaurus linguæ sanctæ. In-4.

R. S. 1558. Phrases Hebraicæ, Thesauri linguæ Hebraicæ altera pars. In-8.

C. R. 1554. Compendium Michlol, Auth. Rodolpho Bayno. In-4.

C. S. 1556. N. Clenardi Tabula in grammaticam Hebræam. In-4.

H. S. 1569. Grammatica Chaldæa & Syra Immanuelis Tremellii. In-4.

C. S. 1554. Ang. Caninii Institutiones linguæ Syriacæ. In-4.

R. S. 1528. Alphabetum Græcum. In-8.

R. S. 1539. Idem. In-8.

R. S. 1548. Idem. In-8.

R. S. 1550. Idem. In-8.

R. S. 1554. Idem. In-8.

R. S. 1566. Idem. In-8.

R. S. 1580. Idem. In-8.

R. S. 1555. De puerili græcarum literarum Doctrina, Lod. Enoco aut. In-8.

R. S. 1549. Nic. Clenardi Institutiones linguæ græcæ. In-4.

R. S. 1549. Ejusdem Meditationes græcanicæ, seorsim. In-4.

R. S. 1550. Eædem. In-4.

C. S. 1551. Eædem Institutiones, cum notis Guillonii. In-8.

R. S. 1568. Eædem Institutiones linguæ græcæ, cum Praxi Antesignani. In-4.

R. S. 1548. G. Budæi Commentaria linguæ græcæ. In-fol.

C. S. 1554. Car. Steph. latinæ linguæ cum græca Collatio. In-8.

H. S. 1563. Henr. Stephani de abusu linguæ græcæ Admonitio. In-8.

H. S. 1573. Eadem. In-8.

H. S. 1581. Henr. Steph. Paralipomena grammatica græca. In-8.

R. S. 1568. Th. Smith de linguæ græcæ pronunciatione. In-4.

H. S. 1587. Theod. Beza de vera pronunciatione græcæ linguæ. In-8.

C. S. 1554. Car. Stephani Dictionarium latino-græcum. In-4.

H. S. 1572. Henrici Stephani Thesaurus græcæ Linguæ; ejusdem Appendix & Index. 5 vol. in-fol.

H. S. (Circa 1580.) Idem Liber. 5 vol. in-fol. Sine anno.

H. S. 1573. Glossaria duo e situ vetustatis eruta. In-fol.

H. S. 1573. M. Terentii Varronis Opera. In-8.

H. S. 1580-81. Eadem. In-8.

R. S. 1565. Jos. Scaligeri Conjectanea in Terentium Varronem. In-8.

H. S. 1591. Henr. Steph. Appendix ad Ter. Varronem. In-8.

M. P. 1576. Verrius Flaccus. S. Pompeius Festus. In-8.

H. S. 1520. Laurentii Vallensis Elegantiæ. In-4.

R. S. 1541. Eædem. In-4.

R. S. 1533. Jod. Badii Epitome in Laur. Vallam. In-8.

R. S. 1533. Laur. Vallæ Elegantiæ de Sui ac Suus. In-4.

R. S. 1549. Laur. Vallæ Elegantiæ, à J. Roboamo carmine redditæ. In-8.

C. S. 1557. Eædem. In-8.

R. S. 1530. D. Erasmi Paraphrasis in Elegantiarum Libros Laur. Vallæ. —C. Croci Farrago sordidorum verborum. In-8.

R. S. 1531. Idem Liber. In-8.

R. S. 1533. Idem. In-8.

R. S. 1542. Idem. In-8.

R. S. 1545. Idem. In-8.

R. S. 1548. Idem. In-8.

R. S. 1526. Ælius Donatus de octo partibus orationis. In-8.

R. S. 1531. Idem, editio secunda, auctior. In-8.

R. S. 1534. Idem. In-8.

R. S. 1536. Idem. In-8.

R. S. 1537. Idem. In-8.

F. S. 1547. Idem. In-8.

R. S. 1549. Idem. In-8.

R. S. 1561. Idem. In-8.

R. S. 1582. Idem. In-8.

R. S. 1585. Idem. In-8.

R. S. 1587. Idem. In-8.

R. S. 1585. Idem, in Dialogi formam redactus. In-8.

R. S. 1539. Ælii Donati grammatici commentarii. In-8.

R. S. 1543. Donati ars prima, secunda; de Barbarismo, &c. In-8.

R. S. 1531. Nic. Perotti Rudimenta latinæ grammatices. In-4.

R. S. 1531. Aldi Manutii Grammatica lat. In-4.

F. S. 1538. Naturæ nominum, ex Prisciano. In-8.

F. S. 1540. Eædem. In-8.

F. S. 1537. Naturæ pronominum. In-8.

F. S. 1540. Eædem. In-8.

F. S. 1538. Naturæ verborum, ex Prisciano. In-8.

F. S. 1540. Eædem. In-8.

R. S. 1546. Eædem. In-8.

R. S. 1577. Eædem. In-8.

R. S. 1580. Eædem. In-8.

F. S. 1537. Naturæ participiorum. In-8.

F. S. 1538. Eædem. In-8.
F. S. 1540. Eædem. In-8.
F. S. 1538. Naturæ infinitivorum, gerundiorum & supinorum. In-8.
F. S. 1540. Eædem. In-8.
F. S. 1538. Naturæ conjunctionum. In-8.
F. S. 1540. Eædem. In-8.
F. S. 1540. Naturæ adverbiorum. In-8.
F. S. 1542. Eædem. In-8.
F. S. 1538. Naturæ præpositionum & interjectionum. In-8.
F. S. 1540. Eædem. In-8.
R. S. 1543. J. Despauterii prima pars Grammaticæ. In-4.
R. S. 1550. Eadem. In-4.
R. S. *Sans date.* Eadem. In-4.
R. S. 1549. Rudimenta J. Despauterii. In-8.
C. S. 1554. Eadem. In-8.
R. S. 1556. Eadem. In-8.
R. S. 1567. Eadem. In-8.
R. S. 1580. Eadem. In-8.
R. S. 1583. Eadem. In-8.
R. S. 1585. Eadem. In-8.
R. S. 1542. J. Despauterii Syntaxis. In-4.
R. S. 1546. Eadem. In-4.
R. S. 1550. Eadem. In-4.
C. S. 1550-52. Eadem. In-4.
C. S. 1561. Eadem. In-4.
R. S. 1537-38. J. Despauterii Commentarii grammatici. In-fol.
R. S. 1535. J. Pellissonis Contextus Despauterianæ Grammaticæ. In-4.
R. S. 1547. Idem. In-8.
C. S. 1559. Idem. In-8.
R. S. *Sans date.* Idem. In-8.
R. S. 1529. J. Pellissonis Rudimenta Latinæ grammaticæ. In-4.
R. S. 1533. Eadem. In-4.
R. S. 1547. Eadem. In-8.
R. S. *Sans date.* Eadem. In-8.
C. S. 1558. Eadem. In-8.
C. S. 1559. Eadem. In-8.
C. S. 1560. Eadem. In-8.
R. S. 1535. J. Pellissonis modus exa-

minandæ Constructionis in Oratione. In-8.
R. S. 1535. Altera editio. In-4.
R. S. 1544. Idem liber. In-8.
R. S. 1586. Idem. In-8.
R. S. 1526. Phil. Melanchthonis Grammatica latina. In-8.
R. S. 1527. Eadem. In-8.
R. S. 1528. Eadem. In-8.
R. S. 1529. Eadem, multum aucta. In-8.
R. S. 1528. Phil. Melanchthonis Syntaxis. In-8.
R. S. 1529. — Syntaxis & Prosodia. In-8.
R. S. 1532. — Grammatica Latina, Syntaxis. In-8.
R. S. 1539. — Grammatica Latina, Syntaxis, de periodis, &c. In-8.
R. S. 1541. Eadem. In-8.
R. S. 1543. Eadem. In-8.
R. S. 1548. Eadem. In-8.
R. S. 1550. Eadem. In-8.
R. S. 1536. Th. Linacri Rudimenta grammatices. In-4.
R. S. 1537. Eadem. In-4.
R. S. 1538. Eadem. In-4.
R. S. 1547. Eadem. In-4.
R. S. 1546. Eadem. In-8.
R. S. 1550. Eadem. In-8.
R. S. 1527-28. Th. Linacri de emendata structura latini sermonis libri. In-4.
R. S. 1532-33. Idem Liber. In-4.
R. S. 1537. Idem. In-4.
R. S. 1540. Idem. In-4.
R. S. 1550. Idem. In-8.
R. S. 1529. Index in Th. Linacri Libros de emendata structura. In-4.
R. S. 1530. Formulæ interrogandi de tribus præcipuis grammaticæ partibus. In-8.
R. S. 1534. De octo orationis partium constructione, c. Comment. Junii Rabirii. In-8.
R. S. 1534. Ejusdem libri altera editio. In-8.
R. S. 1535. Idem Liber. In-8.

R. S. 1539. Idem Liber. In-8.
R. S. 1543. Idem. In-8.
R. S. 1548. Idem. In-8.
C. S. 1557. Idem. In-8.
R. S. 1580. Idem. In-8.
R. S. *Sans date.* Amo et alia verba Gallice versa, &c. In-4.
R. S. 1526. La maniere de tourner en langue francoise les verbes actifz, passifz, gerundifz, &c. In-8.
R. S. 1528. La même. In-8.
R.S. 1535 . La même. In-8.
R. S. 1556. La même. In-8.
R. S. 1567. La même. In-8.
R. S. 1587. La même. In-8.
F. S. 1537. La maniere de tourner en francois toutes especes de noms latins. In-8.
F. S. 1540. La même. In-8.
R. S. 1547. La même. In-8.
F. S. 1540. Conjugaisons latines et francoises. In-8.
R. S. 1545. Les déclinaisons des noms et des verbes, &c. La maniere de tourner les verbes, &c. In-8.
R. S. 1549. Les mêmes. In-8.
C. S. 1555. Les mêmes. In-8.
R. S. 1582. Les mêmes. In-8.
R. S. 1584. Les mêmes. In-8.
R. S. 1588. Les mêmes. In-8.
F. S. 1546. Les Principes et premiers elemens de la langue latine. In-8.
R. S. 1549. Les mêmes. In-8.
R. S. 1580. Les mêmes. In-8.
R. S. 1585. Les mêmes. In-8.
R. S. 1549. Principia, sive prima latinæ linguæ Elementa. In-8.
R. S. 1561. Eadem. In-8.
R. S. 1580. Eadem. In-8.
R. S. 1586. Eadem. In-8.
C. S. 1553. Principes de la langue latine. In-8.
C. S. 1555. Car. Stephani Rudimentum latino-gallicum. In-8.
C. S. 1559. Rudimenta latino-gallica, cum accentibus. In-8.
R. S. 1564. Eadem. In-8.

R. S. 1585. Eadem Rudimeuta. In-8.
R. S. (M. Corderii) Exempla de latino declinatu partium orationis. In-8.
H. S. (1566). Mat. Corderii Rudimenta Grammaticæ : Appendix ejusdem. In-8.
R. S. 1530. Mat. Corderius de corrupti sermonis emendatione. In-8.
R. S. 1531. Idem. In-8.
R. S. 1533. Idem. In-4.
R. S. 1534. Idem. In-8.
R. S. 1536. Idem. In-8.
R. S. 1536. Idem, cum additamentis. In-4.
R. S. 1541. Idem liber sub hoc titulo : Comment. puerorum de quotidiano sermone. Carmen Paræneticum. In-8.
R. S. 1550-51. Eadem. In-8.
R. S. 1558. Eadem. In-8.
R. S. 1580. Eadem. In-8.
R.S. 1526. Prisciani Libellus de accentibus. In-4.
R. S. 1526. Idem Libellus. In-8.
R. S. 1527. Difficilium accentuum Compendium. In-8.
F. S. 1538. De recta latini sermonis pronunciatione et scriptura. In-8.
R. S. 1567-68. Th. Smith de recta latinæ linguæ scriptione. In-8.
R. S. 1540. Joannes Theodorus de mihi et nihil, tum scribendis, tum proferendis. In-8.
R. S. 1526. R. D. Andreæ (Guarnæ) Bellum Grammaticale. In-8.
R. S. 1528. Idem. In-8.
R. S. 1532. Idem. In-8.
R. S. 1536. Idem. In-8.
R. S. 1539. Idem. In-8.
R. S. 1550. Idem. In-8.
R. S. 1533. Car. Bovilli Liber de differentia vulgarium Linguarum. In-4.
R. S. 1532. Dictionarium, seu latinæ linguæ Thesaurus. In-fol.
R. S. 1536. Idem. In-fol.
R. S. 1543. Idem. 3 vol. In-fol.

R. S. 1553-54. Ambr. Calepini Dictionarium. In-fol.

C. S. 1557. Car. Stephani Thesaurus Ciceronianus. In-fol.

C. S. 1553 (C. Stephani) Dictionarium historicum ac poeticum. In-4.

R. S. 1541. Dictionarium propriorum nominum quæ in libris prophanis leguntur. In-8.

R. S. 1560. Idem, auctum. In-4.

R. S. 1538. Rob. Steph. Dictionarium latino-gallicum. In-fol.

R. S. 1546. Idem Dictionarium latino-gallicum, locupletius. In-fol.

R. S. 1552. Idem. In-fol.
Editio dubia.

C. S. 1552. Dictionarium latino-gallicum. In-fol.

F. S. 1560 *ou* 1561. Idem. In-fol.

C. S. 1561. Eadem editio. In-fol.

R. S. 1539-40. Dictionnaire Francois-Latin. In-fol.

R. S. 1549. Le même, corrigé et augmenté. In-fol.

R. S. 1544. Les mots francois selon l'ordre des lettres. In-4.

R. S. 1547. Le même livre. In-4.

R. S. 1555. Dictionnaire francois-latin. In-4.

R. S. 1557. *Le même livre sous le titre de* Petit Dictionnaire. In-4.

C. S. 1559. Petit dictionnaire francois-latin. In-4.

R. S. 1559. Le même. In-4.

R. S. 1542. Dictionariolum puerorum. In-4.

R. S. 1544. Idem. In-4.

R. S. 1547. Idem. In-4.

R. S. 1550. Idem, auctum. In-4.

C. S. 1552. Idem, denuo auctum. In-4.

R. S. 1557. Idem Dictionariolum puerorum latino-gallicum. Dictionariolum gallico-latinum. In-4.

R. S. 1531. J. Sylvii Ambiani in linguam gallicam Isagoge. In-4.

R. S. 1557. Rob. Estienne, Traicté de la grammaire francoise. In-8.

R. S. 1558. Le même. In-8.

R. S. 1569. Le même. In-8.

R. S. 1558. Idem, Latine versus. In-8.

R. S. 1569. Idem. In-8.

H. S. 1566. Henry Estienne, de la conformité du langage francois avec le grec. In-8.

R. S. 1569. Le même. In-8.

H. S. (1578.) Deux dialogues du nouveau langage francois italianisé (par Henry Estienne.) In-8.

M. P. 1579. Henry Estienne, Precellence du langage francois. In-8.

H. S. 1582. Henr. Stephani Hypomneses de gallica lingua. In-8.

R. S. 1568. Th. Smith de recta et emendata linguæ Anglicæ scriptione. In-4.

R. S. 1624. La Rhetorique d'Aristote, tr. par Rob. Estienne. In-8.

R. S. 1630. La même. In-8.

R. S. 1545. Manuel Moschopulus de ratione examinandæ orationis, gr. In-4.

R. S. 1530-31. Rhetores latini : P. Rutilius Lupus, Aquila, Rufinianus. In-4.

R. S. 1541. P. Rutilius Lupus de figuris Sententiarum. Aquila Romanus. Julius Rufinianus. In-8.

R. S. 1527. Phil. Melanchthonis de Arte dicendi Declamatio. In-8.

R. S. 1529. Eadem. In-8.

R. S. 1527. Phil. Melanchthonis de Rhetorica Libri III. In-8.

R. S. 1529. Idem Liber. In-8.

R. S. 1534. Idem. In-8.

R. S. 1537. Idem. In-8.

R. S. 1547. Christ. Hegendorphini Methodus conscribendi epistolas. Dragmata Rhetorica. In-8.

C. S. 1555. Eadem Methodus, &c. In-8.

R. S. 1551. G. Cassandri Tabulæ Rhetorices. In-8.

R. S. 1551. G. Cassandri Tabulæ præceptionum dialecticarum. In-8.

R. S. 1532. Petri Mosellani Tabulæ de Schematibus et tropis in Rhetorica Ph. Melanchthonis. In–8.

R. S. 1536. Eædem Tabulæ. In–8.

R. S. 1542. Eædem. In–8.

R. S. 1546. Eædem. In–8.

R. S. 1548. Joach. Fortii Ringelbergii Rhetorica. In–8.

H.S. 1570. Conciones, sive Orationes ex græcis, latinisque historicis. In–fol.

H. S. 1575. Oratorum veterum Orationes, gr. In–fol.

H. S. 1567. Polemonis, Himerii, et aliorum Declamationes, gr. In–4.

H. S. 1593. Isocratis Orationes et Epistolæ, gr. et lat. In–fol.

P. S. 1604. Isocratis Orationes, gr. et lat. In–8.

H. S. 1562. Themistii Orationes, gr. In–8.

P. S. 1604. Aristidis Orationes, gr. et lat. 3 vol. in–8.

P. S. 1611. Eædem. 3 vol. in–8.

R. S. 1538–39. Ciceronis Opera, 4 vol. in–fol.

R. S. 1543–44. Eadem. 9 vol. in–8.

C. S. 1551–54–55. Eadem. 4 v. in–fol.

R. S. 1531. In Ciceronis Libros de Inventione Fabii Victorini Comm. In–4.

R. S. 1537. Idem. In–4.

R. S. *Sans date.* Idem. In–4. *Editio dubia.*

C. S. 1553. Cicero de Oratore, cum Comm. Audomari Talæi. In–4.

R. S. 1527. Ciceronis Oratoriæ partitiones, et de optimo genere oratorum. In–8.

R. S. 1528. Eædem. In–8.

R. S. 1530. Eædem. In–8.

R. S. 1533. Eædem. In–8.

R. S. 1530. M. T. Ciceronis Orator. In–4.

R. S. 1534. Idem. In–8.

R. S. *Sans date.* Idem. In–8.

F. S. 1538. Idem. In-8.

R. S. 1533. Victoris Pisani in Cicer. Oratorem Comm. In–4.

R. S. *Sans date.* Idem. In–8.

R. S. 1537. Cicero de Oratore. In–16.

R. S. 1546. Cicero de Oratore, de claris Oratoribus, &c. In–16.

R. S. 1537. Ciceronis Libri de inventione Topica. Partitiones oratoriæ. In–16.

R. S. 1528. G. Vallæ Commentaria in Ciceronis Oratorias Partitiones. In–8.

R. S. 1535. Eadem. In–8.

R. S. 1547. Eadem. In–8.

R. S. *Sans date.* Ad Trebatium Ciceronis Topica. In–8.

R. S. 1528. Eadem Ciceronis Topica, cum Boetii Commentariis. In–8.

R. S. 1530. Eadem, cum Hegendorphini Scholiis. Editio secunda. In–8.

R. S. 1532. Eadem, cum Boetii Commentariis. Editio secunda. In–8.

R. S. 1535. Eadem. Tertia editio. In–8.

R. S. 1540. Eadem. In–8.

R. S. 1542. Eadem. In–8.

R. S. *Sans date.* Eadem. In–8.

R. S. Ciceronis Oratio in Pisonem. In–8.

—— pro Archia poeta, pro M. Fonteio. In–8.

R. S. 1539. —— pro Archia poeta, pro M. Fonteio, Antequam iret in exilium. In–8.

—— pro M. Cælio.

—— pro A. Cæcina.

—— pro A. Cluentio.

—— pro L. Flacco.

—— pro M. Marcello, pro Q. Ligario, pro rege Dejotaro.

—— pro Quintio, pro Roscio eomœdo.

—— pro lege Manilia.

—— pro Milone.

—— pro L. Muræna.

—— pro Sexto Roscio Amerino.

—— pro P. Sylla, pro Cornelio Balbo.

Sallustii in Ciceronem Oratio. Chacune de ces pièces est de format in–8.

R. S. 1536. Ciceronis Orationes in Catilinam. In–8.

Harangues, Oraisons, Epistres, &c. In-4.

C. S. 1553. Oratione di Cl. Tolommei ad Henrico II. In-4.

C. S. 1553. L'Oraison du Seigneur Tolommei, trad. d'Italien. In-4.

R. S. 1547-48. Le trespas et obseques de Francois, Roy de France. — Les deux sermons prononcez esdictes obseques. In-8.

R. S. 1547. Petri Castellani Oratio in funere Francisci Regis. In-4.

R. S. 1547. La même, trad. en francois. In-4.

R. S. 1559. De la Rovere. Deux Sermons funebres es obseques du Roy Henry II. In-4.

R. S. 1559. Trespas et obseques du Roy Henry II. In-4.

R. S. 1565. Gabr. Bounin. Harangue sur l'entretenement de la paix. In-8.

R. S. 1566. Loys le Caron, Panegyrique au Roy Charles IX. In-8.

R. S. 1576. Le même. In-8.

R. S. 1567. — — Second Panegyrique. In-8.

R. S. 1567. — — Troisième Panegyrique. In-8.

R. S. 1577. — — Les mêmes 2e et 3e Paneg. In-8.

R. S. 1567. Remerciement à la Royne mere. In-8.

M. P. 1583. Jean Prévost. Oraison funebre de Christofle de Thou. In-4.

M. P. 1584. Oraison funebre de Mad. Anne de Thou, (par Ant. Prévost de Sanzac). In-4.

M. P. 1584. Oraison funèbre de la même, par Renaud de Beaune. In-4.

M. P. 1594. Guy Joly, Panegyrique au Roy Henry IV. In-8.

R. S. 1611. Oraisons funèbres sur le trespas de Henry-le-Grand. In-8.

R. S. 1547. Joannis Murmellii Tabulæ in artem componendorum versuum. In-8.

R. S. 1526. Hulderici Hutteni Ars versificatoria. In-8.

R. S. 1532. Eadem. In-8.

R. S. *Sans date.* Eadem. In-8.

R. S. 1529. Venerandi Machecrier Methodus artis poeticæ. In-8.

H. S. 1518. Specimen Epithetorum J. Ravisii Textoris. In-4.

R. S. 1546. Mat. Corderius de Syllabarum Quantitate. In-8.

R. S. 1550. Idem. In-8.

R. S. 1556. Idem. In-8.

R. S. 1530. Dictionarium poeticum, sive Elucidarius Carminum. In-8.

R. S. 1535. Idem. In-8.

R. S. 1541. Idem. In-8.

R. S. 1550. Idem. In-8.

C. S. 1559. Idem. In-8.

R. S. 1527. Hier. Vida de arte poetica. In-8.

H. S. 1566. Poetæ græci principes. In-fol.

H. S. 1566. Henr. Stephani Florilegium Epigrammatum veterum, gr. In-4.

H. S. 1570. Epigrammata græca, selecta ex Anthologia. In-8.

R. S. 1608. Epigrammata ex Anthologia latine versa. In-8.

Genevæ, 1593. Pauli Stephani Versiones epigr. græcorum Anthologiæ. In-8.

H. S. 1573. Henrici Stephani Poesis philosophica, seu reliquiæ poesis philosophicæ, gr. In-8.

H. S. 1588. Homerus, gr. et lat. Homerici Centones. 2 vol. in-16.

P. S. 1604. Idem. gr. et lat. 2 vol. in-16.

H. S. 1573. Homeri et Hesiodi Certamen. In-8.

H. S. 1554. Anacreon, gr. et lat. In-4.

R. S. 1556. Anacreon, gr. et lat. In-8.

H.S. 1560. Pindarus et alii octo poetæ Lyrici græci, gr. et lat. 2 parties In-16.

H. S. 1566. Iidem; editio II. 2 vol. in-16.

H. S. 1585. Iidem Poetæ; Editio III. 2. vol. in-16.

P. S. 1600. Iidem; Editio IV. In-16.

P. S. 1612. Iidem; Editio V. In-16.

P. S. 1626. Iidem. In-16.

P. S. 1599. Pindari Carmina, gr. et lat. In-4.

P. S. 1601. Lycophron, cum Com. et versione lat. In-4.

H. S. 1579. Theocriti et aliorum poetarum Idyllia et alia carmina, gr. et lat. In-12.

H. S. 1577. Callimachi carmina, gr. et lat. cum scholiis. In-4.

H. S. 1574. Apollonii Rhodii Argonautica, gr. In-4.

R. S. 1556. Moschi, Bionis, Theocriti Idyllia aliquot, ab H. Steph. latina facta. In-4.

M. P. 1575. La Venerie d'Oppian, tr. par Florent Chrestien. In-4.

H. S. 1568. Synesii Hymni, gr. et lat. In-32.

H. S. 1567. Æschyli, Sophoclis, Euripidis tragœdiæ selectæ, gr. et lat. 3 vol. in-16.

H. S. 1557. Æschyli tragœdiæ, gr. c. Scholiis. In-4.

H. S. 1568. Sophoclis tragœdiæ, gr. In-4.

P. S. 1603. Sophocles, gr. et lat. c. Scholiis. In-4.

P. S. 1602. Euripides, gr. et lat. c. Scholiis. In-4.

R. S. 1544. La tragedie d'Euripide, Hecuba, trad. en rhythme francoise, par Laz. de Bayf. In-8.

R. S. 1550. La même. In-8.

H. S. 1568. Henr. Steph. Annotationes in Sophoclem et Euripidem. In-8.

H. S. 1564. Fragmenta veterum Poetarum latinorum quorum opera non extant. In-8.

M. P. 1577. Catullus, Tibullus et Propertius. In-8.

R. S. 1532. Virgilius, cum M. Servii Commentariis, &c. In-fol.

R. S. 1533. Virgilius. In-8.

R. S. 1537. Idem Virgilius. In-16.

R. S. 1540. Idem. In-8.

R. S. 1549. Idem. In-16.

H. S. (1577). Virgilii opera novis Scholiis illustrata. In-8.

H. S. 1583. Eadem. In-8.

P. S. 1599. Eadem. In-8.

R. S. 1529. J. Pierii Valeriani Castigationes et varietates Virgilianæ. In-fol.

A. S. 1621. Bucoliques de Virgile tr. en vers par P. de Marcassus. In-4.

R. S. 1611. Partie du premier et du quatrieme livre de l'Eneide, en vers francois, par le Card. du Perron. In-4.

R. S. 1617. Les estranges advantures d'un grand Prince. Trad. du 1er livre de l'Eneide. In-16.

R. S. 1619. L'Empire de la fortune, Trad. du IIe livre de l'Eneide. In-16.

R. S. 1617. L'Amour et la mort d'une Royne, Trad. du IVe livre de l'Eneide. In-16.

R. S. 1544. Horatius, cum Comm. in Artem poet. In-8.

R. S. 1549. Horatius. In-8.

H. S. (1577, seu potius 1575) Horatius, cum novis Scholiis. In-8

H. S. 1588. Idem. In-8.

P. S. 1600. Idem. In-8.

R. S. 1613. Horatius. In-12.

R. S. 1533. Horatii Ars poetica cum Commentariis. In-4.

R. S. 1544. Horatius. In-8.

R. S. 1541. Ovidii Heroidum Epistolæ. In-8.

R. S. 1547. Ovidii Elegia de Nuce. In-8.

C. S. 1555. Eadem. In-4.

R. S. 1625. Les Regrets d'Ovide, tr. par J. Binard. In-16.

R. S. 1617. Phædri Fabulæ. In-4.

M. P. 1579. Manilii Astronomica. In-8.

R. S. 1545. Lucanus. In-8.

R. S. 1607. Florilegium Martialis Epigr. græce vers. In-8.

R. S. 1527. A. Persii Satyræ sex. In-8.

R. S. 1541. Eædem. In-8.

R. S. 1527. Aelii Antonii Nebrissensis Commentaria in A. Persii Satyras. In-8.

R. S. 1545. Juvenalis. Persius. In-8.

R. S. 1549. Iidem. In-8.

M. P. 1585. Persius et Juvenalis, cum Commentariis. In-8.

R. S. 1614. Persius. In-12.

R. S. 1616. Juvenalis. In-12.

F. S. 1543. Probæ Falconiæ Centones de fidei nostræ mysteriis. In-8.

R. S. 1529. Plauti Comœdiæ. In-fol.

R. S. 1530. Eædem. In-fol.

R. S. *Sans date.* Amphitryo et aliæ aliquot Comœdiæ. In-fol.

R. S. 1564. Querolus, antiqua Comœdia. In-8.

R. S. 1529. Terentius, cum Commentariis Donati et aliorum. In-fol.

R. S. 1529. Terentius, cum Donati argumentis. In-fol.

R. S. 1531. Idem. In-8.

R. S. 1533. Idem. Quarta editio. In-8.

R. S. 1534. Idem. Quarta editio. In-8.

R. S. 1535. Idem. Quarta editio. In-8.

R. S. 1536. Idem, cum Commentariis. In-fol.

R. S. 1541-42. Terentius, cum Commentariis. In-4.

R. S. 1536. Idem, sine Comm. Quinta editio. In-8.

R. S. 1538. Idem. Sexta editio. In-8.

F. S. 1538-39. Idem. In-4.

R. S. 1540-41. Idem. In-24.

R. S. 1545. Idem. In-8.

R. S. 1550-51. Idem. In-8.

R. S. 1584. Idem. In-8.

Editio dubia.

F. S. 1541. Andria Terentii, omni interpretationis genere facilior effecta. In-8.

R. S. 1546. Eadem. In-8.

F. S. 1547. Eadem. In-8.

R. S. 1548. Eadem Andria. In-8.

1542. L'Andrie, de Terence, tr. par Ch. Estienne. In-16.

R. S. 1527. J. Sannazarius de partu Virginis, &c. In-8.

R. S. 1537. Salmonii Macrini Hymnorum libri sex. In-8.

R. S. 1540. Salmonii Macrini Hymnorum libri tres. In-8.

R. S. 1546. S. Macrini Odarum libri tres. J. Bellaii Card. Poemata. In-8.

R. S. 1538. Commentarius captæ urbis, Poematia duo. In-8.

R. S. 1539. Idem liber. Editio altera. In-8.

R. S. 1548. Theod. Bezæ Poemata. In-8.

H. S. 1569. Theod. Bezæ Poemata. Buchanani Carmina. In-8.

H. S. 1576. Eadem. In-8.

H. S. 1576. Quæ ad Bezæ Poemata accesserunt. In-8.

H. S. 1585. Eadem. In-8.

H. S. 1597. Eadem Th. Bezæ Poemata, cum Appendice. In-4.

R. S. 1558. Jo. Aurati triumphales Odæ. In-8.

R. S. 1558. (Mich. Hospitalii) Carmen de Caleti & Guinæ expugnatione. In-4.

M. P. 1585. Mich. Hospitalii Epist. In-fol.

R. S. 1558. G. Buchanani Carmen de Caleto ab Henrico II nuper recepta. In-8.

R. S. 1567. G. Buchanani Sylvæ, Elegiæ, Hendecasyllabi. In-16.

M. P. 1579. G. Buchanani Poemata, &c. In-16.

M. P. 1579. Ejusdem Jephthes, &c. In-16.

R. S. 1573. Jephthe, trag. de G. Buchanan, trad. en fr. In-8.

M. P. 1584. Ejusdem Franciscanus, Elegiæ & alia carmina. In-8.

H. S. 1567. (P. M. Rondæi) Poltrotus Meræus. In-4.

R. S. 1569. Sillaci Castræi Tumulus. Le Tumbeau du S^r. de Sillac. In-8.

H. S. 1572. Julii Cæs. Scaligeri Poemata græca & latina. In-8.

H. S. 1574. Eadem. In-8.

M. P. 1476. Ant. Mureti Hymni sacri. In-16.

M. P. 1577. Remigii Bellaquei Tumulus. In-4.

M. P. 1577. J. A. Baifii Carmina. In-12.

M. P. 1581. Cl. Binet Oratio metrica pestilentiæ tempore. In-4.

M. P. 1981. Cl. Goinæi Cera. In-4

M. P. 1581. Joannis Thuani Tumulus. In-4.

M. P. 1583. Christophori Thuani Tumulus. In-4.

M. P. 1582. Othonis Turnebi Tumulus. In-8.

M. P. 1582-84. P. A. Bargæi Syriados Libri IV. In-fol.

M. P. 1583. Verinus Ugolinus de illustratione urbis Florentiæ. In-fol.

M. P. 1580. Scævolæ Sammarthani Pædotrophiæ libri duo priores. In-8.

M. P. 1584. Ejusdem Pædotrophia. In-4.

M. P. 1587. Scævolæ Sammarthani Poemata. In-8.

M. P. 1584. J. A. Thuani Hieracosophion, sive de re accipitraria. In-4.

M. P. 1587. Ejusdem Hieracosophion. In-8.

M. P. 1588. Jobus, poetica Metaphrasis Jac. Aug. Thuani. In-8.

1590. Henr. Stephani Principum Monitrix Musa : Poema. *Basileæ.* In-8.

1592. De Martinalitia Venatione. Henr. Stephani Epigrammata. In-4.

1596. Henr. Stephani Carmen de Senatulo fœminarum. *Argentorati, Bertramus.* In-4.

H. S. 1597. Lectii Jacobi Jonab. In-4.

M. P. 1597. J. Passeratii Calendæ Januariæ. In-4.

V. P. 1603. — Eædem. In-8.

M. P. 1597. Abelii Sammarthani Poemata. In-8.

R. S. 1627. Ejusdem Lusus Regis venatorius, lat. & gall. In-4.

R. S. 1607. Claudii Puteani Tumulus. In-4.

M. P. 1595. Vaticinia Joelis, Amosi, Abdiæ, &c. poetica metaphrasi illustrata, a J. A. Thuano. In-8.

M. P. 1595. Ejusdem Parabata vinctus, tragœdia. In-8.

M. P. 1599. J. Aug. Thuani Poemata sacra. In-12.

R. S. 1609. J. A. Thuani Crambe, Viola, &c. In-fol.

R. S. 1611. Ejusd. Crambe, Viola, Lilium, Phlogis, Terpsinoe. In-4.

R. S. 1612. Sparte, auct. J. A. Thuano. In-fol.

R. S. 1611. Nic. Borbonii Inauguratio Ludovici XIII. In-8.

R. S. 1616. J. Ruault Tumulus Ach. Harlæi. In-4.

R. S. 1621. Hugonis Grotii Sylva ad Fr. Aug. Thuanum. In-4.

A. S. 1620. Maffæi Card. Barberini Poemata. In-4.

A. S. 1623. Eadem. In-4.

A. S. 1623. Fr. (Harlæi) Arch. Rothom. ad Urbanum VIII gratulatorium Carmen. In-4.

A. S. 1623. P. Valentis scena lacrymarum Heracliti & risus Democriti. In-8.

A. S. 1625. Pauli Bertii ad Ludovicum XIII Ode. In-4.

A. S. 1641. B. De la Fourcade Hortulus retrogradorum carminum. In-4.

A. S. 1647. Epicharmata Musarum in Carolum Principem. In-fol.

M. P. 1581. Cl. Fauchet, Origine de la langue et poesie françoise. In-4.

R. S. 1559. Cl. de Buffet, Epithalame de Philib. Duc de Savoye. In-4.

R. S. 1560. Ch. Utenhove, Epitaphe de Henry II, en douze langues, &c. In-4.

R. S. 1560. Sonnets, par Ch. d'Fspinay. In-4.

R. S. 1560. Remy Belleau. Ode Pastorale. In-4.

R. S. 1561. Sylva, seu Veritas fugiens, latine, ex versibus Gallicis Remigii Bellaquei. In-4.

M. P. 1576. Remy Belleau. Les amours et vertus des pierres précieuses, &c. In-4. ou In-fol.

M. P. 1578. OEuvres poetiques de Remy Belleau, tome premier. — Anacreon, trad. par le même. Seconde partie. 2 vol. in-12.

M. P. 1585. Les mêmes. 2 vol. in-12.

R. S. 1560. P. de Courcelles. Trad. en vers du Cantique des Cantiques et des Lamentations de Hieremie. In-16.

R. S. 1564. Les mêmes. In-4.

R. S. 1567. Jacq. Grevin. Poeme sur l'hist. des François et hommes vertueux de la maison de Medicis. In-4.

R. S. 1567. De la Barte. Mort de Lucrece et de Virginie. In-8.

R. S. 1567. J. Ant. de Baïf. Le premier des Meteores, en vers. In-4.

M. P. 1597. J. Aut. de Baif. Mimes, enseignemens & proverbes. In-16.

M. P. 1568. Hymnes Genethliaques sur la naiss. du Comte de Soissons. In-4.

R. S. 1569. Tumbeau de Mad. Elisabeth de France. In-4.

R. S. 1569. Est. Pasquier, Sonnets sur le Tumbeau du Seign. de la Chastre. In-4.

R. S. 1570. Epitaphe de Gilles Bourdin, par le même. In-4.

M. P. 1574. Le premier vol. des OEuvres poetiques d'Estienne Jodelle. In-4.

M. P. 1583. Meslanges poetiques d'Estienne Jodelle. In-12.

M. P. 5175. Les OEuvres poetiques d'Amadis Jamyn. In-4.

M. P. 1582. Les mêmes, augmentées. In-12.

M. P. 1579. Les OEuvres poetiques de Scevole de Sainte-Marthe. In-4.

R. S. 1575. Les premières OEuvres de Phil. des Portes. In-4.

M. P. 1578. Les mêmes. In-12.

M. P. 1579. Les mêmes. In-4.

M. P. 1687. Les mêmes, augmentées. In-12.

M. P. 1600. Les mêmes. In-8.

M. P. 1598. Cent Pseaumes, Cantiques, en vers françois, Poesies chrestiennes, Prières, Meditations, par le même. In-8.

M. P. 1601. Poesies chrestiennes, par le même. In-12.

M. P. 1601. Prières et Meditations Chrestiennes, par le même. In-12.

V. de M. P. 1603. Les Pseaumes de David, mis en vers par Ch. des Portes. — Poesies chrestiennes, — Prières et Meditations chrestiennes, par le même. In-12.

M. P. 1577. Anselme du Chastel. Notables sentences de la Bible, en quatrains. In-4.

M. P. 1577. Christ. Du Pré. Larmes funèbres. In-4.

M. P. 1584. Les Vers du sieur de Pybrac. In-4.

M. P. 1601. OEuvres poetiques de J. Bertaut. In-8.

V. de M. P. 1602. (J. Bertaut) Recueil de quelques vers amoureux. In-8.

V. de M. P. 1602. Le premier livre des poemes de J. Passerat. In-8.

V. P. 1604. Institution d'un prince, poeme, par le Sr. Desyveteaux. In-4.

R. S. 1606. Les Larmes de S. Pierre et autres vers sur la Passion. In-8.

R. S. 1611. Poesies sur le trespas de

Henry le Grand, recueillies par G. du Peyrat. In-8.

R. S. 1629. OEuvres poetiques de Saint-Amand. In-4.

R. S. *Sans date.* Guill. Bouchetel, Fable de Caunus et Biblis. In-8.

R. S. 1631. Les Divertissemens poctiques de G. Colletet. In-8.

A. S. 1643. Olivier de la Trau, Pourtraict du Card. Grimaldi, en vers françois. In-8.

R. S. 1560. Le Théatre de Jacques Grevin. In-8.

R. S. 1567. Le Brave, Comedie de J. A. de Baïf. In-8.

R. S. 1609. Sidere, Pastorelle, par le Sr. d'Ambillou. In-8.

R. S. 1568. Porcie, Tragedie de Robert Garnier. In-8.

R. S. 1573. Hippolyte, Tragedie, du même. In-8.

R. S. 1574. La même. In-8.

R. S. 1574. Cornélie, Tragédie, du même. In-8.

M. P. 1578. Marc-Antoine, Tragédie, du même. In-8.

M. P. 1578. La Troade, Tragédie, du même. In-8.

M. P. 1579. La même. In-4.

M. P. 1579. Antigone, Tragédie, du même. In-8.

M. P. 1580. La même. In-8.

M. P. 1580. Bradamante, Tragi-Comédie, du même. In-8.

M. P. 1580. Sedecie, Tragédie, du même. In-8.

M. P. 1580. Six Tragédies, du même. In-12.

M. P. 1582. Huit Tragédies, du même. In-12.

M. P. 1585. Les mêmes. In-12.

M. P. 1582. Ballet comique de la Royne. In-4.

M. P. 1587. Des Masures, Tragédies saintes. In-12.

M. P. 1595. Les mêmes. In-12.

A. S. 1649. Manasses, Tragédie. In-fol.

M. P. 1589-90-91. La bella Mano, libro di Giusto de Conti. In-12.

R. S. 1546. La Coltivatione di Luigi Alamanni. In-4.

C. S. 1540. (Gli Ingannati) Comedie (tr. par Ch. Estienne). In-16.

R. S. 1611. Gil Polo, Diana enamorada. In-16.

R. S. 1611. Quarenta Enigmas Españolas. In-16.

R. S. 1546. Æsopi Fabulæ, græce. In-4.

R. S. 1527. Eædem, Latine. In-8.

R. S. 1529. Eædem. In-8.

R. S. 1537. Eædem. In-8.

R. S. 1545. Æsopi et aliorum Fabulæ, latine. In-8.

R. S. 1625. Apuleius de Deo Socratis. In-16.

C. S. 1554. Dionysii Halic. Responsio ad Cn. Pompeii Epistolam, &c. gr. In-8.

R. S. 1556. Eadem Responsio et alia Opuscula, latine. In-8.

H. S. 1585. Auli Gellii Noctes atticæ. Henr. Stephani Noctes aliquot Parisinæ. In-8.

H. S. 1585. Macrobius. In-8.

1588. Macrobius de differentiis Græci Latinique Verbi. *Parisiis.* In-8.

M. P. 1577. Petronius. In-12.

M. P. 1587. Idem. In-12.

1614. Henrici Stephani Emendationes in Petronii Epigr. *Helenopoli.*

H. S. (1512). Guil. de Mara de tribus fugiendis, ventre, pluma et venere. In-4.

R. S. 1527. Phil. Melanchthonis de corrigendis studiis Sermo; Rod. Agricolæ de formandis studiis Epistola. In-8.

R. S. 1537. Idem liber. In-8.

R. S. 1529. Laurentii Vallæ in Pogium Antidoti libri IV, &c. In-4.

H. S. 1512. Apologia Erasmi contra Latomum. In-4.

H. S. 1518. D. Erasmi Apologia contra Latomum. De vera nobilitate. De tribus fugiendis, ventre, pluma et venere. In-4.

H. S. 1519. Eadem Apologia. In-4.

R. S. 1527. Sileni Alcibiadis, cum Scholiis J. Frobenii. In-8.

R. S. 1529. Des. Erasmi Lingua. In-8.

R. S. 1529. Des. Erasmi Paraclesis ad Christianæ Philosophiæ studium. In-8.

R. S. 1530. Des. Erasmus de recta latini græcique sermonis pronunciatione. In-8.

R. S. 1547. Idem liber; editio auctior. In-8.

R. S. 1546. Erasmus de duplici copia verborum. In-8.

R. S. 1549. Erasmus de civilitate morum. In-8.

F. S. 1543. Erasmus de conficiendis Epistolis. In-8.

R. S. 1556. Jacobi Cujacii observationum et emendationum libri II. In-4.

H. S. 1567. Jani Parrhasii liber de rebus per Epistolam quæsitis. In-8.

H. S. 1573. Idem. In-8.

H. S. 1566. Henri Estienne. Apologie pour Herodote. In-8.

H. S. 1574. Henr. Stephani francofordiense Emporium. In-8.

H. S. 1575. Henr. Stephani Parodiæ morales. In-8.

H. S. 1576. De Latinitate falso suspecta, Expostulatio Henrici Stephani. In-8.

H. S. 1577. Pseudo-Cicero, Dialogus Henr. Stephani. In-8.

H. S. 1577. Epistolia, Dialogi breves, Oratiunculæ, Poematia, &c. tam gr. quam lat. In-8.

H. S. 1578. Nizoliodidascalus, Dialogus H. Stephani. In-8.

H. S. 1578. Henr. Schediasmatum libri tres. In-8.

H. S. 1589. Eorumdem pars altera. In-8.

1600. Henr. Steph. Schediasmata II. ad Dicæarohum. *Aug. Vindelic.* In-8.

H. S. 1586. Henr. Steph. ad Senecæ lectionem Prodopoeia. In-8.

H. S. 1587. Henr. Stephanus de Criticis veteribus Græcis et Latinis. In-4.

H. S. 1587. Henr. Steph. de bene instituendis græcæ linguæ studiis. In-4.

1595. (Henrici Stephani) de Justi Lipsii latinitate. *Francofordii.* In-8.

H. S. 1573. Fr. Hotomani Quæstionum illustrium liber. Iu-8.

H. S. 1576. Idem, editio auctior. In-8.

R. S. 1573. Remonstrances de M. de Pybrac. In-8.

M. P. 1578. J. Davy du Perron : Avant-Discours sur Pontus de Tyard. In-4.

M. P. 1579. Le même. In-4.

M. P. 1582. Jos. Scaligeri Epistola adversus Insulani poema pro Lucano. In-8.

M. P. 1586. Jos. Scaligeri animadversiones in Rob. Titium. In-8.

M. P. 1595. J. Passeratius in Disputationem de ridiculis quæ est apud Ciceronem. In-8.

M. P. 1597. De cæcitate Oratio. In-8.

A. S. 1626. Apologie du Sr de la Peyre. In-8.

A. S. 1647. Phil. Cattierii Exercitationes Academicæ. In-4.

H. S. 1568. Apophthegmata græca Regum, Ducum, philosophorum, gr. et lat. In-16.

R. S. 1540. Sententiæ singulis versibus ex poetis græcis. In-8.

R. S. 1566. Eædem. In-8.

R. S. 1551. Sententiæ veterum Poetarum, per Georgium Majorem in locos communes digestæ. In-8.

R. S. 1530. Sententiæ et Proverbia ex Plauti et Terentii Comœdiis. In-8.

R. S. 1534. Sententiæ et Proverbia ex Plauto, Terentio, Virgilio, &c. In-8.

R. S. 1536. Eadem. In-8.

R. S. 1540. Eadem. In-8.

R. S. 1548. Eadem. In-8.

H. S. 1569. Comicorum Græcorum Sententiæ, lat. versibus redditæ. In-24.

R. S. 1613. Menandri & Philistionis Sententiæ comparatæ, gr. In-8.

H. S. 1573. Virtutum Encomia, sive Gnomæ de virtutibus ; gr. et lat. In-16.

H. S. 1578. Homerici et Virgiliani Centones. Nonnus in Joan. Evang. gr. et lat. In-16.

R. S. 1533. Catonis Disticha, cum scholiis Mat. Corderii. In-8.

R. S. 1534. Eadem. In-8.

R. S. 1536. Eadem, latine et gallice. In-8.

R. S. 1538. Catonis Disticha : Dicta Sapientum Græciæ, &c. In-8.

F. S. 1538. Eadem. In-8.

F. S. 1541. Eadem. In-8.

R. S. 1544. Eadem Catonis Disticha. In-8.

R. S. 1544. Eadem, cum Dictis Sapientum. In-8.

R. S. 1548. Eadem. In-8.

C. S. 1560. Eadem. In-8.

H. S. 1561. Catonis Disticha. Dicta Sapientum Græciæ. Editio auctior. In-8.

R. S. 1567. Eadem. In-8.

R. S. 1577. Eadem. In-8.

R. S. 1580. Eadem. In-8.

R. S. 1585. Eadem. In-8.

R. S. 1547. Apophthegmatum Opus, D. Erasmo authore. In-8.

R. S. 1558. Des. Erasmi Adagia. In-fol.

C. S. 1555. Petri Godofredi Proverbia. In-8.

H. S. 1594. Les Premices, ou le premier livre des Proverbes Epigrammatizez, par H. Est. In-8.

R. S. 1530. Orus Apollo Niliacus, latine. In-8.

R. S. 1620. Sentenze & Parabole d'i Rabbini, hebr. & ital. In-16.

1643. Henry Estienne, l'Art de faire des devises. *Paris.* In-8.

R. S. 1526. Luciani aliquot Dialogi, D. Erasmo interpr. In-8.

R. S. 1530. Iidem. In-8.

R. S. 1532. Iidem. In-8.

R. S. 1533. Iidem. In-8.

R. S. 1536. Iidem. In-8.

R. S. 1548. Iidem. In-8.

R. S. 1527. Lucianus in Calumniam, et Plutarchi Hirundo ; lat. In-8.

R. S. 1556. Dionysii Halic. nonnulla Opuscula; Latine. In-8.

H. S. 1516. Angeli Politiani, Phil. Beroaldi et aliorum Opuscula. In-fol.

H. S. 1652. Essais de M. de Montaigne. In-fol.

H. S. 1657. Les mêmes. In-fol.

M. P. 1579. OEuvres de Scevole de Sainte-Marthe. In-4.

R. S. 1627. OEuvres de Balzac. Sixieme édition. In-8.

R. S. 1628. Les mêmes. Septieme édition. In-8.

H. S. (1566.) Mat. Corderii Colloquia scholastica latina. H. Steph. Colloquia græca. In-8.

R. S. 1528. Christ. Hegendorphini Dialogi pueriles. In-8.

R. S. 1529. Iidem. In-8.

R. S. 1528. Petri Mosellani Dialogi pueriles. In-8.

R. S. 1529. Iidem. In-8.

R. S. 1531. Petri Mosellani & Chr. Hegendorphini Dialogi pueriles. In-8.

R. S. 1539. Idem Liber. In-8.

R. S. 1547. Idem. In-8.

F. S. 1542. J. Lud. Vives de conscribendis epistolis. In-8.

R. S. 1529-30. C. Plinii Sec. Epistolæ & panegyricus. — De viris illustribus, Suetonius de Grammaticis. Julius Obsequens. In-8.

H. S. 1581. Plinii Epistolæ & Panegyricus, cum aliis Panegyrieis. In-16.

H. S. 1591. Eædem Plinii. Epistolæ, &c. In-16.

H. S. *Sine anno* Eædem. In-16.

P. S. 1599. Eædem. In-16.

P. S. 1600. Eædem. In-4.

P. S. 1601. Eædem. In-4.

P. S. 1605. Eædem. In-16.

P. S. 1611. Eædem. In-16.

C. S. 1551. P. Bunelli familiares aliquot Epistolæ. In-8.

H. S. 1581. Petri Bunelli & Pauli Manutii Epistolæ Ciceroniano stylo scriptæ. In-8.

A. S. 1622. Philippi Cospeani pro Berullio Epistola Apologetica. In-8.

A. S. 1629. Fr. Archiepiscopi Rothomagensis ad Urbanum VIII Epistola. In-4.

HISTOIRE.

R. S. 1547. Dionysius Alexandrinus de Situ orbis, gr. In-4.

H. S. 1577. Dionysii Alex. & Pomponii Melæ Orbis Descriptio. J. Solinus, &c. In-4.

A. S. 1620. Strabonis Geogr. gr. & lat. c. notis & comm. In-fol.

H. S. 1589. Dicæarchi Geographia, &c. gr. & lat. In-8.

H. S. 1512. Antonini Itinerarium. In-16.

H. S. 1509. Cosmographia Pii Papæ in Asiæ et Europæ descriptione. In-4.

A. S. 1629. La Saincte Géographie, par d'Auzoles la Peyre. In-8.

C. S. 1552. Ch. Est. La Guide des chemins de France, et fleuves du Royaume. In-8.

C. S. 1553. Le même livre. In-8.

C. S. 1552. Ch. Est. Voyages de plusieurs endroits de France en forme d'Itinéraires. In-8.

M. P. 1578. Pontus de Tiard, Discours du temps, de l'an, et de ses parties. In-4.

M. P. 1583. Jos. Scaliger de emendatione temporum. In-fol.

R. S. 1616. Fr. Parentius de annis Aegyptiorum. In-8.

H. S. 1512. Eusebii Chronicon, latine. In-4.

H. S. 1518. Idem. In-4.

H. S. 1512. Roberti Abbatis Chronicon. In-4.

H. S. 1513. Sigeberti Gemblacensis Cœnobitæ Chronicon. In-4.

M. P. 1594. Chronicon Prosperi Tironis. In-8.

R. S. 1543. Justinus. In-8.

R. S. 1544. Eusebii Historia Ecclesiastica, græce. In-fol.

H. S. *sans date.* Agones Martyrum Januarii. In-fol.

M. P. 1594. Ecclesiæ Gallicanæ in schismate status. In-8.

M. P. 1594. Neutralitas Ecclesiæ Gallicanæ. In-8.

A. S. 1647. Sur le transport miraculeux de l'image de Nostre-Dame de Liesse. In-4. fig.

R. S. 1618. Dictys Cretensis et Dares Phrygius. In-16.

H. S. 1557. Ex Ctesia, Agatharchide, Memnone excerptæ Historiæ. Appiani Iberica, &c. gr. In-8.

H. S. 1594. Eadem. In-8.

H. S. 1570. Herodotus, Ctesiæ quædam, græce. In-fol.

H. S. 1566. Idem Herodotus, latine. In-fol.

H. S. 1592. Idem, gr. et lat. In-fol.

P. S. 1618. Idem Herodotus, gr. et lat. In-fol.

H. S. 1561. Xenophontis Opera, gr. In-fol.

H. S. 1561. Eadem, latine. In-fol.

H. S. 1581. Eadem, gr.-lat. In-fol.

A. S. 1625. Eadem, græce et lat. In-fol.

H. S. 1564. Thucydides de bello Peloponnesiaco, gr. et lat. In-fol.

H. S. 1588. Idem, gr. et lat. In-fol.

H. S. 1559. Diodori Siculi libri quindecim de quadraginta. gr. In-fol.

H. S. 1575. Arrianus de Expeditione Alexandri Magni, gr. et lat. In-fol.

H. S. 1568. Varii Historiæ Romanæ Scriptores. 4 vol. in-8.

R. S. 1546-47. Dionysii Halicarnassei Antiquitates Romanæ, gr. In-fol.

H. S. (1588). Eædem, gr. et lat. In-fol.

R. S. 1544. Eutropius. In-8.

M. P. 1588. Rufi Festi Breviarium. In-8.

A. S. 1617. Jos. Casauboni Comment. in Polybium. In-8.

C. S. 1551. Appianus Alexandrinus, græce. In-fol.

H. S. 1592. Idem, græce et lat. In-fol.

H. S. 1560. Appiani Hispanica et Annibalica, latine. In-8.

R. S. 1544. Sallustius. In-8.

R. S. 1544. J. Cæsaris Commentarii. In-8.

A. S. 1613. Trad. d'une partie du 1er L. des Annales de Tacite, par Fr. de Canviguy. In-8.

R. S. 1615. Le Tibere françois. In-8.

R. S. 1616. Le même, 11e édit. augmentée. In-8.

R. S. 1556. V. Lupani Aunotationes in Taciti Aunales. In-8.

R. S. 1543. Suetonii Cæsares. In-8.

R. S. 1573. Iidem. In-8. *Editio dubia.*

R. S. 1548. Dionis Romanæ Historiæ gr. In-fol.

H. S. 1592. Eædem Dionis Historiæ, græce et latine. In-fol.

R. S. 1544. Dion Cassius, Aelius Spartianus, Julius Capitolinus, &c. In-8.

H. S. 1592. J. Xiphilini e Dione excerptæ Historiæ. gr. et lat. In-fol.

R. S. 1551. Dionis Nicæi Rerum Romanarum Epitome, aut. J. Xiphilino. gr. In-4.

R. S. 1551. Eadem, latine, G. Blanco interpr. In-4.

H. S. 1581. Herodiani Historiæ, gr. et lat. In-4.

R. S. 1544. Herodianus, latine. In-8.

R. S. 1544. Ammianus Marcellinus. In-8.

R. S. 1544. Trebellius Pollio et Flavius Vopiscus de Imperatoribus Romanis. In-8.

A. S. 1663. Coeffeteau, Hist. Romaine, d'Auguste à Constantin. In-fol.

R. S. 1549. Georgius Merula de gestis Ducum Mediolanensium. In-4.

R. S. 1549. Paulii Jovii Vitæ duodecim Vicecomitum Mediolani principum. In-8.

C. S. 1552. Ch. Est. Abregé de l'Histoire des Vicomtes et Ducs de Milan. In-4. Fig.

R. S. 1613. Georgius Florus Mediolanensis, de bello Italico. In-4.

H. S. 1587. Affinitates Principum Christianitatis cum Francisco Medices. In-fol.

R. S. 1640. Gregorii Turonensis Operum pars 1a et pars 11a. 2 vol. in-12.

V. P. 1604. J. Aug. Thuani Historiarum Lib. xviii. (pars prima) In-fol.

V. P. 1604. Iidem Lib. xviii. 2 vol. in-8.

R. S. 1618. J. Aug. Thuani hist. Libri xxvi. Editio iv. In-fol.

M. P. 1594. Extraict de la généalogie de Hughes Capet. In-8.

M. P. 1594. Idem Liber, latine. In-8.
M. P. 1596. Idem. In-8.
R. S. 1537. Exemplaria Literarum quibus rex Franciscus defenditur. In-4.
R. S. 1537. Altera editio. In-4.
R. S. 1543. Pauli tertii P. M. ad Carolum V. Epistola, &c. In-8.
R. S. 1543. Epistre de François Ier à N. S. P. Paul III. In-8.
R. S. 1543. La même. In-4.
R. S. 1544. J. Bellaii, Fr. Olivarii, et Malleii Orationes ad SS. ordines Spiræ : Defensio pro Rege adversus J. Omphalium. In-4.
R. S. 1544. Oraison aux Estats de l'Empire à Spire. In-4.
R. S. 1544. La même. In-8.
R. S. 1544. Eadem, Latine. In-4.
R. S. 1544. Defence par le Roy de France à l'encontre des injures de J. Omphalius. In-4.
C. S. 1554. La même. In-4.
R. S. 1544. Response à une Epistre envoyée de Spire, &c. In-4.
R. S. (1547) Le Sacre de Henri II. In-8.
C. S. 1551. Apologia pro Rege Christianissimo contra Cæsarianos. In-4.
C. S. 1552. Eadem. In-4.
C. S. 1551. La même, en françois. In-4.
C. S. 1552. La même. In-4.
C. S. 1552. Apologia altera pro Rege Henrico II. contra Cæsarianos. In-4.
C. S. 1552. Seconde Apologie contre les calomnies des Impériaux. In-4.
C. S. 1553. Epistola Regis Christianissimi ad ordines sacri Imperii. In-8.
C. S. 1552. Justification des droits de la France sur la Flandre et la Lorraine. In-4.
C. S. 1553. Nic. Villagagnon de Bello Melitensi. In-4.

C. S. 1553. La même histoire en françois. In-4.
C. S. 1553. Bertr. de Salignac, Histoire du siege de Mets par Charles V, en 1552. In-4.
C. S. 1554. Bertr. de Salignac, Voyage du Roy Henry II au Pais-Bas, récité par lettres missives au card. de Ferrare. In-4.
C. S. 1554. Les mêmes Lettres, sous le titre de Lettres envoyées du Camp du Roy. In-4.
R. S. 1557. V. Lupani Ptochotrophe Urbis Carnutensis. In-8.
R. S. 1558. De la prise de la ville de Thionville. In-8.
R. S. 1562. Déclaration du Roy, concernant la religion. In-8.
R. S. 1562. Edict du Roy sur les moyens d'appaiser les troubles et seditions. In-8.
R. S. 1563. De la réduction du Havre-de-Grâce en l'obéissance du Roy. In-8.
R. S. 1563. Edict et Déclaration de Charles IX sur la pacification des troubles. In-4.
R. S. 1564. Déclaration du Roy sur l'edict de pacification. In-8.
R. S. 1564. Déclaration du Roy sur le payement de l'ayde et subvention pour Lettres de relief d'appel. In-8.
R. S. 1567. Edicts et Ordonnances de François II et Charles IX. In-8.
R. S. 1567. Ordonnance pour la réformation de la justice. In-8.
R. S. 1567. — portant permission d'apporter vivres à Paris. In-8.
R. S. 1567. — sur l'imposition du vin. In-8.
R. S. 1567. — qui révoque l'exemption de l'imposition du vin. In-8.
R. S. 1567. — sur les résignations des offices. In-8.
R. S. 1567. — pour les Protestants qui n'ont point porté armes. In-8.

R. S. 1567. Ordonnance de Charles IX sur la police générale du Royaume. In–8.

R. S. 1567. Création d'Offices de Maistre de Requestes. In–8.

R. S. 1567. Lettres du Roy à toutes personnes ayant bleds, &c. In–8.

R. S. 1567. Lettres patentes sur les grands jours en la ville de Poictiers. In–8.

R. S. 1567, Ordonnance de MM. les Eschevins de Paris. In–8.

R. S. 1568. Lettres du Roy, par lesquelles les Protestants soyent receus à faire leurs plaintes. In–8.

R. S. 1568. Edict sur la pacification. In–8.

R. S. 1568. Ordonnances du Duc de Bouillon p. le reglement de la justice. In–fol.

(H. S. 1569.) Remonstrance du Prince de Condé au Roy, et le récit du meurtre perpetré en sa personne. In–8.

(H. S. 1569.) Literæ Principis Condæi ad Carolum IX. Narratio cædis ejusdem. In–8.

R. S. 1573. Remonstrances de M. de Pybrac. In–8.

R. S. 1572. Pierre Pithou : Mémoires des Comtes de Champagne et de Brie. In–4.

M. P. 1581. Les mêmes. In–4.

M. P. 1581. Les mêmes. In–8.

(H. S 1575.) Discours merveilleux de la Vie et actions de Catherine de Medicis. In–8.
Deux, et peut–être trois éditions sous cette date.

1576. Le même. In–8.

1578. Le même. In–8.

(H. S.) 1575. Legenda sanctæ Catharinæ Mediceæ. In–8.

M. P. 1578. Edict sur les contrerolleurs et greffiers des traictes domaniales. In–8.

M. P. 1586. Disc. du voyage du Duc de Joyeuse en Auvergne, &c. In–8.

M. P. 1586. Du progrès de l'armée du Roy en Guyenne. In–8.

M. P. 1589. Simon Poncet, Regrets sur la France. In–8.

M. P. 1594. De Justa et Canonica absolutione Henrici IV. In–8.

M. P. 1594. (Fr. Pithou) Grandeur et prééminence des Rois et Royaume de France. In–8.

M. P. 1595. Généalogie de la maison de Montmorency. In–8.

M. P. 1596. Edict du Roy sur les articles accordez au Duc de Mayenne. In–8.

A. S. 1644. Edict du Roy sur la pacification des troubles de ce Royaume, donné à Nantes en avril 1598. In–8.

M. P. 1599. Edict du Roy sur les Edicts de pacification. In–8.

A. S. 1614. Lettre de M. le Cardinal Du Perron à M. le Prince. In–8.

A. S. 1615. Harangue de Jacques Davy, Cardinal Du Perron, sur l'article du Serment. In–4.

A. S. 1615. La même. In–8.

A. S. 1620. Replique à la Response du Roy de la Grand'Bretagne, par le Card. Du Perron. In–fol.

A. S. 1622. La même Replique, augmentée de Tables. In–fol.

A. S. 1623. Les Ambassades du Card. Du Perron. In–fol.

A. S. 1629. Les mêmes. In–fol.

A. S. 1633. Les mêmes. 2 vol. in–8.

A. S. 1624. Réfutation des objections tirées des passages de S. Augustin. In–fol.

A. S. 1623. Discours du succès des armes du Roy contre la rebellion. In–8.

A. S. 1623. J. de Hollandre, Replique à la Response du Sr Bugnet. In–8.

A. S. 1626. Edict du Roy sur la paix. In–8.

A. S. 1626. Edict pour les receveurs et payeurs des Rentes. In–8.

A. S. 1627. Edict général sur le reglement de la justice. In-8.

R. S. 1626. Expeditio Valtelinæa a Ludovico Justo suscepta. In-4.

R. S. 1627. Eadem. In-8.

A. S. 1629. Ordonnance du Roy Louis XIII, du 15 janvier 1629. In-8.

A. S. 1634. Déclaration du Roy sur les affaires du temps. In-8.

A. S. 1634. — sur la sortie de Monsieur. In-8.

A. S. 1634. Edict du Roy portant suppression des droicts alienés, sur les Tailles et Gabelles. In-12.

A. S. 1634. Discours d'Estat touchant les intentions qu'a le Roy de soulager les peuples. In-8.

A. S. 1635. Lettres pour assembler la Noblesse des ban et arriere-ban. In-8.

A. S. 1636. Déclaration pour establir la Reyne gouvernante de Paris. In-8.

A. S. 1637. — pour le payement des gages anciens, &c. In-8.

A. S. 1638. — sur la Dispense relative aux parties casuelles. In-12.

A. S. 1639. — portant réformation des habits. In-8.

A. S. 1639. Ordonnance à tous maistres de camp, &c. de se rendre aux quartiers. In-8.

A. S. 1643. Reglement pour la subsistance des armées. In-4.

A. S. 1643. Déclaration du Roy sur la Regence de la Reine. In-8.

A. S. 1645. — — que Testamens sont insinués. In-4.

A. S. 1645. Edict du Roy portant création des officiers quadriennaux. In-4.

A. S. 1648. Déclaration du Roy, en faveur des officiers de finance. In-4.

A. S. 1546. Déclaration du Roy pour faire cesser les mouvemens en son Royaume. In-8.

A. S. 1549. — — pour restablir le repos en son Royaume. In-4.

A. S. 1552. — — sur les droicts des Receveurs des Consignations. In-4.

A. S. 1649. Procès verbaux de deux conferences tenues à Ruel et à St. Germain. In-8.

A. S. 1649. Le Triomphe de Louis le Juste. In-fol. fig.

A. S. 1659. Edicts et Déclarations des Roys Henri IV, Louis XIII et Louis XIV sur la pacification des troubles. In-8.

A. S. 1659. Décisions Royales sur les principales difficultés de l'Edict de Nantes. In-8.

A. S. 1660. Traitté de paix entre la France et l'Espagne, conclu le 7 Nov. 1659. In-fol.

— — Le même. In-4.

— — Le même. In-12.

A. S. 1662. Déclaration du Marquis de la Fuente au Roy. In-4.

A. S. 1664. Arrest du Conseil d'estat, sur l'admission des réformés aux mestiers.

R. S. 1546. De rebus in Gallia Belgica nuper gestis. In-8.

C. S. 1552. Ch. Est. Discours des histoires de Lorraine et de Flandres. In-4.

1673. H. Estienne, Sieur de la Belle, Journal de la Guerre de Hollande. In-8.

F. S. 1581. Histoire de Portugal. In-fol.

R. S. 1587. La même. In-8.

H. S. 1509. Ricoldi contra sectam Mahumeticam Libellus. De vita et moribus Turcorum, et Judæorum. In-4.

H. S. 1511. Idem. In-4.

R. S. 1538. Pauli Jovii rerum Turcicarum Commentarius. In-8.

R. S. 1539. Idem. In-8.

R. S. 1540. Christ. Richerius de rebus Turcarum. In-4.

R. S. 1540. Chr. Richer, Coustumes et manieres des Turcs. In-4.

F. S. 1648. Portraits des Dames de la Porte du Grand Turc. In-fol.

R. S. *Sans date.* Loys de Pas : Histoire de Virginie. In-8.

R. S. 1544. L. Fenestella et Pomponius Lætus de Magistratibus, Sacerdotiisque Romanorum. In-8.

R. S. 1549. Iidem. In-8.

H. S. 1559. Gentium et Familiarum Romanarum Stemmata, Ric. Streinnio aut. In-fol.

R. S. 1536. Laz. Bayfius in legem de captivis. Thylesius de coloribus. In-4.

R. S. 1549. Idem liber. In-4.

R. S. 1535. Car. Stephanus de Vasculis. In-8.

R. S. 1536. Idem. In-8.

R. S. 1543. Idem. In-8.

R. S. 1547. Idem. In-8.

R. S. 1535. Car. Steph. de re Vestiaria, ex Bayfio. In-8.

R. S. 1536. Idem liber. In-8.

R. S. 1541. Idem. In-8.

R. S. 1547. Idem. In-8.

F. S. 1537. De Re navali libellus, ex Bayfio. In-8.

C. S. 1553. Carolus Stephanus de re Vestiaria, Vasculari et Navali. In-8.

F. S. 1540. Joach. Perionius de antiq. fabul. et Theatr. consuetudine. In-4.

R. S. 1534. J. Rabirius de generibus vestium. In-8.

C. S. 1554. Junii Rabirii hastarum et auctionum Origo, &c. In-4.

R. S. 1542. Gul. Budæus de Asse et partibus ejus. In-fol.

M. P. 1579. Le Pois, Discours sur les medalles. In-4. fig.

R. S. 1528. Polydorus Vergilius de inventoribus rerum. In-4.

R. S. 1528-29. Eadem editio, cum additamentis, et Indice. In-4.

R. S. 1537. Idem liber. In-4.

R. S. 1559. Leges Academiæ Genevensis. In-4.

R. S. *Sans date.* Libri in officina Rob. Stephani partim nati, partim restituti et excusi. 8 feuillets in-8.

R. S. *Circa* 1546. Libri vænales in bibliopolio Roberti Stephani, tum ab Henrico patre, tum a Simone Colinæo ejus vitrico excusi. 16 feuillets in-8.

R. S. 1546. Libri in officina Rob. Stephani Typographi Regii, partim nati, partim restituti et excusi. 12 feuillets in-8.

R. S. (1547.) Supplément de quatre pages. In-8.

R. S. 1552. Index librorum in hac officina impressorum. 16 feuillets in-8.

H. S. (1569.) Index librorum, qui ex officina Henrici Stephani hactenus prodierunt. 16 feuillets in-8.

H. S. (1574) Appendix ad Catal. librorum Henr. Stephani. 3 feuillets in-8.

R. S. *Sans date.* Catalogus librorum in officina Henrici Stephani excusorum. In-8.

H. S. 1569. Henr. Stephani Artis Typographicæ Querimonia. In-4.

H. S. 1569. Henrici Stephani Epistola de suæ typographiæ statu. Index librorum Henr. Stephani. In-8.

H. S. 1570. Diogenes Laertius de vitis philosophorum, gr. et lat. In-8.

H. S. 1594. Idem. gr. et lat. In-8.

P. S. 1616. Idem. gr. et lat. In-8.

H. S. 1572. Plutarchi Opera, gr. et lat. cum Appendice Vitarum. 13 vol. in-8.

A. S. 1624. Plutarchi Opera omnia, gr. et lat. 2 vol. in-fol.

C. S. 1556. Plutarchi Libellus de fluviorum & montium nominibus, latine. In-8.

F. S. 1582. Les Œuvres morales et meslées de Plutarque. 2 vol. in-fol.

C. S. 1544 *ou* 1554. Plutarque, Traicté de la honte vicieuse. In-8.

P. S. 1612. Eunapius de vitis Philosophorum, gr. et lat. In-8.

R. S. 1529. Plinius de viris illustribus, &c. In-8.

R. S. 1533. Idem liber. In-8.

R. S. 1536. Idem liber. In-8.

R. S. 1537. Idem. In-8.

R. S. 1539. Idem. In-4.

R. S. 1541. Idem. In-8.

R. S. 1544-45. Idem. In-8.

R. S. (*absque anno.*) De memorabilibus et claris mulieribus diversorum scriptorum Opera.

F. S. 1539. Vita P. Cœlestini V, P. M. In-4.

M. P. 1597. P. Pithœi Elogium, aut. Papirio Massono. In-8.

P. S. 1611. Photii Bibliotheca, gr. et lat., c. Scholiis. In-fol.

R. S. 1544-45. Valerius Maximus. In-8.

TABLE.

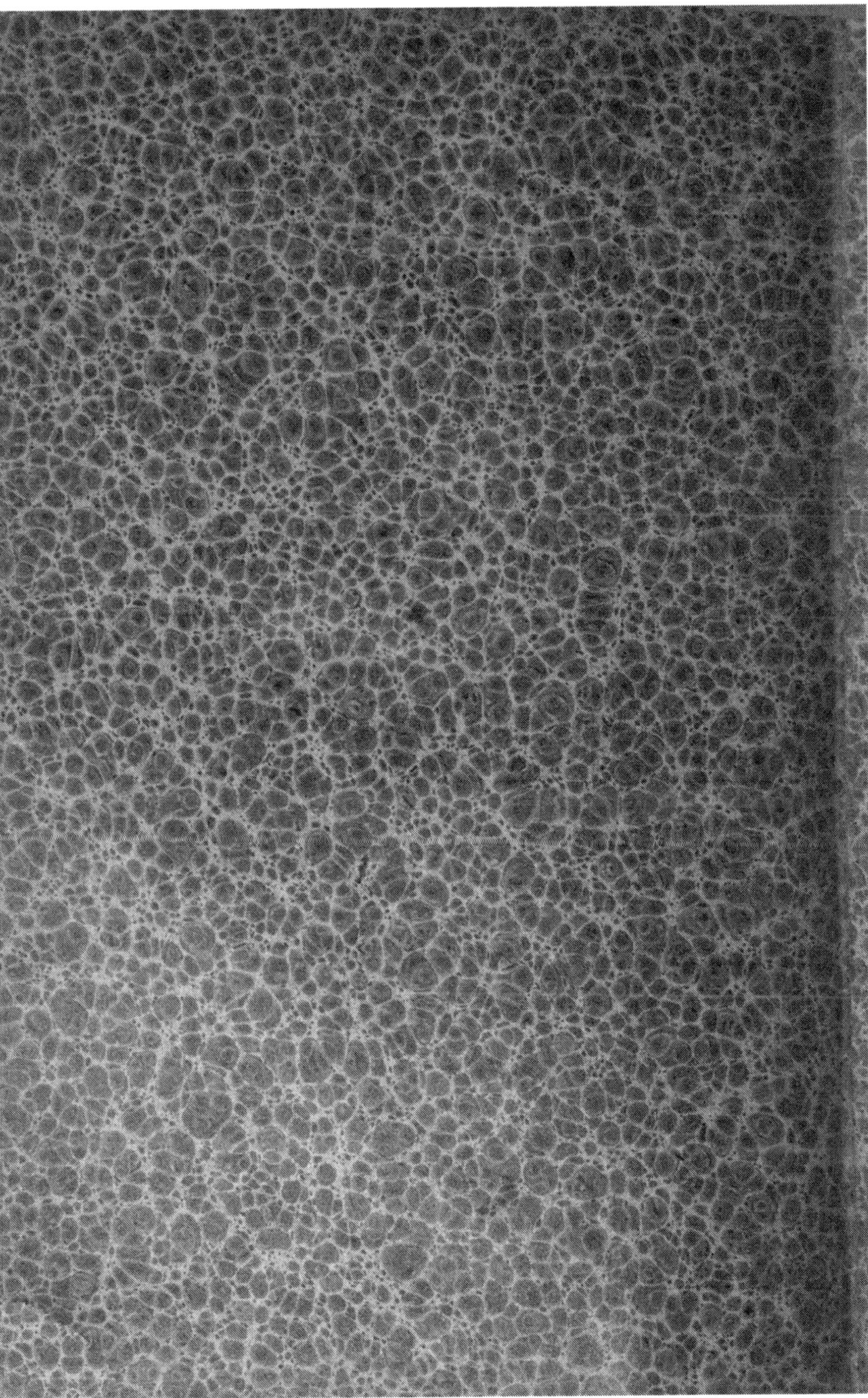